中国慈善事业整体性监管体制研究

A Study of the Holistic Regulation System of Charities in China

陈为雷 著

中国社会科学出版社

图书在版编目(CIP)数据

中国慈善事业整体性监管体制研究 / 陈为雷著 . —北京：中国社会科学出版社，2023.4

ISBN 978-7-5227-1342-7

Ⅰ.①中⋯ Ⅱ.①陈⋯ Ⅲ.①慈善事业-监管体制-研究-中国 Ⅳ.①D632.1

中国国家版本馆CIP数据核字(2023)第021411号

出 版 人	赵剑英
责任编辑	宫京蕾
责任校对	秦 婵
责任印制	李寡寡

出　　版	中国社会科学出版社
社　　址	北京鼓楼西大街甲158号
邮　　编	100720
网　　址	http：//www.csspw.cn
发 行 部	010-84083685
门 市 部	010-84029450
经　　销	新华书店及其他书店
印　　刷	北京君升印刷有限公司
装　　订	廊坊市广阳区广增装订厂
版　　次	2023年4月第1版
印　　次	2023年4月第1次印刷
开　　本	710×1000　1/16
印　　张	22
插　　页	2
字　　数	395千字
定　　价	118.00元

凡购买中国社会科学出版社图书，如有质量问题请与本社营销中心联系调换
电话：010-84083683
版权所有　侵权必究

国家社科基金后期资助项目
出 版 说 明

后期资助项目是国家社科基金设立的一类重要项目，旨在鼓励广大社科研究者潜心治学，支持基础研究多出优秀成果。它是经过严格评审，从接近完成的科研成果中遴选立项的。为扩大后期资助项目的影响，更好地推动学术发展，促进成果转化，全国哲学社会科学规划办公室按照"统一设计、统一标识、统一版式、形成系列"的总体要求，组织出版国家社科基金后期资助项目成果。

全国哲学社会科学规划办公室

序

慈善事业整体性监管是中国慈善法实施后面临的一个重要议题。陈为雷教授的国家社科基金后期资助项目的最终成果《中国慈善事业整体性监管体制研究》通过文献梳理、理论建构和案例分析的方法对中国慈善事业整体性监管体制问题进行了较为全面、细致的探讨，其学术贡献和价值表现为：

一、学术价值较高。该成果对慈善事业整体性监管体制的概念、理论依据、监管类型、内容与方式、存在问题及影响因素等做了比较深入的研究，扩宽和深化了慈善事业监管体制的研究，为进一步研究慈善事业监管体制、充实和丰富慈善理论提供了重要参考。

二、理论探讨较完备。该成果通过整体性监管体制概念界定，提出整体性监管的理论依据和基本框架，对国内外典型个案进行了较为深入的描述与分析，剖析了目前慈善事业监管存在的问题，试图构建中国慈善事业整体性监管体制与机制，其论证较严谨，分析透彻，具有一定的创新性和理论深度。

三、运用资料较为丰富。该成果运用大量研究文献、政策法规、调研事实和统计分析数据，介绍和分析了我国和境外有关国家和地区慈善事业监管的经验资料、基本做法和重要经验，对慈善事业监管进行系统描述、分析和概括，总结出一些重要的规律性认识。

四、应用价值比较高。该成果基于大量材料和翔实数据，对慈善监管的现实把握比较准确，现实针对性很强，对增进中国整体性监管体制的理念、目标和原则，完善整体性监管体制的建构具有重要的启示作用。

最后，需要指出的一点是，慈善组织行业自律也是慈善监管体系的重要组成部分，该课题可能囿于现有资料没有对此开展研究，今后可对此做些探索和研究。

高鉴国
2021年8月于山东大学

目　录

第一章　绪论 …………………………………………………（1）
　第一节　研究背景与研究意义 …………………………………（1）
　第二节　主要概念界定 …………………………………………（7）
　第三节　文献综述 ………………………………………………（16）
　第四节　理论基础与研究方法 …………………………………（26）

第二章　监管主体与监管类型 ………………………………（36）
　第一节　监管主体 ………………………………………………（36）
　第二节　行政监管 ………………………………………………（44）
　第三节　慈善组织内部治理 ……………………………………（52）
　第四节　社会监督 ………………………………………………（58）

第三章　监管内容 ……………………………………………（64）
　第一节　慈善组织监管 …………………………………………（64）
　第二节　慈善捐赠和募捐监管 …………………………………（67）
　第三节　慈善信托监管 …………………………………………（77）
　第四节　慈善财产监管 …………………………………………（80）
　第五节　慈善税收优惠监管 ……………………………………（89）

第四章　监管方式及创新（Ⅰ）：行政监管及创新 …………（99）
　第一节　行政许可 ………………………………………………（99）
　第二节　年度检查 ………………………………………………（105）
　第三节　备案管理 ………………………………………………（113）

第四节　行政处罚 …………………………………………（120）
第五节　会计监督、审计监督与税务监督 …………………（124）
第六节　行政监管的问题及其改进与创新 …………………（127）
第七节　慈善组织评估 ………………………………………（138）

第五章　监管方式及创新（Ⅱ）：慈善组织内部治理及完善 ………（149）
第一节　慈善组织内部治理结构 ……………………………（149）
第二节　慈善组织章程和内部管理制度 ……………………（156）
第三节　慈善组织内部治理模式与机制 ……………………（162）
第四节　慈善组织内部治理结构的问题及其完善 …………（166）
第五节　我国全国性基金会内部治理结构研究 ……………（170）
第六节　慈善组织党建工作研究 ……………………………（187）

第六章　监管方式及创新（Ⅲ）：社会监督及创新 ………………（200）
第一节　捐赠人监督 …………………………………………（200）
第二节　传统媒体监督 ………………………………………（207）
第三节　新媒体监督 …………………………………………（210）
第四节　第三方组织监督 ……………………………………（217）

第七章　影响慈善事业监管的因素分析 …………………………（226）
第一节　法律制度因素 ………………………………………（226）
第二节　政府监管架构因素 …………………………………（234）
第三节　慈善组织因素 ………………………………………（240）
第四节　社会文化因素 ………………………………………（243）

第八章　境外慈善事业监管模式及启示 …………………………（249）
第一节　行政监管模式 ………………………………………（249）
第二节　慈善组织内部治理模式 ……………………………（268）
第三节　社会监督模式 ………………………………………（279）
第四节　境外慈善事业监管的特点与启示 …………………（284）

第九章　进一步完善慈善事业整体性监管体制 …………… (294)
第一节　完善整体性监管体制的理念与目标 …………… (294)
第二节　完善整体性监管体制的原则 …………………… (299)
第三节　完善组织管理体制与机制 ……………………… (303)
第四节　慈善信息公开与监管机制的联结 ……………… (310)

参考文献 ………………………………………………………… (316)

后记 ……………………………………………………………… (341)

第一章 绪论

慈善事业是我国社会主义基本经济制度的重要组成部分,在第三次分配中发挥着越来越重要的作用。对慈善事业进行整体性监管是我国慈善法实施后面临的一个重要议题。对慈善事业监管体制的研究有助于在理论上把握慈善事业监管发展的内在规律,在实践上深入理解中国慈善事业监管的发展现状与趋势。

第一节 研究背景与研究意义

一 研究背景

改革开放以来,中国生产力获得极大的发展,综合国力与城乡居民的生活水平都有了巨大提升。2010年中国GDP达到39.7万亿多元,2012年超过50万亿元,2014年突破60万亿元,2016年超过70万亿元[1],2017年则达到了80万亿元,稳居世界第二。[2] 据预测,2029年中国GDP

---

[1] 数据来源于《中华人民共和国2010年国民经济和社会发展统计公报》,中国政府网（http://www.gov.cn/gzdt/2011-02/28/content_1812697.htm）;《中华人民共和国2012年国民经济和社会发展统计公报》,中国政府网（http://www.gov.cn/gzdt/2013-02/22/content_2338098.htm）;《中华人民共和国2014年国民经济和社会发展统计公报》,国家统计局网站（http://www.stats.gov.cn/tjsj/zxfb/201502/t20150226_685799.html）;《中华人民共和国2016年国民经济和社会发展统计公报》,国家统计局网站（http://www.stats.gov.cn/tjsj/zxfb/201702/t20170228_1467424.html）;《中华人民共和国2017年国民经济和社会发展统计公报》,国家统计局网站（http://www.stats.gov.cn/tjsj/zxfb/201802/t20180228_1585631.html.）。

[2] 习近平:《决胜全面建成小康社会 夺取新时代中国特色社会主义伟大胜利——在中国共产党第十九次全国代表大会上的报告》,《人民日报》2017年10月28日,第1版。

将超过美国，达到 160 万亿元，人均 GDP 将达到 11 万元。① 改革开放带来生产力发展，也造成收入差距拉大，社会问题和矛盾增多，弱势群体受到损害，上访、罢工及其他群体性事件层出不穷。与此同时，社会财富在高速积累，有能力帮助他人并愿意回馈社会的人越来越多。事实表明，发展慈善事业已经具备日益丰裕的经济基础，而贫富差距过大及其导致的社会矛盾加剧则表明，仅靠税收与法定社会保障措施来对财富分配进行刚性调节还不够，当今社会还特别需要慈善事业充当"润滑剂"。②

中国民间慈善活动有非常悠久的历史，乐善好施、亲友与乡邻互助是中华民族的优良传统。改革开放以来，特别是 20 世纪 90 年代以来，我国慈善事业得到了新生，并不断发展。截至 2020 年 6 月 30 日，全国共登记认定慈善组织 7169 个。此外，还有大量基金会、社会团体、社会服务机构从事慈善活动。调查显示，87% 的受访者为公益慈善事业捐赠过现金或者实物。全国注册志愿者超过 1.72 亿人，发布志愿服务项目超过 390 万个，记录志愿服务时间超过 21.9 亿小时。71.3% 的受访者参加过志愿服务活动。2016 年以来，各级民政部门对 3041 家慈善组织开展了抽查、审计等日常监管工作累计 15480 次；对 279 家慈善组织进行了执法监督，立案 154 家，行政处罚 105 家，重点加强募捐监管、查处违法案件，慈善监管体系初步形成。③

以上权威数据反映了慈善事业作为我国社会主义基本经济制度的重要组成部分，在第三次分配中发挥着越来越重要的作用，已经成为推进中国特色社会主义伟大事业的重要力量。但同时我们要看到，相对于民众和社会日益增长的需求，以及同国外发达国家相比，总体上我国慈善事业发展又显得滞后，与社会财富量级、第三次分配的地位不相匹配。尤其值得注意的是近年来我国慈善事业监管存在制约慈善事业发展的一系列突出问题，主要有以下四个方面。

第一，监管面对的常规性问题与非常规性问题并存，非常规性问题的突发性和风险性越来越高。常规性问题是监管主体面对的日常监管中遇到的问题，如慈善组织登记注册、募捐管理、慈善信托备案管理、慈善财产管理等，对这类问题进行监管有明确的要求和固定的处理步骤，行政监管

---

① 数据来源于世界经济信息网（http://www.8pu.com/GDP/）。
② 郑功成：《关于慈善事业立法的几个问题》，《教学与研究》2014 年第 12 期。
③ 张春贤：《全国人民代表大会常务委员会执法检查组关于检查〈中华人民共和国慈善法〉实施情况的报告》，2020 年 10 月 15 日，中国人大网（http://www.npc.gov.cn/npc/c30834/202010/afc0a05adb4242b49920c2251017205e.shtml）。

机关依照职责履行相应的职能即可。对社会监督来说，各个监管主体可以对慈善组织和慈善活动实施监督，通过向慈善组织反映、向政府有关部门举报及通过向媒体公开等方式实施监督。如果监管主体面对的问题清楚，监管手段与方式也比较明确，那么监管主体便可按规定程序实施监管。但是，有时监管主体会面对一些非常规性问题，这类问题是新出现的问题，没有现成的处理程序，面对这类问题，监管就相对复杂一些，不仅需要各监管主体依据规定对自己所负责的工作进行监管，更需要监管主体通力合作来弥补和完善监管工作。例如，2011年发生的"郭美美事件"给慈善事业带来强烈冲击。郭美美通过微博发布"红十字会商业总经理"头衔，瞬间引爆了官办慈善组织信任危机。在应对该事件的过程中，有关各方没有及时沟通协调，致使事件的负面影响越来越大，给2011年及随后几年的慈善捐赠带来不利影响。据统计，2011年全国接受国内外社会各界的款物捐赠总额较上年下降18.1%。其中红十字会接受社会捐赠约占全国捐赠总量的3.4%，同比减少了59.39%。[1] 受"郭美美事件"等因素的影响，2012年全国接受捐款620亿元，与2011年相比下降9.62%。[2] 十三届全国人大常委会执法检查组对《中华人民共和国慈善法》（以下简称《慈善法》）实施情况的检查发现，当前慈善行业公信力一般。2018年和2019年，我国经济高质量发展、GDP保持稳健增长，但慈善捐赠总量停滞不前，慈善组织公信力偏弱是其中重要因素之一。[3] 再如，2020年新冠肺炎疫情发生后，我国慈善捐赠井喷，一度出现慈善捐赠和支出混乱，慈善信息公开不及时，人民群众反映强烈，这也是非常规性问题。一般来说，单独监管可以处理常规性问题，而面对非常规性问题则需要整体性监管加以应对，需要各监管主体相互配合、相互协调，才能为实现共同目标而卓有成效地开展工作和保障慈善事业健康发展。

第二，监管碎片化，各自为战，缺少配合。行政监管注重准入控制，对过程监管和事后监管重视不够，措施不多，一方面造成慈善组织登记难，慈善组织难以获得合法身份；另一方面登记的慈善组织不以使命为指

---

[1] 卫敏丽：《去年社会捐赠下降了18.1%："郭美美事件"也是原因》，《新华每日电讯》2012年6月29日，第4版。

[2] 9.62%系本研究计算所得，有关数据来源于彭建梅主编《2013年度中国慈善捐助报告》，企业管理出版社2014年版，第17页。

[3] 张春贤：《全国人民代表大会常务委员会执法检查组关于检查〈中华人民共和国慈善法〉实施情况的报告》，2020年10月15日，中国人大网（http://www.npc.gov.cn/npc/c30834/202010/afc0a05adb4242b49920c2251017205e.shtml）。

引,不按章程宗旨和业务范围开展工作,慈善活动不规范甚至违反法律制度的规定,给自身发展带来不利影响。我国慈善信息公开渠道少,有关规定对政府和慈善组织缺少约束力,致使社会监督主体赖以实施监督的信息不充分,社会监督的效果也就不尽如人意。这表明我国慈善事业监管尚不构成一个完整的体系,碎片化监管难以取得良好监管效果。

第三,过度监管与无监管并存。十三届全国人大常委会执法检查组对《慈善法》实施情况的检查发现,在监管工作中,对大型慈善组织监管偏严,对小型慈善组织监管较为宽松。① 一方面,我国长期对慈善组织实行双重管理,给慈善组织成立登记设置高门槛,对已登记成立的慈善组织实施比较严格的管理。过度监管压制了慈善组织的积极性,限制了慈善组织的发展。另一方面,对大量不具备登记条件的慈善组织"睁一只眼,闭一只眼",任其自生自灭。无监管表面看不禁止慈善组织的存在,但这类慈善组织缺少政府和社会支持,面临很大的不确定性和风险,同样不利于其发展。

第四,存在相当程度的监管失灵。尽管长期存在的双重管理体制已被直接登记制所取代,但直接登记的具体范围和具体操作尚不明确。慈善组织规模普遍较小,易受外部环境影响,应对风险的能力低;一些组织不思进取,墨守成规,内部治理结构和管理制度形同虚设。社会监督主体限于主客观条件,参与监督的意愿和能力不足,持续性差,难以有效发挥作用。监管主体面对相同的监管对象和同样的监管问题,它们各自干各自的,可能会一定程度上实现监管目标,但是由于相互之间没有协调和配合,也就不能很好地实现监管目标,造成监管失灵或监管空白。

2014年《国务院关于促进慈善事业健康发展的指导意见》明确突出扶贫济困、坚持改革创新、确保公开透明、强化规范管理等原则,确定鼓励和规范慈善事业发展的一系列重大政策措施。② 2016年《慈善法》实施,标志着我国进入了依法兴善的新时期,为规范慈善活动有序运行、促进慈善事业健康发展提供了根本的法治保障。2019年党的十九届四中全会强调,重视发挥第三次分配作用,发展慈善等社会公益事业。统筹完善

---

① 张春贤:《全国人民代表大会常务委员会执法检查组关于检查〈中华人民共和国慈善法〉实施情况的报告》,2020年10月15日,中国人大网(http://www.npc.gov.cn/npc/c30834/202010/afc0a05adb4242b49920c2251017205e.shtml)。

② 《国务院关于促进慈善事业健康发展的指导意见》,中国政府网(http://www.gov.cn/gongbao/content/2015/content_2799012.htm)。

社会救助、社会福利、慈善事业、优抚安置等制度。① 慈善事业是中国特色社会主义事业的重要组成部分，在打赢脱贫攻坚战、全面建成小康社会、满足人民需要、推进国家治理体系和治理能力现代化方面发挥着重要作用。

慈善事业监管是慈善事业的重要组成部分之一，构建整体性监管体制，完善慈善事业制度，对规范慈善活动，保护慈善活动参与者的合法权益，促进慈善事业健康发展具有重要意义。本研究将围绕慈善事业整体性监管体制这个核心议题，探讨如下具体内容：中国慈善事业整体性监管体制的构成和类型，行政监管、慈善组织内部治理和社会监督的特征、功能、监管内容，监管方式及创新，慈善事业监管中存在的问题及其完善，影响慈善事业监管的因素，境外慈善事业监管模式、特征及启示，以及进一步完善慈善事业整体性监管体制。

二　研究意义

对慈善事业进行整体性监管是提升慈善事业公信力和推动慈善事业健康发展的有力保证。为了更好地贯彻落实党的十九大、十九届二中、三中、四中、五中全会精神，全面建成小康社会，实现中国梦，必须大力发展慈善事业，完善慈善事业制度并加强监管。因此，本研究具有重要的学术价值和应用价值。

（一）学术价值

1. 提出了整体性监管体制概念和理论构想，在核心概念和慈善事业监管体制理论上有所创新

本研究对研究涉及的"慈善""慈善活动""慈善事业""慈善组织""监管"等主要概念进行了界定和分析，在此基础上对核心概念——整体性监管体制进行了界定，明确了整体性监管体制的构成、类型，分析了整体性监管体制与行政监管、慈善组织内部治理和社会监督的区别和联系，充实和丰富了慈善理论。本研究对慈善事业监管的相关文献做了全面研究，引用借鉴慈善脆弱论、社会责任理论、系统论、利益相关者理论、治理理论等监管理论，以此为基础，提出"监管主体与监管类型—监管方式—监管内容—影响因素—整体性监管体制完善"五层次分析框架，对慈善事业监管进行全面研究，揭示整体性监管的运行机制及内在关系，分

---

① 《中共中央关于坚持和完善中国特色社会主义制度　推进国家治理体系和治理能力现代化若干重大问题的决定》，《人民日报》2019年11月6日，第1版。

析不同的监管方式与方法，完整地呈现了慈善事业整体性监管的面貌、存在的问题、慈善事业监管改革创新等内容，为完善慈善事业整体性监管体制机制，善慈善事业监管制度，制定慈善事业监管政策提供理论依据和技术支持。

2. 拓展和延伸慈善事业监管研究

与国外有关国家相比，中国慈善事业监管体制建设相对滞后，在过去较长的一段时间内监管碎片化、过度监管和无监管现象比较突出。当前慈善事业监管面临的非常规性问题的突发性和风险性越来越高，存在相当程度的监管失灵现象。随着中国慈善事业改革和慈善事业法律制度由注重准入控制向注重过程控制发展，慈善事业监管内容和方式也必将发生改变，但目前学界对这些方面的系统研究还较少。本研究对中国慈善事业监管体制进行全面深入研究，凸显慈善事业监管研究在慈善事业研究中的重要性。无疑，这有助于拓展深化该研究领域，弥补慈善事业监管研究缺陷，同时也有助于将慈善事业研究向更为精细的方向推进。

(二) 应用价值

1. 对进一步深化慈善事业监管体制改革具有重要的启示作用

这一课题基于大量的调研事实、政策依据和统计数据，对慈善事业整体性监管体制构成和类型、监管内容、监管方式以及影响因素进行研究，分析慈善事业监管中存在的问题，总结境外慈善监管体制特点和经验做法，揭示慈善事业监管模式和规律，课题对慈善事业监管的现实把握比较准确，针对性很强，对于进一步深化慈善事业监管体制改革具有重要的启示作用，可以为政府有关部门做慈善事业决策和制定慈善事业监管政策提供参考和支持，从而进一步促进政府和社会加强慈善事业监管、规范慈善主体的慈善行为，提高慈善组织的社会公信力，推动中国慈善事业健康有序发展。

2. 有利于维护慈善活动参与者的合法权益，保障社会公众的知情权和参与权

社会公众是慈善活动参与者，捐赠人是慈善财产的捐献者和慈善组织的重要利益相关者，受益人是慈善救助和服务的对象。对慈善事业监管体制研究能够发现各类慈善主体的行为规律，在此基础上对各类慈善行为进行激励、引导和规范，确保慈善事业的发展不偏离自身的宗旨和使命，从而达到维护慈善活动参与者合法权益的目的，同时也有助于实现公民知情权和参与权。

第二节 主要概念界定

本书的核心概念是整体性监管体制，与此概念相联系的另外几个关键概念有慈善、慈善活动、慈善事业以及慈善组织。

一 慈善、慈善活动与慈善事业

(一) 慈善

在英文中与慈善有关的单词有两个，它们是 charity 和 philanthropy。根据《牛津高阶英汉双解词典》，charity 主要有以下几种意思：慈善机构；为了帮助有需要的人而给予钱、食物、帮助等，即赈济、施舍；对他人友好和同情。[1] Philanthropy 指的是帮助穷人和那些有需要的人的实践，特别是通过给钱的方式来做。[2] 在英文词典中，这两个词都是对他人的帮助，都可被翻译为慈善，但它们也有一定区别。一般认为 charity 是以同情为出发点的针对穷人或贫困状态的人的帮助和救济；而 philanthropy 则不限于仅仅帮助穷人，它还有博爱的意思，常常是出于对人类福祉的关注所进行的有系统的大局面的努力和行动。譬如，卡耐基建立全美的公共图书馆是 philanthropy，而某人捐 100 美元给专门为低收入家庭孩子提供午餐的慈善组织，则是 charity。[3] 可见，philanthropy 的含义比 charity 宽，其适用范围比 charity 广泛得多。

在中国的古代典籍中，"慈"与"善"两个词最初是分开使用的。"慈"有三种含义。一是爱。《孟子·告子下》说："敬老慈幼，无忘宾旅。"《论衡·率性》说："仁泊则戾而少慈，勇渥则猛而无义。"这里的"慈"都是爱的意思。二是孝敬、奉养父母。《庄子·渔父》说："事亲则孝慈。"《礼记·内则》说："父子皆异宫，昧爽而朝，慈以旨甘。"三是

---

[1] 《牛津高阶英汉双解词典》(第 6 版)，商务印书馆、牛津大学出版社 2004 年版，第 267 页。

[2] 《牛津高阶英汉双解词典》(第 6 版)，商务印书馆、牛津大学出版社 2004 年版，第 1285 页。

[3] 《基本概念折射出中美慈善差异》，2013 年 6 月 4 日，环球网 (http://hope.huanqiu.com/exclusivetopic/2013-06/3999402.html)。

"慈母"的省称。① 潘岳《闲居赋》说:"寿觞举,慈颜和。""善"是美好,与"恶"相对。《荀子·非相》说:"术正而心顺之,则形相虽恶而心术善,无害为君子也。"引申为美好的品德、行为,好人、好事。《论语》说:"举善而教不能,则劝。"《后汉书·董扶传》说:"任安记人之善,忘人之过。"② 由此可见,从语源学的角度看,慈与善虽有一定区别,但在长期演进过程中,两者的字义逐渐相近,均包含仁慈、善良、富有同情心的意思。到南北朝时期,慈与善常常并列为之,于是便有了"慈善"这一称谓。《魏书·崔光传》称崔光"宽和慈善,不忤于物,进退沉浮,自得而已"。③《现代汉语词典》对慈善的解释是"对人关怀,富有同情心"④,其含义直接承袭了中国古代的"慈善"概念。

从以上的分析可以看到,在英文和中文中慈善有狭义和广义之分,英文中狭义上的慈善是对穷人的施舍和帮助,广义上的慈善是基于博爱思想为增加人类的福利所做的努力。美国学者罗伯特·L. 佩顿(Robert L. Payton)和迈克尔·P. 穆迪(Michael P. Moody)在《慈善的意义与使命》一书中指出,慈善是所有为了公益的志愿行为,这是对慈善的广义的理解,而慈善的狭义概念仅包括志愿捐赠,是一个存在于税法中的词汇。⑤ 美国诺贝尔经济学奖获得者加里·S. 贝克尔(Gary S. Becker)认为如果将时间与产品转移给没有利益关系的人或组织,那么,这种行为就被称为慈善或博爱。⑥ 这也是对慈善的广义的理解。

本研究从广义上界定慈善,认为慈善是个人或组织基于一定的价值观和使命而从事的志愿行为。慈善主体既包括个人也包括组织;慈善归根到底是一个道德范畴,蕴含着一定的价值观和使命,体现了人类社会对弱势

---

① 关于"慈"的解释转引自商务印书馆辞书研究中心修订《古代汉语词典》(第2版),商务印书馆2014年版,第215页。
② 关于"善"的解释转引自商务印书馆辞书研究中心修订《古代汉语词典》(第2版),商务印书馆2014年版,第1282页。
③ 汉语大词典编辑委员会:《汉语大词典》(第七册),汉语大词典出版社1994年版,第649页。
④ 中国社会科学院语言研究所词典编辑室编:《现代汉语词典》(第7版),商务印书馆2016年版,第214页。
⑤ [美]罗伯特·L. 佩顿、迈克尔·P. 穆迪:《慈善的意义与使命》,郭烁译,中国劳动社会保障出版社2013年版,第47—54页。
⑥ [美]加里·S. 贝克尔:《人类行为的经济分析》,王业宇、陈琪译,上海三联书店1995年版,第321页。

群体的关怀、对公益事业的支持以及对社会公平的追求；而通过某种方式自愿地向社会及受益人提供无偿的社会救助和援助的行为是慈善的核心所在，这些援助包括资金、物品和服务。

(二) 慈善活动

上文我们从词典和有关典籍中探讨什么是慈善，知道慈善是一种志愿行为，本质上是一种利他行为。接下来我们需要从法律视角搞清楚，在实践中慈善这种志愿行为的范围或领域到底有哪些，这便是与慈善目的紧密相连的慈善活动。在英国，《1601年慈善用途法》的序言部分列举了很多慈善目的和慈善活动，奠定了慈善目的和慈善活动的现代法律含义的基础。1891年英国税务局认为麦纳顿勋爵（Lord MacNaghten）在帕姆塞尔案中所确立的四类型是权威的意见，包括：①救助贫困；②促进教育；③推广宗教；④除上述之外，其他有益于社会而具慈善性质的宗旨。经过上百年的判例发展，英国政府认为上述四类型以及《1601年慈善用途法》的序言会产生大量的法律不确定性与混乱，并且已不能代表21世纪诸多慈善活动类型。在此背景下，英国制定了《2006年慈善法》，引入了十三类慈善活动，取代传统的四分法的慈善活动分类。2011年，《2006年慈善法》关于慈善活动的界定又被原封不动地合并进了《2011年慈善法》中。根据《2011年慈善法》的规定，慈善活动包括：①预防或减轻贫困；②促进教育；③促进宗教；④促进健康或拯救生命；⑤促进公民身份或社区发展；⑥促进艺术、文化、遗产或科学；⑦促进业余体育；⑧促进人权、冲突解决或和解，促进宗教或种族和谐或平等和多样性；⑨促进环境保护或改善；⑩救济因年幼、年老、健康不良、残疾、经济困难或其他不利条件而需要帮助的人；⑪促进动物福利；⑫提高皇家武装部队的效率或提高警察、消防和救援服务或急救服务的效率；⑬其他符合条件的目的的活动。①

中国慈善活动的主要内容在《中华人民共和国公益事业捐赠法》（以下简称《公益事业捐赠法》）、《中华人民共和国信托法》（以下简称《信托法》）和《慈善法》中都有所规定，跟西方发达国家"大慈善"活动范围接近。尤其是《慈善法》立足中国国情，结合慈善活动发展的趋势，广义界定慈善活动，规定慈善活动是指自然人、法人和其他组织以捐赠财产或者提供服务等方式自愿开展的下列公益活动：①扶贫、济困；②扶老、救孤、恤病、助残、优抚；③救助自然灾害、事故灾难和公共卫

---

① Charities Act 2011, (http://www.legislation.gov.uk/ukpga/2011/25/section/3).

生事件等突发事件造成的损害；④促进教育、科学、文化、卫生、体育等事业的发展；⑤防治污染和其他公害，保护和改善生态环境；⑥符合本法规定的其他公益活动。①

一项活动是否属于慈善活动的最基本判断标准之一是看其慈善目的，可以看出，以上所列的慈善活动不管是扶贫济困、救助自然灾害还是促进教育事业、保护和改善环境，它们的目的都是慈善目的，即公益目的，这与企业一般以营利为目的不同。此外，尽管慈善活动参与者的慈善活动目的是公益，但它与政府活动所实现的公益也不尽相同。慈善活动参与者自愿实现公益目的，他们通过捐赠财产、开展慈善信托或提供服务等方式来实现；而政府公益目的是法定的，政府利用税收等经济手段、立法等法律手段、行政许可等行政手段进行经济调节、市场监督、社会管理和公共服务，最终实现公益目的。②

（三）慈善事业

从构成看，慈善事业是由"慈善"和"事业"两个词构成，表明慈善事业是一种事业，这种事业是有一定目的、规模和系统而对社会发展有影响的经常活动。同教育、科学、文化、卫生等社会事业一样，慈善事业是一项政府支持的社会事业，是我国基本经济制度、民生保障制度和社会治理制度的重要组成部分。为了更全面地理解慈善事业，可以从慈善事业的性质、政府在慈善事业中的角色以及慈善事业的理念和价值观等方面进一步分析。

1. 从性质上看，慈善事业是我国基本经济制度、民生保障制度和社会治理制度的重要组成部分

我国的分配制度是由初次分配、再分配和第三次分配构成的，慈善事业是第三次分配的重要方式，是我国基本经济制度的重要组成部分。同社会保险和社会救助的责任主体是政府不同，慈善事业以慈善组织为组织基础，是一项民营社会事业，它与社会保险、社会救助、社会福利等一起构成了我国多层次社会保障体系，成为民生保障制度的重要组成部分。通过社会慈善资源的投入和慈善组织专业化、制度化运作，慈善事业在社会治理中发挥重要作用，是社会治理制度的重要组成部分。

---

① 《中华人民共和国慈善法》，《人民日报》2016年3月20日，第1版。
② 陈为雷、毕宪顺：《中外慈善事业比较研究》，中国政法大学出版社2019年版，第101页。

2. 政府在慈善事业中的角色定位问题

纵观中西慈善发展史可以发现，慈善事业的发展得到了政府的支持。针对政府介入慈善事业的情况，有学者提出官办慈善事业一说，但政府支持并不等于政府动员，更不等于政府包揽。

3. 慈善事业蕴含着一定的理念和价值观

慈善事业作为志愿行为或活动的体系，需要一定的理念和价值观作指引。仁爱观、现代公益观和社会责任观等慈善理念和价值观对我国慈善事业的发展起到了潜移默化的作用。

二　慈善组织

在现代社会，慈善组织是慈善事业的组织载体，是重要的慈善主体。在英国，慈善组织用 charity 一词表示。根据英国《2011 年慈善法》，慈善组织是指仅为慈善目的设立，且受高等法院行使的与慈善有关的管辖权控制的组织。① 这表明，慈善组织是一种法律地位或法律资格，而非特定的法律结构形式，因为慈善组织本身可以采用各种可供利用的法律结构形式。在美国，非营利组织主要分为两大类：慈善组织和其他公益型非营利组织。其中慈善组织是自身收入无须纳税，而且其捐赠人因其捐助而享受税收减免的组织。②

在我国《慈善法》颁布前，慈善组织尚无统一的界定，相关法律制度使用非营利组织、公益性社会团体等相关概念。我国《慈善法》则首次从法律上对慈善组织作了界定，它是指"依法成立、符合本法规定，以面向社会开展慈善活动为宗旨的非营利性组织"。③

上述慈善组织概念可以说是法律上的界定，它们基本都提及慈善组织是从事慈善目的或向社会开展慈善活动的组织，属于非营利组织，可享受一定的税收优惠待遇。

在我国，从《慈善法》实施到现在已超过 4 年，按照《慈善法》登记和认定的慈善组织数量还非常少。截至 2020 年 6 月 30 日，我国社会组织超过 87 万个，全国共登记认定慈善组织 7169 个，慈善组织在社会组织

---

① 金锦萍译：《非营利组织法译汇（三）：英国慈善法》，社会科学文献出版社 2017 年版，第 221 页。
② ［美］贝希·布查尔特·艾德勒、大卫·艾维特、英格里德·米特梅尔：《通行规则：美国慈善法指南》（第 2 版），金锦萍等译，中国社会出版社 2007 年版，第 5 页。
③ 《中华人民共和国慈善法》，《人民日报》2016 年 3 月 20 日，第 1 版。

中所占比例不到1%①,绝大部分社会组织没有登记或认定为慈善组织。从研究角度看,若仅以这少量的登记或认定的慈善组织为研究对象,一是研究范围过小,二是相关信息不全,三是不符合我国慈善组织发展历史和实际。因此,本研究结合以上概念对慈善组织进行广义界定,所谓慈善组织是指以实现慈善目的而从事慈善活动的非营利组织。按照不同的分类标准,可以把慈善组织划分为不同的类型。按是否认定登记可以把慈善组织划分为认定登记的慈善组织和尚未认定登记的慈善组织。按组织形式可以把慈善组织划分为基金会型慈善组织、社会团体型慈善组织和社会服务机构型慈善组织。按运作模式可以把慈善组织划分为资助型慈善组织、运作型慈善组织和混合型慈善组织。按是否免税可以把慈善组织划分为免税慈善组织和非免税慈善组织。此外,慈善组织还可以按照其活动领域和业务范围进行分类,如扶贫济困类慈善组织、养老助残类慈善组织、文化教育类慈善组织等。不管哪种划分方法和哪一种类型的慈善组织,实现慈善目的都是它们的使命和价值追求;从事慈善活动是其本职,这种活动不同于以公权力为媒介的政府从事的经济、政治和社会管理活动,也不同于企业生产产品或提供服务的追求利润的活动。慈善组织属于非营利组织,不同于政府,也不同于企业,它强调自愿捐献和自愿参与,并且不以营利为目的。

需要指出的是,由于我国慈善组织属于社会组织,慈善组织监管被置于整个社会组织监管框架之内,缺少独立统计的慈善组织监管信息,因此本课题对慈善组织监管的研究也采用了社会组织监管的数据和结论。

三 整体性监管体制

(一)监管

《现代汉语词典》对监管的解释是"监视管理;监督管理"②,监管的英文是regulation,《牛津高阶英汉双解词典》对regulation的解释是"(运用规则条例的)管理,控制"。③不论是中文词典还是英文词典,对

---

① 张春贤:《全国人民代表大会常务委员会执法检查组关于检查〈中华人民共和国慈善法〉实施情况的报告》,2020年10月15日,中国人大网(http://www.npc.gov.cn/npc/c30834/202010/afc0a05adb4242b49920c2251017205e.shtml)。

② 中国社会科学院语言研究所词典编辑室编:《现代汉语词典》(第7版),商务印书馆2016年版,第633页。

③ 《牛津高阶英汉双解词典》(第6版),商务印书馆、牛津大学出版社2004年版,第1674页。

监管的解释都相对简单。经济学家、有关国家的政府部门和国际组织对监管也作出了解释。从监管主体和监管内容来看，对监管的理解有狭义和广义之分。狭义的监管是政府对经济活动进行控制①，广义的监管是政府、企业、非政府组织和个人对经济、政治和社会生活领域进行监督管理。② 本研究采用广义的监管概念，它是政府、慈善组织、公众、媒体、第三方组织等监管主体对慈善组织和慈善活动进行监督管理。

（二）体制

《现代汉语词典》对体制的解释有两个义项，与本研究相关的义项是"国家、国家机关、企业、事业单位等的组织制度"③，主要是管理体制。体制的英文是 system，该词除翻译为体制外，还可翻译为体系、制度、组织、系统等。《柯林斯词典》对 system 的解释主要有：①体系；制度；体制；组织，具体地说，它是一种工作、组织或做某事的方式，它遵循一个固定的计划或一系列规则。可以用这个词指称以这种方式组织的组织或机构。②政府；现行体制；公共行政。③系统。④《牛津高阶英汉双解词典》对 system 的解释主要有：①体系；方法；制度；体制。体系指思想或理论体系；方法、制度、体制则是做事的特定方式。②系统。③（尤指不公正的统治或管理）制度；体系；集团。⑤《朗文词典》对 system 的解释主要有：①系统。②体制，制度；一套办法，一套工作方法。③（限制个人自由的）既成秩序，现行体制，制度。⑥ 从以上英文词典可以看出，体制的含义包括：按照计划或规则做事的特定方式，按照计划或规则组织起来的组织机构，以及由相关部分为特定目的而构成总体的系统，不再局限于组织制度的范畴。本研究采用宽泛意义的体制概念，它指的是慈善事

---

① 参见［美］约翰·伊特韦尔、默里·米尔盖特、彼得·纽曼编：《新帕尔格雷夫经济学大辞典》（第4卷），陈岱孙译，经济科学出版社1996年版，第129页；［美］皮特·纽曼主编：《新帕尔格雷夫法经济学大辞典（第3卷）》，许明月、张舫等译，法律出版社2003年版，第241页；马英娟：《监管的语义辨析》，《法学杂志》2005年第5期。
② 参见［日］植草益：《微观规制经济学》，朱绍文、胡欣欣等译，中国发展出版社1992年版，第1页。
③ 中国社会科学院语言研究所词典编辑室编：《现代汉语词典》（第7版），商务印书馆2016年版，第1289页。
④ 见《金山词霸》，"system"词条。
⑤ 《牛津高阶英汉双解词典》（第6版），商务印书馆、牛津大学出版社2004年版，第2051页。
⑥ 见《金山词霸》，"system"词条。

业监管主体的组织机构设置、法律制度、组织制度、监管方式、监管内容、监管机制等相关因素构成的复杂系统。

(三) 慈善事业整体性监管体制

基于治理理论视角和上文对监管和体制概念的分析，本研究对慈善事业整体性监管体制的界定如下：所谓慈善事业整体性监管体制是指为了规范和发展慈善事业，政府、慈善组织和社会力量等多个监管主体应用不同方式对慈善组织和慈善活动进行全面监督管理的体系，包括政府行政监管、慈善组织内部治理和社会监督三种基本类型，上述三种监管类型和各项内容有机联系在一起，它们共同构成完整统一的、相互协调的慈善事业监管系统。这个概念的两个关键要点如下：

1. 慈善事业整体性监管体制是一种综合性监管体系

作为一种监管体制，慈善事业整体性监管体制是我国社会治理体制的重要组成部分，它不是单一的行政管理，不是慈善组织自律建设和内部治理，也不是社会力量分别实施的社会监督，而是一种融合政府有关部门、慈善组织和有关社会力量于一体的综合性监管体制安排。目前我国慈善事业法律制度已基本建成，慈善事业监管有了规范，在实践中各监管主体也做了大量工作，但各监管主体的地位、角色以及它们之间的关系有待于进一步理顺和明确，尤其面对非常规性问题时各监管主体如何相互配合，实现协同和联动，这些都是需要以目标为导向的制度设计应该考虑的。

2. 整体性监管体制的构成和类型

(1) 行政监管

行政监管是由慈善主管部门以及有关部门对慈善组织及慈善活动实施的监管，它是政府行政管理与政府监督活动的结合。政府主管部门以及有关部门以其承担的职责履行行政管理职能，对慈善组织进行登记管理、年检管理、备案管理等，对慈善组织和慈善活动实施监督。行政监管是一种社会管理活动，在现代社会政府是公共利益的代表，其从事慈善事业管理是基于法律授权而进行的，目的是保障慈善事业秩序和社会秩序。政府不仅实施控制，而且还对慈善组织进行培育，以催生更多的社会力量去提供公共服务和社会服务，满足人民群众的需求。

(2) 慈善组织内部治理

作为一种监管类型，慈善组织内部治理主要面向慈善组织自身进行。在现代社会慈善事业是组织化的社会事业，慈善组织是慈善事业的组织载体，是有关慈善活动的组织者、参与者和慈善服务的提供者，其自身管理规范能力及治理状况如何直接决定着慈善事业公信力和发展前景。因此，慈善组织内部治理和自我管理是整体性监管体制的重要一环，而且是基础性的一环。

(3) 社会监督

社会监督是一种外部监督，社会监督的主体是公众、媒体、第三方组织等社会力量，它们参与监管不是基于外部强制，而是基于社会责任和公共利益考量的自觉自愿的行为。慈善事业是一种社会事业，慈善主体来源于社会、扎根于社会，获得社会合法性是其生存和发展的基础。正是基于社会合法性以及自身发展的考量，慈善主体一般会认真对待社会监督。社会监督正是建立在慈善主体追求社会合法性以及外部舆论力量的影响的作用之上。社会监督是整体性监管体制的重要组成部分，由于监督主体众多，从而可以形成包括众多监管主体、监管方式和监管机制的社会监督体系。

(四) 整体性监管体制与行政监管、慈善组织内部治理和社会监督的联系与区别

1. 整体性监管体制是应对慈善事业不断增长的复杂性的新体制

以往的单一的监管类型和监管方式难以适应快速的社会变迁，整体性监管体制不是简单的监管类型的叠加，而是应对慈善事业不断增长的复杂性的新体制。在整体性监管体制中，行政监管和社会监督是外部监管，慈善组织内部治理则是一种内部监管，只有把外部监管和内部监管结合起来，整体性监管体制才能实现全面监管效果。

2. 整体性监管体制的功能发挥有赖于各监管类型的功能发挥

整体性监管体制是一个系统，它由行政监管、慈善组织内部治理和社会监督构成，整体性监管体制的功能发挥以上述三种子系统的功能发挥为基础，换句话说，要使整体性监管体制有效，就必须使各种监管类型发挥应有的功能。在整体性监管体制中，行政监管、慈善组织内部治理和社会监督相互依存，互相支持。例如，社会监督主体依靠政府和慈善组织公开的慈善信息，发现问题后给政府和慈善组织提供问题线索，政府和慈善组织根据线索，顺藤摸瓜查找问题，对症下药予以解决，从而达到良好的监管效果。

3. 整体性监管体制的构成和类型研究是整体性监管体制研究的基础

要研究整体性监管体制，就要从它的构成要素入手进行研究，只有透彻、深入地研究整体性监管体制的构成和类型，才能更全面地认识和把握整体性监管体制。

(五) 整体性监管体制的特点

中国慈善事业整体性监管体制具有如下几个特点：

1. 监管主体多元

慈善事业监管主体包括政府、慈善组织和社会力量等多个监管者，不同监管主体应用不同方式对慈善组织和慈善活动进行监管，不同监管类型、多种监管方式相互联系、相互补充，形成一个有机的整体，各自发挥应有的功能，从而取得"1+1>2"的效果。

2. 慈善事业监管制度与时俱进，不断完善

我国社会主义现代化建设事业不断取得进展，包括慈善事业监管制度在内的慈善事业制度也在不断完善和发展，这给慈善事业监管带来一定挑战。慈善事业监管既要依法依规进行，也要有所创新，只有这样，才能更好地规范和推动慈善事业发展。

3. 慈善事业监管的协同性和相互性

如前所述，各种监管主体、监管类型和监管方式构成一个有机整体，各类监管既独立运行，又相互联系，构成一个循环监督和相互监督的系统。政府监管慈善活动参与者，而慈善活动参与者也会监督政府。例如，慈善组织只要具备成立条件就可以申请登记或认定，登记机关或认定机关无充分理由不能拒绝，否则申请人可以提起行政诉讼。这就使慈善事业监管成为一个环环相扣的系统，每个监管主体既是监管者，又是被监管者，从而保证监管对每一方都构成有效的约束。

第三节 文献综述

近年来慈善事业成为学术界的一个重要研究领域，研究文献较为丰富。慈善事业监管是慈善事业的重要组成部分之一，国内外对慈善事业监管的研究文献也逐渐增多，这为本研究提供了资料基础和研究起点。本节主要从中国慈善事业研究、中国慈善组织治理与慈善事业监管研究以及国外慈善事业与慈善事业监管研究三个方面进行相关文献综述。

一 中国慈善事业研究

早在1912年，留美学者朱友渔就出版了《中国慈善事业的精神》一书，系统梳理中国式慈善事业传统及其精神。[1] 改革开放以来，随着慈善捐赠和救助实践的开展，中国学者开始关注慈善事业发展，对慈善事业的

---

[1] 朱友渔:《中国慈善事业的精神》，商务印书馆2016年版。

各个方面进行了比较全面的研究，取得了丰硕的成果。目前中国学者从多个方面对慈善事业开展研究，论文和著作不断涌现。有关中国慈善事业研究的论文主要集中在慈善的功能、慈善文化、慈善意识、慈善捐赠机制、慈善事业与福利制度的关系、慈善事业发展存在的问题及原因、发展慈善事业的对策建议等方面。①

有关慈善事业研究的著作主要分为以下几类：一是从历史学的角度研究中国传统社会的慈善事业。例如：周秋光、曾桂林的《中国慈善简史》②，王卫平等人的《中国慈善史纲》③，周秋光主编的《中国近代慈善事业研究》④ 等。二是对中国当代慈善事业的研究。例如：徐麟主编的《中国慈善事业发展研究》⑤，郑功成等人的《当代中国慈善事业》⑥，张奇林等人的《中国慈善事业发展研究》⑦，高鉴国等人的《中国慈善捐赠机制研究》⑧ 等。三是从法学的角度进行的研究。例如：邹世允的《中国慈善事业法律制度完善研究》⑨，郑功成主编的《慈善事业立法研究》⑩ 和《〈中华人民共和国慈善法〉解读与应用》⑪，吕鑫的《当代中国慈善法制研究：困境与反思》⑫，褚蓥的《反思慈善改革》⑬ 等。四是出版年度慈善发展报告、慈善捐助/慈善捐赠报告和慈善发展指数报告。例如：

---

① 王则柯：《慈善事业和募捐救助不是一回事》，《开放时代》1998 年第 5 期；黄丹、姚俭建：《当代中国慈善事业发展的战略路径探讨》，《社会科学》2003 年第 8 期；王世军：《从慈善事业到社会福利制度》，《学海》2004 年第 4 期；许琳、张晖：《关于我国公民慈善意识的调查》，《南京社会科学》2004 年第 5 期；任振兴、江治强：《中外慈善事业发展比较分析——兼论我国慈善事业的发展思路》，《学习与实践》，2007 年第 3 期；楼军江、王守杰：《慈善事业从传统向现代转型的制度思考》，《河北学刊》2008 年第 5 期；林卡、吴昊：《官办慈善与民间慈善：中国慈善事业发展的关键问题》，《浙江大学学报（人文社会科学版）》2012 年第 4 期。
② 周秋光、曾桂林：《中国慈善简史》，人民出版社 2006 年版。
③ 王卫平、黄鸿山、曾桂林：《中国慈善史纲》，中国劳动社会保障出版社 2011 年版。
④ 周秋光主编：《中国近代慈善事业研究》，天津古籍出版社 2014 年版。
⑤ 徐麟主编：《中国慈善事业发展研究》，中国社会出版社 2005 年版。
⑥ 郑功成等：《当代中国慈善事业》，人民出版社 2010 年版。
⑦ 张奇林等：《中国慈善事业发展研究》，人民出版社 2014 年版。
⑧ 高鉴国等：《中国慈善捐赠机制研究》，社会科学文献出版社 2015 年版。
⑨ 邹世允：《中国慈善事业法律制度完善研究》，法律出版社 2013 年版。
⑩ 郑功成主编：《慈善事业立法研究》，人民出版社 2015 年版。
⑪ 郑功成主编：《〈中华人民共和国慈善法〉解读与应用》，人民出版社 2016 年版。
⑫ 吕鑫：《当代中国慈善法制研究：困境与反思》，中国社会科学出版社 2018 年版。
⑬ 褚蓥：《反思慈善改革》，社会科学文献出版社 2018 年。

杨团从 2009 年开始主编《中国慈善发展报告》，至今已出版 12 本①，这些报告包含中国慈善事业年度发展的各方面内容；刘京自 2008 年至今主编了 7 本《中国慈善捐赠发展蓝皮书》；② 郑远长、孟志强、彭建梅等主编的《中国慈善捐助报告》；③ 一些机构还出版了慈善指数。④ 五是关于慈善事业研究的论文集。例如：卢汉龙主编的《慈善：关爱与和谐》⑤，杨团和葛道顺主编的《和谐社会与慈善事业》⑥，上海市慈善基金会和上海慈善事业发展研究中心编的《转型期慈善文化与社会救助》⑦ 和《慈善理念与社会责任》⑧ 等。此外，一些国外和中国港台地区的学者也对中国历史上的慈善事业作了研究。如美国的韩德林研究了中国晚明的慈善事业⑨，日本的夫马进注重开发征信录，对清代的善会善堂进行了研究⑩，中国台湾地区学者梁其姿研究了明清时期的慈善组织。⑪

综上，一些论文和个别论著中虽然涉及慈善事业监管，或是与慈善事业监管有关的某方面内容，但皆是顺带提及，没有对慈善事业监管这一专题进行系统梳理和研究。

---

① 杨团主编：《中国慈善发展报告》，社会科学文献出版社 2009—2020 年版。
② 刘京主编：《中国慈善捐赠发展蓝皮书》，中国社会出版社 2008—2011 年、2015—2017 年版。
③ 郑远长等主编：《中国慈善捐助报告（2010）》，中国社会出版社 2010 年版；孟志强等主编：《中国慈善捐助报告（2011）》，中国社会出版社 2012 年版；彭建梅、刘佑平主编：《2012 年度中国慈善捐助报告》，中国社会出版社 2013 年版；彭建梅主编：《2013 年度中国慈善捐助报告》，企业管理出版社 2014 年版。
④ 北京师范大学中国慈善事业研究中心：《2001—2011 中国慈善发展指数报告》，北京师范大学出版社 2012 年版；民政部社会福利和慈善事业促进司：《中国慈善发展指数报告》，北京师范大学出版社 2013 年版。
⑤ 卢汉龙主编：《慈善：关爱与和谐》，上海社会科学院出版社 2004 年版。
⑥ 杨团、葛道顺主编：《和谐社会与慈善事业》，社会科学文献出版社 2007 年版。
⑦ 上海市慈善基金会、上海慈善事业发展研究中心编：《转型期慈善文化与社会救助》，上海社会科学院出版社 2006 年版。
⑧ 上海市慈善基金会、上海慈善事业发展研究中心编：《慈善理念与社会责任》，上海社会科学院出版社 2008 年版。
⑨ ［美］韩德林：《行善的艺术晚明中国的慈善事业》，吴士勇、王桐、史桢豪译，江苏人民出版社 2015 年版。
⑩ ［日］夫马进：《中国善会善堂史》，伍跃、杨文信、张学锋译，商务印书馆 2005 年版。
⑪ 梁其姿：《施善与教化：明清时期的慈善组织》，北京师范大学出版社 2013 年版。

二 中国慈善组织治理与慈善事业监管机制研究

(一) 关于慈善组织与政府关系的研究[1]

就慈善组织治理和监管来说,学术界已经展开了研究,并取得了一系列重要的研究成果。一些学者提出了若干有影响的概念来分析慈善组织与政府的关系。王颖等人在他们的研究中发现和证实了中国非营利组织与政府之间的关系具有"官民二重性"特征。他们认为现阶段中国的社团具有半官半民的特征,它是由社团成员自助、互益和自我管理以及政府进行间接管理两方面的需要而产生的。[2] 王名认为非营利组织的资源来源包括体制资源和经营资源,对前一种资源的利用带来非营利组织的政府性,对后一种资源的利用带来非营利组织的营利性。[3] 康晓光和韩恒提出了"分类控制"概念,用以概括当前中国国家与社会关系的基本特征。他们认为在这种控制体系中,政府的利益需求和被控制对象的挑战能力及社会功能决定了政府的控制策略和控制强度。[4] 康晓光等人在分类控制的基础上又提出了"行政吸纳社会"的理论,其核心机制主要包括两个方面,即控制和功能替代。控制是为了防止非营利组织挑战政府权威,是为了继续垄断政治权力。而功能替代是通过培育可控的非营利组织体系,并利用它们满足社会的需求,消除自治的非营利组织存在的必要性,从功能上替代那些自治的非营利组织,进而避免社会领域中出现独立于政府的非营利组织。[5] 张钟汝等人运用国家法团主义的理论视角研究上海的非营利组织,提出"庇护性国家法团主义"和"层级性国家法团主义"两个概念。他们发现国家与社会之间的关系正处在由"直柱型"形态向"漏斗型"形

---

[1] 本部分亦可参见陈为雷《从关系研究到行动策略研究——近年来我国非营利组织研究述评》,《社会学研究》2013 年第 1 期。

[2] 王颖、折晓叶、孙炳耀:《社会中间层——改革与中国的社团组织》,中国发展出版社 1993 年版。

[3] 王名:《总序》,见贾西津《第三次改革——中国非营利部门战略研究》,清华大学出版社 2005 年版。

[4] 康晓光、韩恒:《分类控制:当前中国大陆国家与社会关系研究》,《社会学研究》2005 年第 6 期。

[5] 康晓光、卢宪英、韩恒:《改革时代的国家与社会关系——行政吸纳社会》,载王名主编《中国民间组织 30 年——走向公民社会》,中国社会科学出版社 2008 年版,第 333 页。

态转变的过程中,这种转变多少显现了国家与社会关系已经出现模糊的分界。① 范明林以法团主义和公民社会为理论视角,对非营利组织与政府的互动关系进行了比较研究,他发现了强控性、依附性、梯次性和策略性等不同的国家法团主义关系。②

田凯提出了"组织外形化"的概念并具体分析了慈善组织形式与实际运作不一致的现象,他认为组织的形式与运作的偏离是组织面对制度环境压力时采用的生存策略,是组织在制度环境的非协调约束中寻求平衡的产物。慈善组织的产生是以政府形式利用慈善资源受到制度环境的合法性约束的结果。③ 谢志平认为转型期政府与慈善组织的关系是一种"支配性功能协作"关系,其核心在于政府在权力上对慈善组织具有支配和控制力,而慈善组织在功能上对政府职能具有协作意义,这是一种政府主导和让渡权力空间的结果。④ 徐宇珊根据以往调研发现,中国的基金会与政府在资源方面互有需求、相互依赖,政府资源和社会慈善资源可以相互转化。政府的各类资源可以较多地转化为基金会慈善资源,而基金会慈善资源转化为政府资源的则较少,政府资源和基金会慈善资源之间存在不均衡的转化,由此导致了政府和基金会的非对称性依赖关系。⑤ 李莉研究了公益基金会的治理机制,并将其置于中国国家与社会关系变迁之下,以此来透视中国社会的发展和有关特点。⑥

(二) 慈善组织的法律环境研究

苏力等学者在《规制与发展——第三部门的法律环境》一书中对第三部门发展的法律环境进行了系统阐述,他们认为现行法律对非营利组织的基本政策是严厉限制,主要体现在双重管理体制、限制竞争的政策以及对社会团体成立条件要求较多、民办非企业单位不能设立分支机构,社会

---

① 张钟汝、范明林、王拓涵:《国家法团主义视域下政府与非政府组织的互动关系研究》,《社会》2009 年第 4 期。
② 范明林:《非政府组织与政府的互动关系——基于法团主义和市民社会视角的比较个案研究》,《社会学研究》2010 年第 3 期。
③ 田凯:《非协调约束与组织运作——中国慈善组织与政府关系的个案研究》,商务印书馆 2004 年版。
④ 谢志平:《关系、限度、制度:转型中国的政府与慈善组织》,北京师范大学出版社 2011 年版。
⑤ 徐宇珊:《非对称性依赖:中国基金会与政府关系研究》,《公共管理学报》2008 年第 1 期。
⑥ 李莉:《中国公益基金会治理研究》,中国社会科学出版社 2010 年版。

团体不可以设立地域性分支机构、对非营利组织是否"适应社会需要"进行严格审查。① 中国非营利组织就其个体来说,王名认为不仅普遍存在资源缺乏、规模有限、能力不足、专业化程度低下等问题,而且社会公益性不强,合法性和公信度不高,法律环境和社会经济环境都不利于其健康发展,彼此之间也缺乏交流、学习和互动的机制,因此它们作为一个独立的非营利组织体系尚未形成。② 陈金罗等学者指出中国现行法对非营利组织采取了限制成立、限制竞争、限制规模的政策,已经对非营利组织的发展构成了严重的制约。③ 对非营利组织法律问题进行系统研究的还有魏定仁主编的《中国非营利组织法律模式论文集》④、蔡磊的《非营利组织基本法律制度研究》⑤ 等。

(三) 慈善组织和慈善事业监管机制研究

周志忍和陈庆云研究了中国青少年发展基金会举办的"希望工程"的内部监督机制和外部监督,研究发现希望工程公共责任成功的"秘诀"在于组织自律,这种自律源于行为主体的事业心、使命感、社会责任感、人生理想和价值观,是一种"道德驱动的自律"。在外部监督约束缺乏的环境下,"道德驱动的自律"不可避免地存在可持续性限度,因而公益机构公共责任机制建设的核心是摆脱对道德驱动的自律的过分依赖,实现制度化自律。⑥ 金锦萍关注基金会内部的法律构造以及与外部相关利益方的法律关系,阐述基金会法人机关的权利义务、组织章程等问题。⑦ 刘春湘提出非营利组织治理结构是内部治理和外部治理的结合,内部治理是理事会、管理层和监事会的设置与权力分割和制衡,外部治理主要是政府监管和利益相关者监督。⑧ 杨道波研究了公益性社会组织约束机制,包括内部

---

① 苏力、葛云松、张守文等:《规制与发展——第三部门的法律环境》,浙江人民出版社1999年版。
② 王名:《总序》,见贾西津《第三次改革——中国非营利部门战略研究》,清华大学出版社2005年版。
③ 陈金罗、葛云松、刘培峰等:《中国非营利组织法的基本问题》,中国方正出版社2006年版。
④ 魏定仁主编:《中国非营利组织法律模式论文集》,中国方正出版社2006年版。
⑤ 蔡磊:《非营利组织基本法律制度研究》,厦门大学出版社2005年版。
⑥ 周志忍、陈庆云主编:《自律与他律——第三部门监督机制个案研究》,浙江人民出版社1999年版。
⑦ 金锦萍:《非营利法人治理结构研究》,北京大学出版社2005年版。
⑧ 刘春湘:《非营利组织治理结构研究》,中南大学出版社2006年版。

治理机制、行政监管机制和社会监督机制。① 赵俊男将慈善事业作为整体性研究对象，从治理的角度考察了慈善组织、政府、企业三个治理主体在慈善事业治理中的行为、责任和权界。她认为慈善组织是慈善事业的执行主体，政府是慈善事业规则的制定者与执行者，企业应加强慈善责任意识，树立企业公民观念，加大资源投入力度。通过慈善组织、政府、企业三方主体的共同努力，可以构建起慈善事业的网络治理模式，推动中国慈善事业的发展与繁荣。② 吕鑫针对慈善募捐提出了全程监督机制概念，全程监督注重募捐开展的事先监督和募捐使用的事后监督。在事先监督方面，由于许可制具有不确定性和备案制能够实现监督目的而主张采用备案制；在事后监督方面，注重完善公开义务和检查职权。③ 谢琼提出了立体型慈善监管体系的概念，她从监管原则、监管主体、监管内容和监管方法四个方面论述如何构建整体性监管体系，具体包括：坚持依法监管、规范监管、适度监管的原则，政府部门、行业组织、利益相关方、第三方组织、媒体和公众等多元监管主体协同监管，对组织和行为进行监管，重视规范内部治理和信息披露。④ 黄春蕾等学者系统梳理慈善事业监管理论，提出有效监管概念，从入口监管、过程监管和结果监管三个层面对监管体系的关键环节做了专题研究；同时对慈善与市场、慈善与互联网、慈善与社会企业等热点和难点问题进行研究。⑤ 此外一些法学界专家、学者重点对慈善法人进行了研究。⑥

三 国外慈善事业与慈善事业监管机制研究

国内外学者对国外慈善事业进行了若干研究，这些研究大多是描述性的研究，集中在基金会和有关慈善组织、慈善组织与政府的关系、慈善组织治理和监管机制等方面。

---

① 杨道波：《公益性社会组织约束机制研究》，中国社会科学出版社 2011 年版。
② 赵俊男：《中国慈善事业治理研究》，博士学位论文，吉林大学，2013 年。
③ 吕鑫：《我国慈善募捐监督立法的反思与重构》《浙江社会科学》2014 年第 2 期。
④ 谢琼：《立体监管：我国慈善事业发展的理性选择》，《国家行政学院学报》2015 年第 4 期。
⑤ 黄春蕾等：《我国慈善组织政府监管改革》，上海人民出版社 2020 年版。
⑥ 李芳：《慈善性公益法人研究》，法律出版社 2008 版；韦祎：《中国慈善基金会法人制度研究》，中国政法大学出版社 2010 年版；税兵：《非营利法人解释——民事主体理论的视角》，法律出版社 2010 年版；王雪琴：《慈善法人研究》，山东人民出版社 2013 年版。

(一) 国外基金会和慈善组织研究

洛克菲勒基金会秘书长沃伦·韦弗（Warren Weaver）于 1967 年发表的《美国的慈善基金会》系统记录了 20 世纪 60 年代中期美国基金会的历史和工作。埃伦·康德利夫·拉格曼（Ellen Condliffe Lagemann）研究了卡耐基公益事业，他的《公益性基金会》一书收集了一些基金会项目的文章。① 斯蒂夫·惠特利（Stev Wheatley）的著作描述了基金会的项目。② 沃尔德马·A. 尼尔森（Waldemar A. Nielsen）主要关注基金会运作者的人格特征、某些基金会的沉浮经历、基金会的类型和文化。③ 佩顿和穆迪所著《慈善的意义与使命》阐述了慈善的意义与使命。④ 劳伦斯·J. 弗里德曼（Lawrence J. Friedman）等学者研究了美国历史上的慈善组织、公益事业和公民性。⑤ 彼得·弗朗金（Peter Frumkin）的《策略性施予的本质：捐赠者与募捐者实用指南》，为基金会在作资助决策时如何对各方面进行逻辑性思考提供了非常实用的模型。⑥ 一些基金会创始人如洛克菲勒、卡耐基、罗森沃尔德和梅隆的传记是慈善基金会重要的参考资料。

此外，我国学者也做了一些研究。例如：资中筠的《财富的责任与资本主义演变：美国百年公益发展的启示》⑦，李韬的《沉默的伙伴：美

---

① Ellen Condliffe Lagemann. Philanthropic Foundations：New Scholarship, New Possibilities. Bloomington and Indianapoli：Indiana University Press，1999.

② Stev Wheatley. The Politics of Philanthroph：Abraham Flexner and Medical Education. Madison：University of Wisconsin Press，1988；Willam H. Schneider, ed.. Rockefeller Phlianthropy and Modern Biomedicine：International Initiatives from World War Ⅱ to the Cold War. Bloomington：Indiana University Press，2002.

③ Waldemar A. Nielsen. The Big Foundation. New York：Columbia University Press，1972；Waldemar A. Nielsen. The Endangered Setor. New York：Columbia University Press，1979；Waldemar A. Nielsen. The Golden Donors：A New Anatomy of the Great Foundations. New York：Transaction Publishers，2001；Maldemar A. Nielsen. Inside American Philanthropy：The Dramas of Donorship. Norman：University of Oklahoma Press，2008.

④ [美] 罗伯特·L. 佩顿、迈克尔·P. 穆迪：《慈善的意义和使命》，郭烁译，中国劳动社会保障出版社 2013 年版。

⑤ Lawrence J. Friedman, Mark D. McGarvie. Charity, Philanthropy, and Civility in American History. Cambridge University Press，2002.

⑥ [美] 彼得·弗朗金：《策略性施予的本质：捐赠者与募捐者实用指南》，谭宏凯译，中国劳动社会保障出版社 2013 年版。

⑦ 资中筠：《财富的责任与资本主义演变：美国百年公益发展的启示》，上海三联书店 2015 年版。

国现代慈善基金会研究》① 等。这些研究虽然探讨的是美国的基金会和慈善组织,但对于本书开展中西对比研究,不无裨益。

(二) 国外慈善组织治理与监管机制研究

1. 关于慈善组织与政府关系的研究

在国外,美国学者伯顿·维斯布罗德(Burton A. Weisbrod)提出了市场失灵和政府失灵理论②,亨利·汉斯曼(Henry Hansma)提出了合约失灵理论③,莱斯特·M. 萨拉蒙(L. M. Salamon)提出了第三方政府理论和志愿失灵理论④,本杰明·纪德伦等学者(Benjamin Gidron, Ralph Kramer, L. M. Salamon)提出了政府—第三部门四模式关系理论⑤,罗伯特·伍夫努(Robert Wuhtnow)提出政府、市场、志愿部门相互依赖理论⑥。以上学者提出的理论及对慈善组织与政府关系的分析,为我们理解非营利组织的本质和慈善组织与政府关系提供了参考框架。我们需要根据中国慈善组织的类型和发展水平,结合中国实际去选择适用的理论和研究框架。

2. 慈善组织治理和监管机制研究

美国学者贝希·布查尔特·艾德勒(Betsy Buchalter Adler)等作者的《通行规则:美国慈善法指南》全面介绍了美国慈善法律制度。⑦ 肯尼斯·普瑞维特(Kenneth Prewitt)和其同事撰写了《公益性基金会的合法性》。⑧ 杰弗里·理查森·布雷斯特(Jeffrey Richardson Brackett)对慈善

---

① 李韬:《沉默的伙伴:美国现代慈善基金会研究》,中国社会出版社2008年版。
② Burton A. Weisbrod. The Voluntary Nonprofit Sector: An Economic Analysis. Lexington, Mass.: D. C. Heath.
③ Henry Hansmann. The Role of Nonprofit Enterprise, The Yale Law Journal, 1980, Vol. 89, No. 5, pp. 835-901.
④ [美] 莱斯特·M. 萨拉蒙:《公共服务中的伙伴——现代福利国家中政府与非营利组织的关系》,田凯译,商务印书馆2008版,第42—51页。
⑤ Benjamin Gidron, Ralph Kramer, L. M. Salamon. Government and the Third Sector. San Francisco: Jossey-Bass Publishers, 1992.
⑥ Robert Wuthnow. Between States and Markets: The Voluntary Sector in Comparative Perspective. Princeton. N. J.: Princeton University Press, 1991.
⑦ [美] 贝希·布查尔特·艾德勒、大卫·艾维特、英格里德·米特梅尔:《通行规则:美国慈善法指南》,金锦萍、朱卫国、周虹译,中国社会出版社2007年版。
⑧ Kenneth Prewitt, ed. . The Legitimacy of Philanthropic Foundations: United States And European Perspectives. New Yor: Russell Sage Foundation, 2006.

监督和评估进行了研究。① 保罗·布雷斯特（Paul Brest）和何豪（Hal Harvey）的《善款善用：聪明慈善的战略规划》阐述了基金会如何制订和执行战略计划。② 马里恩·弗里蒙特—史密斯（Marion Fremont-Smith）的《非营利组织的治理》主要探讨了与基金会和其他非营利组织相关的法律。③ 马克·T. 布拉弗曼（Marc T. Braverman）等学者研究了基金会及其评估。④ 以上研究从法律规制、内部治理、监督和评估等方面对慈善组织治理和监管机制进行了深入研究，具有重要的参考价值。

此外，我国学者对国外慈善法以及慈善事业监管进行了一些研究。例如：金锦萍和葛云松主编的《外国非营利组织法译汇》⑤，金锦萍翻译的《外国非营利组织法译汇（二）》⑥和《外国非营利组织法译汇（三）：英国慈善法》⑦，杨道波等学者翻译的《国外慈善法译汇》⑧，解锟的《英国慈善信托制度研究》⑨，李德健的《英国慈善法研究》⑩等。

以上研究成果标志着中国和国外学者多年来围绕政府与慈善组织的关系、慈善组织法律环境、慈善组织治理与监管的学术研究有了更明确的结论和新的探索基础，反映了学术界探索慈善事业监管的学术努力。

四 评价

由于慈善事业监管的多样性和复杂性，无论是一般性专题研究还是个案方面的探讨，都不能充分反映该领域的状况。慈善事业监管是促进慈善事业可持续发展的重要一环，由于历史、现实等方面的原因，国内外学者尚没有对慈善事业监管体制进行系统而专门的研究。本研究把慈善事业监

---

① Jeffrey Richardson Brackett. Supervision and Education in Charity. General Books，2012.
② ［美］保罗·布雷斯特、何豪：《善款善用：聪明慈善的战略规划》，李存娜译，中国劳动社会保障出版社2013年版。
③ Marion R. Fremont-smith. Governing Nonprofit Organizations：Federal and State Law and Regulation. The Belknap Press，2004.
④ Marc T. Braverman，Norman A. Constantine，Jana Kay Stater. Foundations and Evaluation：Contexts and Practices for Effective Philanthropy. John Wiley & Sons Inc.，2012.
⑤ 金锦萍、葛云松主编：《外国非营利组织法译汇》，北京大学出版社2006年版。
⑥ 金锦萍译：《外国非营利组织法译汇（二）》，社会科学文献出版社2010年版。
⑦ 金锦萍译：《外国非营利组织法译汇（三）：英国慈善法》，社会科学文献出版社2017年版。
⑧ 杨道波等译校：《国外慈善法译汇》，中国政法大学出版社2011年版。
⑨ 解锟：《英国慈善信托制度研究》，法律出版社2011年版。
⑩ 李德健：《英国慈善法研究》，法律出版社2017年版。

管体制作为研究对象，运用社会学、法学、公共管理、历史学等多学科的理论和方法对其进行研究，梳理慈善事业监管的基本状况、境外慈善事业监管模式及其经验，重点研究慈善事业监管体制的构成和类型，慈善事业监管的方式及创新，以及进一步完善整体性监管体制，以推进慈善事业研究，促进慈善事业发展。

第四节　理论基础与研究方法

本研究根据慈善事业监管的理论基础和实践研究需要，提出了慈善事业整体性监管体制分析的一般性结构框架和研究方法。

一　理论基础

为什么要对慈善事业进行监管？如何对慈善事业实施有效监管？慈善事业监管理论旨在回答上述问题。综合来看，国内外相关的理论成果主要有慈善脆弱论、社会责任理论、系统论、利益相关者理论、委托代理理论和治理理论。以上理论可以分为两组，慈善脆弱论和社会责任理论为一组，用来回答第一个问题；系统论、利益相关者理论、委托代理理论和治理理论为第二组，用来回答第二个问题。

（一）慈善脆弱论

黄春蕾等学者分析了慈善丑闻和慈善组织的诈骗活动会导致较为严重的社会影响和后果，其根源在于慈善活动本身的性质。其一，慈善活动依赖人的同情心、爱心。"当邪恶伪装为善行而潜入的时候，我们的感觉是受到莫大的侮辱。"[1] 其二，对慈善组织和慈善事业的信任是盲目的。其三，慈善组织的失信行为具有更加显著的负外部性。某一个慈善组织的失信行为会玷污慈善的整体形象，造成公众对慈善组织的信任降低，损害健康的慈善文化，甚至危及整个慈善事业的根基。慈善脆弱论认为慈善活动具有一定的特殊性，容易引发信任危机，影响社会秩序，政府、慈善组织、社会力量有必要对其进行规范，以帮助其克服脆弱性，维护慈善事业根基。[2]

---

[1] 周志忍、陈庆云：《自律与他律——第三部门监管机制个案研究》，浙江人民出版社1999年版，第23页。

[2] 黄春蕾等：《我国慈善组织政府监管改革》，上海人民出版社2020年版，第38—39页。

(二) 社会责任理论

社会中的各个主体都承担着一定的责任，这种责任就是社会责任。组织的社会责任是组织追求有利于社会长远目标的一种义务，它超越了法律和经济所要求的义务，是一种自觉地对社会需要的回应。它是一种社会道德要求，促使组织致力于让社会变得更美好的事情。它要求组织明辨是非，决策要符合道德标准，行为活动要合乎道德规范。一个具有道德责任感的组织只做正确的事情，只做回应社会需要的事情，因为它自觉有责任这样做。①

一般来说，慈善组织的筹资渠道有政府资助、社会捐赠、服务收费、投资收益等多种来源。慈善组织的资金来源于政府和社会，这也就决定了慈善组织的慈善活动必须具有公益性，要承担一定的社会责任，必须接受政府和社会问责。② 慈善组织问责实质是要求慈善组织对利益相关者负责和报告，解释和接受为基于共同期望而实施委托责任的要求。③ 这种问责不仅靠慈善组织内部治理和社会监督来完成，还需要政府行政监管。因而，问责机制是一种内部治理和外部监管相结合的机制。

(三) 系统论

路德维希·冯·贝塔朗菲 (Ludwig Von Bertalanffy) 提出一般系统论，它的主题是阐述和推导一般地适用于"系统"的各种原理。贝塔朗菲将系统定义为"相互作用着的若干要素的复合体"。④ 他认为现象不能分解为局部的事件，动态相互作用使处于较高级构形中的部分表现出不同于它们在各自孤立时的行为等问题。考察各自孤立的部分，是不能理解各级"系统"的。⑤ 贝塔朗菲认为一般系统论是关于"整体"的一般科学。⑥ 一般系统特性表现为不同领域的结构相似性或同型性。支配各种行为的原理具有一致性，而其实体在本质上有很大区别。

---

① 崔开华等：《组织的社会责任》，山东人民出版社2008年版，第19—20页。
② 毛刚：《我国非营利组织内部治理机制研究》，博士学位论文，西南交通大学，2005年，第60页。
③ 张明：《非营利组织的治理机制研究》，博士学位论文，暨南大学，2008年，第44页。
④ [美] 冯·贝塔朗菲：《一般系统论：基础、发展和应用》，林康义、魏宏森译，清华大学出版社1987年版，第51页。
⑤ [美] 冯·贝塔朗菲：《一般系统论：基础、发展和应用》，林康义、魏宏森，清华大学出版社1987年版，第34页。
⑥ [美] 冯·贝塔朗菲：《一般系统论：基础、发展和应用》，林康义、魏宏森译，清华大学出版社1987年版，第34页。

一般系统论是一种有用的工具。慈善事业整体性监管体制是一个系统，它由行政监管、慈善组织内部治理和社会监督三个子系统构成，整体性监管体制的各个子系统在构成整体性监管体制这个系统中发挥作用，它们不同于在各自孤立时的行为。当前我国慈善事业监管体制的各个子系统还处于碎片化状态，这几个部分相互独立，它们之间缺少整合和联系。单纯考察各自孤立的部分，是不能充分理解慈善事业监管体制的。本研究应用一般系统论做指导，提出整体性监管体制概念和分析框架，只有形成行政监管、慈善组织内部治理和社会监督"三位一体"的整体性监管体制，才能使慈善事业监管整体功能最大化。

(四) 利益相关者理论

《牛津词典》早在1708年就收入了"利益相关者"（stakeholder）一词，用来表示人们在某一项活动或某企业中"下注"（have a stake），在活动进行或企业运营的过程中抽头或赔本。1963年美国斯坦福研究院（Stanford Institute）用"利益相关者"来表示所有与企业有密切关系的所有人："对企业来说存在这样一些利益群体，如果没有他们的支持，企业就无法生存。"[1] 美国经济学家 R·爱德华·弗里曼（R. Edward Freeman）认为利益相关者是"那些能够影响企业目标实现，或者能够被企业实现目标的过程影响的任何个人和群体"。[2] 美国学者威廉·C. 弗雷德里克（William C. Frederick）将利益相关者分为直接利益相关者和间接利益相关者[3]，马克斯·卡拉克森（Max Clarkson）则分为首要的利益相关者和次要的利益相关者。[4] 陈宏辉基于国内外学者的研究，提出企业利益相关者至少包括：股东、管理人员、雇员、银行、政府部门、行业协会、教育机构、媒体、政治团体、宗教团体、工会、竞争对手、供应商、

---

[1] 转引自贾生华、陈宏辉：《利益相关者的界定方法述评》，《外国经济与管理》2002年第5期。

[2] R. Edward Freeman. Strategic Management: A Stakeholder Approach. Englewood Cliffs NJ: Prentice Hall, 1984.

[3] William C. Frederick, Keith Davis, James E. Post. Business and Society: Corporate Strategy, Public Policy, Ethics. New York: McGraw-Hill, 1988: 82；寇小管：《企业营销中的伦理问题研究》，天津人民出版社2001年版，第77页。

[4] Max B. E. Clarkson. A Stakeholder Framework for Analyzing and Evaluating Corporate Social Performance. The Academy of Management Review, 1995, Vol. 20, No. 1, pp. 92-117.

分销商、客户、非人物种、人类下一代、环保组织、社区和公众。[1]

慈善组织的利益相关者是指与慈善组织和慈善活动有一定利益关系，且能够对慈善组织和慈善活动产生影响的个体及其实体。从慈善组织所处的宏观环境来看，影响慈善组织生存和发展的环境因素有政府和社会的各种机构。此外，慈善组织的内部组织机构和员工也是慈善组织的利益相关者。根据利益相关者与慈善组织的关系及影响程度，可将利益相关者分为直接利益相关者和间接利益相关者两大类。直接利益相关者是与慈善组织直接发生关系的利益相关者，包括捐赠人、受益人、慈善组织的管理者等。间接利益相关者是与慈善组织没有直接关系的利益相关者，包括各级政府、潜在的捐赠人、社会公众和媒体等。慈善组织特殊的产权结构，使其并不能像企业那样在内部建立起权力制衡的治理机制，慈善组织必须引入外部利益相关者，以影响慈善组织的行为和决策，使治理机制更有效，从而更好地服务于公益目的。

（五）委托代理理论

委托代理理论的基本分析逻辑：委托人为了实现自身效用最大化，将其所拥有（控制）资源的某些决策权授予代理人，并要求代理人提供有利于委托人利益服务的行为。代理人也追求自身效用最大化，在利益不一致和信息不对称的情况下，可能会为追求自己的利益而损害委托人的利益，即产生代理问题。[2] 委托代理理论的中心任务是研究在利益冲突和信息不对称的环境下，委托人如何设计最优契约激励代理人。[3]

慈善组织内存在双重代理关系：一是慈善组织的利益相关者与慈善组织理事会之间存在委托代理关系，慈善组织的利益相关者是委托人，慈善组织的理事会是代理人。二是慈善组织理事会与慈善组织之间存在委托代理关系，理事会是委托人，慈善组织的执行机构（高级管理人员）是代理人。理事会委托人的地位由慈善组织的产权性质决定，慈善组织的产权是公益产权，无明确的所有者。对慈善组织来说，为了防止组织执行机构的机会主义，理事会必须承担组织控制者的角色，监督管理人员的行为。理事会有责任确保捐赠人的捐赠财产得到正确合理地使用，必须确保任何

---

[1] 陈宏辉：《企业的利益相关者理论与实证研究》，博士学位论文，浙江大学，2003年，第68页。

[2] 刘有贵、蒋年云：《委托代理理论述评》，《学术界》2006年第1期。

[3] David E. M. Sappington. Incentives in Principal-Agent Relationships. Journal of Economic Perspectives, 1991, 5 (2): 45-66.

个人或团体不能利用组织资源谋取私利。

(六) 治理理论

英文中的 governance 源于拉丁语 gubenare，意为统治、掌舵。根据《英汉大字典》《柯林斯词典》等权威词典，governance 的基本含义为统治、支配、管理、管理方式。詹姆斯·N. 罗西瑙（James N. Rosenau）在其主编的《没有政府的治理》中指出治理既包括政府机制，同时也包含非正式、非政府的机制。① 全球治理委员会（The Commission on Global Governance）的《我们的全球之家》研究报告认为治理是各种公共的或私人的个人和机构管理其共同事务的诸多方式的总和。② 俞可平认为治理的基本含义是指官方的或民间的公共管理组织在一个既定的范围内运用公共权威维持秩序，满足公众的需要。③

治理理念对监管概念产生了深远影响。就本研究来说，慈善组织监管是慈善组织的各个利益相关者共同对慈善组织和慈善活动进行监督和管理。治理主体既可以是政府，也可以是慈善组织、媒体及社会公众，还可以是政府与慈善组织及社会的合作。监管的目的是避免慈善组织做出违背社会意愿和从中谋取私利的行为，或者在出现问题时，能及时通过惩罚与激励等措施，使之回归到正确的轨道上来。监管治理的对象是慈善组织和慈善活动中的各种慈善行为。

二 分析框架

本研究运用慈善脆弱论、社会责任理论、系统论、利益相关者理论、委托代理理论、治理理论和其他社会科学理论，并根据实践研究的需要，提出慈善事业整体性监管体制分析的一般性框架。

(一) 监管主体与监管类型

监管主体是慈善事业监管的实施者。政府、慈善组织、公众、媒体、第三方组织等利益相关者是慈善事业的监管主体。监管主体以不同的角色参与慈善事业，但他们的参与行为不是随意性的，而是按照某种制度化的

---

① [美] 詹姆斯·N. 罗西瑙主编：《没有政府的治理》，张胜军、刘小林等译，江西人民出版社 2001 年版，第 4—5 页。
② The Commission on Global Governance. Our Global Neighborhood: The Report of the Commission on Global Governance, New York: Oxford University Press, pp. 2-3. 转引自俞可平：《全球治理引论》，《马克思主义与现实》2002 年第 1 期。
③ 俞可平：《全球治理引论》，《马克思主义与现实》2002 年第 1 期。

安排而行动，可以说监管主体是一个制度化的行动者体系。在计划经济时期，政府往往直接成立福利事业单位，并直接提供服务。当前，在慈善事业发展中政府改变了自己角色，更多提供资源支持和实施监管，而非直接提供服务。慈善组织是慈善事业的主要载体，可分为基金会、社会团体和社会服务机构等组织形式。公众、媒体、第三方组织等是慈善事业重要的利益相关者，是社会监督主体。

从治理的角度看，根据利益相关者与慈善事业的利益关系，可以把慈善事业整体性监管分为行政监管、慈善组织内部治理和社会监督三种类型。

政府行政监管在慈善事业整体性监管体制中居于主导地位。慈善事业是一项社会事业，慈善组织在法律法规的框架下依据章程从事募捐和救助行为，但有时慈善组织的行为可能危及社会利益，损害慈善事业公信力，在这种情况下政府需要进行监管，采取措施保障慈善事业健康可持续发展。行政监管是慈善组织外部监管机制，是一种重要的他律机制。探讨慈善事业行政监管的含义、特征、功能、监管方式、存在问题及改进等内容。

慈善组织内部治理涉及慈善组织内部治理结构、职权及运作，内部管理机构、管理制度及管理活动，以及内部激励和监督机制等制度、机构及其行为体系。慈善组织内部治理实质上是慈善组织在法律制度的约束下的自律管理和自我管理，在慈善组织整体性监管体制中居于重要地位。研究慈善组织内部治理的含义、特征、功能、治理方式、存在的问题及完善等内容。

社会监督在慈善事业监管中发挥越来越重要的作用。社会监督包括捐赠人监督、媒体监督、第三方组织评估和社会大众监督等。社会监督的不同主体运用不同策略和技术对监督慈善组织和慈善活动进行监督，探讨社会监督的含义、特征、构成、功能、方式、存在的问题及创新等内容。

(二) 监管对象和监管内容

《慈善法》规定，自然人、法人和其他组织可以开展慈善活动以及与慈善有关的活动[①]，因此，自然人、法人和其他组织就成为整体性监管的对象，自然人、法人和其他组织开展的慈善活动以及与慈善有关的活动就是整体性监管的内容。如前所述，慈善活动既包括传统的扶贫济困、扶老助残等内容，也涵盖了教育、科学、文化、卫生、体育等社会事业，此外

---

① 《中华人民共和国慈善法》，《人民日报》2016年3月20日，第1版。

还包括保护和改善环境等公益事业。在慈善活动中，受益人不同，慈善行为和救助方式就不尽相同。不同的领域、不同的受益对象、不同的参与动机、不同的救助方式以及不同的效果使得慈善活动显得异常复杂，迫切需要通过整体性监管建立起合理的秩序，并不断从实践中总结经验，促使慈善活动在各个环节高效完成，以保证慈善事业健康可持续发展。本书主要参考《慈善法》的逻辑结构和内容，重点研究慈善组织监管慈善捐赠监管、慈善募捐监管、慈善信托监管、慈善财产监管和慈善税收优惠监管等内容。

（三）监管方式

监管方式是监管主体对监管对象进行监督管理所采取的方法和形式。监管主体不同，监管方式也不同。传统的行政监管方式有行政许可、年度检查、财税监督、慈善组织评估等，近年来政府探索采取柔性监管方式，包括行政指导、行政约谈、购买服务、财政补贴、税收优惠、守信联合激励和失信联合惩戒等。

《慈善法》第12条规定，慈善组织应当根据法律法规以及章程的规定，建立健全内部治理结构，明确决策、执行、监督等方面的职责权限。[①] 慈善组织类型不同，内部治理结构不尽相同，但一般都会有决策机构、执行机构和监督机构等组织机构，它们分别履行决策、执行和监督职责。慈善组织在实际运作中形成了不同的内部治理模式和内部治理机制。慈善组织党建工作在慈善组织内部治理中发挥着越来越重要的作用。

社会监督主体众多，其中捐赠人、媒体、第三方组织比较活跃，它们运用不同方式对慈善组织和慈善活动进行监督。捐赠人可以进行直接监督和间接监督。传统媒体和新媒体利用舆论力量实施监督，监督方式多样。第三方组织通过慈善透明度评估、慈善项目评估和慈善组织评估来进行监督。

（四）影响因素

法律制度因素、政府监管架构因素、慈善组织因素、社会与文化因素对整体性监管产生影响。慈善事业法律制度包括与慈善事业发展相关的法律、行政法规、部门规章、司法解释、地方性法规、地方政府规章及其他规范性文件以及对于这些法律、法规的修改和补充，完善的法律制度为慈善事业整体性监管提供保障和依据。我国慈善事业监管架构历经演变，不同监管架构对慈善事业监管有不同影响，目前多种监管架构和监管模式并

---

① 《中华人民共和国慈善法》，《人民日报》2016年3月20日，第1版。

存,不同的监管架构的监管重点不同。我国慈善组织新型监管体制正在构建过程中,双重管理与慈善组织行政化仍然对慈善组织内部治理有较大影响,慈善组织自身、慈善组织负责人和工作人员的素质状况也影响着慈善组织内部治理。慈善文化意识、人们对慈善事业的信任程度和整体社会责任状况,对慈善事业监管产生不可忽视的潜在影响。

(五)整体性监管体制的完善

在整体性监管中,政府、慈善组织和社会监督主体应对其所处的地位和角色及监管功能、监管程序、监管方式和手段都需要得到明确。整体性监管是政府、慈善组织和社会监督主体对监管对象行使监管权力、履行监管职责的过程,在监管过程中,各监管主体相互联系、相互支持,规范运行,从而实现监管目标。

本研究立足于当前我国慈善事业改革和发展实际,融合慈善事业监管的相关理论,通过对政府、慈善组织、捐赠人、传统媒体、新媒体、第三方组织等慈善活动参与者及监管者的全面研究和深入调研,建立"监管主体与监管类型—监管方式—监管内容—影响因素—整体性监管体制完善"五层次分析框架,探讨我国慈善事业整体性监管体制建设,揭示整体性监管的运行机制及内在关系,分析梳理监管方式与方法,研究影响监管的因素,进而完善慈善事业整体性监管体制,为完善慈善事业监管制度、制定慈善事业监管政策提供理论依据和技术支持。

按照前述研究目标,本课题将以图1-1所示的分析框架进行研究。

三 研究方法

本研究主要采用文献研究、调查研究、实地研究与统计分析相结合的方法,通过对政府法律制度、国内外相关研究的梳理分析,总结归纳出行政监管、慈善组织内部治理和社会监督的特征与功能,对不同类型监管作出比较,归纳解释监管体制的不同内在机制。本研究注重个案经验,选取不同类型的慈善组织进行文献收集、深入访谈和实地观察。本研究重视境外慈善事业监管模式与经验,对英国、美国、德国、日本、中国香港和台湾地区的慈善事业监管模式和特点进行梳理分析,总结可供借鉴的经验启示。本研究对民政部登记的基金会、全国性社会团体和民办非企业单位的行政许可、年度检查进行统计;对募捐方案备案、慈善信托备案进行统计;对社会组织行政处罚、获得公益性捐赠税前扣除资格的社会组织、社会组织活动异常名录、社会组织严重违法失信名单、基金会评估等级进行统计;对209个全国性基金会的理事会、监事、专职工作人员、党组织类

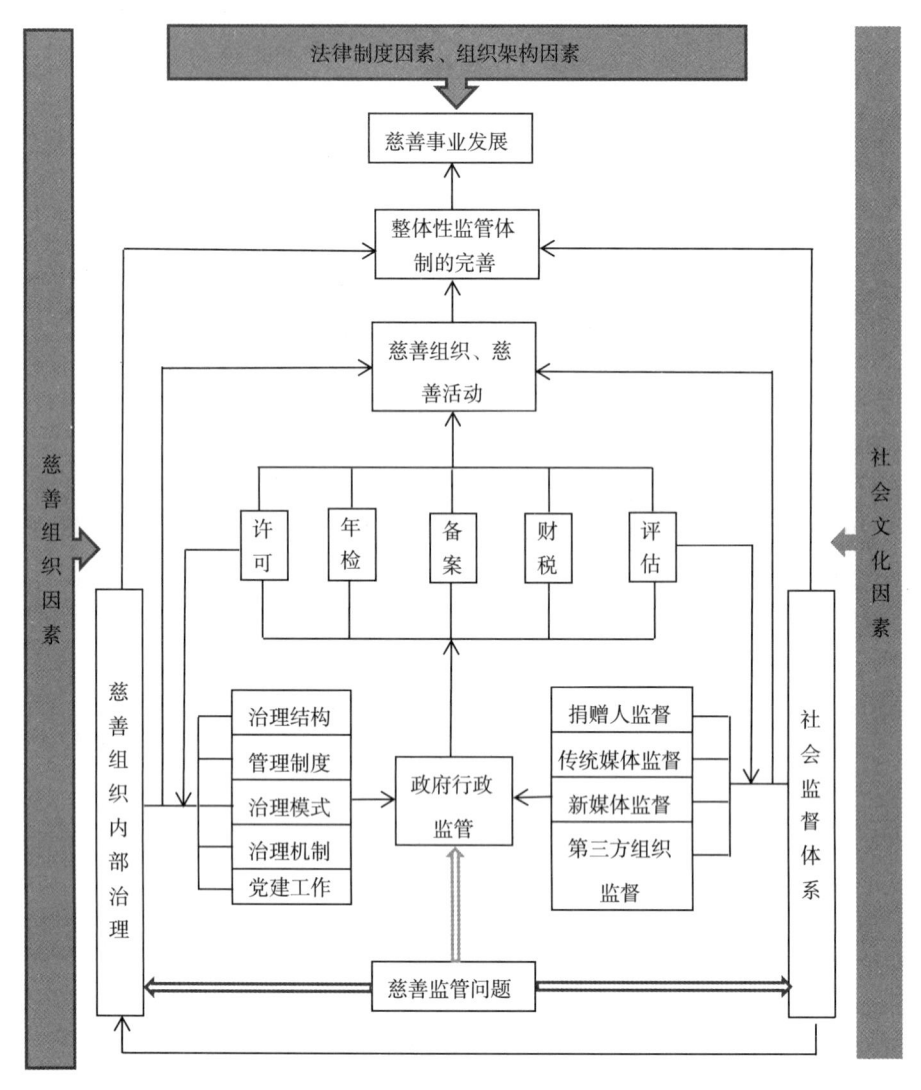

图 1-1　慈善事业整体性监管体制分析框架图

型、党组织活动情况、群团工作等进行统计。可以说，通过调研、理论分析和经验研究，做到了对目前监管类型深入细致地把握。

本研究还采用比较研究方法，在慈善事业行政监管、慈善组织内部治理和社会监督研究中，都将其置于现阶段与前一发展阶段、不同监管类型和方式、境外发达国家和地区与中国的框架中进行比较分析，明确不同监管类型的特点，中国慈善事业监管体制与境外有关国家和地区的异同点，认清实际和理想之间存在的差距，从而揭示中国慈善事业监管体制设计的特点和路径选择。

　　本研究的基本思路是先提出慈善事业整体性监管体制的概念框架，然后对监管体制作分解式叙述。第一章从问题出发，界定整体性监管体制概念，提出整体性监管体制的理论依据和基本框架。接下来的章节（第二、三、四、五、六、七、八章）对整体性监管体制的构成、监管类型、监管方式及创新进行深入描述与分析，剖析慈善事业监管存在的问题，介绍和分析我国和境外有关国家和地区慈善事业监管的基本做法和重要经验。基于对整体性监管体制类型、方式的深入分析，研究的最后（第九章）着眼于如何完善整体性监管体制，提出要遵循的理念、目标和原则，完善组织管理体制和机制，以及借助信息公开平台实现监管类型、监管机制之间的联结。

第二章　监管主体与监管类型

监管主体是指对慈善事业实施监督管理的个人、单位或组织。根据《慈善法》第10章对监管主体的规定，慈善事业监管主体包括县级以上人民政府民政部门、其他有关部门、慈善行业组织、单位、个人、公众和媒体。本章探讨的监管主体有政府机关、慈善组织、捐赠人、媒体和第三方组织，主要内容包括对监管主体和监管类型的界定，对各类监管特征和功能的分析。

第一节　监管主体

慈善事业是中国特色社会主义事业的重要组成部分，这一事业部门既不同于拥有公权力的政府部门，也不同于以营利为主要目的的企业部门。慈善事业的生存和发展既依赖于其自身，如慈善组织的合规性和规范性、慈善工作者的奉献精神以及他们的专业能力，也依赖于政府支持和社会参与。政府、慈善组织以及有关社会力量是慈善事业的利益相关者，从监管视角看，它们也是慈善事业监管主体。

一　政府在慈善事业发展中的角色

政府是社会利益的代表，其职能包括进行经济、政治、文化、社会、生态文明等建设和管理。政府以其强制力和权威而同其他组织相区别。狭义上的政府是指同立法机关、司法机关并列的行政机关；广义的政府包括立法机关、司法机关和行政机关，此外，还包括拥有行政管理职权的事业单位和群团组织。本研究采用广义的政府概念，它是同企业、慈善组织并列的公共部门的统称。政府是慈善事业行政监管的主体。

在慈善事业发展中，政府扮演多种角色，包括慈善组织举办者、政策制定者、资源提供者和监督管理者四种。

(一) 慈善组织举办者

改革开放以来，人民群众需求日益增长，但国家还不富裕，在这种情况下，政府提出了"社会福利社会化"的政策，提倡社会举办福利事业；与此同时，政府也想方设法利用社会资源去满足民众需求。政府为吸引社会资源，举办了公募基金会和慈善会（慈善总会、慈善协会）等官办慈善组织。可以说，我国公募基金会和慈善会（慈善总会、慈善协会）绝大部分是由民政部门直接举办成立的，绝大部分慈善组织还是"一个部门，两块牌子"。慈善组织的负责人和工作人员直接来自政府，他们以一种与政府相类似的逻辑运作。[1] 公募基金会、慈善会（慈善总会、慈善协会）和其他官办慈善组织吸收了大量社会资金，在扶贫济困、捐资办学等领域发挥了积极作用，提升了受益人群的福利水平。

(二) 政策制定者

作为政策制定者，政府制定慈善事业政策法规和发展规划，确保慈善事业健康发展，包括《慈善法》《公益事业捐赠法》《公益慈善捐助信息公开指引》《慈善组织认定办法》《慈善组织公开募捐管理办法》《慈善组织信息公开办法》《国务院关于促进慈善事业健康发展的指导意见》《民政部关于在社会救助工作中充分发挥慈善组织作用的通知》《民政部关于促进慈善类民间组织发展的通知》《民政部办公厅关于加强指导和规范管理基层慈善活动的通知》等一系列政策法规和文件，有力地规范和促进了慈善事业的发展（有关慈善事业法律制度见第七章第一节）。

(三) 资源提供者

政府提供的公共资源是慈善组织收入的重要来源。政府提供资源的基本方式是按照法律的规定，依托公共行政体系，通过税收和公共财政等方式筹集资金，并通过制定各种政策向慈善组织提供必要财政支持。按照约翰·霍普金斯非营利部门比较项目（the Johns Hopkins Comparative Nonprofit Sector Project，简写CNP）的研究，39个有可靠数据支持的国家中，非营利组织收入中政府资助与慈善捐赠的比例超过2∶1（分别为36%和15%）。在39个国家中，有14个国家的非营利组织的最大收入来源于政府。政府依靠非营利组织提供社会服务成为一种普遍形式，在那些

---

[1] 田凯：《非协调约束与组织运作——中国慈善组织与政府关系的个案研究》，商务印书馆2004年版，第1—2页。

发达的工业国家，尤其如此。① 从中国的现实情况看，政府对非营利组织的支持和资助主要有以下几种方式：拨款、补贴、实行税收优惠、购买服务、奖励等。同时，政府还要督促各类非营利组织依法承担起在服务活动和项目运作中应负的资源投入和资源动员的责任，以及通过各种政策优惠和宣传鼓动等方式鼓励各类组织向慈善服务活动和项目运作投入一定资源。

（四）监督管理者

在慈善事业发展中，政府部门要加强监管，规范各类慈善组织和个人在社会服务中的角色和责任；制定科学的评估标准，加强对慈善组织和慈善项目的评估，尤其要加强第三方评估，以了解和掌握服务活动和项目运作情况，及时发现存在的问题并责令慈善组织限期整改，以维护社会服务市场有序运行，保护服务对象的合法权益。

从以上分析可以看出，政府从最初直接成立慈善组织——官办慈善组织，到为慈善事业制定规划、出台法律法规，再到提供资源，进行监督管理，政府深深地介入到慈善事业发展中。政府开始时充当运动员角色，成立慈善组织，筹集资源，促进了慈善事业的恢复和发展。随着民众的需求日益增加，以及政府面临的行政管理事务越来越多、越来越复杂，政府需要根据环境的变化适时调整自己的角色，从以往的慈善活动直接参与者中抽离出来，开始去扮演资源提供者、政策制定者和监督管理者角色。

当前，随着慈善组织的发展，以及政府购买服务的推进，政府在慈善事业发展中的角色又一次面临转型，这就是政府要专门扮演监管者角色，制定和修订法律法规，监督管理慈善组织和慈善活动。而监管则需要创新方式方法，不仅要注重事前监管，更要注重事中和事后监管，从注重行政审批管理转到注重行政给付、行政奖励，政府不仅运用行政许可实施监管，而且还要通过资助、购买服务等方式培育支持慈善组织，通过税收优惠等手段促进慈善组织发展，激励慈善捐赠人。在这个过程中，政府需要转变理念，善于学习新方式和运用新手段，妥善处理同其他监管主体的关系，更好地促进慈善事业发展。

二 慈善组织内部治理和自我管理的必要性

慈善组织既是慈善事业监管的对象，也是重要的监管主体。作为监管

---

① 王浦劬、莱斯特·M. 萨拉蒙等：《政府向社会组织购买公共服务研究：中国与全球经验分析》，北京大学出版社 2010 年版，第 202—206 页。

对象，政府对慈善组织作出多方面的规定，如登记管理、募捐、慈善财产等都纳入政府监管范围。本研究把慈善组织纳入监管主体系统，从内外部环境、组织自身及其与各种监管子系统的相互配合的角度来阐述慈善组织进行内部治理和自我管理的必要性。慈善组织成为监管主体有以下五个方面的原因：

（1）从慈善组织的外部环境来看，慈善组织的形象和公信力经常受慈善丑闻和慈善事件影响而受到侵蚀和破坏，这对深陷其中的慈善组织产生巨大不良影响，对不是慈善事件当事人的慈善组织也敲响了警钟。这就要求慈善组织必须不断加强内部治理和自我管理，完善内部治理结构和治理机制，设置合适的内部机构和采用科学管理方法来高效地完成管理任务。只有这样，才能被社会认可，从而获得社会合法性，促进自身发展。

（2）从慈善组织内部来看，如果慈善组织内部治理和自身管理存在不少问题，必将影响慈善组织的正常运作和功能发挥，不利于其完成任务和实现使命。对慈善组织来说，应该有加强内部治理和自我管理的意识，在组织成立之初就要做好准备，制定章程，明确组织的宗旨和服务范围，同有关组织和人士建立密切联系，建立合理的组织机构和部门；在组织成立后，要严格按章程规定召开会员（代表）大会、理事会、监事会，充分发挥会员、理事以及监事的作用。就慈善组织内部各方面的管理来说，要建立健全规章制度，做好分工，并使组织不同层级、不同部门、不同人员实现有效沟通。只有从自身内部治理做起，辅之以外部监督，才能够实现既定目标和计划，最终实现其服务于社会和大众的目的。

（3）从慈善组织中存在的"内部人控制"现象来看，慈善组织需要加强内部治理。在现代企业中，所有权与经营权分离，所有者与经营者利益的不一致，由此导致经营者控制公司，即"内部人控制"现象。[1] 在慈善组织内，"非利润分配"原则要求慈善组织的收入和利润不能在组织成员中进行分配，但是，同企业一样，由于利益驱动、信息不对称以及激励不相容，慈善组织的管理者"可能关心他们的权力和额外津贴，而这两者都可以通过把他们的组织扩大到超过'有效率的'水平来获得"[2]，内部管理人员可能会利用所掌握的信息和组织控制权来谋取自身利益，损害委托人和其他利益相关者的利益，从而不利于实现组织目标和使命。慈善

---

[1]《内部人控制》，MBA智库百科（http://wiki.mbalib.com/wiki/内部人控制）。

[2] [美] 平狄克、鲁宾费尔德：《微观经济学》（第四版），张军等译，中国人民大学出版社 2000 年版，第 547 页。

组织需要建立健全内部治理结构和治理机制，最大限度地调动管理层和职工的积极性，并通过监督和激励使代理人与委托人的目标保持一致，防止"内部人控制"现象的发生。

（4）从慈善组织自身来看，慈善组织一般是独立的非营利法人，有一定的人力资源，有自己的财产和活动场所，有完备的组织机构和规章制度，具有自治性。自治性指的是慈善组织作为独立的自治组织，慈善组织在人事、财务、决策等方面不依附于任何其他社会组织，具有独立的决策及其行政能力，能够进行有效的自我管理。慈善组织可以通过组织决策机构的多数决策方式形成组织意志，并在慈善组织自身宗旨的支配下，规范、支配慈善组织的行为，开展慈善活动。慈善组织离不开政府和社会支持，其自身也要加强内部治理和内部管理，拓展资金来源渠道，从而获得更大的独立性和自主性。

（5）从内外监管机制相互配合来说，要使外部监管机制发挥作用，需要慈善组织内部治理相配合，并形成一个整体，否则，即使行政监管到位，公众、媒体也广泛参与，慈善事业监管的效果也会大打折扣。如果内部治理做不好，在接受外部监管时，不能及时改正存在的问题，则会受到政府有关部门的严厉处罚和社会公众的抛弃。例如，有的慈善组织就因存在超出章程规定的宗旨和业务范围开展活动以及在编制财务会计报告中弄虚作假的违法行为，情节严重而受到撤销登记的处罚。

三　捐赠人与慈善事业监管

（一）捐赠人的类型

捐赠人是基于慈善目的，自愿、无偿向慈善组织赠予财产的自然人、法人和其他组织。根据《公益事业捐赠法》的规定，捐赠人既包括境内捐赠人也包括境外捐赠人，具体类型有自然人、个体工商户、公司和其他企业。按照《慈善法》第34条规定，捐赠人有自然人、法人和其他组织。捐赠人还可以分为初始捐赠人和一般捐赠人。初始捐赠人作为慈善组织的设立者，享有一般捐赠人所没有的权利。初始捐赠人有权通过章程确立慈善组织的宗旨、组织机构等重要事项，有权通过自己担任理事或选任第一届理事会的方式影响慈善组织实际运作。一般捐赠人是指慈善组织成立后向慈善组织捐赠的自然人、法人和其他组织。一方面，一般捐赠人享有公众所享有的一般知情权，如有权要求慈善组织募捐时公开相关信息；另一方面，捐赠人根据捐赠协议享有一般公众所没有的权利，通过行使权力监督慈善组织的运营。

(二) 捐赠人监督的必要性和可行性分析

1. 捐赠人监督的必要性

(1) 慈善事业是民众参与的社会事业,慈善事业发展离不开包括社会监督在内的社会支持和参与

捐款、捐物是社会参与慈善的重要途径,除外之外,公众参与监督慈善组织和慈善活动也是社会参与的重要方式。慈善的根基是爱,慈善行为是帮助他人和社会的利他行为,它需要公众的呵护和培育,同时需要公众参与和监督。只有公众参与尤其是捐赠人参与和监督,再加上政府行政监管和慈善组织自身的自律建设,才能培育一个健康的慈善生态、若干优秀的慈善组织和有序的慈善市场,慈善事业才能充满生机和活力。否则,离开捐赠人和其他公众监督,慈善组织可能会做出违背公序良俗,甚至违法行为,慈善事业的公信力就会崩塌。例如,2011年"郭美美事件"就使得中国红十字会的声誉和形象一落千丈,红十字会系统当年和随后几年接受捐赠大幅缩水,进而影响整个慈善行业发展。

(2) 捐赠人参与慈善监督是实现捐赠人权利的重要途径

捐赠人是慈善组织的重要利益相关者。慈善组织的财产大量来自捐赠人的捐赠。我国《公益事业捐赠法》《慈善法》都规定捐赠人享有知情权和监督权等权利,捐赠人向慈善组织捐赠,对捐赠财产的使用,他有权进行监督。慈善组织应该告知捐赠人捐款的用途和使用情况,政府也要督促和监督慈善组织按时公开各种信息,保障捐赠人和其他公众的知情权和监督权。在现实中既有大量信息公开情况良好,捐赠人权利得到充分实现,从而事业发展顺利的案例,也有少数不及时公开信息,对捐赠人和其他公众要求置若罔闻,从而导致事业发展受影响甚至不能生存下去的例子。这提醒我们,捐赠人意愿能否实现直接影响慈善组织与捐赠人良性互动,关系慈善组织能否获得捐赠。因此,有必要赋予和保障捐赠人知情权和监督权,从而使其在慈善组织监督中发挥作用。

(3) 外部监督机制之间需要协同

在慈善事业外部监管机制中,政府行政监管能确保慈善组织规范发展并给慈善组织提供一个适宜自主治理的空间,但仅依靠行政监管而缺乏其他监督机制的配合,行政监管机制也是不充分的,不足以夯实慈善组织公信力的基础。因此只有将政府行政监管与捐赠人监督等监督机制相结合对慈善组织进行整体性监管,才能促使慈善组织规范运作与健康发展,更好地达成其公益目标。

2. 捐赠人监督的可行性

(1) 法律规定了捐赠人权利，为捐赠人监督提供了法律保障

如上文所述，我国有关慈善法律法规规定了捐赠人享有知情权、监督权等多种权利，捐赠人可以行使这些权利。例如，2011年曹德旺、曹晖向西南五省（市）干旱地区捐赠，并采取多种措施全程参与监督，取得了良好效果，就是在行使捐赠人的监督权。在现实中，绝大多数慈善组织能够满足捐赠人参与监督的要求，也能及时公开信息，但也有少数慈善组织无视捐赠人权利的情形。捐赠人可以与慈善组织签订捐赠协议，明确规定捐赠人的监督权利，以便更好地实施监督。

(2) 互联网技术的发展为捐赠人监督提供了便利条件

当前，随着互联网技术的发展，政府、慈善组织和有关组织建立和开发了各种信息公开平台，并在其上公布各种信息。政府的信息公开平台有民政部及地方各级民政部门官方网站、中国社会组织公共服务平台、"慈善中国"；民政部指定的20个慈善组织互联网募捐信息平台[①]；有关第三方组织或行业组织网站，如基金会中心网网站、中国慈善联合会网站及慈善组织自己的网站等。政府的信息公开平台会发布募捐信息。有的第三方组织或行业组织网站会发布汇总信息，如年度工作报告、财务会计报告等来满足公众各种需求。有的慈善组织建立微信公众号，适时推送各种信息。有的慈善组织通过互联网给捐赠人点对点发送信息，告知善款使用和救助情况。所有这些都依赖于互联网技术，可以说，互联网不仅方便了捐赠，也方便了监督。

四 媒体与慈善事业

(一) 媒体的类型

媒体可分为传统媒体和新媒体两大类。

1. 传统媒体

传统媒体是相对于近几年兴起的新媒体而言的传统的大众传播方式，包括报纸、广播、电视、杂志等。其在传播形式上最为明显的特征在于通过某一机械装置，在特定的时间、特定的地点向大众提供公共信息和教育娱乐平台。报纸、广播、电视等基本上都是政府举办的事业单位，其所选

---

① 20个平台的名单见《民政部关于发布慈善组织互联网公开募捐信息平台名录的公告》（民政部公告第434号），民政部网站（http://www.mca.gov.cn/article/xw/tzgg/201806/20180600009425.shtml）。

择的主题、所报道的新闻和所发布的信息，往往是政府部门意志的体现，具有官方和正式特征，其发布的信息具有权威性。同新媒体相比，传统媒体具有以下几个缺陷：其一，时效性差。传统媒体有明确的发布信息的周期，例如日报需要每天出版和印刷，广播和电视节目需要在固定的频道和时间播出，杂志的出版周期就更长了。显然，同新媒体相比，传统媒体时效性不强。其二，交互性差。报纸、刊物、电视、广播等传统媒体在传播方式上具有单向性的特征，受众只能被动接收信息。传统媒体尽管也设有反馈渠道，倾听观众的声音和意见，但很难实现及时沟通和互动，这使得人们的体验性差。其三，针对性和可选择性差。传统媒体有固定的栏目和固定的格式，信息接收者是一般社会大众，而一般大众是一个多样性的群体，这使得有关公众往往很难获得自己想要的信息。

2. 新媒体

新媒体是指以互联网为平台，包括博客、微博、论坛、视频分享网站等媒体形式。新媒体具有如下优点：其一，时效性强。新媒体发布的信息往往是现场刚刚发生的信息，或者是在第一时间制作完成的信息，信息一经形成就会及时发到网络上，人们可以很快了解这些信息。其二，具有交互性。交互性是网络区别于传统媒体的最大技术特性。网络所具有的交互性使网民不仅可以接收各种信息，还可以多种方式发表看法、参与讨论，人们的参与度和兴趣提高。其三，丰富性和针对性。新媒体发布的信息非常丰富，人们可以利用各种搜索引擎进行搜索，找到自己需要的信息。从中我们也要看到新媒体所具有的消极影响：其一，信息的丰富性易造成人们判断和选择难度加大。有时人们面对海量信息不知选择哪些信息，这给人们造成了负担。其二，有的新媒体发布的信息不严谨，良莠不齐，容易给人们造成误导。其三，人们长期沉溺于新媒体发布的信息，容易形成网瘾，影响自己身体、学业、工作和生活。

传统媒体和新媒体各有自己的优点和不足，信息的发布者和接收者都应该了解它们的优点和局限性，充分利用其优点而尽量避免其局限性。

(二) 媒体与慈善事业发展

1. 媒体关注有助于慈善组织获得经济资源

慈善组织是慈善活动的参与者、组织者和实施者，慈善组织生存和发展依赖外界的支持和资助。慈善组织可以承接政府项目获得资金，有公开募捐资格的慈善组织可以进行公开募捐，此外慈善组织也可以通过收费服务获得一定资金。媒体通过报道和宣传慈善组织和慈善项目，提高慈善组织的声誉和知名度，从而有利于慈善组织建立慈善品牌，有助于其获得政府和社会的支持。

2. 媒体参与传播慈善理念

媒体报道不仅报道事实，而且包含了价值判断。媒体报道慈善，一方面把慈善事件和慈善活动传达给公众，使公众了解慈善；另一方面通过报道慈善活动的意义和价值观，影响公众对慈善的思考和价值判断。这样就促使公众在潜移默化中接受慈善文化和慈善意识，引导人们树立正确的慈善价值观，从而为慈善事业发展奠定内核精神，有助于促进慈善事业健康发展。

3. 媒体参与可以发挥监督功能

媒体报道慈善活动实施、资金管理和使用情况，使捐赠人、公众了解和掌握慈善财产的用途、慈善活动的效果和慈善组织公信力，让慈善在阳光下发展，消除公众疑虑，从而进一步提高公众的捐赠意愿，促进慈善事业良性发展。

五 第三方组织与慈善事业监管

第三方组织是独立于慈善组织与受益人的组织机构，包括研究机构和评估机构等。在美国，慈善组织自愿联合组成的全国性代表机构对其行业内成员进行的自律性监督，是一种十分有效的监督。它们开发的评估指标体系，成为对慈善组织进行监督和激励的有效工具。我国很多第三方组织主要依托特定的科研院所，由专业人士组成研究和评估队伍具有专业理论知识和技术工具上的优势，因此其专业性和权威性可以得到保障；同时，第三方组织内部更具有严谨性、独立性和组织性，它通过实证性的调查研究和分析能够有效地找到问题的症结并提出具体的改进策略。①

第二节 行政监管②

一 行政监管的含义

什么是慈善事业行政监管？所谓慈善事业行政监管是指县级以上人民

---

① 石国亮：《慈善组织公信力重塑过程中第三方评估机制研究》，《中国行政管理》2012年第9期。

② 参见陈为雷《中国慈善事业行政监管论纲》，山东人民出版社2018年版，第1—7、17—21、43—63页。

政府民政部门和其他有关部门对慈善活动进行监督检查，对慈善组织遵守法律法规情况的监督和管理。行政监管是一个有机系统，包括以下几个方面的内容：

（一）行政监管的主体

《社会团体登记管理条例》《民办非企业单位登记管理暂行条例》《基金会管理条例》[①] 等行政法规规定了慈善组织的双重管理体制，即慈善组织受业务主管单位和登记管理部门的双重监管。根据《慈善法》的规定，县级以上人民政府民政部门和其他有关部门是行政监管的主体。[②] 民政部门的慈善事业监管职能有管理和监督两种，管理职能更多地体现在对慈善组织的资格认定环节，而监督职能则更多地体现在资格认定后的各个环节。

慈善事业监管中的其他有关部门包括财政、税务、审计等部门。财政部门统一监（印）制捐赠票据，对慈善组织领用（购）、使用、保管捐赠票据进行监督检查。税务部门对慈善活动和慈善组织涉及税收事务具有监管职责——依法确认免税资格、依法给予税收优惠是税务部门的工作职责；税务部门对获得税收优惠的慈善组织有审查义务，也有权力审查慈善组织的备案登记记录。税务部门还有权查处弄虚作假骗取税收优惠的慈善组织。政府审计部门主要负责各级政府部门和所有企事业单位的审计监督工作，在慈善活动中，审计部门要对涉及政府资金的慈善项目和相关慈善组织进行审计。

（二）行政监管的客体和内容

慈善行政监管的客体是慈善活动和慈善组织。开展慈善活动的主体包括自然人、法人和其他组织。慈善组织通过募捐、提供慈善服务开展慈善活动，自然人、除慈善组织外的其他法人和其他组织可以通过捐赠财产或者提供服务开展慈善活动。因此，对慈善活动的监管包括监管慈善组织开展的慈善活动、自然人开展的慈善活动、除慈善组织外的其他法人开展的慈善活动和其他组织开展的慈善活动。

慈善组织是行政监管的另一重点。慈善组织是非营利法人，其从事慈善活动，因此行政监管也必然要以慈善组织为主要对象，包括慈善组织及

---

① 鉴于三个法规在文中多次一起出现，再次一起出现时简称"三大条例"。
② 《慈善法》第 6 条规定："国务院民政部门主管全国慈善工作，县级以上地方各级人民政府民政部门主管本行政区域内的慈善工作；县级以上人民政府有关部门依照本法和其他有关法律法规，在各自的职责范围内做好相关工作。"

其负责人或法定代表人。此外，监管机关还负有监管城乡社区组织、单位以及非慈善组织开展的慈善活动的职责。①

（三）行政监管的目标

行政监管主体通过行政监管来规范慈善活动，使自然人、法人和其他组织开展的慈善活动符合法律制度的要求；监督慈善组织使其遵守法律制度，按章程规定开展活动；通过行政监管，保护慈善组织、捐赠人、受益人和其他慈善活动参与者的合法权益，维持慈善事业秩序和社会秩序，促进社会进步，共享发展成果。

（四）行政监管的方式

行政监管有许多方式，包括行政许可、年度检查、备案管理、行政处罚、规范内部管理和调查、查询慈善组织的金融账户、规范慈善信息公开行为及慈善组织评估、会计、审计与税务监督等。

二 行政监管的特征

同慈善组织内部治理和社会监督相比，行政监管具有以下特征：

（一）行政监管的合法性

国务院《全面推进依法行政实施纲要》明确提出：行政机关实施行政管理，应当依照法律、法规、规章的规定进行。②对慈善活动和慈善组织进行行政监管是政府的一项职能，这是由法律法规明确规定的。行政监管的合法性体现在以下几个方面：

1. 主体合法

根据《慈善法》和有关法律法规规定，能够进行行政监管的组织是民政部门和其他有关部门。行政监管通常是由监管机关的具体工作人员实施，他们履行行政监管职责应具备法定条件，只有这样，才能保证行政监管合法有效。

2. 行为合法

行为合法要求慈善事业行政监管行为有确凿的证据证明，有充分的事实根据；监管有明确的依据，正确适用政策法规；监管必须公正、合理，符合立法目的和立法精神。

---

① 郑功成主编：《慈善事业立法研究》，人民出版社2015年版，第249页。
② 《国务院关于印发全面推进依法行政实施纲要的通知》，中国政府网（http://www.gov.cn/ztzl/yfxz/content_374160.htm）。

3. 职权合法

行政职权是行政权的转化和分配形式,是依法设定和划分给各级行政机关或各种行政主体的、有具体内容和职能范围的行政权力。[①] 行政监管机关必须享有法律法规规定的职权,监管必须在法定的权限范围内实施。监管机关不得自我授权,更不得越权。监管机关的立法权不仅受授权、职权限制,而且受法律保留、法律优先原则的限制。同时,政府进行行政监管不得滥用职权。

4. 程序合法

任何行政行为均须通过一定的程序表现出来,没有脱离程序的行政行为。行政监管程序合法要求监管符合行政程序法确定的基本原则和制度,符合法定的步骤和顺序,必须在法定期限内完成。行政机关实施行政管理,必须严格遵循法定程序,依法保障行政管理相对人、利害关系人的合法权益。《中华人民共和国行政处罚法》(以下简称《行政处罚法》)第37条规定:"行政机关在调查或者进行检查时,执法人员不得少于二人,并应当向当事人或者有关人员出示证件。"[②]《慈善法》第94条规定:"县级以上人民政府民政部门对慈善组织、有关单位和个人进行检查或者调查时,检查人员或者调查人员不得少于二人,并应当出示合法证件和检查、调查通知书。"[③] 以上法律对慈善事业行政监管程序合法作出了明确规定。

5. 形式合法

行政监管行为的意思表示必须借助于一定的载体才能为慈善组织和其他利益相关者所知晓,这种载体就是行政监管的形式。法律从严格执法和保护慈善组织和其他利益相关者的角度出发,往往对行政监管作出严格的规定,要求监管必须具备某种法定形式。如果行政监管不具备法定形式,则构成违法。

(二) 行政监管的权威性

行政监管具有很强的权威性,这种权威性体现在以下四个方面:

1. 行政监管机关拥有强制权和惩罚权

行政监管是由立法机关通过法律授权行政机关的,因而这是代表了公共利益的行为。慈善事业行政监管是由民政部门和其他有关部门进行的监

---

① 彭和平主编:《公共行政管理》(修订版),中国人民大学出版社2004年版,第142页。
② 《中华人民共和国行政处罚法》,中国人大网(http://www.npc.gov.cn/npc/c30834/201709/a1750c5fe6c74b7ca5b00aa8388eb0bd.shtml)。
③ 《中华人民共和国慈善法》,《人民日报》2016年3月20日,第1版。

管，这些部门代表公共利益，拥有强制权和惩罚权，这些权力是由《慈善法》和有关法律法规明确授予的。行政相对方——慈善组织和其他利益相关者必须服从并配合监管机关的行政监管行为。否则，监管机关将予以制裁或强制执行。

2. 行政监管职权沿着科层体系自上而下流动

监管机关有不同层次和级别，各级监管机关构成一个科层体系，权力自上而下流动。在行政监管中，科层体系中的下级在上级的领导和指导之下进行监管，相对于下级，上级具有权威性。

3. 从维护和保障行政相对方的利益中体现监管权威性

在行政监管中，监管机关往往是行政相对方利益的仲裁者和协调者，能够维护和保障其利益，从而得到它们的承认，因而具有权威性。

4. 行政监管具有单方意志性

在行政监管中，监管机关在进行监管时不必与行政相对方协商或征得其同意，即可依法自主作出。这种单方意志性与强制性是紧密联系在一起的，没有行政行为的强制性，就无法实现行政监管的单方意志性。

（三）行政监管的专业性

行政监管涉及不同部门，每个部门所负责的工作都具有极强的针对性和专业性。例如，民政部门负责慈善组织登记、年检等工作，税务部门负责财务审计，以及其他部门所负责的工作都是专业性很强的工作。近年来，慈善组织出现的违法行为大多和财务有关，而对财务报表的审计具有较强的专业性。当前，对慈善组织和其他利益相关者的监管向专业化发展的一个标志是第三方组织参与慈善组织评估。

（四）行政监管的自由裁量性

从一般语义来看，所谓裁量是指根据自己的理解作出判断和处置。在法律意义上，所谓行政裁量是指行政主体及其职员根据法律法规所设定的范围、限度乃至标准或者原则，按照自己的理解作出判断和处置的方式、方法或者形态。① 行政监管具有一定的裁量性，这是由立法者认知能力的局限、不确定概念的表述、固定规范与流动现实的矛盾、执行人员的个人原因、行政管理的广泛性、变动性、应变性所决定的。当然，任何权力都可能被滥用，尤其是没有及时、全面而有效监督的权力，都有蜕变为腐败的温床的可能性。因此，对包括行政裁量权在内的任何权力都应该予以必要的限制。

---

① 杨建顺：《行政裁量的运作及其监督》，《法学研究》2004 年第 1 期。

三 行政监管的功能

在慈善事业整体性监管中,行政监管具有如下功能:

(一)有利于弥补慈善组织内部治理和社会监督机制的不足

在慈善事业监管体系中,慈善组织内部治理是慈善组织自身建设和赢得社会信任的重要途径,但是慈善组织内部治理可能不尽如人意。慈善组织同其他组织一样,具有法人地位,理论上应该具备决策机构、执行机构和监督机构等治理结构。但是,由于中国慈善组织尚处于发展初期,还不成熟,一些慈善组织治理结构不完善,有些可能只具有形式意义,这样,就难免存在治理漏洞。例如,慈善组织的负责人或管理者独揽大权,把理事会、监事会置于一边,独断专行,侵害捐赠人和受益人的合法权益。此外,由于慈善组织缺少一个具有商业动机和法律能力通过诉讼来执行信义义务的委托人,慈善组织的理事很少有时间去关注这些问题,社会公众也缺乏商业动机和法律能力承担有效监督者的角色,因此就会产生利益冲突交易等内部治理问题。在这种情况下,监管机关可以通过调查、行政约谈、行政处罚等手段有效制止慈善组织滥用自治权的行为;通过信用评级、行政奖励、税收减免等行政受益监管手段有效降低慈善组织滥用自治权的风险,弥补慈善组织内部治理不足。

不仅慈善组织内部治理可能存在局限,慈善事业社会监督也可能存在不足之处。慈善事业社会监督需要一定的条件,特别是依赖慈善组织信息公开和社会公众的素质。由于一些慈善组织信息不公开,公众不能获得全面准确及时的信息,所以这种监督就起不到应有的作用。有关人士可能会传播虚假信息,错误引导公众。公众监督本质上是一种舆论监督,不具有法定效力。在这种情况下,监管机关要发挥监管作用,通过搭建信息公开平台等手段,有效缓解慈善组织存在的信息不对称问题;通过运用多种行政监管方式保障公开信息的真实性,甚至在符合法定条件的前提下,主动调查慈善组织信息并予以公布,弥补慈善社会监督的不足。

综上所述,由于慈善组织内部治理先天不足,社会监督因缺乏全面准确及时的信息、公众素质有限和参与不足而效果不明显,因此,只有政府机关介入慈善事业监管,发挥行政监管的长处,才能弥补慈善组织内部治理和社会监督的不足。

(二)有利于提升慈善组织公信力

慈善组织的生命力在于其能够获得社会支持。当前慈善领域存在的一些不良现象或失范行为,已经引发了公众的质疑,也损害了一些慈善组织的公信力，这种状况需要借助有效的监管才能改变。监管机关对慈善组织进行有效监管，能够及时预防和解决问题，赢得社会公众的信任。尤其在慈善事件和慈善丑闻频出时，政府必须积极作为，发挥作用，查清事件的来龙去脉，给社会公众一个交代。此外，捐赠人和慈善组织享受大量税收优惠待遇，为了确保税收优惠的合法性和真实性，政府必须加强税收优惠监督，防止捐赠人和慈善组织逃避税收监管或脱离国家监管。

（三）有利于克服慈善组织负责人道德自律的不足

从慈善组织的财产产权构造来看，慈善组织不存在清晰的财产权所有人或股东，也不存在剩余索取权，慈善组织的理事和高级管理人员没有利润指标等绩效考核要求和有效问责机制的约束，使得慈善组织易于沦为实际控制者的自利工具。[①] 慈善事业是以道德和价值为基础的社会事业，但是道德良心有时不可靠，慈善组织和其他慈善活动参与者可能会追求私利、践踏法律。例如，"中国母亲"胡曼莉事件体现出慈善组织负责人道德自律不足和监管的必要性。[②] 因此，必须依靠完善的监督机制而不能仅靠人们的爱心维持慈善组织的公信力，一方面强调慈善组织自律和道德建设，另一方面加强行政监管和社会监督。

（四）有利于缓解慈善信息不对称

对不同的慈善活动参与者来说，他们所掌握的信息数量多寡不一。一般来说，相较于捐赠人、受益人和社会公众，慈善组织掌握较多信息，这些信息包括捐赠人、捐赠数额、救助对象、慈善资金开支领域、使用情况、效率与效益等。而捐赠人掌握的信息一般较少，有些捐赠人甚至不关心捐赠款物的用途和使用方向。慈善组织的受益人并不支付对价，其对接受救助心存感激，一般不太关心慈善组织是否按照捐赠人的意愿救助、救助数额是否准确、提供的服务是否有瑕疵等。相对于慈善组织、捐赠人和受益人，作为一般参与者的社会大众则更不可能获得更多的信息。这表明，在慈善场域中，不同的慈善活动参与者所掌握的信息数量和质量不同，在这种情况下，慈善组织可能会利用所掌握信息谋取私利，存在着道德风险。要解决这个问题，只能通过对慈善组织的行政监管和有效的社会监督来克服。与社会监督相比，行政监管更直接、

---

① 税兵：《非营利法人解释》，《法学研究》2007年第5期。
② 参见甄茜《跨国调查"中国母亲"胡曼莉》，《南方周末》2001年12月20日；傅剑锋：《官方报告揭示"中国母亲"真相"美国妈妈"打赢七年慈善战争》，《南方周末》2007年12月18日。

有效、专业，比社会监督的效率更高。

(五) 有利于维护慈善活动参与者的权益

慈善组织和其他慈善活动参与者之间可能存在意见不一致或矛盾和冲突，尤其是当出现"慈善组织僵局"问题时，政府介入尤为必要。"慈善组织僵局"是指慈善组织因会员或者管理人员之间的利益冲突和矛盾，会出现慈善组织运作障碍，严重者会导致慈善组织的运作机制完全失灵，会员大会、理事会、监事会等机构无法对慈善组织事项作出任何决定，组织的一切事务处于瘫痪，运作陷于僵局，就如同电脑死机。[①] 对于存在的上述"慈善组织僵局"，监管机关要扮演协调者和裁判员的角色，认真对待有关争议，公正客观地处理，只有这样才能维护和保障慈善组织、捐赠人、志愿者和受益人的权益。

(六) 有利于防治"慈善绑架"现象

所谓"慈善绑架"是指慈善活动中捐赠人以捐赠名义胁迫受益人满足其私人目的或利益的行为。"慈善绑架"主要有三种表现形式：一是在慈善活动中胁迫受益人感恩或写感谢信，并以此作为是否有资格接受或者继续接受救助的条件；二是在慈善活动中胁迫受益人配合捐赠人进行自我宣传；三是在慈善活动中不顾受益人的意愿与尊严肆意曝光其私人信息，特别是受益人不愿意公开的有损其人格与尊严的信息。[②] 行政监管能够有效防治以上现象发生。政府出台《慈善法》和有关法律法规，明确慈善组织、捐赠人、受益人、志愿者以及其他慈善活动参与者的权利和义务及慈善责任，依法加强对慈善活动的监管，打击慈善活动中的违法犯罪活动，有效防治和限制"慈善绑架"现象的产生。

(七) 有利于克服志愿失灵

美国学者萨拉蒙发现慈善事业存在志愿失灵现象，它包括四个方面：一是慈善资源不足。慈善组织所拥有的资源往往不充足，难以为所有人群提供所需服务。二是慈善的特殊主义。慈善组织及其捐赠人集中关注人口中的特殊亚群体，但是，社区中的一些亚群体也有可能得不到帮助和服务。三是慈善的家长式作风。慈善组织中控制最重要资源的人拥有界定社区需求的权力，这些人能决定做什么、为谁服务。这种状况不民主，且会

[①] 金锦萍：《我国慈善组织行政处罚制度审视——从登记管理机关的角度》，载陈金罗、刘培峰主编《转型社会中的非营利组织监管》，社会科学文献出版社 2010 年版，第 154—155 页。

[②] 覃青必：《慈善绑架问题及其防治》，《中州学刊》2015 年第 5 期。

给穷人带来依赖感。四是慈善的业余主义。慈善组织往往用业余的方法来处理问题，而这些方法已经过时了。萨拉蒙认为志愿失灵使得政府的行动成为必要，并使得政府对志愿部门的支持有着更充足的理由。① 慈善事业需要政府鼓励和支持。例如，政府通过购买服务为慈善组织发展提供资金支持，帮助慈善组织规范发展，提升能力。同时，为慈善事业发展营造良好的环境同样离不开政府的培育和规范，这既是发展慈善事业必然选择，更是政府管理社会的职责所在。

第三节 慈善组织内部治理②

一 慈善组织内部治理的含义

上文在阐述治理理论时对治理作过分析，治理主体是各种利益相关者。借鉴公司治理之内部治理和外部治理的划分，可以把慈善组织治理分为内部治理和外部治理。慈善组织内部治理是指慈善组织内部治理结构及其权力、责任和义务关系，内设机构及其管理活动的激励机制和监督机制等制度、机构及其行为体系。慈善组织外部治理是政府、捐赠人、公众、媒体等对慈善组织的监督和约束。还可以从广义和狭义两方面来理解治理。广义治理是指慈善组织利益相关者对执行机构的一种监督和制衡机制，可以归纳为一种法律、文化和制度性安排的有机整合，这一整合决定慈善组织如何满足公众和捐赠人的需求，不可以做什么，谁来控制他们，这种控制是如何分配的，活动产生的风险与回报如何分配。狭义治理探讨有关理事会的权力和结构，或者慈善组织理事会理事在理事会决策中的职责和权利，集中思考理事会对执行机构的一种监督和制衡机制。③ 本章主要研究慈善组织内部治理。

为了更好地理解慈善组织内部治理，可以将其与管理加以比较分析。中文管理对应的英文单词是 management，《韦伯斯特词典》将 management

---

① [美]莱斯特·M.萨拉蒙：《公共服务中的伙伴——现代福利国家中政府与非营利组织关系》，田凯译，商务印书馆 2008 年版，第 47—50 页。
② 参见陈为雷《中国慈善组织内部治理研究》，中国社会出版社 2019 年版，第 37—56 页。
③ 参见钱颜文、姚芳、孙林岩《非营利组织治理及其治理结构研究：一个对比的视角》，《科研管理》2006 年第 2 期。

界定为"管理的行动或艺术",或者"引导或监督商业一类的事务,特别是指商业活动中项目的计划、组织、协调、指导、控制等执行功能,以对结果负责",或者"为达到目的而明智地使用各种手段"。[1] 哈罗德·孔茨（Harold Koontz）和海因茨·韦里克（Heinz Weihrich）认为:"管理就是研究如何为以团队方式工作的个体设计和保持某种特定的环境,从而使其能够高效实现企业既定目标的工作过程。"[2] 由以上讨论可以得出:管理意味着获得结果以及管理者为获得结果负个人责任;管理职能有计划、组织、协调、指导、控制;管理关注组织内部环境;管理注重通过群体努力来实现组织目标。

由以上分析可见,治理与管理的区别在于:管理关注内部环境,治理则需要同环境中的各种利益相关者打交道;管理是任务导向的,而治理是战略导向的。

二 慈善组织内部治理的特征

慈善组织内部治理有以下几个特征:

(一) 慈善组织内部治理的目的是实现组织的宗旨和使命

企业是市场竞争的主体,尽管它们要承担一定的社会责任,但盈利和在竞争中生存是其最主要目的。慈善组织可以使用与营利性组织相同的方式赚钱,不同之处在于慈善组织所赚到的钱必须直接用于公共目的。慈善组织赚钱是为了实现组织的宗旨,而不是使所有者或者股东富有。[3] 慈善组织的章程中往往写明慈善组织的宗旨和目标。例如,中国青少年发展基金会、中华慈善总会、山东省慈善总会等慈善组织的宗旨都非常鲜明地突出了慈善目的和非营利特征。慈善组织的宗旨与目的与企业的不同决定了两者内部治理的目的也不同。慈善组织的宗旨就是慈善组织内部治理的宗旨,慈善组织通过构建包括决策机构、执行机构和监督机构在内的内部治理结构和机制,目的在于保证实现其宗旨,这与营利组织内部治理的目标不同。哈维·J. 戈德施密德（Harvey J. Goldschmid）指出:"营利法人的理事和管理人员关心的首要问题是如何实现长期盈利最大化,而非营利法

---

[1] 陈为雷编著:《社会工作行政》（第2版）,中国社会出版社2015年版,第5页。

[2] [美] 哈罗德·孔茨、海因茨·韦里克:《管理学精要》（第六版）,韦福祥等译,机械工业出版社2005年版,第3页。

[3] 郑国安等主编:《国外非营利组织的经营战略及相关财务管理》,机械工业出版社2001年版,第5页。

人的理事和管理人员同样考虑经济利益之外，更重要的是关心能否有效实现非营利法人的使命。"[①]

（二）慈善组织内部治理绩效评价标准和评价主体多元化

对于企业的绩效，人们可以用利润指标来测量，但对于慈善组织来说，用单一的利润指标进行量度显然不合适。慈善组织内部治理目标是多元的，与此相适应的慈善组织内部治理绩效评价标准也是多元的。慈善组织内部治理绩效大体可分为财务绩效和非财务绩效。财务绩效指标要考虑非营利性、公益性和效率，具体可包括总收入、总收入/总费用、捐赠收入/总收入、（捐赠收入+政府补助收入）/总收入、捐赠收入/总资产、投资收益/总收入、投资总额/总资产、（总收入-总费用）/总收入、公益支出/总支出、公益支出、总收入/总支出、（货币资金+短期投资）/总资产、净资产/总资产。[②] 年检结果、评估等级、透明度等非财务绩效指标对慈善组织生存发展也很重要。

此外，对慈善组织内部治理绩效进行评价的主体是多元的，政府、公众、组织管理者和员工都可能提出对内部治理绩效评价的要求。对政府来说，它可能从公共资源的使用、公共利益的维护和促进上评价慈善组织；对捐赠人来说，他要评价捐赠是否按规定的用途使用；对受益人来说，他要看慈善组织是否满足了其需要；对管理者和员工来说，他们评价慈善组织的标准不仅看工资和福利，更看重慈善组织提供的机会和自我价值实现程度。

（三）慈善组织内部治理的核心是慈善组织理事会

企业的内部治理结构一般为股东大会、董事会、总经理和监事会，而慈善组织由于性质和类型不同，治理结构不同。大陆法系国家社团法人和财团法人慈善组织具有不同的治理结构。前者有会员大会作为最高权力机构，理事会是执行机构；财团法人没有会员和会员大会，理事会是决策机构。对社团法人慈善组织来说，监事会不一定是必设机构，但对财团法人来说，监事会则是内部监督必设机构。尽管慈善组织内部治理结构因组织

---

① Harvey J. Goldschmid, The Fiduciary Duties of Nonprofit Directors and Officers: Paradoxes, Problems, and Proposed Reforms, Journal of Corporation Law; Summer98, Vol. 21 Issue 4, p631. 转引自［美］玛丽恩·R·弗莱蒙特—史密斯：《非营利组织的治理：联邦与州的法律与规制》，金锦萍译，社会科学文献出版社2016年版，第189页。

② 颜克高：《非营利组织理事会特征与组织财务绩效的关联性研究》，博士学位论文，湖南大学，2012年，61—63页。

性质和类型不同而有所不同,但不管哪一种类型的慈善组织,理事会都是内部治理的核心。同企业相比,慈善组织理事会没有或者很少受到来自市场竞争、敌意接管、薪酬计划的压力或困扰。由于慈善组织缺少活跃的控制权市场,提供的产品和服务具有复杂性,以及缺少类似于利润率的业绩衡量指标,所以对其内部治理提出了更高的要求。强大的慈善组织理事会治理有助于组织提高声誉,也符合公众利益的要求。因此,理事会是慈善组织治理的核心,它不仅是慈善组织的战略决策机构,也是履行筹资、分配等职能的承载者,是慈善组织与外界进行资源流动和观念互动的枢纽,在内部起着运筹全局并监控风险的职责。①

(四)慈善组织理事会的构成和来源具有较大的差异性

在公司中,董事是股东代表,是公司出资者和所有者。在慈善组织中,尽管在组织成立之初理事往往要投入一定资金作为组织的原始基金,但理事并不是所有者,并不拥有所有权。此外,慈善组织的理事往往来自各个领域,在某个方面有一定的特长和经验。根据基金会中心网的统计,在 3100 个基金会理事会中,理事长一般都具有党政机关、行业协会、企业、专家学者和社会贤达等社会背景。近年来新近成立的基金会的理事会女性理事、青年理事的比例都有所增加。理事会理事来源正在摆脱单一来源,走向多元化来源。②

(五)慈善组织内部治理激励机制的非营利分配和志愿性原则

非营利分配是慈善组织内部治理同营利组织内部治理的重要差别。在英国,慈善组织治理机关的成员,不管是慈善信托中的受托人,还是慈善公司的理事,都是无须支付报酬的志愿者。慈善组织理事多是已经在社会上有一定经济基础和社会声望的知名人士,他们做理事一般是没有报酬的,能够作为某个大型慈善组织的理事,被人们视为一种荣耀和身份的象征。③ 理事不能从慈善组织领取报酬,反而还贡献自己的时间、精力和技能,有些理事还对慈善组织进行捐赠或者帮助慈善组织争取外在资源。理事的责任与义务和公司董事的责任与义务不同。理事是慈善组织资金的筹

---

① 刘宏鹏:《非营利组织理事会角色与责任研究——基于中美比较分析的视角》,《南开管理评论》2006 第 1 期。

② 颜克高、袁玥:《基金会理事职业背景多样性能改善组织绩效吗?》,《商业研究》2017 年第 3 期。

③ 王名、李勇、黄浩明编著:《英国非营利组织》,社会科学文献出版社 2009 年版,第 88 页。

集者——这一重要角色在营利组织中是不存在的。美国管理学家彼得·德鲁克（Peter F. Drucker）说，理事"不仅能从别人那里筹集到资金，而且自己还能带头捐赠，并且捐赠得最多。"① 托马斯·沃尔夫（Thomas Wolf）在《管理21世纪的非营利组织》中提到的理事的六项责任和义务之一就是"直接进行财政资助和筹集资金，为组织活动提供足够的资源"。②

（六）慈善组织内部治理易受强势利益相关者影响

与营利组织相比较，慈善组织需要面对不同领域、不同诉求的利益相关者，包括政府、捐赠人、受益人、管理者等。在政府和慈善组织的关系中，政府一般扮演慈善组织举办者、政策制定者、资源提供者和监督管理者的角色，不管扮演哪种角色，政府一般处于主导地位。捐赠人通过捐赠和监督捐赠财产的使用影响慈善组织。受益人以及公众通过慈善组织满足其需求的程度（满意度）的评价来影响慈善组织治理。在上述利益相关者当中，政府和捐赠人处于相对强势地位，会对慈善组织内部治理带来不同程度的影响。这种情况使得慈善组织的决策机构和执行机构更多考虑资源提供者和监督管理者的要求，在组织重大决策和执行上偏向这些群体。当慈善组织在治理过程中面临相互冲突的目标的时候，它可能无所适从，甚至顾此失彼。当慈善组织面临生存压力，它可能会尽力迎合资源提供者，在这种情况下作出的决策可能无助于实现其宗旨和使命。

三 慈善组织内部治理的功能

慈善组织内部治理对慈善组织和慈善事业发展具有多个方面的功能，现简要总结如下：

（一）良好的内部治理结构和治理水平有助于慈善组织实现其使命和宗旨

使命是慈善组织存在的目的和理由。慈善组织要实现慈善目的，这与获取个人利益不相容。慈善组织要从事法律法规规定的扶贫、济困、扶老、救孤、恤病、助残、优抚，救助自然灾害、事故灾难和公共卫生事件等突发事件造成的损害，促进教育、科学、文化、卫生、体育等事业的发

---

① ［美］彼得·德鲁克：《非营利组织的管理》，吴振阳译，机械工业出版社2009年版，第122页。
② ［美］托马斯·沃尔夫：《管理21世纪的非营利组织》，胡春艳、董文琪译，商务印书馆2016年版，第32页。

展，防治污染和其他公害，保护和改善生态环境，以及其他公益活动。健全的内部治理结构，良好的治理水平有助于慈善组织实现其使命和宗旨。反之，内部治理结构不良，治理水平不高则会严重影响慈善组织实现其使命和宗旨。

(二) 良好的内部治理结构和治理水平有助于提高慈善组织公信力

随着我国经济发展和社会进步，人们通过捐赠、从事慈善活动、提供志愿服务等方式广泛参与慈善事业，推动了我国慈善事业的发展。但也要看到由于法律法规不完善，政府行政监管缺乏力度，部分慈善组织处于无序发展状态。一些慈善组织由政府有关部门举办，具有很强的政府特征，不仅被救助者和公众难以了解它们的财产的使用情况，就是捐赠人也受种种条件制约，不能对慈善组织的运营进行有效监督。慈善组织良好的内部治理结构能确保内部治理机构分工负责，履行决策、执行和监督职能；能够明确捐赠人与理事会、理事会与执行机构的关系，保障各利益相关者的权益，鼓励理事会、执行机构和员工为实现组织目标进行有效合作，确保使各利益相关者了解慈善组织的运作情况，从而树立良好的形象，提高公信力。

(三) 良好的内部治理结构和治理水平有助于克服慈善组织面临的风险

慈善组织在运行中难免遭遇风险。风险因素包括以下五类：其一，决策风险。这类风险来自理事会的决策偏离组织使命或者不适应组织环境变化，导致组织运营困难或产生不良的社会影响。其二，管理风险。这类风险与组织内部管理制度不健全及经营管理不善有关。其三，舞弊风险。组织成员尤其管理者有违法违规挪用贪污等行为，都有可能将组织置于破产倒闭的境地。其四，筹资风险。组织无法筹措到完成组织目标所需要的资金，因资源短缺而无法运营。其五，服务风险。这种风险来自组织没有创新项目、不能公平选择服务对象、不能提供高质量的服务而产生的来自社会质疑甚至被否定的风险。[①] 尽管内部治理不是克服以上问题的充分条件，但它是克服以上风险的必要条件，即良好的内部治理有助于慈善组织预防和解决以上问题和风险，促进组织健康发展。

(四) 良好的内部治理结构和治理水平有助于慈善组织可持续发展

当前，不论是从整体规模，还是从慈善组织运行规范性、内部机制建

---

① 姜宏青、王玉莲、万鑫淼：《我国民间非营利组织绩效内部控制研究》，《山东大学学报》(哲学社会科学版) 2014 年第 2 期。

设等方面来看，中国慈善组织的发展都处于初级阶段。在相当长的一段时间内，慈善组织的发展深受双重管理体制、外部资源提供者的影响，慈善组织在整体发展上呈现出一种不规范性和官方色彩浓厚的倾向，自我治理能力尚显薄弱。良好的内部治理结构和水平有助于慈善组织明晰使命和目标，有助于慈善组织发挥各治理机构的职能和作用，从而提高社会公信力，获得社会支持，促进慈善组织健康可持续发展。

第四节 社会监督

一 社会监督的含义与特征

慈善事业社会监督是指除政府和慈善组织自身之外的公民、法人和其他组织等社会力量，通过咨询、投诉、举报、曝光等途径对慈善活动和慈善组织及其负责人以及其他相关人员进行的监督，主要包括捐赠人监督、受益人监督、其他社会大众监督、媒体监督、第三方组织监督等。同行政监管和慈善组织内部治理相比，社会监督具有如下特征：

（一）社会监督主体广泛

社会监督有众多的监督主体，包括捐赠人、受益人、媒体、公众、第三方组织等，他们都可以对慈善活动和慈善组织进行监督，都有对慈善组织和慈善信托违法行为进行投诉、举报的权利。

（二）监督出于自主和自愿

社会监督不同于政府行政监管，不具有强制性。它是各监督主体出于关心慈善事业发展而自愿参与的，其监督的花费往往需要监督主体自己负担。相较于行政监管，社会监督的成本更低。

（三）监督方式灵活

社会监督方式灵活多样，有捐赠人监督、受益人监督、传统媒体监督、新媒体监督、第三方组织评估等多种方式。在每一种社会监督方式中，具体做法又是灵活多样的。例如，传统媒体监督中的信息公开、举报违法违规行为；新媒体监督中的人肉搜索、网络爆料和网络围观；捐赠人指定受益对象并直接跟踪监督，委托社会机构进行监督；第三方组织对慈善组织整体情况和开展项目进行评估等。以上都是具体的社会监督方式，体现出社会监督的灵活性和多样性的特点。

(四) 监督内容多样

社会监督内容广泛，涉及慈善事业各个方面。包括慈善组织监督、慈善捐赠和慈善募捐监督、慈善信托监督、慈善财产监督、慈善服务监督、慈善税收优惠监督，等等。

二 社会监督的构成

(一) 捐赠人监督

按照委托代理理论，慈善组织与捐赠人之间的关系是一种委托代理关系。在这种委托代理关系中，捐赠人是委托人，慈善组织是受托人，慈善组织接受捐赠人的委托，向有需要的群体提供资金和服务方面的帮助。《慈善法》《公益事业捐赠法》《基金会管理条例》等法律法规对捐赠人的权利作出了规定。

(二) 媒体监督

媒体是现代社会重要的权力来源。美国著名思想家托马斯·杰斐逊（Thomas Jefferson）认为自由报刊是对行政、立法、司法三权起制衡作用的"第四权力"。1774年英国政治家爱德蒙特·伯克（Edmund Burke）在英国议会上称记者为"第四阶级"，比贵族、僧侣、资产者三个阶级都重要。1974年美国联邦最高法官波特·斯图尔特（Potter Slewart）提出了"第四权力理论"，他认为宪法之所以保障新闻自由，目的就是保障一个有组织的新闻媒体，使其能够成为"三权"以外的第四权力，起到监督政府、防止政府滥用权力的功能。[①]

传统媒体的记者一般通过亲临现场采访，收集相关信息，通过报纸、无线电或电视进行传播。近年来，随着Web2.0时代的到来，博客、微博、论坛、SNS、视频分享等新媒体传播媒介和社交工具纷纷出现，它们具有即时性、匿名性、互动性等优势，不仅改变了传统大众媒体的传播模式和内容生产方式，也改变了大众传播中传播者和接收者之间的关系。2011年网上曝光的"郭美美事件"经广大网民围观、挖掘和爆料，已成为慈善发展中的一个极具影响性和爆炸性的事件。随后网民对慈善组织特别是"有名"的组织的监督和问责越来越明显，慈善组织对这类监督从被动应对到积极回应，毫无疑问，新媒体监督已经成为Web2.0时代慈善监督体系中一个新议题。

媒体在慈善事业发展中扮演重要角色，是重要的社会监督主体。媒体

---

① 陈沭岸：《浅谈美国媒体如何成为第四权力》，《理论界》2013第6期。

具有时效性、可读性、群众性等特征，慈善组织信息披露离不开媒体参与；媒体作为信息载体，在监督慈善信息披露方面优势明显。媒体对慈善组织信息的披露可以分为赞扬和批评，赞扬能够提高慈善组织的知名度和美誉度，帮助其吸引外界更多的捐款；批评可以将某些慈善组织的不当或违法行为曝光，提醒捐赠人小心选择捐赠对象。[①] 媒体能够凝聚社会力量对慈善主体实施监督，这主要体现在媒体利用议程设置、提供慈善信息等传媒技术手段，让公众在一定时期内围绕某个慈善议题进行讨论或者引起公众的注意，形成一定的民意和声音，利用强大的公识向慈善组织和政府有关部门施加压力，促使慈善组织采取改进措施，督促政府有关部门依法秉公处理，及时查明事件真相，并对相关人员进行处理，实现其"第四权力"的功能。

（三）第三方组织监督

第三方组织监督是指独立于慈善组织和受益人之外的第三方组织对慈善组织进行的监督，是一种重要的社会监督方式。不同于慈善组织内部监督机制，第三方组织监督是一种外部监督机制，它与捐赠人监督、传统媒体监督、新媒体监督等共同构成了社会监督体系。

第三方组织监督主要是通过建立透明度评估体系和对慈善组织及其项目开展评估而实现的。当前，慈善组织信息公开的意愿和动力不足，加上信息公开外在压力不够，使得慈善组织信息公开情况不尽如人意。一些第三方组织注意到这一问题的严重性和后果，提出了更为具体和细化的信息公开标准。目前，中民慈善捐助信息中心、USDO自律吧、界面、基金会中心网、易善及清华大学公益慈善研究院等都形成了各自的慈善组织透明度评估指标与体系。第三方组织对慈善组织及其项目进行评估也是第三方组织监督的重要方式。

三 社会监督的功能

慈善事业社会监督增强了人们的权利和责任意识，创新了社会参与慈善事业的模式和方法，提升了慈善组织的治理水平，改变了政府决策行为。慈善事业社会监督的兴起为中国慈善事业的发展带来了不可忽视的积极影响。

---

① 陈岳堂：《非营利基金会信息披露质量评价及其治理研究》，博士学位论文，湖南大学，2007年，第82—83页。

(一) 弥补政府监管不足

任何一种监管机制和方式都不是万能的，行政监管同样存在缺陷。一是行政监管存在较高的交易成本；二是行政监管是政府机关依据职权作出的行政管理行为，这种行为往往要遵循一定的程序，若监管不及时，难以应对存在的问题；三是行政监管中存在的自由裁量权往往对某些慈善组织带来损害，不利于其健康发展；四是行政监管中人力资源不足可能导致监管效果欠佳。社会监督可以在一定程度上弥补上述缺陷和不足，促进慈善组织和慈善事业健康有序发展。例如，在美国，美国联邦税务局有义务把慈善组织的相关资料提供给利益相关者和民众，他们有权对慈善组织的免税申请、年度报告等环节提出异议。很多城市要求慈善机构必须将有些情况报告给首席检察官，公众则有权对这些报告进行检查。[1]

(二) 弥补慈善组织内部治理不足，提升慈善组织的治理水平

近年来，中国慈善组织频频爆出慈善丑闻，从2004年的四川慈善义演丑闻，2007年的"中国母亲"胡曼莉慈善敛财，到2011年的"郭美美事件"，这些慈善丑闻将中国慈善行业推向问责的浪尖。尤其是"郭美美事件"导致中国红十字会甚至整个中国慈善行业的公信力急速下降，捐赠数目锐减。"郭美美事件"之所以激起民愤，其重要的原因是民众对官办慈善组织商业行为的质疑和信息不公开的不满。慈善事业社会监督给中国慈善组织健全内部治理机制带来外在压力，迫使慈善组织进行信息公开，提高透明度。"郭美美事件"发生后，中国基金会中心网的35家发起机构发出了《公益基金会"晒账单"倡议书》，倡议："及时、准确和真实公布年度财务报告、项目审计报告等重要信息，晒出我们的账单；同时充分尊重捐赠人意愿和要求，认真解答捐赠人和社会公众的质询。认真接受政府主管部门的监管，自觉接受新闻媒体的监督，主动接受社会的监督，坚决杜绝管理漏洞和不合理开支，严防腐败行为的发生。"[2] 在媒体第三方组织和网上舆论的压力和推动下，中国红十字总会发布捐赠信息发布平台。中国红十字基金会对其官方网站进行了大幅改版，加大了网络信息披露力度。深圳壹基金官方网站及时张贴了年度报告、审计报告，还链

---

[1] 谷丽娜：《我国慈善组织的监督机制研究》，硕士学位论文，河南大学，2013年，第8页。

[2] 基金会中心网：《公益基金会"晒账单"倡议书》，基金会中心网（http://news.foundationcenter.org.cn/html/2011-07/28096.html）。

接了腾讯微博、新浪微博、开心网、微信等其他新媒体。① 为了应对慈善危机,慈善组织大力加强自身建设,开始尝试使用新媒体同政府、捐赠人、受益人、媒体、网民等进行有效互动,增强了公信力。

(三) 提升社会民众参与水平,提高慈善组织公信力

慈善组织不同于国家机关,不拥有强制向社会获取资源的权力,也不同于企业,不能完全通过营利性活动维持组织发展。慈善组织必须通过提供社会所需要的服务获得社会公众的认可,以及通过各种手段与社会进行自愿的资源交换才能得以生存。据报道,"郭美美事件"后,深圳红十字会 2011 年 7 月的社会捐款同比下降 97%,而有些地方红十字会在七八月间甚至没有收到任何社会捐款。随着网络舆情力量和公众权益的增强,社会对慈善组织的问责呼声也不断高涨。慈善组织社会监督能影响慈善组织所获得的捐赠量,良好的声誉和公信力是慈善组织生存发展的关键,生存压力会导致慈善组织不断完善人事制度、财务管理制度和信息披露制度等各项制度。

(四) 推动慈善项目透明化运作

近年来中国出现了许多由网民发起的微公益慈善项目,如"免费午餐""爱心衣橱""大爱清尘""待用快餐""顺风车"等。这些慈善项目之所以生存并发展壮大,重要原因在于新媒体监督。在这些项目的运作中微博用户监督每笔捐款,微公益平台及时提供善款使用情况信息,慈善组织每发布一条微博,所有参与捐赠的用户均可收到项目进展信息。微博公开传播的特性和透明机制在很大程度上使各类慈善项目持续健康发展。

(五) 提高监督效率

新媒体具有即时性与互动性特点,能够大大提高信息传播的效率。在慈善事业监督中,广大网民自愿参与,他们之间的互动往往比较有效。通过微博,网民不仅能够时刻关注其他网民的行动,关注媒体的行动,而且能够通过被监督对象的博客或微博第一时间关注他们的回应,能够根据被监督对象的回应快速采取行动。一些网民甚至从专业角度对相关慈善组织的行为进行深度挖掘、分析、报道和评论。慈善组织也可以借助新媒体与网民沟通和互动,方便网民有效参与监管。因此,网民和慈善组织都可以利用新媒体的优势,参与监督,提高监督效率。

---

① 袁同成、沈宫阁:《新媒体与"善治"的可能——基于中外网络慈善监管的比较研究》,《甘肃社会科学》2014 年第 3 期。

（六）提高慈善事业决策的科学化与民主化

政府决策的科学化与民主化是现代政府管理重要的价值追求，党的十九大报告强调："扩大人民有序政治参与，保证人民依法实行民主选举、民主协商、民主决策、民主管理、民主监督。"① 政府决策的科学化与民主化离不开网民的参与，网民参与决策能够解决政府信息缺失以及信息不对称问题，在降低决策成本的同时，还可以提高决策的可接受度。新媒体监督的兴起促使网民参与到政府有关慈善事业决策过程中，网民通过网络所形成的网络舆论是政府决策所需要考虑的重要因素，网民的反应和意见往往能够达到立竿见影的效果。

---

① 习近平：《决胜全面建成小康社会　夺取新时代中国特色社会主义伟大胜利——在中国共产党第十九次全国代表大会上的报告》，《人民日报》2017年10月28日，第1版。

第三章 监管内容

监管内容是慈善事业监管主体进行监管的客体，对慈善组织和其他慈善活动参与者来说，基本要求是其行为要符合法律制度的规定。本章参考我国《慈善法》的逻辑结构和内容，先介绍从慈善组织监管，然后依次具体阐述慈善捐赠监管、慈善募捐监管、慈善信托监管、慈善税收优惠监管等内容。

第一节 慈善组织监管

对慈善组织监管包括从设立到终止的监管、对慈善组织的内部治理与管理的监管以及强化慈善组织的信息公开义务等方面的监管。

一 慈善组织登记监管

(一) 慈善组织设立登记管理

一般而言，慈善组织的设立有许可主义和准则主义两种模式。在许可主义模式下，许可是慈善组织存在的前提和基础。没有经过许可，慈善组织无法登记，自然不可能成为合法的社会组织。准则主义模式即慈善组织只需按照法定的条件和程序登记即可取得合法资格。我国对慈善组织的设立采取的是许可主义模式，《慈善法》第10条第1款规定，县级以上人民政府民政部门受理慈善组织设立登记申请，并根据条件作出决定。

慈善组织的设立需要哪些条件？从法律依据上看，大陆法系国家的民法典对慈善组织的设立条件并无详细的规定，而是将这一问题留给特别法或专门法予以解决。从各国特别法上看，对于慈善组织的准入条件的规定也存在非明确性和差异性等特点。在我国，《慈善法》第9条规定了成立慈善组织应当具备的条件。当前，我国有关慈善组织登记管理法规尚未完成修订，慈善组织需要依据"三大条例"办理成立登记。《基金会管理条例》第8条,《社会团体登记管理条例》第10条,《民办非企业单位登记管理暂行条例》第8条,对成立基金会、社会团体和民办非企业单位的条件分别作了明确规定。可以看出,《慈善法》对成立慈善组织的条件作了一般规定,至于具体形式的慈善组织成立条件则由"三大条例"加以具体规定,这样就使得慈善法律和法规相互配合,并形成一个有机的整体。

(二) 慈善组织认定登记管理

按照《慈善法》的规定,新成立慈善组织可以根据上文所列条件到民政部门申请登记,在设立时可以采取基金会、社会团体、社会服务机构等组织形式。对于存量社会组织,也就是《慈善法》公布前已经设立的基金会、社会团体和民办非企业单位,《慈善法》规定可以向其登记的民政部门申请认定为慈善组织。为此,民政部制定了《慈善组织认定办法》,对已设立的基金会、社会团体、社会服务机构申请认定为慈善组织的条件作出了具体规定。

成立登记从本意而言,在行政行为中是一种行政确认而不是行政许可,如婚姻登记、房屋产权登记,只是对其民事主体资格的法律认可,登记的目的是获得法律保护。但有些类型的登记,如基金会登记、社会团体登记和社会服务机构登记,法律规定了申请登记应当提交相应的文件,符合法定的和登记机关要求的条件,实际上已不是对民事权利的确认,而是赋予其新的民事权利。登记是慈善组织行为合法性的前提,没有经过登记,其行为是非法的,将会受到法律追究。这样的登记,其性质属于行政许可而非行政确认。

二 慈善组织变更监管

慈善组织可以采用不同的组织形式,在变更登记时要根据"三大条例"的规定和要求进行变更登记。按照规定,慈善组织的名称、法定代表人、业务主管单位、住所、原始基金(注册资金)等登记事项发生变化,应向登记管理机关申请变更登记。准予变更的,发给同意变更的批复;不予登记的,应当向申请人说明理由。

三 慈善组织终止监管

慈善组织终止是指慈善组织退出机制,同样是慈善组织制度中不可缺少的重要组成部分。《慈善法》第17条规定了慈善组织应当终止的情形。"三大条例"则从不同形式的慈善组织的角度规定慈善组织终止时要向登记管理机关申请注销登记。《社会组织登记管理条例（草案征求意见稿）》（以下简称"征求意见稿"）第34条规定的注销登记的情形同《慈善法》规定的终止情形基本保持了一致。不管是注销还是终止，都表明此慈善组织彻底结束慈善活动并使其主体资格归于消灭的事实状态。规定慈善组织的终止制度，建立慈善组织的退出机制，能够维护慈善组织管理秩序，促进慈善组织健康发展。

四　慈善组织内部治理结构和内部管理活动监管

（一）对慈善组织内部治理结构的规定

《慈善法》第12条规定："慈善组织应当根据法律法规以及章程的规定，建立健全内部治理结构，明确决策、执行、监督等方面的职责权限，开展慈善活动。"① 结合实际，有关慈善组织内部治理结构的规定具体包括：一是慈善组织按期换届问题。慈善组织必须按照章程规定按期组织换届。二是慈善组织负责人任职资格、条件及备案制度。慈善组织领导班子职数、负责人的年龄、任期（届）资格条件应严格按照有关政策和章程规定执行。三是慈善组织法定代表人任职。慈善组织法定代表人由章程明确规定的负责人担任，不得兼任其他慈善组织法定代表人。四是慈善组织会费标准的备案管理。慈善组织制定、修改会费标准，经会员（代表）大会以无记名投票方式审议通过后，向登记管理机关备案。五是常务理事会的职权管理。常务理事会的职权有一定的限制，不得任意扩大理事会闭会期间行使的部分职权，没有选举和罢免慈善组织领导职务的权力。六是慈善组织分支机构的设立。慈善组织设立分支机构，应按照业务范围的界定和实际活动的需要组成。

（二）对慈善组织内部管理活动的监管

慈善组织按照章程开展活动，但其内部管理活动仍受到登记管理机关的监督。登记管理机关有责任监督慈善组织内部管理活动，其中比较重要的有以下几个方面：其一，规定慈善组织的会计制度。其二，要求慈善组织履行年度报告义务。其三，规范慈善组织与管理人员的关联交易行为。其四，规定慈善组织禁止性行为。其五，明确慈善组织剩余财产处理原则。②

（三）强化慈善组织的信息公开义务

慈善组织是接受慈善捐赠、开展慈善活动的主体。《慈善法》第8章

---

① 《中华人民共和国慈善法》，《人民日报》2016年3月20日，第1版。
② 《中华人民共和国慈善法》第12—15、18条，《人民日报》2016年3月20日，第1版。

对慈善组织的信息公开义务作出了专章规定，在其他各章多个条款中也有明确要求。为了贯彻落实《慈善法》的规定，民政部制定了《慈善组织信息公开办法》。根据《慈善法》和《慈善组织信息公开办法》，慈善组织信息公开的具体规定包括：

1. 慈善组织需向社会公开的内容

慈善组织应当向社会公开的信息包括：①基本信息；②年度工作报告和财务会计报告；③公开募捐情况；④慈善项目有关情况；⑤慈善信托有关情况；⑥重大资产变动及投资、重大交换交易及资金往来、关联交易行为等情况；⑦法律法规要求公开的其他信息。具有公开募资格的慈善组织应当公开的基本信息还包括：①按年度公开在本组织领取报酬从高到低排序前五位人员的报酬金额；②本组织出国（境）经费、车辆购置及运行费用、招待费用、差旅费用的标准。①

2. 信息公开的渠道

（1）民政部于2017年9月1日开通了全国慈善信息平台（即"慈善中国"），可以供全国各级民政部门和所有慈善组织免费使用，公布基本信息等，是主要的渠道。

（2）慈善组织通过互联网开展公开募捐慈善资金，应当在国务院民政部门统一或者指定的慈善信息平台发布募捐信息，并可以同时在其网站发布募捐信息。②

（3）慈善组织开展公开募捐活动，应当在募捐活动现场或者募捐活动载体的显著位置，公布组织名称、公开募捐资格证书、备案的募捐方案、联系方式、募捐信息查询方法等，并在统一信息平台向社会公开。③

（4）直接告知利益相关人员。④

第二节　慈善捐赠和募捐监管

慈善捐赠和慈善募捐是实现慈善组织目的的重要慈善活动，两者有紧

---

① 《慈善组织信息公开办法》第3—5条，民政部网站（http：//xxgk.mca.gov.cn：8011/gdnps/pc/content.jsp？id=13150&mtype=）。

② 《中华人民共和国慈善法》第23条，《人民日报》2016年3月20日，第1版。

③ 《中华人民共和国慈善法》第25条，《人民日报》2016年3月20日，第1版。

④ 《慈善组织信息公开办法》第15—17条，民政部网站（http：//xxgk.mca.gov.cn：8011/gdnps/pc/content.jsp？id=13150&mtype=）。

密联系,因此本节把它们放在一起分析。

一 慈善捐赠主体与现状

所谓慈善捐赠是指自然人、法人和其他组织基于慈善目的,自愿、无偿赠与财产的活动。① 慈善捐赠的主体包括自然人、法人和其他组织。近年来,我国个人捐赠持续增长,中国慈善联合会的《2018年度中国慈善捐助报告》显示,2018年中国内地的个人捐赠共360.47亿元,同比增长3.24%,占捐赠总额的25.05%。② 个人捐赠方式包括:直接捐赠和间接捐赠;自主捐赠和动员捐赠;定向捐赠和非定向捐赠。此外,近年来随着互联网技术的发展,网络捐赠成为个人参与慈善捐赠的一个重要平台,网络媒体也是公众获得捐赠信息的重要渠道。

近些年企业捐赠显现出由外力推动向内生动力转变的趋势,越来越多的企业主动投入慈善事业中。根据《2018年度中国慈善捐助报告》统计,2018年我国企业捐赠共890.84亿元,占社会捐赠总量的61.89%。③ 企业捐赠方式包括:直接捐赠,即企业直接向受益人捐赠;间接捐赠,即捐赠给县级以上人民政府及其部门或慈善组织,或者与慈善组织合作开展项目;成立企业基金会。据统计,截至2015年底,我国企业基金会有612家,占全国基金会总数的13%。④

政府部门捐赠主要由部门财政转支和职员集体捐赠两部分组成。在实践中,一些地方的行政事业单位没有经过上级政府和财政部门同意自行决定捐赠,有些地方的行政事业单位捐赠须经上级政府和财政部门审批。根据《2018年度中国慈善捐助报告》统计,2018年政府机关捐赠25.86亿元。⑤ 在新冠肺炎疫情防控期间,山东省各级政府和社会各界全方位支援

---

① 参见《中华人民共和国慈善法》第34条,《人民日报》2016年3月20日,第1版。
② 中国慈善联合会:《2018年度中国慈善捐助报告》,2019年9月,中国慈善联合会网站(http://www.charityalliance.org.cn/u/cms/www/201909/23083734i5wb.pdf),第23页。
③ 中国慈善联合会:《2018年度中国慈善捐助报告》,2019年9月,中国慈善联合会网站(http://www.charityalliance.org.cn/u/cms/www/201909/23083734i5wb.pdf),第23页。
④ 大成企业研究院:《财富的积累与责任》,社会科学文献出版社2017年版,第143—144页。
⑤ 中国慈善联合会:《2018年度中国慈善捐助报告》,2019年9月,中国慈善联合会网站(http://www.charityalliance.org.cn/u/cms/www/201909/23083734i5wb.pdf),第23页。

湖北，以至于被网友们称为"搬家式支援"。① 个人成员的集体捐赠指政府机关工作人员先以个人名义捐款，再由单位集体汇总并上交给指定部门。这是政府部门最为普遍的一种捐款方式。各地长期开展的"慈善一日捐"，政府机关、事业单位所有成员积极参与，捐出自己一天的工资，由单位集中汇总，然后转赠慈善总会。

按照《基金会管理条例》，基金会分为公募基金会和非公募基金会，前者可面向公众募捐，后者不得面向公众募捐。《慈善法》不再规定公募基金会和非公募基金会的区分，但是规定了慈善组织要获得公开募捐资格方能进行募捐。不管是公募基金会还是非公募基金会，不管是具有公开募捐资格的基金会还是不具有公开募捐资格的基金会，它们都是以慈善为目的来从事慈善活动，都是捐赠主体。

二　慈善募捐及类型

慈善募捐是指慈善组织基于慈善宗旨募集财产的活动。② 根据中国慈善事业发展现状和慈善组织对募捐方式的认同使用情况，按照不同的分类标准，慈善募捐可以分为以下几类：联合募捐、合作募捐与独立募捐，慈善基金募捐与项目化募捐，参与式劝募与非参与式劝募，政令性募捐和关系募捐。③ 按照《慈善法》的有关规定，慈善募捐分为公开募捐和定向募捐两类。④ 公开募捐是慈善组织面向广大社会公众募捐，定向募捐则面向发起人、慈善组织的理事等特定对象募捐。非常明确，只有具有公开募捐资格的慈善组织才可公开募捐，其他组织和个人则不能。

三　慈善捐赠和募捐中的问题

(一) 慈善捐赠中的问题

对捐赠人来说，他们主要关心两件事：一是捐赠财产是否用于受益对象，有没有被挪用；二是信息是否公开、透明。作为慈善活动参与者，捐赠人的慈善行为也可能不符合道德和法律规定，政府和社会要及

---

① 赵秋丽、李志臣：《山东："搬家式支援"显担当》，《光明日报》2020年2月17日，第4版。
② 《中华人民共和国慈善法》第21条，《人民日报》2016年3月20日，第1版。
③ 高鉴国等：《中国慈善捐赠机制研究》，社会科学文献出版社2015年版，第191—199页。
④ 《中华人民共和国慈善法》第21条，《人民日报》2016年3月20日，第1版。

时指出，或给予惩罚，要求其加以改正，以维护慈善事业公信力。那么，慈善捐赠主体有哪些不符合道德和法律规定的行为呢？我们总结有以下几种：

1. "诺而不捐"

近年来，"诺而不捐"事件时有发生。一些明星和企业在公开场合宣布大额捐赠，场下又找各种借口拒不出资或捐赠数额与当初承诺不一致。例如，邯郸市涉县一家单位在爱心拍卖会上，当众将写有 20 万元的现金支票模型送到一所学校领导手中，事后却只捐出 2000 元。[①] 有媒体披露，"中国女首善"何巧女累计承诺的捐赠额超过 180 亿元，但经过核实，其实际捐赠额仅为 4 亿元。[②] 此外，一些个人和企业的大额捐赠往往采用"分期到账"或"按项目效果拨付"来捐赠，但在少数情况下，这种方式也容易成为企业捐赠或其他形式捐赠"烂尾"的由头。[③] 捐赠人"诺而不捐"，是不诚信、违约的行为，不仅严重伤害受赠人心，而且有悖社会公德。

2. 弄虚作假

慈善领域也存在弄虚作假现象。2017 年在腾讯公益举办的 99 公益日活动中曾出现了"刷单"现象，腾讯公益对此进行了调查，该调查将同一网友每分钟捐赠次数大于 5 次的行为视作"异常捐款"，调查发现 25244 个账户的 234775 笔捐款异常，涉及捐赠金额 700 余万元，占配捐时段总捐款额的 1.20%；这些"异常捐款"获得 3712025 元配捐额，占配捐时段总配捐金额的 1.26%。[④] 这种异常捐赠行为表明慈善捐赠中存在弄虚作假行为，有些个人和组织通过"刷单"而实现"套捐"，扰乱慈善秩序，给慈善事业健康发展带来不利影响。

3. 慈善欺诈

冯利、王文娜在《慈善欺诈》一文中提到企业或个人进行慈善欺诈

---

① 民政舆情中心：《一周民政网络舆情统计分析简报》，《中国社会报》2017 年 7 月 26 日。
② 梁红玉：《东方园林易主，何巧女获利 8 亿出局，曾是"中国女首善"诺捐 180 亿》，2019 年 8 月 17 日，时代在线（http://www.time-weekly.com/html/20190817/260949_1.html）。
③ 皮磊：《"诺而不捐"窘境该如何化解?》，2017 年 5 月 9 日，公益时报网（http://www.gongyishibao.com/html/yaowen/11716.html）。
④ 孙叶竹：《"一元购画"等刷爆朋友圈 我国网络募捐机遇挑战并存（2013—2017）》，载杨团主编《中国慈善发展报告（2018）》，社会科学文献出版社 2018 年版，第 318 页。

的四种情况：一是欺诈者借慈善吸引目标客户，做"免费广告"，为其获利锦上添花。二是刻意模糊商业与慈善的边界，将商业做得看似是慈善，其实质是沾慈善名气炒作。三是欺诈者找有权威的慈善组织、政府、媒体合作，获得这些组织的背书，增加其行为的权威性和迷惑性。如果找不到合作单位，他们则会虚构合作事实进行传播。四是承诺给予被欺诈者高额回报，引人入局。比如，"善心汇"以传统文化+公益慈善的"愿景"将人留住，发展下线并组成层级，以"人头数"作为返利或计酬依据，引诱、胁迫参加者继续发展他人参加，以此骗取巨额财物。又如，诈骗分子围绕"民族资产解冻"这一噱头，虚构所谓"养老""扶贫"等投资项目，许诺给投资者巨额回报，骗取他们的钱财。①

4. 摊派捐款

一些政府部门往往通过召开专题会议的方式，以领导布置工作、传达指示的方式动员或号召工作人员开展捐赠活动；有些慈善总会召开会议布置年度捐款工作，并以文件方式发到有关部门和单位号召捐款；个别地方甚至将捐赠任务纳入下级部门和单位的绩效考核中，以至于形成了层层下达目标任务的现象。这样的捐赠动员难免产生强行摊派的嫌疑。例如，2020年6月15日，河北景县广川镇为尽快提升在全县的排名，以扶贫名义向企业摊派捐款，对未开展帮扶的53家企业动员捐款，并提出小企业捐款不低于500元，大企业捐款不低于1000元。6月16日，该镇召集有关企业开会，要求企业现场捐款，只收现金且不提供收据。对现场未捐款的企业，工作人员多次以电话、微信等方式催捐，并明确6月19日为截止期限。截至6月19日，53家到会企业中，共有46家企业捐款，合计金额3.15万元。② 显然，以上做法违背了《慈善法》有关禁止摊派或变相摊派捐赠任务的规定。

(二) 慈善募捐中的问题

作为一种主动的筹资行为，慈善募捐在实践中存在不少问题。

1. 不具有公开募捐资格的组织和个人募捐

慈善募捐市场一度比较混乱，一些组织和个人不具备公开募捐资格，但打着公开募捐的旗号进行募捐，扰乱了募捐市场和募捐秩序。例如，一

---

① 冯利、王文娜：《慈善欺诈》，载康晓光、冯利主编《中国第三部门观察报告（2018）》，社会科学文献出版社2018年版，第32—33页。
② 国务院办公厅督查室：《关于河北省景县违规征税摊派捐款举债搞迎检办大会等问题的督查情况通报》，2020年6月28日，中国政府网（http://www.gov.cn/hudong/ducha/2020-06/28/content_5522320.htm）。

些组织为增加收入而在公园、广场、商场、学校等地搞义卖活动,这种行为长时间处于灰色地带。甚至有些组织和个人打着慈善的旗号,吸引他人捐赠,谋取私利。例如,有的企业在社区设置募捐箱,回收旧衣物,把回收的旧衣物重新加工后运到外地出售获利。在依法从善的时代,以上行为必须被禁止和问责。

2. 募捐摊派或变相摊派

前述慈善捐赠中存在捐赠摊派现象,这种现象往往与募捐摊派紧密联系在一起的。有些组织为了完成单位和上级布置的捐赠任务而搞摊派,其源头出在募捐环节上。也就是说,一些组织尤其是官办慈善组织借助自己"半官半民"的性质,通过政府部门下文件、发通知,要求机关、企事业单位捐款,这实际上就是募捐中的摊派。广州市慈善组织社会监督委员会在审计监督时发现,×××组织收到捐助6106元,为×区各个镇、街18个工疗站共同筹集而来,存在向各个镇、街工疗站变相摊派募捐的嫌疑。[①] 慈善组织在募捐过程中应当通过加强慈善项目设计,组织宣传以及自身建设提高募捐能力;或者准备募捐方案,经登记管理部门备案后向社会公开募捐。

3. 对募捐对象和捐赠来源审核不严格

一些慈善组织为了追求募集财产的数量,对募捐的对象和向自己捐赠的单位和个人不加以选择,从而出现了一些风险甚至违规现象。例如,最近几年,高校筹资过程中捐赠背景审核问题愈发引起人们关注。由于当前捐赠资源具有一定的稀缺性,有的大学教育基金会为了获得巨额捐赠的轰动效应,在争取巨额捐赠过程中往往会忽视捐赠人背景审查工作,对捐赠人行业背景、社会声誉、过往捐赠完成情况等信息关注不足。还有的募捐与社会合作捆绑在一起,甚至还有外部公益组织、公益项目直接挂靠在学校教育基金会下开展筹资工作,风险指数较高。[②]

四 慈善捐赠和募捐监管的内容

(一) 慈善捐赠监管的内容

《慈善法》第4章专门针对慈善捐赠作出了规范,此外《公益事业

---

① 广州市慈善组织社会监督委员会编:《广州市慈善资金监管实践与探索》,中国社会出版社2020年版,第124页。
② 《中国大学教育基金会发展报告》编写组:《中国大学教育基金会发展报告(2018)》,社会科学文献出版社2018年版,第26页。

捐赠法》《民法典》《基金会管理条例》等也对慈善捐赠作出了一定规范，这既构建了高效有序的捐赠秩序，保障捐赠人的权益，同时也有助于克服慈善捐赠中存在的问题。总结来看，慈善捐赠监管的内容主要包括：

关于捐赠的财产的规范，《慈善法》第 36 条规定捐赠人捐赠的财产应当是其拥有的合法财产，其形式有多种，捐赠实物要符合要求，捐赠产品要承担质量责任。[①]

针对通过开展经营性活动进行捐赠的善款及物资，《慈善法》第 37 条规定捐赠人要跟慈善组织或者其他接受捐赠的人签订捐赠协议，并履行协议。

针对利害关系人，《慈善法》第 40 条对捐赠人的利害关系人作出了规定，明确规定不得指定捐赠人的利害关系人作为受益人，该条还规定不得宣传烟草制品和法律禁止宣传的产品和事项。

关于慈善捐赠的履行，《慈善法》第 41 条明确规定慈善捐赠义务的强制履行及其例外情况，有效回应了"诺而不捐"的问题。《民法典》第 658 条对经过公证的赠与合同或者依法不得撤销的具有救灾、扶贫、助残等公益、道德义务性质的赠与合同作了规定。《公益事业捐赠法》也对捐赠人必须按照赠与协议履行的法律责任作出明确规定。

关于企业捐赠，《慈善法》在第 36 条对企业捐赠财产作了规范要求，第 43 条对国有企业捐赠程序作了规定，第 80 条对企业捐赠税收优惠作出了规定。此外其他有关企业参与慈善捐赠、履行社会责任的管理规范散见于《公益事业捐赠法》《财政部关于加强企业对外捐赠财务管理的通知》《企业财务通则》以及《国务院国有资产监督管理委员会关于加强中央企业对外捐赠管理有关事项的通知》等法律、规章和文件之中。具体监管内容包括：对企业对外捐赠自愿无偿、权责清晰、诚实守信等原则和要求；对外捐赠的类型和对象，对外捐赠的范围，对外捐赠的内部管理程序；企业内部审计（监察）机构或者财务管理部门对企业对外捐赠行为进行检查，企业国有资本持有单位对拥有控制权的企业对外捐赠事项进行

---

① 《慈善法》第 36 条："捐赠人捐赠的财产应当是其有权处分的合法财产。捐赠财产包括货币、实物、房屋、有价证券、股权、知识产权等有形和无形财产。捐赠人捐赠的实物应当具有使用价值，符合安全、卫生、环保等标准。捐赠人捐赠本企业产品的，应当依法承担产品质量责任和义务。"

检查监督等。① 对国有企业对外捐赠的管理办法还需遵守《慈善法》和《国有企业领导人员廉洁从业若干规定》的相关规定，强调国有企业领导人不得未经企业领导班子集体研究而决定捐赠、赞助事项，也不得虽经企业领导班子集体研究但未经履行国有资产出资人职责的机构批准而决定大额捐赠、赞助事项，切实维护国家和出资人利益。②

关于对慈善组织的要求，《慈善法》《公益事业捐赠法》《基金会管理条例》对慈善组织接受捐赠、票据管理、捐赠协议、财产使用、剩余财产等作出了规定，具体包括：不得接受附加违反法律法规和违背社会公德条件的捐赠；向捐赠人开具由财政部门统一监（印）制的捐赠票据；按照募捐方案或者捐赠协议使用捐赠财产；按照募捐方案或者捐赠协议处理慈善项目的剩余财产或将剩余财产用于目的相同或者相近的其他慈善项目，并向社会公开；建立健全财务会计制度和受赠财产的使用制度，加强对受赠财产的管理；向政府有关部门报告受赠财产的使用、管理情况，接受监督，等等。

（二）募捐监管的内容

《慈善法》颁布前，由于法制建设不完备，慈善募捐中存在着若干乱象，欺骗、诱导募捐对象，摊派或者变相摊派及假借慈善名义骗取财产等现象时有发生，造成慈善募捐市场一度比较混乱。《慈善法》及其配套政策法规着力解决这些问题，对慈善募捐作了相当完备的规定，下面主要介绍《慈善法》对慈善募捐的具体规定。

1. 慈善组织申请公开募捐资格监管

在英国，《2006年慈善法》在第三部分第一章专门对公开慈善募捐作出了规定，包括：公共慈善募捐的类型，包括在公共场所募捐和门到门募捐2种类型；实施募捐行为的限制；公共募捐证书；许可等。③ 中国香港地区规定，申请机构若要进行公开筹款，必须获得公开筹款许可证，而要获得许可证必须符合社会福利署制定的有关准则，此外，社会福利署还发出了一套《慈善筹款活动内部财务监管指引说明》进行基本监管工作。④ 我国

---

① 《财政部关于加强企业对外捐赠财务管理的通知》，财政部网站（http://zcgls.mof.gov.cn/cslm/zhengcefabu/200012/t20001212_3331776.htm）。
② 《国有企业领导人员廉洁从业若干规定》，中国政府网（http://www.gov.cn/gongbao/content/2009/content_1371348.htm）。
③ 参见杨道波等译校：《国外慈善法译汇》，中国政法大学出版社2011年版，第46—62页。
④ 参见《香港法律改革委员会慈善组织报告书》（https://www.hkreform.gov.hk/chs/docs/rcharities_c.pdf）。

《慈善法》第 22 条规定：慈善组织开展公开募捐，应当取得公开募捐资格。[1] 若一个慈善组织不具有公开募捐资格，它可以同具有公开募捐资格的慈善组织合作进行募捐，由该组织接收和管理募集资金。因此，在这个环节，需要查验慈善组织是否具有公开募捐资格。那么慈善组织申请公开募捐资格需要什么条件呢？民政部制定的《慈善组织公开募捐管理办法》第 5 条对此作了详细规定，概括来看，主要有以下几方面的要求：一是须登记或者认定为慈善组织满二年；二是有规范的内部治理结构；三是内部治理应当体现对公共利益的保障，包括理事会成员、法定代表人、秘书长以及专职工作人员要求；四是行为规范要求，包括办理税务登记，履行纳税义务，评估结果为 3A 及以上；五是未发现违法违规，没有负面记录，包括申请时未纳入异常名录，未受到行政处罚，没有其他违反法律、法规、国家政策行为。此外，《慈善法》公布前设立的非公募基金会、具有公益性捐赠税前扣除资格的社会团体，登记满二年，经认定为慈善组织的，可以申请公开募捐资格。《慈善法》公布前登记设立的公募基金会，凭其标明慈善组织属性的登记证书向登记的民政部门申领公开募捐资格证书。[2]

《慈善法》第 26 条对不具有公开募捐资格的组织或个人参与募捐作了规定，其可以与具有公开募捐资格的慈善组织合作，由该慈善组织开展公开募捐并管理募得款物。[3]《慈善组织公开募捐管理办法》第 17 条对此作了更详细的规定。[4]

2. 公开募捐方式和募捐方案备案监管

《慈善法》第 23 条规定了公开募捐方式[5]，第 24 条对制定募捐方案也

---

[1] 《中华人民共和国慈善法》，《人民日报》2016 年 3 月 20 日，第 1 版。
[2] 《慈善组织公开募捐管理办法》第 5 条，民政部网站（http://www.mca.gov.cn/article/gk/fg/shflhcssy/201608/20160815001646.shtml）。
[3] 《中华人民共和国慈善法》，《人民日报》2016 年 3 月 20 日，第 1 版。
[4] 《慈善组织公开募捐管理办法》第 17 条："具有公开募捐资格的慈善组织与不具有公开募捐资格的组织或者个人合作开展公开募捐活动，应当依法签订书面协议，使用具有公开募捐资格的慈善组织名义开展公开募捐活动；募捐活动的全部收支应当纳入该慈善组织的账户，由该慈善组织统一进行财务核算和管理，并承担法律责任。"
[5] 《慈善法》第 23 条："①在公共场所设置募捐箱；②举办面向社会公众的义演、义赛、义卖、义展、义拍、慈善晚会等；③通过广播、电视、报刊、互联网等媒体发布募捐信息；④其他公开募捐方式。"

作了规定。① 为了便于慈善组织开展公开募捐,《慈善组织公开募捐管理办法》考虑各种实际情况,规定了灵活的备案形式,比如:为同一募捐目的开展的公开募捐活动可以合并备案;慈善组织为应对重大自然灾害、事故灾难和公共卫生事件等突发事件,无法在开展公开募捐活动前办理募捐方案备案的,可以在公开募捐活动开始后十日内补办备案手续。②

3. 异地公开募捐备案监管

这里的异地公开募捐指的是获得公开募捐资格的慈善组织在其登记的民政部门管辖区域外进行的公开募捐行为,这种情况需要进行备案。《慈善组织公开募捐管理办法》第13条规定慈善组织"在公共场所设置募捐箱"和"举办面向社会公众的义演、义赛、义卖、义展、义拍、慈善晚会等"方式开展公开募捐活动的,除向其登记的民政部门备案外,还应当在开展公开募捐活动十日前,向其开展募捐活动所在地的县级人民政府民政部门备案,提交募捐方案、公开募捐资格证书复印件、确有必要在当地开展公开募捐活动的情况说明。③

4. 互联网公开募捐监管

《慈善法》不仅对发起慈善募捐主体身份有一定限制,而且对发布公募信息的网络渠道作了规定。《慈善法》第23条规定:"慈善组织通过互联网开展公开募捐的,应当在国务院民政部门统一或者指定的慈善信息平台发布募捐信息,并可以同时在其网站发布募捐信息。"④ 根据《慈善法》《公开募捐平台服务管理办法》有关规定,2016年以来民政部先后遴选指定三批慈善组织互联网公开募捐信息平台(简称互联网募捐信息平台),并接受了中国慈善信息平台、基金会中心网的退出申请。当前,共有30家互联网募捐信息平台可为慈善组织提供募捐信息发布服务。

5. 其他慈善募捐监管内容

《慈善法》第28条规定慈善组织自登记之日起可以开展定向募捐,

---

① 《慈善法》第24条规定:"开展公开募捐,应当制定募捐方案。募捐方案包括募捐目的、起止时间和地域、活动负责人姓名和办公地址、接受捐赠方式、银行账户、受益人、募得款物用途、募捐成本、剩余财产的处理等。募捐方案应当在开展募捐活动前报慈善组织登记的民政部门备案。"

② 《慈善组织公开募捐管理办法》第11—12条,民政部网站(http://www.mca.gov.cn/article/gk/fg/shflhcssy/201608/20160815001646.shtml)。

③ 《慈善组织公开募捐管理办法》第13条,民政部网站(http://www.mca.gov.cn/article/gk/fg/shflhcssy/201608/20160815001646.shtml)。

④ 《中华人民共和国慈善法》,《人民日报》2016年3月20日,第1版。

定向募捐的对象可以是发起人、理事会成员和会员，并向募捐对象说明募捐目的、募得款物用途等事项。《慈善法》第 29 条规定开展定向募捐，不得采取或者变相采取公开募捐的方式。《慈善法》第 30 条规定发生重大自然灾害、事故灾难和公共卫生事件等突发事件，需要迅速开展救助时，有关人民政府应当建立协调机制，提供需求信息，及时有序引导开展募捐和救助活动。《慈善法》第 32 条规定开展募捐活动，不得摊派或者变相摊派，不得妨碍公共秩序、企业生产经营和居民生活。①

第三节 慈善信托监管

一 慈善信托的含义与特征

信托起源于英国的"用益"，兴起于衡平法院，目前信托已经被广泛运用到商业、慈善等领域。英国法对慈善信托下了一个极为笼统的定义，即为了慈善目的而持有财产的信托。② 美国法律学会编纂的《信托法重述（第二版）》第 348 条将慈善信托定义为：慈善信托是关于财产的信义关系，产生于一种设立信托的意图，使个人持有财产并承担衡平法的义务，为慈善目的处分财产。③ 我国《慈善法》第 44 条将慈善信托定义为：慈善信托属于公益信托，是指委托人基于慈善目的，依法将其财产委托给受托人，由受托人按照委托人意愿以受托人名义进行管理和处分，开展慈善活动的行为。④ 慈善信托有以下两个特征：其一，慈善信托的核心是慈善目的，开展慈善活动。其二，慈善信托是信托的一种，在外在形式上带有"信托"的特征，以信托为工具，表现为委托人基于特定目的，以委托人与受托人之间的信任为前提，将财产委托给受托人，由受托人以自己名义管理和处分信托财产，开展慈善活动，信托财产具有独立性。⑤

---

① 《中华人民共和国慈善法》，《人民日报》2016 年 3 月 20 日，第 1 版。
② 解锟：《英国慈善信托制度研究》，法律出版社 2011 年版，第 6 页。
③ 转引自郑功成主编：《〈中华人民共和国慈善法〉解读与应用》，人民出版社 2016 年版，第 139 页。
④ 《中华人民共和国慈善法》，《人民日报》2016 年 3 月 20 日，第 1 版。
⑤ 参见郑功成主编：《〈中华人民共和国慈善法〉解读与应用》，人民出版社 2016 年版，第 140 页。

二 慈善信托的基本情况

根据中国慈善联合会发布的《2019年中国慈善信托发展报告》,截至2019年12月31日,全国共备案慈善信托273单,财产规模29.35亿元。共25个省、直辖市、自治区的民政部门备案了慈善信托,其中浙江、广东、甘肃、北京备案的慈善信托位居前列。2019年慈善信托单笔规模在百万元以下的有69单,占比58%;百万元级的有41单,占比35%;千万元级的有8单,占比6.7%;亿元级的有1单。2019年新设的慈善信托期限以短期为主,5年以下慈善信托59单,占总数的50%。企业是慈善信托的主要委托人,新设慈善信托中委托人全部为企业的数量占总数的45%;126位自然人作为委托人参与设立了23单慈善信托。新设慈善信托中有87.4%的受托人为信托公司单独担任受托人,共104单。2019年慈善信托在精准扶贫、脱贫攻坚方面持续发挥重要作用,新设多单扶贫类慈善信托,覆盖教育扶贫、就业扶贫等多个方面。[1]

三 慈善信托监管的内容

(一)慈善信托设立监管

《慈善法》第44条规定设立慈善信托必须有合法的慈善目的[2],《慈善信托管理办法》遵从《慈善法》的规定,列举了六类目的。[3]《慈善信托管理办法》对慈善信托的委托人和受托人提出了具体要求,委托人要具有完全民事行为能力,可以是自然人、法人或者依法成立的其他组织;受托人可以是慈善组织或者信托公司。[4] 关于慈善信托的形式,《慈善法》第45条规定:设立慈善信托、确定受托人和监察人,应当采取书面形式。[5]《慈善信托管理办法》第13条对书面形式加以明确规定,其形式包括信托合同、遗嘱或者法律、行政法规规定的其他书面文件等;第14条

---

[1] 《〈2019年中国慈善信托发展报告〉摘要》,《中国社会组织》2020年第3期。
[2] 《中华人民共和国慈善法》,《人民日报》2016年3月20日,第1版。
[3] 《银监会民政部关于印发慈善信托管理办法的通知》,《中华人民共和国国务院公报》,2017年第35号。
[4] 《银监会民政部关于印发慈善信托管理办法的通知》,《中华人民共和国国务院公报》,2017年第35号。
[5] 《中华人民共和国慈善法》,《人民日报》2016年3月20日,第1版。

对慈善信托文件的事项作出了具体规定。①《慈善法》第 49 条规定慈善信托的委托人根据需要可以确定信托监察人,并对监察人的权利和义务作出了规定。②

(二) 慈善信托备案监管

《慈善信托管理办法》第三章就慈善信托备案作了详细规定,具体内容包括:①关于备案时间,受托人应当在慈善信托文件签订之日起 7 日内,将相关文件向受托人所在地县级以上人民政府民政部门备案;②虽然都是在民政部门备案,但是由于受托人类型不同,对备案部门要求也不同,信托公司担任受托人的,由其登记注册地设区市的民政部门履行备案职责;慈善组织担任受托人的,由准予其登记或予以认定的民政部门履行备案职责。③针对两个或两个以上受托人的情况,委托人应当确定其中一个承担主要受托管理责任的受托人按照规定进行备案。《慈善信托管理办法》18 条规定了备案应提交的书面材料,第 20 条对受托人变更重新备案进行了规定。③

(三) 信托财产监管

《慈善法》第 48 条对信托人管理和处分信托财产作了规定,《慈善信托管理办法》加以细化,具体内容包括:①慈善信托财产与受托人固有财产相区别;②将慈善信托财产与受托人固有财产分别管理、分别记账,并将不同慈善信托的财产分别管理、分别记账;③对资金信托和非资金信托的处理要求不同,对资金信托应当委托商业银行担任保管人,并依法开立慈善信托资金专户,对非资金信托可以委托第三方进行保管;④慈善信托财产可以运用于银行存款、政府债券、中央银行票据、金融债券和货币市场基金等低风险资产,但委托人和信托公司另有约定的除外;⑤受托人不得将其固有财产与慈善信托财产进行交易或者将不同委托人的信托财产进行相互交易,但信托文件另有规定或者经委托人同意,并以公平的市场价格进行交易的除外。④

关于慈善信托终止后信托财产的处理,《慈善信托管理办法》第 43

---

① 《银监会民政部关于印发慈善信托管理办法的通知》,《中华人民共和国国务院公报》,2017 年第 35 号。
② 《中华人民共和国慈善法》,《人民日报》2016 年 3 月 20 日,第 1 版。
③ 《银监会民政部关于印发慈善信托管理办法的通知》,《中华人民共和国国务院公报》,2017 年第 35 号。
④ 《银监会民政部关于印发慈善信托管理办法的通知》,《中华人民共和国国务院公报》,2017 年第 35 号。

条规定：慈善信托终止，没有信托财产权利归属人或者信托财产权利归属人是不特定的社会公众，经备案的民政部门批准，受托人应当将信托财产用于与原慈善目的相近似目的，或者将信托财产转移给具有近似目的的其他慈善信托或者慈善组织。①

此外，《慈善法》第 48 条还规定慈善信托的受托人应当每年至少一次将信托事务处理情况及财务状况向其备案的民政部门报告，并向社会公开。②

（四）信托变更和终止监管

关于信托变更和终止问题，《慈善法》第 47 条规定：慈善信托的受托人违反信托义务或者难以履行职责的，委托人可以变更受托人。③《慈善信托管理办法》第 37 条对变更受托人情形作了进一步规定，包括：慈善信托的受托人违反信托文件义务或者出现依法解散、法定资格丧失、被依法撤销、被宣告破产或者其他难以履行职责的情形。④

《慈善信托管理办法》第 40 条规定了慈善信托终止情形，包括：①信托文件规定的终止事由出现；②信托的存续违反信托目的；③信托目的已经实现或者不能实现；④信托当事人协商同意；⑤信托被撤销；⑥信托被解除。⑤

第四节　慈善财产监管

慈善财产是公共财产，其来源和取得方式有多种，总结起来有以下几个方面：一是政府资助，包括补贴、购买服务、税收优惠等；二是社会捐赠收入，慈善组织接受捐赠人的捐赠而形成；三是慈善财产孳息和投资收益；四是服务收入；五是会费收入。慈善财产来源于国家和社会，对于已经形成慈善组织的财产，就是一种公共财产，必须按规定使用，任何人不

---

① 《银监会民政部关于印发慈善信托管理办法的通知》，《中华人民共和国国务院公报》，2017 年第 35 号。

② 《中华人民共和国慈善法》，《人民日报》2016 年 3 月 20 日，第 1 版。

③ 《中华人民共和国慈善法》，《人民日报》2016 年 3 月 20 日，第 1 版。

④ 《银监会民政部关于印发慈善信托管理办法的通知》，《中华人民共和国国务院公报》，2017 年第 35 号。

⑤ 《银监会民政部关于印发慈善信托管理办法的通知》，《中华人民共和国国务院公报》，2017 年第 35 号。

得挪用、瓜分。对慈善财产进行监管是慈善事业监管的重要内容。

一 财产禁止分配和剩余财产处理监管

美国《国内税收法典》第501(c)(3)规定慈善组织享有税收优惠，这些组织不能分配利润，应以公益为目的。大陆法系民法规定的财团法人，以捐赠人的财产为基础成立，是"财产的集合体"，法人成立后，捐赠人也不享有利润分配权。[①] 我国《慈善法》第52条规定："慈善组织的财产应当根据章程和捐赠协议的规定全部用于慈善目的，不得在发起人、捐赠人和慈善组织成员中分配。任何组织和个人不得私分、挪用、截留或者侵占慈善财产。"[②] "财产禁止分配"规则和上述国外非营利组织禁止利润分配的本质含义是一样的。

对于营利组织清算后的剩余财产，应由股东按投资比例分配；而对于慈善组织则完全不同，2009年修订的《美国信托法第三次重述》对信托法中的"力求近似原则"进行修改，首次规定了在慈善目的已经实现而有关慈善捐赠财产还有剩余，可能导致对该财产浪费的情况下，可以适用该原则将剩余慈善捐赠财产用于其他相近似的慈善目的。[③] 我国《慈善法》第18条对慈善组织清算后剩余财产处置作了明确规定："慈善组织清算后的剩余财产，应当按照慈善组织章程的规定转给宗旨相同或者相近的慈善组织；章程未规定的，由民政部门主持转给宗旨相同或者相近的慈善组织，并向社会公告。"[④]

二 慈善组织关联方交易监管

慈善组织为了生存和发展需要同个人和组织进行交易，以获取所需要的商品和服务。在这种情况下，交易要符合一般交易规则，不得损害慈善组织和社会公共利益。根据财政部2020年6月发布的《〈民间非营利组织会计制度〉若干问题的解释》，关联方是指一方控制、共同控制另一方或对另一方施加重大影响以及两方或两方以上同受一方控制、共同控制或

---

① 魏建国：《"非营利"内涵的立法界定及其对民办教育发展的意义——从〈慈善法〉出台到〈民办教育促进法〉修改》，《华中师范大学学报（人文社会科学版）》2017年第1期。
② 《中华人民共和国慈善法》，《人民日报》2016年3月20日，第1版。
③ 王艳丽、何新容：《美国对慈善机构滥用捐赠财产行为的法律规制及其启示》，《经济问题》2018年第12期。
④ 《中华人民共和国慈善法》，《人民日报》2016年3月20日，第1版。

重大影响的相关各方。关联方交易是指关联方之间转移资源、劳务或义务的行为，而不论是否收取价款。《慈善法》第 14 条对慈善组织关联方交易事项作了规定①，《慈善法》所说的关联方交易是指慈善组织与在本组织直接或间接占有权益、存在利害关系的关联方之间所进行的交易。关联方包括自然人、法人和其他组织，主要是慈善组织的发起人、主要捐赠人及管理人员。慈善组织关联方交易一般包括以下几种类型：①购买或销售商品及其他资产。②提供或接受劳务。③提供或接受捐赠。④提供资金。⑤租赁。⑥代理。⑦许可协议。⑧代表民间非营利组织或由民间非营利组织代表另一方进行债务结算。⑨关键管理人员薪酬。② 在实际工作中，前 3 类关联方交易是发生频率最高的，也是应当重点关注的情形。《慈善法》禁止不当的关联交易。与不存在关联关系、完全独立的交易主体之间达成的相同类型的交易相比，关联交易往往违背公平交易原则，在交易价格上或其他成交条件上，存在不公平之处，容易造成慈善组织的财产或利益以低于公允价格转移给关联人或者是慈善组织以高于公允价格向关联人购买需要的产品和服务，从而损害慈善组织、受益人的利益和社会公共利益。

需要注意的是，《慈善法》并未禁止关联方交易，而是要求慈善组织的关联方不得利用其关联关系损害慈善组织、受益人的利益和社会公共利益。这是基于慈善组织与关联方的交易也有可能是有利于慈善组织发展和社会公共利益的，不应当一律禁止。从保障各方利益出发，《慈善法》对关联方交易作了两条防范性规定：一是当慈善组织的发起人、主要捐赠人以及管理人员与慈善组织发生交易行为时，由于他们在慈善组织进行决策时可能会对其他人员的决策产生重要影响，为避免他们通过影响其他人员决策而使其个人获益，从而确保决策的客观公正，要求其不得参与慈善组织有关该交易行为的决策。二是要求有关交易情况应当向社会公开，通过社会公众来监督交易是否符合慈善组织、受益人利益和社会公共利益。如果社会公众发现慈善组织关联方交易有违法情形的，可以向民政部门、其他有关部门或者慈善行业组织投诉、举报。慈善组织对违法进行

---

① 《慈善法》第 14 条："慈善组织的发起人、主要捐赠人以及管理人员，不得利用其关联关系损害慈善组织、受益人的利益和社会公共利益。慈善组织的发起人、主要捐赠人以及管理人员与慈善组织发生交易行为的，不得参与慈善组织有关该交易行为的决策，有关交易情况应当向社会公开。"

② 《〈民间非营利组织会计制度〉若干问题的解释》，2020 年 6 月 19 日，财政部网站（http://kjs.mof.gov.cn/zhengcefabu/202006/t20200618_3534984.htm）。

关联方交易的行为要承担法律责任。①

三 慈善组织投资监管

我国在慈善立法过程中,是否允许慈善组织投资经营是一个有争议的问题。西方国家允许慈善组织通过投资来保值增值,如英国《慈善法》规定,慈善组织收入规模过大的,必须剥离一定资产成立基金会来进行投资;日本《公益社团法人及公益财团法人认定法》规定,慈善组织可以投资经营,对其经营业务分类实施税收减免优惠措施,但投资经营不得妨碍公益目的的实现。我国《公益事业捐赠法》和《基金会管理条例》都规定,基金会应当按照合法、安全、有效的原则实现基金的保值、增值。实践中,基金会既有采用传统的办法来保值增值,如银行存款,也有一些开展了投资经营。《慈善法》第54条规定慈善组织为实现财产保值增值进行投资的基本原则和相关要求,并授权国务院民政部门制定具体办法。②

民政部制定出台了《慈善组织保值增值投资活动管理暂行办法》,该办法规定投资的基本原则——合法、安全、有效,对慈善组织的投资领域作了以下规定:①直接购买银行、信托、证券、基金、期货、保险资产管理机构、金融资产投资公司等金融机构发行的资产管理产品;②通过发起设立、并购、参股等方式直接进行股权投资;③将财产委托给受金融监督管理部门监管的机构进行投资。该办法第6条对以上三类投资行为作了进一步规定:慈善组织在投资资产管理产品时,应当审慎选择,购买与本组织风险识别能力和风险承担能力相匹配的产品。慈善组织直接进行股权投资的,被投资方的经营范围应当与慈善组织的宗旨和业务范围相关。慈善组织开展委托投资的,应当选择中国境内有资质从事投资管理业务,且管

---

① 《慈善法》第99条规定,慈善组织违反第14条关联交易规定,造成慈善财产损失的,由民政部门予以警告、责令限期改正;逾期不改正的,责令限期停止活动并进行整改;经依法处理后一年内再出现违反关联交易规定的情形,或者有其他情节严重情形的,由民政部门吊销登记证书并予以公告。按照民法规定,相关责任人要承担民事赔偿责任。

② 《慈善法》第54条规定:"慈善组织为实现财产保值、增值进行投资的,应当遵循合法、安全、有效的原则,投资取得的收益应当全部用于慈善目的。慈善组织的重大投资方案应当经决策机构组成人员三分之二以上同意。政府资助的财产和捐赠协议约定不得投资的财产,不得用于投资。慈善组织的负责人和工作人员不得在慈善组织投资的企业兼职或者领取报酬。前款规定事项的具体办法,由国务院民政部门制定。"

理审慎、信誉较高的机构。第 7 条规定了慈善组织不得进行投资的活动。①

中国慈善组织资产保值增值能力有待提升。长期以来，中国基金会资产规模的增加依赖于捐赠收入的提升，保值增值的水平和积极性亟需提升。2013 年基金会的收入构成中，捐赠收入占全部收入的 82.99%，其次为政府补助收入，占 7.98%，投资收入仅占基金会全部收入的 5.04%。面对通货膨胀严重和独立性的挑战，基金会保值增值的压力也越来越大。②

图 3-1 反映了从 2009—2013 年参与投资理财的基金会数量，尽管每年有投资行为的基金会数量都有小幅增加，然而其占当年基金会总数的比重稳定地维持在 32% 上下，基本没有变化。换句话说，平均每年只有 1/3 的基金会有投资理财行为，仍有 2000 多家基金会没有进行投资理财。③

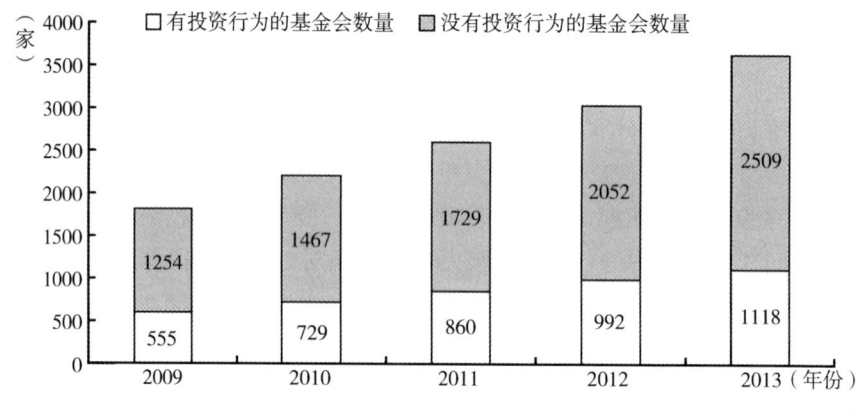

图 3-1　基金会投资理财情况（2009—2013 年）

---

① 《慈善组织保值增值投资活动管理暂行办法》第 7 条："慈善组织不得进行下列投资活动：①直接买卖股票；②直接购买商品及金融衍生品类产品；③投资人身保险产品；④以投资名义向个人、企业提供借款；⑤不符合国家产业政策的投资；⑥可能使本组织承担无限责任的投资；⑦违背本组织宗旨、可能损害信誉的投资；⑧非法集资等国家法律法规禁止的其他活动。"

② 基金会中心网、中央民族大学基金会研究中心编《中国基金会发展独立研究报告（2015）》，社会科学文献出版社 2015 年版，第 50 页。

③ 基金会中心网、中央民族大学基金会研究中心编《中国基金会发展独立研究报告（2015）》，社会科学文献出版社 2015 年版，第 50—51 页。

在实践中，基金会在保值增值运作以及如何提高基金会收益方面渠道狭窄，更多地倾向于稳妥的银行理财。在对基金会2013年委托理财的机构分析中，银行是最受基金会青睐的，有62%的基金会选择银行来进行委托理财；其次为信托公司，有17%的基金会选择；而风险系数高的基金公司和证券公司则鲜少选择，它们的占比加起来不足10%。①

广州市慈善组织社会监督委员会在对慈善组织审计监督时发现，慈善组织投资易出现以下问题：一是经营项目未经理事会决策，经营项目与业务范围不符。例如，×××组织201×年10月支付××××××文化传播有限公司加盟履约金50000元，使用并经营××××组织品牌创意项目，该投资未进行项目投资决策，未见理事会相关记录。经营的项目与《基金会法人登记证书》登记的业务范围不符。二是对外投资亏损。例如，×××组织201×年1—9月经营××××实际取得收入241044.63元（不含税），当期经营亏损133677.23元，收不抵支，减少了慈善组织的净资产。三是占用限定性资产资金用于投资。例如，×××组织201×年12月31日非限定性资产余额445314.59元，该组织以人民币620000元投资中国建设银行广东分行发行的"乾元—日积利"非保本型理财产品，占用限定性资产174685.41元。②慈善组织投资是一个新生事物，慈善组织在经营过程中要按照《慈善法》和《慈善组织保值增值投资活动管理暂行办法》的规定进行，理事会要注意投资风险管控和做到集体决策，并制定投资活动中止、终止或者退出机制。在发现问题时能做到及时止损，并要明确内部经营管理制度、明确责任追究制度等。

四 慈善活动年度支出和管理费用监管

《社会团体登记管理条例》和《民办非企业单位登记管理暂行条例》对年度支出和管理费用均未作任何要求。《基金会管理条例》第29条对此作了明确规定："公募基金会每年用于从事章程规定的公益事业支出，不得低于上一年总收入的70%；非公募基金会每年用于从事章程规定的公益事业支出，不得低于上一年基金余额的8%。基金会工作人员工资福

---

① 基金会中心网、中央民族大学基金会研究中心编《中国基金会发展独立研究报告（2015）》，社会科学文献出版社2015年版，第55页。

② 广州市慈善组织社会监督委员会编：《广州市慈善资金监管实践与探索》，中国社会出版社2020年版，第116—117、132页。

利和行政办公支出不得超过当年总支出的10%。"① 根据登记管理机关的年检情况，在我国有超过半数的基金会不能完成法定的支出比例要求。对于存在的问题，《慈善法》第60条作出了回应。② 2016年10月11日，民政部等联合印发《关于慈善组织开展慈善活动年度支出和管理费用的规定》，对慈善组织慈善活动支出和管理费用的列支原则、列支范围、列支比例等内容进行了明确和规范，并提出了相应的监管要求。第7至9条具体规定了各类慈善组织的支出比例。见表3-1。

表3-1　　　　慈善活动年度支出和管理费用标准③

慈善组织		年度慈善活动支出标准		年度管理费用标准	
		计算规则	比例	计算规则	比例
具有公开募捐资格的基金会		年度慈善活动支出/上年总收入	≥70%	年度管理费用/当年总支出	≤10%
具有公开募捐资格的社会团体和社会服务机构		年度慈善活动支出/上年总收入	≥70%	年度管理费用/当年总支出	≤13%
不具有公开募捐资格的基金会	Ⅰ类：上年末净资产≥6000万元	年度慈善活动支出/上年末净资产	≥6%	年度管理费用/当年总支出	≤12%
	Ⅱ类：800万≤上年末净资产<6000万元	年度慈善活动支出/上年末净资产	≥6%	年度管理费用/当年总支出	≤13%
	Ⅲ类：400万≤上年末净资产<800万元	年度慈善活动支出/上年末净资产	≥7%	年度管理费用/当年总支出	≤15%
	Ⅳ类：上年末净资产<400万元	年度慈善活动支出/上年末净资产	≥8%	年度管理费用/当年总支出	≤20%

---

① 《基金会管理条例》，民政部网站（http://xxgk.mca.gov.cn:8011/gdnps/pc/content.jsp?id=12799&mtype=）。

② 《慈善法》第60条规定："慈善组织应当积极开展慈善活动，充分、高效运用慈善财产，并遵循管理费用最必要原则，厉行节约，减少不必要的开支。慈善组织中具有公开募捐资格的基金会开展慈善活动的年度支出，不得低于上一年总收入的70%或者前三年收入平均数额的70%；年度管理费用不得超过当年总支出的10%，特殊情况下，年度管理费用难以符合前述规定的，应当报告其登记的民政部门并向社会公开说明情况。"

③ 数据来源于《民政部、财政部、国家税务总局关于印发〈关于慈善组织开展慈善活动年度支出和管理费用的规定〉的通知》，民政部网站（http://www.mca.gov.cn/article/gk/wj/201611/20161100002335.shtml）。

续表

慈善组织		年度慈善活动支出标准		年度管理费用标准	
		计算规则	比例	计算规则	比例
不具有公开募捐资格的社会团体和社会服务机构	Ⅰ类：上年末净资产≥1000万元	年度慈善活动支出/上年末净资产	≥6%	年度管理费用/当年总支出	≤13%
	Ⅱ类：500万≤上年末净资产<1000万元	年度慈善活动支出/上年末净资产	≥7%	年度管理费用/当年总支出	≤14%
	Ⅲ类：100万≤上年末净资产<500万元	年度慈善活动支出/上年末净资产	≥8%	年度管理费用/当年总支出	≤15%
	Ⅳ类：上年末净资产<100万元	(1) 年度慈善活动支出/上年末净资产 且 (2) 年度慈善活动支出/上年总收入	(1) ≥8% 且 (2) ≥50%	年度管理费用/当年总支出	≤20%

2019年3月18日至6月6日，209个全国性基金会在中国社会组织公共服务平台发布了2018年年度工作报告，其中公募基金会90个，非公募基金会119个。根据对年度工作报告的统计，2018年公募基金会年度慈善活动支出占上年总收入的比例最小为35.22%，最大为295.70%。77个基金会年度慈善活动支出不低于上年总收入70%，占比86.50%。年度慈善活动支出占前三年收入平均数额的比例最小为36.02%，最大为401.70%。76个基金会年度慈善活动支出不低于前三年收入平均数额70%，占比84.40%（见表3-2）。在全国性公募基金会中，年度慈善活动支出综合三年比例同本年度慈善活动支出比例相差不大，尚有十几个基金会的年度慈善活动支出不符合规定。

表3-2　　　　　　　　　　公募基金会年度慈善活动支出

年度慈善活动支出	范围（%）	频数（个）	百分比（%）
占上年总收入的比例	35.22—61.78	12	13.50
	70.00—295.70	77	86.50
综合三年比例	36.02—68.93	14	15.60
	70.00—401.70	76	84.40

注：共有90个公募基金会，其中一个基金会没有填报本年度慈善活动支出占上年总收入的比例。

2018年公募基金会年度管理费用占当年总支出的比例最小为0.11%，

最大为37.33%；87个基金会年度管理费用不高于当年总支出10%，占比96.70%（见表3-3）。3个基金会的年度管理费用占当年总支出的比例不符合规定。

表3-3　　　　　　　　　公募基金会年度管理费用

年度管理费用占总当年支出的比例（%）	频数（个）	百分比（%）
0.11—9.99	87	96.70
11.62—37.33	3	3.30
合计	90	100.00

2018年119个全国性非公募基金会按照上年末净资产数额可分为四类，它们的年度慈善活动支出和年度管理费用不同（见表3-4、表3-5），具体如下：

表3-4　　　　　　　　　非公募基金会年度慈善活动支出

非公募基金会按上年末净资产分类	年度慈善活动支出/上年末净资产（%）	频数（个）	百分比（%）
Ⅰ类	≥6%	52	98.1
	6%<	1	1.9
Ⅱ类	≥6%	61	96.8
	6%<	2	3.2
Ⅲ类	≥7%	1	100.0
	7%<	0	0
Ⅳ类	≥8%	1	50.0
	8%<	1	50.0

表3-5　　　　　　　　　非公募基金会年度管理费用

非公募基金会按上年末净资产分类	年度管理费用/当年总支出（%）	频数（个）	百分比（%）
Ⅰ类	≤12%	51	96.2
	>12%	2	3.8
Ⅱ类	≤13%	60	95.2
	>13%	3	4.8
Ⅲ类	≤15%	1	100.0
	>15%	0	0

续表

非公募基金会按上年末净资产分类	年度管理费用/当年总支出（%）	频数（个）	百分比（%）
Ⅳ类	≤20%	1	50.0
	>20%	1	50.0

Ⅰ类基金会有53个，其中52个基金会年度慈善活动支出不低于上年末净资产6%，占比98.1%；51个基金会年度管理费用不高于当年总支出12%，占比96.2%。Ⅱ类基金会有63个，其中61个基金会年度慈善活动支出不低于上年末净资产6%，占比96.8%；60个基金会年度管理费用不高于当年总支出13%，占比95.2%。Ⅲ类基金会有1个，该基金会年度慈善活动支出不低于上年末净资产的7%，年度管理费用不高于当年总支出的15%。Ⅳ类基金会共2个，其中一个年度慈善活动支出不低于上年末净资产的8%，年度管理费用不高于当年总支出的20%；另一个年度慈善活动支出低于上年末净资产的8%，年度管理费用高于当年总支出的20%。在119个非公募基金会中，年度慈善活动支出不符合规定的有4个，占比3.4%；年度管理费用不符合规定的有6个，占比5.0%。

第五节 慈善税收优惠监管

在慈善领域，对自然人、法人和其他组织进行税收优惠监管，相对于增加财政收入来说，更重要的是发挥税收优惠的激励作用，促进慈善事业发展。对慈善税收优惠的监管需要明确监管的对象和监管的重点内容。就慈善税收优惠监管对象来说，包括慈善组织、捐赠人和受益人；就监管内容来说，包括确认慈善组织的免税资格，确认慈善组织的公益性捐赠税前扣除资格，明确慈善组织、捐赠人和受益人各有哪些税收优惠。下面，我们就从四个方面讨论慈善税收监管的内容。

一 慈善组织免税资格和公益性捐赠税前扣除资格监管

（一）对慈善组织进行免税资格认定管理

在国外，要想获得慈善组织免税资格，首先要成立一个组织，通常注册为法人，然后到税务局或慈善管理部门进行慈善组织认定，在税务局进行的认定本身就是免税资格认定，在慈善管理部门进行的认定，也能够同时获得免税资格。① 在中国，自 2008 年以来，财政部和国家税务总局下发了三个关于非营利组织免税资格认定管理有关问题的通知，对包括慈善组织在内的非营利组织免税资格申请条件、所需材料、申请、有效期限等作出了规定。2018 年 2 月 7 日，重新修订发布的《财政部、税务总局关于非营利组织免税资格认定管理有关问题的通知》，提出申请免税资格的非营利组织需要同时满足 8 个条件。② 同前两个通知相比，这个通知的申请条件的变化体现在三个方面：一是关于工作人员工资水平的规定，之前的标准为"税务登记所在地人均工资水平的两倍"，现在为"税务登记所在地的地市级（含地市级）以上地区的同行业同类组织平均工资水平的两倍"，对"平均工资"的所在地和行业作出进一步明确规定。二是可获取免税资格的非营利组织的范围也有所改变，将原规定中"民办非企业单位"和"财政部、国家税务总局认定的其他组织"调整为"社会服务机构"和"财政部、税务总局认定的其他非营利组织"，进一步突出了组织的非营利性质。三是取消了申请前年度的年度检查结论为"合格"的条件。这主要是配合社会组织管理方式由年检改为年报的改革要求。此外，该通知的调整还包括：新成立组织当年可获免税资格；到期复审期限更加宽松；轻微行政处罚不再取消资格；取消资格后重新申请的"冷冻期"缩短。从总体上看新政策降低了非营利组织免税资格的申请难度，体现了国家借税收优惠引导社会组织规范管理和健康有序发展的方针。

（二）对慈善组织的公益性捐赠税前扣除资格进行确认

《中华人民共和国企业所得税法》（以下简称《企业所得税法》）和

---

① 马昕：《慈善组织的税收调节与跨部门认定监管》，《中国民政》2016 年第 4 期。
② 《财政部、税务总局关于非营利组织免税资格认定管理有关问题的通知》规定的 8 个条件：①依照国家有关法律法规设立或登记的事业单位、社会团体、基金会、社会服务机构、宗教活动场所、宗教院校以及财政部、税务总局认定的其他非营利组织；②从事公益性或者非营利性活动；③取得的收入除用于与该组织有关的、合理的支出外，全部用于登记核定或者章程规定的公益性或者非营利性事业；④财产及其孳息不用于分配，但不包括合理的工资薪金支出；⑤按照登记核定或者章程规定，该组织注销后的剩余财产用于公益性或者非营利性目的，或者由登记管理机关采取转赠给与该组织性质、宗旨相同的组织等处置方式，并向社会公告；⑥投入人对投入该组织的财产不保留或者享有任何财产权利；⑦工作人员工资福利开支控制在规定的比例内，不变相分配该组织的财产，其中：工作人员平均工资薪金水平不得超过税务登记所在地的地市级（含地市级）以上地区的同行业同类组织平均工资水平的两倍，工作人员福利按照国家有关规定执行；⑧对取得的应纳税收入及其有关的成本、费用、损失应与免税收入及其有关的成本、费用、损失分别核算。

《中华人民共和国个人所得税法》（以下简称《个人所得税法》）规定企业和个人通过公益性社会团体、国家机关向公益事业的捐赠支出按规定在税前扣除。这里存在一个问题，即企业和个人可以向哪些公益性社会团体进行捐赠从而享受税收优惠待遇，或者说什么类型的社会团体可获得公益性捐赠税前扣除资格，从而使得向其捐赠的企业和个人可以享受税收优惠。对此，2020年5月，财政部等三部门发布的《关于公益性捐赠税前扣除有关事项的公告》提出"公益性社会组织"这一概念，其范围比此前《财政部、国家税务总局、民政部关于公益性捐赠税前扣除有关问题的通知》规定的公益性社会团体的范围大。该公告规定了在民政部门依法登记的慈善组织和其他社会组织取得公益性捐赠税前扣除资格应当同时具备的条件，包括：①符合企业所得税法实施条例第52条第1项到第8项规定的条件。①②报送经审计的上年度专项信息报告。③符合规定的前两年度公益事业支出比例，具有公开募捐资格的社会组织该比例均不得低于70%，不具有公开募捐资格的社会组织该比例不得低于8%。④符合规定的前两年度管理费用比例，具有公开募捐资格的社会组织该比例不得高于10%，不具有公开募捐资格的社会组织该比例不得高于12%。⑤具有非营利组织免税资格，且免税资格在有效期内。⑥前两年度未受到登记管理机关行政处罚（警告除外）。⑦前两年度未被登记管理机关列入严重违法失信名单。⑧社会组织评估等级为3A以上（含3A）且该评估结果在确认公益性捐赠税前扣除资格时仍在有效期内。按照《慈善法》新设立或新认定的慈善组织，在其取得非营利组织免税资格的当年，只需要符合本条第1项、第6项、第7项条件即可。②

二　慈善组织税收优惠监管

根据中国现行税收法律制度，并非任何慈善组织都可以享受税收优惠。慈善组织获得税收优惠的前提是慈善组织应先行获得免税资格。慈善组织的税收优惠主要包括企业所得税、增值税、营业税、契税、房产税、

---

① 《企业所得税法实施条例》第52条第1项到第8项规定的条件：①依法登记，具有法人资格；②以发展公益事业为宗旨，且不以营利为目的；③全部资产及其增值为该法人所有；④收益和营运结余主要用于符合该法人设立目的的事业；⑤终止后的剩余财产不归属任何个人或者营利组织；⑥不经营与其设立目的无关的业务；⑦有健全的财务会计制度；⑧捐赠者不以任何形式参与社会团体财产的分配。

② 《关于公益性捐赠税前扣除有关事项的公告》，2020年5月21日，民政部网站（http://xxgk.mca.gov.cn：8011/gdnps/content.jsp？id=11755）。

进口关税、进口环节增值税等税收优惠。

（一）企业所得税优惠

早在《企业所得税法》及其实施条例颁布实施之前，中国税法对于非营利组织非因从事经营活动而获得的收入都予以免征企业所得税。对社会团体、民办非企业单位来说，来自政府的财政拨款和财政资助、社会团体收取的会费和社会各界的捐赠收入免征企业所得税。对基金会来说，基金会在金融机构的基金存款取得的利息收入，暂不作为企业所得税应税收入。①

《企业所得税法》及其实施条例规定了非营利组织免税应满足的条件。② 2009年11月，财政部和国家税务总局下发了《财政部、国家税务总局关于非营利组织企业所得税免税收入问题的通知》，明确规定非营利组织的以下五类收入为免税收入：①接受其他单位或者个人捐赠的收入；②符合条件的政府补助收入；③按照省级以上民政、财政部门规定收取的会费；④不征税收入和免税收入滋生的银行存款利息收入；⑤财政部、国家税务总局规定的其他收入。③

（二）营业税优惠

按照有关政策规定，社会团体按财政部门或民政部门规定标准收取的会费，是非应税收入，不属于营业税的征收范围，不征收营业税。④

（三）增值税优惠

根据《增值税暂行条例》第15条的规定，以下项目免征增值税：①农业生产者销售的自产农产品；②避孕药品和用具；③古旧图书；④直接用于科学研究、科学试验和教学的进口仪器、设备；⑤外国政府、国际组织无偿援助的进口物资和设备；⑥由残疾人的组织直接进口供残疾人专用的物品；⑦销售的自己使用过的物品。这一规定并不直接针对慈善组织。当慈善组织在运作中涉及上述项目，便可免征增值税。除了以上增值税的一般规定以外，还有针对增值税的特殊规定。《财政部、税务总局关于租入固定资产进项税额抵扣等增值税政策的通知》规定，自2016年

---

① 金锦萍编著：《社会组织财税制度》，中国社会出版社2010年版，第87—88页。
② 2008年1月1日起实施的《企业所得税法》第26条规定，符合条件的非营利组织的收入为免税收入。《企业所得税法实施条例》第84条进一步规定了非营利组织免税应满足的条件。
③ 《财政部、国家税务总局关于非营利组织企业所得税免税收入问题的通知》，国家税务总局网站（http://www.chinatax.gov.cn/chinatax/n362/c76809/content.html）。
④ 《财政部、国家税务总局关于对社会团体收取的会费收入不征收营业税的通知》。

5月1日起，社会团体收取的会费，免征增值税。该通知下发前已征收的增值税，可抵减以后月份应缴纳的增值税，或办理退税。社会团体开展经营服务性活动取得的其他收入，一律照章缴纳增值税。

（四）契税优惠

契税是以所有权发生转移变动的不动产为征税对象，向产权承受人征收的一种财产税。在中华人民共和国境内转移土地、房屋权属，承受的单位和个人为契税的纳税人。《中华人民共和国契税暂行条例》第6条规定，社会团体承受土地、房屋用于办公、教学、医疗、科研的，免征契税。

（五）进口关税、进口环节增值税和消费税优惠

在关税优惠方面，境外捐赠人无偿向受赠人捐赠的直接用于慈善事业的物资，免征进口关税和进口环节增值税。[1] 此外，为鼓励公益捐赠，支持新冠肺炎疫情防控，自2020年1月1日至2020年3月31日，财政部等适度扩大免税进口范围，对捐赠用于疫情防控的进口物资，免征进口关税和进口环节增值税、消费税。[2]

慈善组织税收优惠范围和法律依据见表3-6。

表3-6　　　　慈善组织税收优惠范围和法律依据

适用税种	优惠方式	适用范围	法律依据
企业所得税	免税	接受其他单位或者个人捐赠的收入；除《企业所得税法》第7条规定的财政拨款以外的其他政府补助收入，但不包括因政府购买服务取得的收入；按省级以上民政、财政部门规定收取的会费；不征税收入和免税收入孳生的银行存款利息收入；财政部、国家税务总局规定的其他收入	《企业所得税法》第26条；《企业所得税法实施条例》第84条；《财政部、国家税务总局关于非营利组织企业所得税免税收入问题的通知》
增值税	免征	下列项目免征增值税：农业生产者销售的自产农产品；避孕药品和用具；古旧图书；直接用于科学研究、科学试验和教学的进口仪器、设备；外国政府、国际组织无偿援助的进口物资和设备；由残疾人的组织直接进口供残疾人专用的物品；销售的自己使用过的物品；社会团体收取的会费	《增值税暂行条例》第15条；《财政部、税务总局关于租入固定资产进项税额抵扣等增值税政策的通知》

[1]　《慈善捐赠物资免征进口税收暂行办法》第2条、第5条。
[2]　《关于防控新型冠状病毒感染的肺炎疫情进口物资免税政策的公告》。

续表

适用税种	优惠方式	适用范围	法律依据
营业税	免征	社会团体按财政部门或民政部门规定标准收取的会费	《财政部国家税务总局关于对社会团体收取的会费收入不征收营业税的通知》
契税	免征	社会团体承受土地、房屋用于办公、教学、医疗、科研	《契税暂行条例》第6条
进口关税、进口环节增值税	免征	境外捐赠人无偿向受赠人捐赠的直接用于慈善事业的物资;捐赠用于疫情防控的进口物资	《关于救灾捐赠物资免征进口税收的暂行办法》;《慈善捐赠物资免征进口税收暂行办法》;《财政部、海关总署、税务总局关于防控新型冠状病毒感染的肺炎疫情进口物资免税政策的公告》
消费税	免征	捐赠用于疫情防控的进口物资	《财政部、海关总署、税务总局关于防控新型冠状病毒感染的肺炎疫情进口物资免税政策的公告》

三 捐赠人税收优惠监管

捐赠人包括个人、企业、其他社会力量、国际组织、外国慈善组织等各种可能的捐赠主体。对捐赠人的税收优惠主要是运用税法激励捐赠人为慈善组织提供资助,并以税收减免的形式保证捐赠人的经济利益,覆盖所得税、印花税、增值税、营业税等方面的税收优惠。

（一）企业所得税优惠

企业是重要的捐赠主体,2013年《国务院批转发展改革委等部门关于深化收入分配制度改革若干意见的通知》提出:落实并完善慈善捐赠税收优惠政策,对企业公益性捐赠支出超过年度利润总额12%的部分,允许结转以后年度扣除。《企业所得税法》第9条规定:"企业发生的公益性捐赠支出,在年度利润总额12%以内的部分,准予在计算应纳税所得额时扣除;超过年度利润总额12%的部分,准予结转以后三年内在计算应纳税所得额时扣除。"[①] 此处的公益性捐赠是指企业通过公益性社会组织或者县级以上人民政府及其部门,用于符合法律规定的慈善活动、公益事业的捐赠。

（二）个人所得税优惠

《个人所得税法》第6条第2款规定:"个人将其所得对教育、扶贫、

---

① 《国务院关于修改部分行政法规的决定》,中国政府网（http://www.gov.cn/zhengce/content/2019-04/29/content_5387404.htm）。

济困等公益慈善事业进行捐赠，捐赠额未超过纳税人申报的应纳税所得额百分之三十的部分，可以从其应纳税所得额中扣除。"①

（三）印花税优惠

印花税是对经济活动和经济交往中设立、领受具有法律效力的凭证的行为所征收的一种税。慈善捐赠印花税优惠如下：①将财产赠给政府、社会福利单位、学校所立的书据免征印花税。② ②自2016年1月1日至2018年12月31日，对与高校学生签订的高校学生公寓租赁合同，免征印花税。③ ③抢险救灾物资运输免征印花税。凡附有县级以上（含县级）人民政府抢险救灾物资运输证明文件的运费结算凭证，免纳印花税。④

（四）对捐赠人税收优惠的特殊规定

1. 支持舟曲灾后恢复重建税收优惠

在支持汶川地震、芦山地震和玉树地震灾后恢复重建中，企业、个人等社会力量支持抢险救灾和灾后恢复重建享受一定的税收优惠。⑤ 支持舟曲灾后恢复重建的税收优惠有企业所得税优惠、个人所得税优惠、增值税优惠、城市维护建设税优惠、教育费附加优惠、印花税优惠，其中企业所得税优惠和个人所得税优惠为当年企业所得税前和当年个人所得税前全额扣除，其他税收优惠为免征。⑥

2. 支持新冠肺炎疫情防控税收优惠

对支持新冠肺炎疫情防控的公益捐赠税收优惠有企业所得税优惠、个人所得税优惠、增值税优惠、消费税优惠、城市维护建设税优惠、教育费附加优惠和地方教育附加优惠，其中企业所得税优惠和个人所得税优惠是在计算应纳税所得额时全额扣除，其他税收优惠是免征。⑦

---

① 《中华人民共和国个人所得税法》，中国人大网（http：//www.npc.gov.cn/npc/c12488/201107/a01417085c264f078c2945a3964473e3.shtml）。
② 《中华人民共和国印花税暂行条例》第4条。
③ 《财政部、国家税务总局关于继续执行高校学生公寓和食堂有关税收政策的通知》。
④ 《国家税务局关于货运凭证征收印花税几个具体问题的通知》。
⑤ 有关汶川地震、玉树地震和芦山地震灾后恢复重建的税收政策已失效，故不详细介绍。
⑥ 具体税收优惠见《财政部、海关总署、国家税务总局关于支持舟曲灾后恢复重建有关税收政策问题的通知》。
⑦ 具体税收优惠见《财政部、海关总署、税务总局关于防控新型冠状病毒感染的肺炎疫情进口物资免税政策的公告》和《财政部、税务总局关于支持新型冠状病毒感染的肺炎疫情防控有关捐赠税收政策的公告》。

3. 扶贫货物捐赠税收优惠

根据财政部等三部门的公告，自 2019 年 1 月 1 日至 2022 年 12 月 31 日，对单位或者个体工商户将自产、委托加工或购买的货物通过公益性社会组织、县级及以上人民政府及其组成部门和直属机构，或直接无偿捐赠给目标脱贫地区的单位和个人，免征增值税。在政策执行期限内，目标脱贫地区实现脱贫的，可继续适用上述政策。在 2015 年 1 月 1 日至 2018 年 12 月 31 日期间已发生的符合上述条件的扶贫货物捐赠，可追溯执行上述增值税政策。在公告发布之前已征收入库的按上述规定应予免征的增值税税款，可抵减纳税人以后月份应缴纳的增值税税款或者办理税款退库。已向购买方开具增值税专用发票的，应将专用发票追回后方可办理免税。无法追回专用发票的，不予免税。①

捐赠人的税收优惠见表 3-7。

表 3-7　　　　　　　　　　捐赠人税收优惠

适用税种	优惠方式	适用范围	法律依据
企业所得税	免税	公益性捐赠支出在年度利润总额 12% 以内的部分准予扣除；对企业支持舟曲泥石流灾后恢复重建和新冠肺炎防控的捐赠，全额扣除。	《企业所得税法》第 9 条；《企业所得税法实施条例》；《财政部、海关总署、国家税务总局关于支持舟曲灾后恢复重建有关税收政策问题的通知》；《国家税务总局关于支持新型冠状病毒感染的肺炎疫情防控有关税收征收管理事项的公告》；《财政部、税务总局关于支持新型冠状病毒感染的肺炎疫情防控有关捐赠税收政策的公告》
个人所得税	免税	个人将其所得对教育、扶贫、济困等公益慈善事业进行捐赠，捐赠额未超过纳税人申报的应纳税所得额 30% 的部分；对个人支持舟曲泥石流灾后重建和新冠肺炎疫情防控的捐赠，全额扣除	《个人所得税法》；《财政部、海关总署、国家税务总局关于支持舟曲灾后恢复重建有关税收政策问题的通知》；《财政部、税务总局关于支持新型冠状病毒感染的肺炎疫情防控有关捐赠税收政策的公告》
增值税	免征	对单位或者个体工商户将自产、委托加工或购买的货物通过公益性社会组织、县级及以上人民政府及其组成部门和直属机构，或直接无偿捐赠给目标脱贫地区的单位和个人	《财政部、税务总局、国务院扶贫办关于扶贫货物捐赠免征增值税政策的公告》

---

① 《财政部、税务总局、国务院扶贫办关于扶贫货物捐赠免征增值税政策的公告》。

续表

适用税种	优惠方式	适用范围	法律依据
印花税	免征	将财产赠给政府、社会福利单位、学校所立的书据；自2016年1月1日至2018年12月31日，对与高校学生签订的高校学生公寓租赁合同；附有县级以上（含县级）人民政府抢险救灾物资运输证明文件的运费结算凭证	《印花税暂行条例》第4条；《财政部、国家税务总局关于继续执行高校学生公寓和食堂有关税收政策的通知》；《国家税务局关于货运凭证征收印花税几个具体问题的通知》
增值税、城市维护建设税及教育费附加	免征	为支持舟曲灾后重建、新冠肺炎疫情防控，对单位和个体经营者将自产、委托加工或购买的货物通过公益性社会团体、县级以上人民政府及其部门的捐赠；单位和个体工商户将自产、委托加工或购买的货物直接向承担疫情防治任务的医院的捐赠	《财政部、海关总署、国家税务总局关于支持舟曲灾后恢复重建有关税收政策问题的通知》；《财政部、税务总局关于支持新型冠状病毒感染的肺炎疫情防控有关捐赠税收政策的公告》
消费税、地方教育附加	免征	单位和个体工商户将自产、委托加工或购买的货物，通过公益性社会组织和县级以上人民政府及其部门等国家机关，或者直接向承担疫情防治任务的医院的捐赠	《财政部、税务总局关于支持新型冠状病毒感染的肺炎疫情防控有关捐赠税收政策的公告》

四 受益人税收优惠监管

《慈善法》《基金会管理条例》等法律法规规定受益人接受捐赠依法享受税收优惠。[1] 《个人所得税法》及其实施条例规定福利费、抚恤金、救济金免征个人所得税；残疾、孤老人员和烈属的所得，因自然灾害遭受重大损失的，以及国务院规定的其他减税情形，其个人所得税也可减免征收。[2] 有关慈善受益人税收优惠范围和依据见表3-8。

---

[1] 《基金会管理条例》第26条规定："基金会及其捐赠人、受益人依照法律、行政法规的规定享受税收优惠。"首次专门规定了受益人依法享受税收优惠。《慈善法》第81条规定："受益人接受慈善捐赠，依法享受税收优惠。"

[2] 《个人所得税法》第4条第1款第4项规定，福利费、抚恤金、救济金免征个人所得税。第5条规定，残疾、孤老人员和烈属的所得，因自然灾害遭受重大损失的，可以减征个人所得税。国务院可以规定其他减税情形，报全国人民代表大会常务委员会备案。

表 3-8 慈善受益人税收优惠范围和依据

适用税种	优惠方式	适用范围	法律依据
个人所得税	免征、减征	救济金、残疾、孤老人员和烈属的所得，其他财政部门批准的所得	《个人所得税法》第4条、第5条；《个人所得税法实施条例》第11条
个人所得税	免征	灾区个人接受捐赠的款项、取得的各级政府发放的救灾款项，以及参与抢险救灾的一线人员按照地方各级政府及其部门规定标准取得的与抢险救灾有关的补贴收入	《财政部、海关总署、税务总局关于支持舟曲灾后恢复重建有关税收政策问题的通知》
企业所得税	免征	灾区企业通过公益性社会团体、县级以上人民政府及其部门取得的抢险救灾和灾后恢复重建款项和物资，以及税收法律、法规和国务院批准的减免税金及附加收入	《财政部、海关总署、税务总局关于支持舟曲灾后恢复重建有关税收政策问题的通知》
一般规范	优惠	受益人依照法律、行政法规的规定享受税收优惠	《慈善法》第81条；《基金会管理条例》第26条

第四章　监管方式及创新（Ⅰ）：行政监管及创新

监管方式是慈善事业监管主体对慈善监管对象进行监督管理所采取的方法和形式，可以分为行政监管方式、慈善组织内部治理方式和社会监督方式。本章结合政策法规、研究文献和统计数据讨论行政监管方式，在此基础上分析行政监管方式的问题，提出改进措施与创新方向。

第一节　行政许可

一　行政许可概述

慈善组织设立制度有三种：许可制、部分许可制和放任制。许可制是指慈善组织的成立要得到国家有关部门的批准和登记的制度。部分许可制是指国家对普通慈善组织采取放任态度，对特定的慈善组织采取一定程度的制约的制度。放任制是国家对慈善组织的成立与活动没有特别的法律限制，视慈善组织活动与个人活动无异，由一般的法律来调整与规范。[1] 我国对慈善组织的设立实施行政许可。在《慈善法》实施前，依据"三大条例"及其他相关法律法规，我国对慈善组织成立实行双重许可，即慈善组织在申请成立时必须先获得业务主管单位的批准，然后才能到登记管理机关申请登记。

就登记管理机关的行政许可来说，它体现在慈善组织成立登记、变更、注销、章程核准等方面。民政部门是慈善工作的主管部门，拥有上述行政许可权力。单就最高层级的登记管理机关——民政部来说，它拥有全国性、跨省份区域性社会团体成立登记、社会组织名称、住所、宗旨、业

---

[1] 刘培峰：《社团管理的许可与放任》，《法学研究》2004年第4期。

务范围、法定代表人、资金和业务主管单位变更登记、全国性公募基金会和由内地居民担任法定代表人的非公募基金会设立登记等事项的行政许可权。民政部行政许可事项目录见表4-1。

表4-1　　　　　　　　民政部行政许可事项目录①

序号	名称	类别	依据	许可对象
1	慈善组织登记	行政许可	《慈善法》第10条	民政部登记的慈善组织
2	慈善组织注销登记	行政许可	《慈善法》第17条	民政部登记的慈善组织
3	慈善组织公开募捐资格申请	行政许可	《慈善法》第32条，《慈善组织公开募捐管理办法》第6条、第7条、第8条	民政部登记的慈善组织
4	全国性公募基金会和由内地居民担任法定代表人的非公募基金会设立登记	行政许可	《基金会管理条例》第6条	基金会申请人
5	由非内地居民担任法定代表人的非公募基金会设立登记	行政许可	《基金会管理条例》第6条	基金会申请人
6	由非内地居民担任法定代表人的非公募基金会名称变更登记	行政许可	《基金会管理条例》第11条、第15条	民政部登记的由非内地居民担任法定代表人的非公募基金会
7	基金会类型变更登记	行政许可	《基金会管理条例》第11条、第15条	民政部登记的基金会
8	全国性、跨省份区域性社会团体成立登记	行政许可	《社会团体登记管理条例》第6条、第7条	社会团体发起人
9	社会团体活动地域变更登记	行政许可	《社会团体登记管理条例》第16条、第20条	民政部登记的社会团体
10	民办非企业单位成立登记	行政许可	《民办非企业单位登记管理暂行条例》第5条、第6条	民办非企业单位举办者
11	社会组织名称、住所、宗旨、业务范围、法定代表人、资金和业务主管单位变更登记	行政许可	《基金会管理条例》第11条，《社会团体登记管理条例》第16条，《民办非企业单位登记管理暂行条例》第7条	民政部登记的基金会、社会团体、民办非企业单位

① 见民政部网站（http://sgs.mca.gov.cn/article/gk/xyxxsgs/201607/20160715001322.shtml），有增删。

续表

序号	名称	类别	依据	许可对象
12	社会组织注销登记	行政许可	《基金会管理条例》第16条，《社会团体登记管理条例》第21条，《民办非企业单位登记管理暂行条例》第16条	民政部登记的社会组织
13	社会组织章程核准	行政许可	《基金会管理条例》第15条，《社会团体登记管理条例》第20条，《民办非企业单位登记管理暂行条例》第15条	民政部登记的社会组织

在实践中，慈善组织可以根据其住所和活动范围向不同层级的民政部门申请成立登记，相应地，不同层级的民政部门就成为各类慈善组织的登记管理部门。根据基金会中心网的统计，截至2019年12月31日，全国基金会数量为7855个，其中在民政部登记的基金会占比3.0%；在省级民政部门登记的基金会占比70.0%；在市级民政部门登记的基金会占比19.0%；在县级民政部门登记的基金会占比8.0%。就2019年新成立基金会的登记层次来看，在省级民政部门登记的基金会占比57.0%；在市级民政部门登记的基金会占比30%；在县级民政部登记的基金会占比12.0%（见表4-2）。可以看出，不管是基金会整体还是2019年新成立的基金会，大约90%的基金会是在省级和市级民政部门登记成立的。①

表4-2　　　　　　　　　　基金会登记层级

登记层次	全部基金会在不同登记部门登记的百分比（%）	新成立基金会在不同登记部门登记的百分比（%）
省级民政部门	70.0	57.0
市级民政部门	19.0	30.0
县级民政部	8.0	12.0
民政部	3.0	0
合计	100.0	100.0

资料来源：基金会中心网（http://www1.foundationcenter.org.cn/report/content?cid=20200107141839）。

---

① 基金会中心网（http://www1.foundationcenter.org.cn/report/content?cid=20200107141839），截至2019年12月31日。

二 在民政部登记的社会组织行政许可情况

下面结合中国社会组织公共服务平台提供的信息，分别对在民政部登记的基金会、全国性社会团体和民办非企业单位的行政许可具体情况进行统计分析。

（一）在民政部登记的基金会行政许可基本情况

2008年至2020年4月1日，民政部准予在该部设立登记基金会91个，准予变更名称20次，变更住所105次，变更原始基金34次，变更法定代表人236次，变更业务主管单位5次，准予注销基金会2个（见表4-3）。

表4-3　　　　　　在民政部登记的基金会行政许可统计

年份	设立登记（个）	变更名称（次）	变更住所（次）	变更原始基金（次）	变更法定代表人（次）	变更业务主管单位（次）	注销（个）
2008	0	0	1	0	0	0	0
2009	13	2	5	4	15	0	0
2010	10	4	7	3	17	2	0
2011	18	3	8	6	18	0	0
2012	16	2	12	4	19	0	0
2013	11	0	10	0	14	0	0
2014	5	1	14	4	20	1	0
2015	11	3	9	2	25	0	0
2016	7	2	7	1	31	0	0
2017	0	2	7	5	27	0	1
2018	0	1	12	1	18	0	1
2019	0	0	11	0	31	2	0
2020	0	0	2	0	1	0	0
合计	91	20	105	34	236	5	2

注：有的基金会变更数次，每次均独立统计，截至2020年4月1日。

（二）全国性社会团体行政许可基本情况

2008年至2020年4月1日，民政部准予成立登记全国性社会团体237个，准予变更名称129次，变更住所668次，变更注册资金49次，变更法定代表人2369次，变更业务主管单位22次，准予注销社会团体14个（见表4-4）。

表 4-4　　　　　　　全国性社会团体行政许可统计

年份	成立登记（个）	变更名称（次）	变更住所（次）	变更注册基金（次）	变更法定代表人（次）	变更业务主管单位（次）	注销（个）
2008	1	0	1	0	4	0	0
2009	32	14	58	3	174	3	1
2010	14	10	64	1	193	7	1
2011	21	19	56	1	226	3	0
2012	38	16	69	5	205	5	2
2013	43	9	62	6	174	0	1
2014	34	21	62	2	205	0	0
2015	37	10	53	6	259	0	1
2016	11	10	50	5	265	2	0
2017	4	7	66	7	265	0	3
2018	2	5	57	7	179	1	2
2019	0	6	58	6	207	1	3
2020	0	2	12	0	13	0	0
合计	237	129	668	49	2369	22	14

注：截至 2020 年 4 月 1 日。

（三）在民政部登记的民办非企业单位行政许可基本情况

2009 年至 2020 年 4 月 1 日，民政部准予在民政部成立登记民办非企业单位 77 个，准予变更名称 6 次，变更住所 32 次，变更注册资金 6 次，变更法定代表人 57 次，准予注销 8 个（见表 4-5）。

表 4-5　　　　　在民政部登记的民办非企业单位行政许可统计

年份	成立登记（个）	变更名称（次）	变更住所（次）	变更注册资金（次）	变更法定代表人（次）	注销（个）
2009	2		1			
2010	5	1	2	1	1	
2011	7	1	0	0	3	
2012	8	0	0	0	2	
2013	13	0	5	1	6	
2014	17	1	1	2	4	
2015	17	2	8	0	7	

续表

年份	成立登记（个）	变更名称（次）	变更住所（次）	变更注册资金（次）	变更法定代表人（次）	注销（个）
2016	8	1	1	2	9	
2017	0	0	2	0	10	2
2018	0	0	7	0	11	4
2019	0	0	4	0	4	2
2020	0	0	1	0	0	
合计	77	6	32	6	57	8

注：截至2020年4月1日。

三 慈善组织公开募捐资格行政许可

"慈善中国"网站设有"慈善组织查询"栏，首先，点击"公开募捐资格名单"显示，截至2020年4月24日16时，具有公开募捐资格的慈善组织和红十字会共2897个。然后，输入"基金会""慈善总会""慈善会""慈善协会"等名称，结果显示：共811个基金会、868个慈善会（慈善总会、慈善协会）（其中慈善总会580个，慈善会205个，慈善协会83个）具有公开募捐资格。最后，点击"领取公募资格的红十字会"显示，1024个红十字会领取公募资格。在2897个具有公开募捐资格的慈善组织和红十字会中，按照所占比例由高到低排列依次为：红十字会占比35.4%，慈善会（慈善总会、慈善协会）占比29.9%，基金会占比28.0%，其他社会团体、社会服务机构占比6.7%。去掉红十字会，具有公开募捐资格的慈善组织有1873个，其中基金会和慈善会（慈善总会、慈善协会）占比89.6%，其他社会团体和社会服务机构占比10.4%（见表4-6）。

表4-6　　　　具有公开募捐资格的慈善组织和红十字会统计

具有公开募捐资格的慈善组织和红十字会	频数（个）	百分比（%）
基金会	811	28.0
慈善会（慈善总会、慈善协会）	868	29.9
红十字会	1024	35.4
其他社会团体、社会服务机构	194	6.7
合计	2897	100.0

数据来源："慈善中国"网站，截至2020年4月24日16：02。

1993年10月31日实施并于2009年8月27日修正的《中华人民共和国红十字会法》（以下简称《红十字会法》）赋予红十字会进行募捐活动的权力。[①]这样，红十字会取得公开募捐资格有了法律规定。具有公开募捐资格的红十字会在全部具有公开募捐资格的慈善组织和红十字会中超过三分之一，成为占比最高的组织类型。

《慈善法》第22条第2款规定："法律、行政法规规定自登记之日起可以公开募捐的基金会和社会团体，由民政部门直接发给公开募捐资格证书。"[②]这样，根据《基金会管理条例》登记的公募基金会和各级政府成立的慈善会（慈善总会、慈善协会）易取得公募资格，这就是为什么这两类组织能够占到具有公开募捐资格慈善组织（去掉红十字会）近90%的原因。

同前几类组织相比，获得公开募捐资格的社会服务机构数量非常少，这与其庞大的数量不成正比。

第二节　年度检查

年度检查是指民政部门作为慈善组织的登记管理机关依法按年度对慈善组织遵守法律、法规、规章和章程开展活动情况实施监督管理的制度。慈善组织年度检查在"三大条例"《基金会年度检查办法》《民办非企业单位年度检查办法》等法规规章中都有相应的规定。

一　基金会年检

（一）年检内容

基金会年检是指基金会登记管理机关依法按年度对基金会遵守法律、法规、规章和章程开展活动的情况实施监督管理的制度。[③]年检主要检查年度工作报告，年度工作报告的内容包括：财务会计报告、注册会计师审计报告，开展募捐、接受捐赠、提供资助等活动的情况以及人员和机构的

[①]《中华人民共和国红十字会法》，中国人大网（http：//www.npc.gov.cn/npc/c12435/201702/5cbcc78a701b4a8dbf3bd0a6701659e2.shtml）。
[②]《中华人民共和国慈善法》，《人民日报》2016年3月20日，第1版。
[③]《基金会年度检查办法》，民政部网站（http：//xxgk.mca.gov.cn：8011/gdnps/pc/content.jsp？id=12844&mtype=1）。

变动情况等。①

（二）年检结论和标准

《基金会年度检查办法》规定，经登记管理机关审查，基金会在上一年度遵守法律、法规、规章和章程的情况良好，没有违法违规情形的，认定为年检合格。基金会有《基金会年度检查办法》第7条规定的情形之一的，登记管理机关应当视情节轻重分别做出年检基本合格、年检不合格的结论。②

（三）在民政部登记的基金会年检基本情况

根据对中国社会组织公共服务平台信息的统计，在2005—2018年，累计1697个基金会参加年检，年平均121个参加年检；其中共1383个年检合格，年平均99个合格；共314个基本合格或不合格，年均23个基本合格或不合格。2017年10个基金会年检合格，为历年最少；2015年173个基金会年检合格，为历年最多。在2007—2018年，基金会年检合格率在45%—92%，总体年检合格率为81%（见表4-7）。

表4-7　　　　2005—2018年民政部登记的基金会年检统计

年份	合格（个）	基本合格（个）	不合格（个）	年度汇总（个）	合格率（%）
2005	69	11	3	83	83
2006	40	30	18	88	45
2007	67	22	14	103	65
2008	80	26	11	117	68
2009	99	21	5	125	79
2010	107	20	1	128	84
2011	138	12	2	152	91
2012	123	10	5	138	89
2013	170	8	6	184	92

---

① 《基金会年度检查办法》，民政部网站（http://xxgk.mca.gov.cn:8011/gdnps/pc/content.jsp?id=12844&mtype=1）。

② 《基金会年度检查办法》第7条规定的情形：①违反《基金会管理条例》第39条第2款规定，不按捐赠协议使用捐赠财产的；②违反《基金会管理条例》第40条规定，擅自设立基金会分支机构、代表机构的；③具有《基金会管理条例》第42条规定的应当给予行政处罚的情形之一的；④违反《基金会管理条例》第43条第2款规定，基金会理事、监事及专职工作人员私分、侵占、挪用基金会财产的；⑤违反《基金会管理条例》关于基金会组织机构管理方面有关规定的。

续表

年份	合格（个）	基本合格（个）	不合格（个）	年度汇总（个）	合格率（%）
2014	160	22	9	191	84
2015	173	18	9	200	87
2016	116	11	4	131	89
2017	10	4	2	16	63
2018	31	5	5	41	76
合计	1383	220	94	1697	81

注：民政部登记的基金会年检的历年合格、基本合格、不合格数据来源于中国社会组织公共服务平台网站，年度汇总、合计和合格率为本研究计算所得。

二 社会团体年检

（一）年检内容

社会团体年检内容包括：根据章程开展业务活动的主要情况，财务收支管理状况，会员数量、组织机构、理事会成员、主要负责人（副秘书长以上）的变化情况，负责人中党政部门领导兼职的情况，开展有偿服务和兴办经济实体的情况，遵守国家法律法规的情况，年度总结和下一年度的工作安排。[①]

（二）年检结论和标准

社会团体年检结论分为"合格""基本合格""不合格"。在年检年度遵守社会团体登记管理法规，按照章程开展活动，无违法违纪行为的社会团体，确定为年检合格。社会团体有违反《社会团体登记管理条例》等规定情形，情节较轻，经过整改纠正的，确定为年检基本合格；情节严重，影响恶劣的，确定为年检不合格。

6个年度全国性社会团体年检结论不合格标准见表4-8。

表4-8　　　　全国性社会团体年检结论不合格标准

序号	标准	2004年	2007年	2009年	2010年	2014年	2016年
1	不按照章程规定召开会员（代表）大会、理事会、常务理事会的	√	√	√	√	√	√

[①] 《民政部关于开展全国性社会团体年度检查工作的通知》，北大法宝（www.pkulaw.com）。

续表

序号	标准	2004年	2007年	2009年	2010年	2014年	2016年
2	擅自设立分支机构、代表机构，或者对分支机构、代表机构疏于管理，造成严重后果的	√	√	√	√	√	√
3	在年检年度未开展业务活动的	√	√	√	√	√	√
4	拒不接受或者不按照规定接受登记管理机关监督检查的	√	√	√	√	√	√
5	侵占、私分、挪用社会团体财产的	√	√	√	√	√	√
6	擅自修改章程或者未按规定申请核准备案的	√	√	√	√	√	—
7	违反规定使用捐赠、资助的	√	√	√	√	√	√
8	不按照登记管理机关批准登记的名称开展活动的	√	√	√	√	√	√
9	违反或者超出章程规定的宗旨和业务范围活动的	√	√	√	√	√	√
10	违反管理证书、印章规定的	√	√	√	√	√	√
11	办理变更登记或者备案时弄虚作假的	√	√	√	√	√	√
12	违反规定收取会费或者取得其他收入的	√	—	—	—	—	—
13	登记事项发生变更，未按规定办理变更登记的	√	√	√	√	√	√
14	未按期换届的	—	√	√	√	√	√
15	向分支机构、代表机构、办事机构收取或变相收取管理费用的	—	√	√	√	√	√
16	未经批准擅自举办评比达标表彰项目，或者向举办对象收取费用的	—	√	√	√	√	√
17	未经批准或授权收取行政事业性收费，或者未按照审批标准收取行政事业性收费的	—	√	—	—	—	—
18	备案事项发生变更，未按规定办理变更备案的	—	√	√	√	√	√
19	应当备案的事项，未按照规定进行备案的	—	√	√	√	√	√
20	负责人超龄、超届任职的	—	—	√	√	√	√
21	不具备法律规定社会团体法人基本条件的	—	—	√	√	√	√
22	出现违法违规收费行为的	—	—	√	√	√	√
23	年度工作报告书内容与实际情况不符的	—	—	√	√	√	√
24	未按照规定办理登记或者备案手续的	—	—	√	√	√	—
25	分支机构、代表机构财务管理存在问题的	—	—	√	√	√	√
26	受到相关部门通报批评或处罚的	—	—	√	√	√	√
27	以各种形式设立"小金库"的	—	—	√	√	√	√
28	向企业摊派、索要赞助和无偿占用企业人财物的，或者强制企业加入社会团体的	—	—	—	√	√	√

续表

序号	标准	2004年	2007年	2009年	2010年	2014年	2016年
29	未按规定程序制定或者修改会费标准的	—	—	—	—	√	√
30	分支机构、代表机构的收支未纳入社会团体财务统一核算、管理的	—	—	—	—	√	—
31	未按照规定办理变更登记备案手续或章程核准的	—	—	—	—	—	√
32	应建未建党组织的	—	—	—	—	—	√
33	未按时报送符合要求的年检材料的	—	—	—	—	—	√
34	其他违反国家法律法规政策规定和社会团体章程行为的	—	√	√	√	√	√

注："√"表示该年度有此标准,"—"表示该年度没有该标准。

(三) 关于基本合格和不合格标准的进一步讨论

需要进一步说明的是,对于确定社会团体为基本合格和不合格的情形,主要是看其违反《社会团体登记管理条例》情况。此外,国家有关部门还根据情况出台新的政策法规和文件,或者对原有政策法规进行修订,这些新的政策法规和文件以及修订后的政策法规都成为年检的依据和内容,社会团体要遵守,否则也可能被判为基本合格或不合格。

1. 党组织的建设

《中共中央办公厅印发关于加强社会组织党的建设工作的意见(试行)》提出按单位建立党组织。凡有三名以上正式党员的社会组织,都要按照党章规定,经上级党组织批准,分别设立党委、总支、支部,并按期进行换届。[1] 民政部《部管社会组织2016年党建工作要点》提出抓好党组织组建工作,按照应建尽建的原则,加大党组织组建力度。专职工作人员中有3名以上党员的部管社会组织,都要按照党章等有关规定,建立党的基层组织。党员不足3人的,按照行业相近、产业相通或者区域相邻、就近就便的原则,建立联合党支部。正是因为有中央文件的规定和民政部部管社会组织年度党建工作要求,因此在2016年年检中加入了"应建未建党组织的"这一标准,若社会团体出现这种情况就会被确定为基本合格或不合格。

---

[1] 《中共中央办公厅印发关于加强社会组织党的建设工作的意见(试行)》,2015年9月28日,中国政府网(http://www.gov.cn/xinwen/2015-09/28/content_2939936.htm)。

2. 评比达标表彰项目及收费问题

《民政部关于做好社团组织评比达标表彰活动清理工作的通知》提出将清理评比达标表彰活动作为当前和今后一段时期民间组织监督管理的一项重要工作来抓，通过登记管理、年检等手段规范社团组织的行为。因此，民政部将"未经批准擅自举办评比达标表彰项目，或者向举办对象收取费用的"加入2007年及以后年度年检标准之中。

3. 防治"小金库"

《中共中央办公厅、国务院办公厅印发〈关于深入开展"小金库"治理工作的意见〉的通知》提出开展"小金库"治理工作，2009年首先在全国党政机关和事业单位开展专项治理，然后再逐步扩展到社会团体、国有及国有控股企业。2010年中共中央纪委等部门《关于印发〈社会团体"小金库"专项治理实施办法〉的通知》提出建立防治"小金库"长效机制。基于以上规定，2010年和2014年度社会团体年检加入了"以各种形式设立'小金库'的"这一标准。

4. 分支机构、代表机构的财务、账户纳入社会团体统一管理的问题

《民政部关于贯彻落实国务院取消全国性社会团体分支机构、代表机构登记行政审批项目的决定有关问题的通知》规定：社会团体应当将分支机构、代表机构的财务、账户纳入社会团体统一管理。社会团体应该遵守该通知的规定，否则就有可能被确定为基本合格或不合格。2014年度全国性社会团体年检中加入了"分支机构、代表机构的收支未纳入社会团体财务统一核算、管理的"这一标准。

（四）全国性社会团体年检基本情况

根据对中国社会组织公共服务平台信息的统计，在2004—2018年，累计26402个全国性社会团体参加年检，年平均1760个参加年检；其中共21531个全国性社会团体年检合格，年平均1435个合格；共4871个基本合格或不合格，年均325个基本合格或不合格。2006年全国性社会团体年检合格的有1307个，为历年最少；2015年年检合格的有1511个，为历年最多。在2004—2018年，全国性社会团体年检合格率在76%—95%，总体年检合格率为82%（见表4-9）。

表4-9 2004—2018年全国性社会团体年检合格率统计

年份	合格（个）	基本合格（个）	不合格（个）	年度汇总（个）	合格率（%）
2004	1471	76	0	1547	95

续表

年份	合格（个）	基本合格（个）	不合格（个）	年度汇总（个）	合格率（%）
2005	1437	132	7	1576	91
2006	1307	302	0	1609	81
2007	1480	197	7	1684	88
2008	1429	236	21	1686	85
2009	1476	246	19	1741	85
2010	1378	364	16	1758	78
2011	1378	356	24	1758	78
2012	1366	398	32	1796	76
2013	1462	356	17	1835	80
2014	1467	372	17	1856	79
2015	1511	349	27	1887	80
2016	1433	436	25	1894	76
2017	1493	371	28	1892	79
2018	1443	404	36	1883	77
合计	21531	4595	276	26402	82

注：全国性社会团体年检的历年合格、基本合格、不合格数据来源于中国社会组织公共服务平台网站，年度汇总、合计和合格率为本研究计算所得。

三 民办非企业单位年检

（一）年检内容

根据《民办非企业单位登记管理暂行条例》和《民办非企业单位年度检查办法》，民办非企业单位年检的主要内容包括：①遵守法律法规和国家政策情况；②登记事项变动及履行登记手续情况；③按照章程开展活动情况；④财务状况、资金来源和使用情况；⑤机构变动和人员聘用情况；⑥其他需要检查的情况。①

（二）年检结论和标准

《民办非企业单位年度检查办法》规定，民办非企业单位年检结论分为"年检合格""年检基本合格"和"年检不合格"三种。民办非企业

---

① 《民办非企业单位年度检查办法》，民政部网站（http://xxgk.mca.gov.cn：8011/gdnps/pc/content.jsp?id=12845&mtype=1）。

单位遵守登记管理政策法规、按照章程开展活动、无违法违规行为的，年检结论确定为"合格"。① 民办非企业单位有《民办非企业单位年度检查办法》第8条规定的情形之一，由登记管理机关责令改正，情节轻微的，确定为"年检基本合格"；情节严重的，确定为"年检不合格"。②

(三) 在民政部登记的民办非企业单位年检基本情况

根据对中国社会组织公共服务平台信息的统计，在2007—2018年，累计648个民办非企业单位参加年检，年平均59个参加年检；其中共522个年检合格，年平均47个合格；共126个基本合格或不合格，年均11个基本合格或不合格。2007年30个民办非企业单位年检合格，为历年最少；2017和2018年74个民办非企业单位年检合格，为历年最多。在2007—2018年，民办非企业单位年检合格率在58%—100%，总体年检合格率为81%（见表4-10）。

表4-10　2007—2018年在民政部登记的民办非企业单位年检统计

年份	合格（个）	基本合格（个）	不合格（个）	年度汇总（个）	合格率（%）
2007	30	0	0	30	100
2008	32	1	0	33	97
2009	31	4	0	35	89
2010	34	3	0	37	92
2011	37	2	2	41	90
2013	47	0	0	47	100
2014	56	13	2	71	79

---

① 《民办非企业单位年度检查办法》，民政部网站（http://xxgk.mca.gov.cn:8011/gdnps/pc/content.jsp?id=12845&mtype=1）。

② 《民办非企业单位年度检查办法》规定的情形：①违反国家法律、法规和有关政策规定的；②违反规定使用登记证书、印章或者财务凭证的；③本年度未开展业务活动，或者不按照章程的规定进行活动的；④无固定住所或必要的活动场所的；⑤内部管理混乱，不能正常开展活动的；⑥拒不接受或者不按照规定接受登记管理机关监督检查或年检的；⑦不按照规定办理变更登记，修改章程未按规定核准备案的；⑧设立分支机构的；⑨财务制度不健全，资金来源和使用违反有关规定的；⑩现有净资产低于国家有关行业主管部门规定的最低标准的；⑪侵占、私分、挪用民办非企业单位的资产或者所接受的捐赠、资助的；⑫违反国家有关规定收取费用、筹集资金或者接受使用捐赠、资助的；⑬年检中隐瞒真实情况，弄虚作假的。

续表

年份	合格（个）	基本合格（个）	不合格（个）	年度汇总（个）	合格率（%）
2015	54	12	13	79	68
2016	53	29	9	91	58
2017	74	17	3	94	79
2018	74	12	4	90	82
合计	522	93	33	648	81

注：民政部登记的民办非企业单位年检的历年合格、基本合格、不合格数据来源于中国社会组织公共服务平台网站，年度汇总、合计和合格率为本研究计算所得。

四 境外基金会代表机构年检基本情况

根据对中国社会组织公共服务平台信息的统计，在2007—2015年，民政部对境外基金会代表机构进行年检，2007年参检的境外基金会代表机构最少，有11个；2014年参检的最多，有28个。所参检的境外基金会代表机构的年检合格率为100%（见表4-11）。

表4-11　　2007—2015年境外基金会代表机构年检统计

年份	2007	2008	2009	2010	2011	2012	2013	2014	2015	年度汇总
合格数（个）	11	13	14	16	19	18	23	28	26	168
合格率（%）	100	100	100	100	100	100	100	100	100	100

资料来源：中国社会组织公共服务平台网站。

总体上看，包括慈善组织在内的社会组织年检整体合格率都在80%以上，这表明年检很好地起到监管作用，有力地促进了慈善组织规范化发展。当然，对于近20%年检基本合格和不合格的社会组织，主管部门需要加大工作力度，加强指导和督导，力争使其达到合格水平。政府对境外基金会代表机构监管严格，它们运行规范，符合我国法律法规的要求。

第三节　备案管理

备案是行政监管手段之一，它是一种传统的命令控制型的监管手段。① 备案的功能包括信息收集、信息披露和存档备查。② 作为一种基本的行政监管手段，慈善事业备案管理包括募捐方案备案、跨区域募捐备案、变更募捐方案规定的捐赠财产用途备案和慈善信托备案四个方面。

一 募捐方案备案

根据《慈善法》第 24 条和《慈善组织公开募捐管理办法》第 11 条，慈善组织应当在开展公开募捐活动的十日前将募捐方案报送登记的民政部门备案。材料齐备的，民政部门应当即时受理，对予以备案的向社会公开；对募捐方案内容不齐备的，应当即时告知慈善组织，慈善组织应当在十日内向其登记的民政部门予以补正。③

根据"慈善中国"信息统计，截至 2020 年 4 月 23 日，全部募捐方案共 16939 个，其中有效期内募捐方案 8125 个，占比 48.0%；已过期募捐方案 4407 个，占比 26.0%；未开始募捐方案 4407 个，占比 26.0%（见表4-12）。

表 4-12　　　　　　　　　　募捐方案备案情况

募捐方案	频数（个）	百分比（%）
有效期内募捐方案	8125	48.0
已过期募捐方案	4407	26.0
未开始	4407	26.0
全部募捐方案	16939	100.0

数据来源：根据"慈善中国"统计，截至 2020 年 4 月 23 日。

二 慈善信托备案

《慈善法》第 45 条规定，受托人应当在慈善信托文件签订之日起七日内，将相关文件向受托人所在地县级以上人民政府民政部门备案。《慈善法》第 47 条规定，变更受托人要将变更情况报原备案的民政部门重新备案。④ 下面结合"慈善中国"网站公布的慈善信托的信息分析慈善

---

① 张红：《论行政备案的边界》，《国家行政学院学报》2016 年第 3 期。
② 朱最新、曹延亮：《行政备案的法理界说》，《法学杂志》2010 年第 4 期。
③ 《慈善组织公开募捐管理办法》，民政部网站（http://www.mca.gov.cn/article/gk/fg/shflhcssy/201608/20160815001646.shtml）。
④ 《中华人民共和国慈善法》，《人民日报》2016 年 3 月 20 日，第 1 版。

信托备案监管情况。

(一) 备案时间

2016年9月1日，《慈善法》正式施行，我国第一单慈善信托也于该日设立。根据"慈善中国"信息统计，截至2020年4月21日，已设立慈善信托377单。可以看出，随着政策法规的完善，慈善信托数量每年都在增长，尤其值得注意的是2020年以来不到4个月的时间，全国已设立96单慈善信托，可以预见2020年慈善信托将创历史新高。慈善信托年度统计见表4-13。

表4-13　　　　　　　　　　慈善信托年度统计

备案时间（年份）	频数（单）	百分比（％）
2016	22	5.8
2017	45	11.9
2018	87	23.1
2019	127	33.7
2020	96	25.5
合计	377	100.0

数据来源："慈善中国"网站，截至2020年4月21日。

(二) 备案期限

377单慈善信托的备案期限长短不一，5年以内的有近200单，超过一半；10年和20年的有52单，超过1/10；无固定期限和永续的有124单，占近1/3（见表4-14）。

表4-14　　　　　　　　　　备案期限

备案期限	频数（单）	百分比（％）
1年	57	15.1
2年	43	11.4
3年	49	13.0
5年	40	10.6
10年	44	11.7
20年	8	2.1
无固定期限	53	14.1
永续	71	18.8

续表

备案期限	频数（单）	百分比（%）
其他期限	12	3.2
合计	377	100.0

数据来源："慈善中国"网站，截至 2020 年 4 月 21 日。

（三）备案机关

《慈善信托管理办法》第 15 条规定，受托人应当在慈善信托文件签订之日起 7 日内，将相关文件向受托人所在地县级以上人民政府民政部门备案。① 据统计，377 单慈善信托共涉及 39 个备案机关，其中包括 13 个省、直辖市、自治区民政部门、24 个地市级以上人民政府民政部门（包括 17 个省会城市民政局，5 个计划单列市民政局，2 个地级市民政局）和 2 个县级人民政府民政部门。

在 39 个备案机关中，慈善信托超过 20 单的备案机关有 6 个，它们是：兰州市民政局（77 单）、杭州市民政局（40 单）、北京市民政局（32 单）、西安市民政局（27 单）、天津市民政局（21 单）和青海省民政厅（20 单）；超过 10 单的备案机关有 7 个，它们是：重庆市民政局（14 单）、上海市民政局（13 单）、广州市民政局（13 单）、南昌市民政局（11 单）、深圳市民政局（10 单）、成都市民政局（10 单）和郑州市民政局（10 单）。

（四）委托人类型

《慈善信托管理办法》第 8 条规定，慈善信托的委托人应当是具有完全民事行为能力的自然人、法人或者依法成立的其他组织。② 统计发现，350 单慈善信托公开委托人，5 单慈善信托不公开委托人，22 单慈善信托无委托人。在 350 单公开委托人信息的慈善信托中，法人是最主要的委托人，有 270 单，超过 3/4；其次是自然人，超过 1/10；其他类型的委托人占比不到 1/10（见表 4-15）。

---

① 《银监会民政部关于印发慈善信托管理办法的通知》，《中华人民共和国国务院公报》，2017 年第 35 号。

② 《银监会民政部关于印发慈善信托管理办法的通知》，《中华人民共和国国务院公报》，2017 年第 35 号。

表 4-15　　　　　　　　委托人统计

委托人类型	频数（单）	百分比（%）
自然人	41	11.7
法人	270	77.1
依法成立的其他组织	8	2.3
自然人和法人	26	7.4
法人和依法成立的其他组织	3	0.9
自然人、法人和依法成立的其他组织	2	0.6
合计	350	100.0

数据来源："慈善中国"网站，截至2020年4月21日。

（五）受托人类型

《慈善法》和《慈善信托管理办法》规定，受托人可以是慈善组织和信托公司；同一慈善信托可有两个或两个以上的受托人。据统计，376单慈善信托公开受托人信息，1单没有受托人。在376个公布受托人的慈善信托中，受托人是信托公司的最多，占比87.8%；受托人是慈善组织的占比2.7%；受托人是信托公司和慈善组织混合构成的，占比9.0%；另外还有2个受托人分别是信托公司混合构成和自然人（见表4-16）。非常明显，受托人选择自然人明显不符合法律规定。

表 4-16　　　　　　　　受托人统计

受托人类型	频数（单）	百分比（%）
信托公司	330	87.8
慈善组织	10	2.7
信托公司+慈善组织	34	9.0
信托公司+信托公司	1	0.3
自然人	1	0.3
合计	376	100.0

数据来源："慈善中国"网站，截至2020年4月21日。

（六）监察人

《信托法》第64条规定，公益信托应当设置信托监察人。[1]《慈善法》则放松了对设置信托监察人的要求，《慈善法》第49条规定，慈善信托的委托人根据需要，可以确定信托监察人。设置信托监察人是要求其对受

---

[1] 《中华人民共和国信托法释义》，中国人大网（http://www.npc.gov.cn/npc/c2210/200311/1e99c0b2b25341d09c565b0d4922562e.shtml）。

托人的行为进行监督,维护受托人和受益人的权益。① 在实践中,设置和不设置信托监察人的慈善信托大体上持平,设置监察人的稍多(见表4-17)。已确定的监察人主要是律师事务所,另外也有会计师事务所、审计局以及委托人单位的工会委员会做监察人的情况。

表4-17　　　　　　　　　　监察人情况

有无监察人	频数(单)	百分比(%)
有	194	51.5
无	183	48.5
合计	377	100.0

数据来源:"慈善中国"网站,截至2020年4月21日。

(七)保管人

《慈善信托管理办法》第28条规定,对于资金信托应当委托商业银行担任保管人,并且依法开立慈善信托资金专户;对于非资金信托当事人可以委托第三方进行保管。② 统计显示,377单慈善信托中,350单有保管人,占比92.8%;27单没有保管人,占比7.2%(见表4-18)。

表4-18　　　　　　　　　　保管人情况

有无保管人	频数(单)	百分比(%)
有	350	92.8
无	27	7.2
合计	377	100.0

数据来源:"慈善中国"网站,截至2020年4月21日。

(八)变更和终止

《慈善信托管理办法》第38条规定,根据信托文件约定或者经原委托人同意,可以变更有关事项。③ 据统计,在377单慈善信托中,21单变更有关事项,其中增加信托财产的有16单;变更信托受益人范围及选定

---

① 《中华人民共和国慈善法》,《人民日报》2016年3月20日,第1版。
② 《银监会民政部关于印发慈善信托管理办法的通知》,《中华人民共和国国务院公报》,2017年第35号。
③ 《银监会民政部关于印发慈善信托管理办法的通知》,《中华人民共和国国务院公报》,2017年第35号。

的程序和方法的有 1 单；增加信托财产和增加新的委托人的有 2 单；国务院民政部门和国务院银行业监督管理机构规定的其他情形的有 1 单；增加信托财产、增加新的委托人和其他情形的有 1 单。

《慈善信托管理办法》第 40 条规定，慈善信托终止情形包括：信托文件规定的终止事由出现；信托的存续违反信托目的；信托目的已经实现或者不能实现；信托当事人协商同意；信托被撤销；信托被解除。① 根据对 377 单慈善信托的统计，共 17 单慈善信托终止，其中因信托目的已经实现而终止的有 15 单，信托文件规定的终止事由出现而终止和存续期届满符合信托合同约定的终止条件的各有 1 单。

（九）慈善信托存在的问题

慈善信托存在的问题包括：

（1）有的慈善信托的受托人为自然人。"泰来县红十字会"慈善信托的受托人是自然人，这不符合法律规定。

（2）有的慈善信托发生变更事项，增加信托财产，变更后内容在"变更备案信息"栏中公开或更新，但没有在首页"慈善信托查询"栏的"财产总规模"处更新。

（3）有的慈善信托财产已使用完毕，但慈善信托尚未终止。

（4）信息公开问题。共 89 单慈善信托公布了事务处理及财务状况信息，去掉 2020 年设立的 96 单慈善信托后，尚有近 70%的慈善信托未公开事务处理及财务状况信息。

（5）信托目的不明确。例如，有的信托目的是"公益慈善"。《慈善信托管理办法》第 7 条规定了慈善信托的目的，这些目的也是判断一个信托是否是慈善信托的标准。但在设立慈善信托时，若不加以细化和明确，则其目的很难实现。而且按照《信托法》的规定，受益人或者受益人范围不能确定的信托是无效的。②

（6）《慈善法》规定受托人可以是慈善组织，在 377 单慈善信托中，10 单慈善信托的受托人是慈善组织，34 单慈善信托的受托人是慈善组织

---

① 《银监会民政部关于印发慈善信托管理办法的通知》，《中华人民共和国国务院公报》，2017 年第 35 号。

② 《信托法》第 11 条：有下列情形之一的信托无效：①信托目的违反法律、行政法规或者损害社会公共利益；②信托财产不能确定；③委托人以非法财产或者本法规定不得设立信托的财产设立信托；④专以诉讼或者讨债为目的设立信托；⑤受益人或者受益人范围不能确定；⑥法律、行政法规规定的其他情形。

和信托公司混合构成，可以看出慈善组织作为受托人——尤其是作为独立的受托人还非常少。在中国，慈善信托是一项新型慈善行为，慈善组织和慈善工作者需要加强学习，尤其是需要尽快掌握信托运营能力，以进一步扩展慈善组织发展空间，推进慈善事业发展。

除以上募捐方案备案管理和慈善信托备案管理外，备案管理还包括跨区域募捐备案和变更募捐方案规定的捐赠财产用途备案。《慈善法》第23条规定，跨区域进行公开募捐，应当报其开展募捐活动所在地的县级以上人民政府民政部门备案。《慈善法》第55条规定，慈善组织确需变更募捐方案规定的捐赠财产用途的，应当报民政部门备案。[1]《慈善组织公开募捐管理办法》第19条规定，确需变更募捐方案规定的捐赠财产用途的，应当召开理事会进行审议，报其登记的民政部门备案，并向社会公开。[2]

第四节　行政处罚

《行政处罚法》第3条规定，行政处罚是行政机关对违反行政管理秩序的行为，依照法律、法规、规章规定和《行政处罚法》规定的程序所给予的制裁。根据《行政处罚法》，对于慈善组织和其他慈善主体违反法律和严重违反章程的行为，登记管理机关和其他机关有权依照《慈善法》《公益事业捐赠法》《中华人民共和国境外非政府组织境内活动管理法》（以下简称《境外非政府组织境内活动管理法》）、"三大条例"等法律法规规定的处罚种类和处罚程序，对慈善组织或其负责人以及其他慈善主体给予行政处罚。

一　《慈善法》规定的行政处罚

根据《慈善法》第11章"法律责任"，慈善组织有该章规定的违法行为的，民政部门可以根据情节轻重分别作出不同种类行政处罚，包括警告、责令限期改正、责令停止募捐活动、没收违法所得、罚款、责令退还或收缴、责令限期停止活动、吊销登记证书等。不具有公开募捐资格的组

---

[1] 《中华人民共和国慈善法》，《人民日报》2016年3月20日，第1版。
[2] 《慈善组织公开募捐管理办法》，民政部网站（http：//www.mca.gov.cn/article/gk/fg/shflhcssy/201608/20160815001646.shtml）。

织或者个人开展公开募捐的，会受到警告、责令停止募捐活动及收缴、罚款等行政处罚。慈善信托有违法行为也会受到警告、责令限期改正、没收违法所得、罚款等行政处罚。自然人、法人或者其他组织假借慈善名义或者假冒慈善组织骗取财产的，由公安机关依法查处。①

二 《公益事业捐赠法》规定的行政处罚

根据《公益事业捐赠法》第5章，对慈善捐赠中的违法行为的行政处罚有责令改正、警告、罚款、依照法律、法规的有关规定予以处罚等。②

三 《境外非政府组织境内活动管理法》规定的行政处罚

为了规范、引导境外非政府组织在中国境内的活动，保障其合法权益，促进交流与合作，第十二届全国人民代表大会常务委员会第二十次会议于2016年4月28日通过了《境外非政府组织境内活动管理法》。根据该法，境外非政府组织是指在境外合法成立的基金会、社会团体、智库机构等非营利、非政府的社会组织。境外非政府组织在中国境内开展活动适用本法。该法第6章"法律责任"规定的行政处罚种类包括警告或者责令限期停止活动、没收非法财物和违法所得、吊销登记证书、取缔、责令停止违法行为、十五日以下拘留以及其他治安管理处罚等。③

四 《基金会管理条例》规定的行政处罚

根据《基金会管理条例》第6章"法律责任"，行政处罚类型有警告、没收非法财产、责令停止活动、补交违法行为存续期间所享受的税收减免、撤销登记、取缔等。④ 例如，紫金矿业慈善基金会未按照章程规定的宗旨和公益活动的业务范围进行活动，资助内蒙古乌拉特后旗东升庙大佛项目和福建省龙岩市商务运营中心中庭广场金茶花雕塑，违反了《基

---

① 《中华人民共和国慈善法》，《人民日报》2016年3月20日，第1版。
② 《中华人民共和国公益事业捐赠法》，中国政府网（http://www.gov.cn/ziliao/flfg/2005-10/01/content_74087.htm）。
③ 《中华人民共和国境外非政府组织境内活动管理法》，《人民日报》2016年4月29日，第23版。
④ 《基金会管理条例》，民政部网站（http://xxgk.mca.gov.cn：8011/gdnps/pc/content.jsp?id=12799&mtype=）。

金会管理条例》第 27 条的规定，依据《基金会管理条例》第 42 条第 1 款第 1 项的规定，民政部作出对其停止活动一个月的行政处罚。① 再如，海仓慈善基金会未按规定接受 2014 年和 2015 年年度检查，违反了《基金会管理条例》第 36 条的规定，依据《基金会管理条例》第 42 条第 1 款第 5 项和《基金会年度检查办法》第 11 条的规定，民政部对其作出撤销登记的行政处罚。②

五 《社会团体登记管理条例》规定的行政处罚

根据《社会团体登记管理条例》第 6 章"罚则"，行政处罚类型有警告、罚款、没收违法所得、没收非法财产、责令限期停止活动、撤换直接负责的主管人员、尚不构成犯罪的依法给予治安管理处罚等。③

六 《民办非企业单位登记管理暂行条例》规定的行政处罚

根据《民办非企业单位登记管理暂行条例》第 5 章"罚则"，行政处罚类型有警告、罚款、没收违法所得、没收非法财产、限期停止活动、尚不构成犯罪的依法给予治安管理处罚等。④ 例如，东方华夏文化遗产保护中心设立分支机构"东方华夏文化遗产保护中心文化强国工程委员会""东方华夏文化遗产保护中心文化遗产保护研究委员会""东方华夏文化遗产保护中心节庆文化委员会"，违反了《民办非企业单位登记管理暂行条例》第 13 条的规定，依据《民办非企业单位登记管理暂行条例》第 25 条第 1 款第（五）项的规定，民政部对东方华夏文化遗产保护中心作出停止活动三个月的行政处罚。⑤

根据对中国社会组织公共服务平台公布的信息统计，2003—2019 年，民政部对 160 多个民政部登记的社会组织实施行政处罚 166 次（有社会组

---

① 《民政部对瀛公益基金会、紫金矿业慈善基金会作出行政处罚》，民政部网站（http：//www.mca.gov.cn/article/xw/tzgg/201707/20170715005063.shtml）。
② 《民政部〈行政处罚决定书〉送达公告》，民政部网站（http：//www.mca.gov.cn/article/xw/tzgg/201711/20171115006861.shtml）。
③ 《社会团体登记管理条例》，民政部网站（http：//xxgk.mca.gov.cn：8011/gdnps/pc/content.jsp?id=12802&mtype=）。
④ 《民办非企业单位登记管理暂行条例》，民政部网站（http：//xxgk.mca.gov.cn：8011/gdnps/pc/content.jsp?id=12800&mtype=）。
⑤ 《民政部对东方华夏文化遗产保护中心作出行政处罚》，民政部网站（http：//www.mca.gov.cn/article/xw/tzgg/201704/20170415004265.shtml）。

织受到两种行政处罚，如警告并处没收违法所得），年平均实施行政处罚10次；从行政惩罚的最小值和最大值来看，2004年没有对社会组织实施行政处罚，2008年和2018年则最多实施19次行政处罚。行政处罚类型包括警告、罚款、没收违法所得、责令停止活动、限期停止活动、撤销登记和取缔7种（见表4-19）。此外，2003年和2004年民政部对69个社会团体不予登记。

表4-19　　　　2003—2019年社会组织行政处罚次数汇总　　　　（单位：次）

年份	警告	罚款	没收违法所得	责令停止活动	限期停止活动	撤销登记	取缔	年度总计
2003					3			3
2004	0	0	0	0	0	0	0	0
2005					4			4
2006						1		1
2007					3	1		4
2008	4				5	9	1	19
2009	7				6	1		14
2010	9				2	2		13
2011	5		1		2		1	9
2012	4	2				1		7
2013	6				4	1		11
2014	4				4	2		10
2015	4				3	3		10
2016	8			3	2	3		16
2017	7				9	1		17
2018	8		5		5	1		19
2019	2		1		5	1		9
合计	68	2	7	3	57	27	2	166

资料来源：中国社会组织公共服务平台的通知公告、行政处罚公告和业务动态栏。

第五节　会计监督、审计监督与税务监督

一　会计监督

《基金会管理条例》第 37 条第 1 款规定："基金会应当接受税务、会计主管部门依法实施的税务监督和会计监督。"① 《慈善法》第 12 条第 2 款规定："慈善组织应当执行国家统一的会计制度，依法进行会计核算，建立健全会计监督制度，并接受政府有关部门的监督管理。"② 按照规定，包括慈善组织在内的社会团体、民办非企业单位和基金会执行《民间非营利组织会计制度》。对慈善组织的会计监督包括以下几个方面的内容：是否有稳定的经费来源和独立的银行账户；是否遵守国家有关财务管理规定，制度是否健全，是否有专职或兼职会计人员。为了保持财务制度的严肃性，会计与出纳不能互相兼任；经费来源是否合法、支出是否合理，有无违法违纪行为；慈善组织会费收支和票据使用情况，等等。

二　审计监督

政府审计是慈善组织财务监督的重要方式。《中华人民共和国审计法》（以下简称《审计法》）第 23 条规定："审计机关对政府部门管理的和其他单位受政府委托管理的社会保障基金、社会捐赠资金以及其他有关基金、资金的财务收支，进行审计监督。"③ 其中社会捐赠资金包括来源于境内外的货币、有价证券和实物等各种形式的捐赠。④

我国有关慈善法律制度对慈善组织财产进行审计监督作了规定。《慈善法》第 72 条规定，具有公开募捐资格的慈善组织的财务会计报告须经审计。⑤《公益事业捐赠法》第 20 条规定，政府有关部门必要时可以对受

---

① 《基金会管理条例》，民政部网站（http：//xxgk.mca.gov.cn：8011/gdnps/pc/content.jsp?id=12799&mtype=）。
② 《中华人民共和国慈善法》，《人民日报》2016 年 3 月 20 日，第 1 版。
③ 《中华人民共和国审计法》，审计署网站（http：//www.audit.gov.cn/n7/n34/n58/c109695/content.html）。
④ 《中华人民共和国审计法实施条例》第 21 条，审计署网站（http：//www.audit.gov.cn/n7/n34/n58/c109694/content.html）。
⑤ 《中华人民共和国慈善法》，《人民日报》2016 年 3 月 20 日，第 1 版。

赠人财务进行审计。①《社会团体登记管理条例》第 27 条第 1 款和《民办非企业单位登记管理暂行条例》第 22 条第 1 款对组织的资产来源属于国家拨款或者社会捐赠、资助的，应当接受审计机关的监督，并分别作了明确规定。《基金会管理条例》第 37 条第 2 款对基金会在换届和更换法定代表人之前和《社会团体登记管理条例》第 27 条第 2 款对社会团体在换届或者更换法定代表人之前及《民办非企业单位登记管理暂行条例》第 22 条第 2 款对变更法定代表人或者负责人时，应当进行财务审计分别作出明确规定。②

三 税务监督

（一）慈善组织免税资格认定管理

在国外，慈善组织免税资格认定一般由税务局或慈善管理部门认定，由税务局直接认定的，税务局负有较多的监管职能。例如，美国慈善组织主要对税务局报告，接受税务局的日常监管，各州州务卿办公室和检察长办公室主要关注在本州范围内有较大影响的慈善组织违法案件。由专门的慈善管理部门进行慈善组织资格认定的，慈善管理部门要承担较多的监管职能，比如日本和英国，接受慈善组织的报告，对慈善组织进行日常监管。

在中国，根据《财政部、税务总局关于非营利组织免税资格认定管理有关问题的通知》的规定，税务主管部门、财政部门和有关部门负责慈善组织免税资格认定管理。在这个过程中，税务部门和财政部门对慈善组织享受免税的资格联合进行审核确认，并定期予以公布。慈善组织免税资格复审，按照初次申请免税优惠资格的规定办理。可以说，跟有关国家相比，我国慈善组织免税资格的联合确认是一种"二次"认定，也就是说是慈善组织在登记管理部门登记或认定之后再由税务部门和财政部门等部门联合进行一次免税资格认定。除了联合确认慈善组织的免税资格，税务部门、财政部门等部门还可以根据规定取消慈善组织免税资格。

（二）多部门联合确认慈善组织公益性捐赠税前扣除资格

根据《财政部、国家税务总局、民政部关于公益性捐赠税前扣除资

---

① 《中华人民共和国公益事业捐赠法》，中国政府网（http://www.gov.cn/ziliao/flfg/2005-10/01/content_74087.htm）。
② 具体规定见《社会团体登记管理条例》《民办非企业单位登记管理暂行条例》和《基金会管理条例》，民政部网站。

格确认审批有关调整事项的通知》,"公益性捐赠税前扣除资格确认"作为非行政许可审批事项予以取消,改由财政、税务、民政等部门结合社会组织登记注册、公益活动情况联合确认公益性捐赠税前扣除资格,并以公告形式发布名单。《关于公益性捐赠税前扣除有关事项的公告》针对在不同层级民政部门登记注册的社会组织的公益性捐赠税前扣除资格的确认作了具体规定。在民政部登记注册的社会组织由财政部、税务总局、民政部联合确定,在省级和省级以下民政部门登记注册的社会组织由省、自治区、直辖市和计划单列市财政、税务、民政部门联合确定。《关于公益性捐赠税前扣除有关事项的公告》还针对不同情形,分别作出"取消资格""取消资格,且取消资格的当年及之后三个年度内不得重新确认资格""取消资格且不得重新确认资格"等规定。[①]

《关于公益性捐赠税前扣除有关事项的公告》扩大了公益性社会组织的范围,在此之前,按照《财政部、国家税务总局、民政部关于公益性捐赠税前扣除有关问题的通知》,获得公益性捐赠税前扣除资格的公益性社会团体主要包括两类,一类是基金会,另一类是社会团体,社会团体主要是在各级民政部门登记注册的慈善会(慈善总会、慈善协会),其他类型的社会团体则很少。正因为获得公益性捐赠税前扣除资格的公益性社会团体的类型比较集中且规模相对较小,这使得获得公益性捐赠税前扣除资格的公益性社会团体占社会组织的比例较小。在北京市,2018年度共728个公益性社会团体获得公益性捐赠税前扣除资格,占该市所有社会组织总数的6.79%,这在统计的9个省(市)中比例是最高的。在江西省,44个公益性社会团体获得公益性捐赠税前扣除资格,占该省所有社会组织总数的0.18%,在所统计的9个省(市)中比例最低。所统计的9省(市)获得公益性捐赠税前扣除资格的社会组织的比例为1.12%(见表4-20)。

表4-20　2018年度9省(市)社会组织获得公益性捐赠税前扣除资格统计

地区	公益性捐赠税前扣除资格社会组织数(个)	社会组织数(个)	获得公益性捐赠税前扣除资格的社会组织比例(%)
北京	728	10717	6.79

[①] 《关于公益性捐赠税前扣除有关事项的公告》,2020年5月21日,民政部网站(http://xxgk.mca.gov.cn:8011/gdnps/content.jsp?id=11755)。

续表

地区	公益性捐赠税前扣除资格社会组织数（个）	社会组织数（个）	获得公益性捐赠税前扣除资格的社会组织比例（%）
上海	399	16209	2.46
湖南	502	35561	1.41
江苏	543	43068	1.26
浙江	563	55298	1.02
安徽	108	31151	0.35
四川	155	43835	0.35
贵州	27	13413	0.20
江西	44	24000	0.18
合计	3069	273252	1.12

注：该表的社会组织数据来源于统计省份民政厅网站，公益性捐赠税前扣除资格社会组织数据来源于统计省份财政厅网站公布的文件整理所得。

（三）对慈善主体依法纳税和享受税收优惠进行税务监督

税务监督是国家税务机关对慈善组织收入纳税情况进行检查，确保国家税收的正常收取。慈善组织收入包括政府资助、会费、服务性收入、经营性收入等。根据国家法律规定，政府资助、会费、服务性收入享受免税待遇，而经营性收入则必须纳税。税务机关根据国家相关法律法规的规定，对慈善组织的经济收入纳税情况进行检查，查处偷税、漏税违法行为，保证国家税收制度的严肃性和权威性。《企业所得税法》和《个人所得税法》有专门针对公益捐赠的纳税规定。《基金会管理条例》第 37 条第 1 款对税务监督作了规定。

第六节 行政监管的问题及其改进与创新

一 行政监管的问题

（一）登记管理中存在的问题

1. 慈善组织直接登记尚未落地

根据十二届全国人大一次会议批准通过的《国务院机构改革和职能

转变方案》，成立公益慈善类社会组织可以直接向民政部门依法申请登记。①《慈善法》也明确规定设立慈善组织应当向县级以上人民政府民政部门申请登记，这在法律上确立了直接登记制。但是，与《慈善法》配套的《社会组织登记管理条例》目前尚在制定中，只有在该条例制定并出台配套的直接登记办法后才能确定直接登记的范围。《慈善法》有关条款不能落地实施，效力就大打折扣，而且使得直接登记成立慈善组织长时间处于停滞状态。正因为目前不能直接登记，"三大条例"仍然执行，从而影响慈善组织的成立和发展。例如，某人2020年3月20日在民政部留言咨询：申请成立非营利残疾儿童康复机构，按《民办非企业单位登记管理暂行条例》的规定仍需要主管单位盖章和同意批准，由此而开启跑单位被"踢球"模式，以下单位都说不属于本单位的业务审批范围：残联、民政局、教育局、市场监督管理局、卫计委。他咨询和办理此事项已3个多月，目前没有办法才来留言、咨询。② 可见，双重管理仍在执行，直接登记反而不能贯彻落实，对慈善组织和服务对象皆不利。

2. 登记管理重视事前监管，轻视日常监管和过程监管

长期以来政府对慈善组织行政监管，主要关注资格准入问题，重视事前审查，轻视事后监管。由于日常监管不到位，慈善组织良莠不齐，"劣币驱逐良币"现象不断上演。此外，在双重管理和分级管理制度下，一些慈善组织无法在民政部门登记，转而进行工商登记或者干脆不登记。政府应当建立健全慈善组织管理制度，加强日常监管和过程监管。

（二）年度检查未能充分发挥监管作用

从监管实际来看，年检中存在以下两个问题：

1. 年检例行公事，流于形式

根据基金会中心网中基透明指数FTI，2011年在全国2213家入榜基金会中，有1384家基金会的合规性指标分值低于48.80分，即63%的基金会合规性指标披露不合格，但它们却顺利通过年检。③ 湖北省湿地保护基金会连续两年公益支出比例占上年度总收入的比重低于70%，其中2011年总收入为157万元，公益支出为24万元，公益支出仅占上一年总收入的15.37%；2009年总收入为135万元，公益支出为23万元，公益

---

① 《国务院机构改革和职能转变方案》，《人民日报》2013年3月15日，第5版。
② 民政部网站（http：//lyzx.mca.gov.cn：8280/consult/showQuestion.jsp? MZ=4519295030）。
③ 《中基透明指数FTI》，基金会中心网（http：//news.foundationcenter.org.cn/html/2013-01/60543.html）。

支出仅占上一年总收入的 16.92%。青岛市天泰公益基金会 2010 年末净资产为 6345 万元，2011 年公益支出为 74 万元，公益支出仅占上一年末净资产的 1.17%。① 上文中，在对 209 个全国性基金会进行统计时发现，12 个公募基金会的年度慈善活动支出占上年总收入的比例低于 70%；4 人非公募基金会的年度慈善活动支出占上年末净资产的比例不符合规定。信息公开不合规，慈善组织收支比例失衡，没有达到规定要求也能过关，从政府监管的角度看，登记管理部门未能严格履行监管职能。

2. 不合格年检结论未能发挥治理效应

研究发现，基金会获得基本合格或不合格年检结论后，同合格年检结论相比，它们的捐赠收入显著下降，业务活动成本率显著提高，年检制度有效地发挥了治理效应。但是，相比基本合格年检结论，获得不合格年检结论的基金会的捐赠收入并未显著下降，业务活动成本率并未显著提高，不合格年检结论对基金会绩效的治理效应同基本合格年检结论相比没有显著差异。获得不合格年检结论的基金会并未比获得基本合格年检结论的基金会面临更大的行政处罚风险，基金会违规成本过低。因此，无论是基金会还是捐赠人均视基本合格年检结论和不合格年检结论无差异，导致这两种年检结论对基金会的治理效应没有显著差异。②

(三) 会计和审计监督的问题

尽管有关慈善事业法律制度规定了慈善组织必须执行国家的财务管理和会计制度，但在实践中会计和审计监督中仍存在若干问题：①慈善资金使用等财务信息没有披露。捐赠资金的使用、管理费用、筹资费用比例等核心财务信息没有包括在财务报告中。②公益捐赠票据一票难求。捐赠票据是财务收支和会计核算的原始凭证，是财政、税务、审计监察等政府有关部门对慈善组织进行监督检查的重要依据。慈善组织得不到捐赠票据，有关部门就发挥不了利用捐赠票据进行监督检查的作用。③政府审计形式化和非常规化。由于国家审计机关的工作人员及精力有限，往往使国家审计机关对慈善组织的年度审计变成形式化的审计。年度审计由于跨越的时间较长，需要审计的会计账目较多，经常达不到审计目的。③

---

① 《中基透明指数 FTI》，基金会中心网（http://news.foundationcenter.org.cn/html/2013-01/60543.html）。

② 李晗、汤胜、左志刚：《民政部年度检查在基金会治理中有效吗——来自中国的初步经验证据》，《中国经济问题》2016 年第 5 期。

③ 韩丽欣：《我国慈善组织治理法治化研究》，法律出版社 2015 年版，第 167—170 页。

（四）税务监督的问题

税务监督存在的问题主要有四个：

1. 获得公益性捐赠税前扣除资格的慈善组织规模小

在公益性捐赠税前扣除资格的认定方面，《财政部、国家税务总局、民政部关于公益性捐赠税前扣除有关问题的通知》将"公益性社会团体"界定为基金会和社会团体，却将民办非企业单位排除在外，这使得捐赠人不愿意向该类组织捐赠，即使愿意捐赠，也可能因无法享受税收优惠而降低向此类社会组织捐赠的积极性，这都不利于其生存和发展。此外，获得公益性捐赠税前扣除资格的社会团体多是慈善会（慈善总会、慈善协会），其他类型的社会团体则鲜有获得资格，这不利于这类以公益为目的的社会团体的发展。

2. 税务监督的范围小

税务监督的范围小，其原因有二：一是获得公益性捐赠税前扣除资格的社会组织数量少。前述统计的9省（市）获得公益性捐赠税前扣除资格的社会组织仅占社会组织总数的1%左右，未获得该资格的社会组织大约占99%。二是获得非营利组织免税资格的慈善组织的数量也很少。根据对某市社会组织年检数据分析发现，截至2017年年底该市有近一半的基金会没有获得免税资格；接近九成的社会团体没有获得免税资格；接近八成的社会服务机构没有获得免税资格。[1] 政府税务部门对慈善组织的监督范围小，仅限于获得公益性捐赠税前扣除资格和享受税收优惠的慈善组织，再加上相关的法律法规不完善，慈善组织税务监督还不成熟。

3. 税务监督中政府部门之间的协作配合存在一定问题

非营利组织免税资格认定涉及税务内容，专业性比较强，由财政部门和税务部门进行认定管理合情合理，但作为慈善组织主管部门的民政部门在这项工作中没有发挥应用的作用。此外，慈善组织办理免税过程中有关部门把关不严，没有很好地配合，可能会给有关组织带来可乘之机。例如，中华慈善总会在捐赠资金未到账时给无锡尚德太阳能电力有限公司开具了价值1500万元的捐赠免税发票。如果在这项工作中民政部门能够积极参与，财政部门和税务部门严格监管，这类现象就不会发生。

4. 慈善捐赠免税手续复杂

中国目前慈善捐赠免税制度存在多头管理的情况，免税手续非常复

---

[1] 叶龙：《慈善组织与税收优惠的过去、现在和未来》，载黄晓勇主编《中国社会组织报告（2019）》，社会科学文献出版社2019年版，第105页。

杂，不能激励捐赠人积极捐赠，更不能实现慈善组织税务监督的目的。

综上，我国慈善事业行政监管存在若干不足，促进慈善事业发展的制度和措施还不完善，这都制约了慈善事业的进一步发展。下面将从完善行政监管和慈善事业促进角度分析慈善事业监管方式改进和创新。

二 从年度检查到年度报告

年检制度是对慈善组织依法监督管理的一种有效方式，通过年检有利于社会公众直接了解和评价慈善组织。但是，只注重年检而忽略全过程监管，实际效果并不理想，因为它会增加守法者的运行成本，却无法保证让违法者得到惩治。此外，由于登记管理机关力量有限、手段不足，年检制度并没有完全达到预期目的，有时还流于形式。《慈善法》第13条规定："慈善组织应当每年向其登记的民政部门报送年度工作报告和财务会计报告。报告应当包括年度开展募捐和接受捐赠情况、慈善财产的管理使用情况、慈善项目实施情况以及慈善组织工作人员的工资福利情况。"[①]《慈善法》没有规定慈善组织的年检制度，而是规定了年度报告制度，为登记管理机关了解、监管慈善组织提供基础信息，这是慈善组织的法定义务。年度报告具有备案属性，不需要民政部门出具结论，这样可以减少过去年检制度下的"盖图章"式的流于形式的监管。慈善组织的年检制度改为年度报告制度，是进一步落实慈善组织自主性的表现，它不代表对慈善组织监管的放松，而是监管方式发生了变化，更强调依法对慈善组织与慈善活动进行全过程监管。慈善组织的年度工作报告和财务会计报告属于慈善组织信息公开的内容，应当每年向社会公开。具有公开募资格的财务会计报告须经审计。慈善组织未依法报送年度工作报告包括未在限期内完成年度报告、财务会计报告的报送和在报告中隐瞒真实情况、弄虚作假的，由民政部门予以警告、责令限期改正；逾期不改正的，责令限期停止活动并进行整改。[②]

三 监管手段由刚性监管到柔性监管

慈善事业行政监管方式要由刚性监管向柔性监管转型。刚性监管手段是指传统的行政管理手段，主要有行政命令、行政处罚、行政强制、行政

---

① 《中华人民共和国慈善法》，《人民日报》2016年3月20日，第1版。
② 郑功成主编：《〈中华人民共和国慈善法〉解读与应用》，人民出版社2016年版，第64—65页。

征收、行政许可等,此前监管大都是刚性监管,如前述行政许可就是其中之一。柔性监管手段主要是指近些年兴起的且逐渐为行政机关及相对人所认可的新型监管手段,主要有行政指导、行政约谈、财政补贴、购买服务、行政奖励和税收优惠。为了调动慈善组织的积极性,近年来行政机关加大培育扶持慈善组织的力度,越来越多地采取以上柔性监管手段去培育慈善组织。

（一）行政指导

行政指导是行政主体基于国家的法律、政策的规定而作出的,旨在引导行政相对人自愿采取一定的作为或者不作为,以实现行政管理目的的一种非职权的行为。① 行政指导通常采取指导、鼓励、奖励、劝告、建议等温和的、协商的方式,将慈善组织摆在平等的地位,以相对人的自愿接受为前提,不具有强制力,更容易为慈善组织接受,实现行政机关与慈善组织双赢互动。由于行政指导不具有强制属性,而以完全尊重相对方的自我选择和自我判断的方式取得预期目标,其平衡和协调功能是显而易见的。行政指导用温和民主的手段以及合情合理的方式,建立一种更加合乎生活逻辑的法律秩序。②

需要指出的是,在我国现阶段,必须以法治管理的方式为主,行政指导方式为辅,二者紧密结合,相辅相成,缺一不可。行政指导管理方式只能是法治管理方式的辅助和必要补充。随着社会文明程度的提高,行政指导管理方式的比重会上升,越来越占有重要地位。③

（二）行政约谈

《中共中央办公厅、国务院办公厅印发关于改革社会组织管理制度促进社会组织健康有序发展的意见》提出:"强化社会组织发起人责任""民政部门会同有关部门建立社会组织负责人任职、约谈管理制度"。民政部制定了《社会组织登记管理机关行政执法约谈工作规定(试行)》,规定提出,社会组织登记管理机关对发生违法违规情形的社会组织,可以约谈社会组织的理事长（会长）、副理事长（副会长）、秘书长（院长、校长等）,指出问题,提出改正意见,督促社会组织及时纠正违法违规行为。对同一案件涉及多家社会组织的,可以个别约

---

① 姜明安主编:《行政法与行政诉讼法学》,北京大学出版社1999年版,第247页。
② 莫于川、田文利:《行政指导的功能解读》,《北京行政学院学报》2004年第5期。
③ 徐鸿武:《大力推行行政指导管理方式》,《中国行政管理》2012年第8期。

谈，也可以集中约谈。① 2017 年 2 月 16 日，民政部社会组织管理局（社会组织执法监督局）按规定约谈了轻松筹平台相关人员，就其存在个人求助信息审核把关不严、对信息真实客观和完整性甄别不够等问题要求其立即整改，做好信息审核和风险防范工作。② 2017 年 2 月 24 日，汕头市民政局启动行政执法集中约谈程序，对 53 家 2013 年度至 2015 年度未参加年检、年检不合格或组织架构松散、运作不规范的市级社会组织进行集中约谈。③

行政约谈可以起到预防与规范作用，当发现慈善组织有不规范行为迹象时，政府通过约谈慈善组织，对其进行警示、规范、引导，可以做到防患于未然，同时又给慈善组织一定的教育引导。④ 作为政府加强和创新社会管理的一个缩影，行政约谈不仅为行政法律关系主体双方构建了一个良好的沟通交流平台，也顺应了社会管理创新"以民生为先导，以公正为基础"的价值理念，通过慈善组织的自我认同、积极参与，最大限度减少了对立冲突，实现了从政府单中心管理模式向政府与社会合作的多中心管理模式的转变，为政府管理转向政府治理助力。

（三）财政补贴

财政补贴是指一国政府根据一定时期政治经济形势及方针政策，为达到特定目的，对指定的事项由财政安排的专项资金补助支出。换句话说，政府为了某些特定需要，支付给个人和组织的、能够影响和改变产品和生产要素现有的相对价格，从而改变资源配置结构和需求结构的政府无偿支出。政府对慈善组织的财政补贴是政府作为主体，通过对慈善组织的资助而使其得到补偿和支持。财政补贴包括开办费补贴、日常经费补贴、专项补贴等方式。也有采取按服务对象的数量定额进行补贴。⑤ 例如，《广州市政府资金支持社会工作发展实施办法》中明确规定了财政补贴，具体

---

① 《社会组织登记管理机关行政执法约谈工作规定（试行）》，民政部网站（http：//www.mca.gov.cn/article/gk/wj/201604/20160415882203.shtml）。
② 《民政部社会组织管理局约谈轻松筹平台》，民政部网站（http：//www.mca.gov.cn/article/xw/ywdt/201702/20170215003294.shtml）。
③ 《汕头 53 家"问题"社会组织被约谈》，南方网（http：//st.southcn.com/content/2017-02/24/content_165874676.htm）。
④ 崔冬：《慈善组织行政规制研究》，博士学位论文，吉林大学，2015 年，第 150 页。
⑤ 金锦萍编著：《社会组织财税制度》，中国社会出版社 2011 年版，第 22—27 页。

包括一次性资助、以奖代补、专项资助等形式。① 财政补贴可以解决慈善组织运作资金不足的困难。通过财政补贴，政府可以有效地促进和鼓励慈善组织提供社会急需的公共服务。

（四）购买服务

党的十八届三中全会指出："推广政府购买服务，凡属事务性管理服务，原则上都要引入竞争机制，通过合同、委托等方式向社会购买。"②《国务院办公厅关于政府向社会力量购买服务的指导意见》明确指出，"购买服务的承接主体包括依法在民政部门登记成立或经国务院批准免于登记的社会组织"。推广政府购买服务成为党和政府确定的一项重要改革任务。

政府在向慈善组织购买服务中同慈善组织签订合同，体现了现代行政中合意、协商等民主精神。现代慈善理念认为行政机关与慈善组织不应是上下级的行政隶属关系，二者应当是合作伙伴关系。在行政机关与慈善组织之间引入行政合同，通过订立行政合同可以最大限度地发挥行政机关和慈善组织各自的优势。行政机关可以通过监督合同履行，实现对慈善组织的有效监管，做到保障慈善组织发展符合国家根本政治方向，又可以充分调动社会力量发展慈善事业，以弥补社会保障体系的不足。实践表明，政府与慈善组织的合作更容易激发慈善组织的主观能动性，同时也可以降低行政成本。③

（五）行政奖励

行政奖励是指行政主体为实现行政目标，通过赋予物质、精神及其他权益，引导、激励和支持行政相对人实施一定的符合政府施政意图行为的非强制行政行为。④ 行政奖励包括表彰和奖励，表彰主要是精神奖励，如通报表扬、给予荣誉称号，奖励一般是给予一定的资金、经费等。近年来政府有关部门加大了对慈善组织的奖励力度。例如，2010年2月民政部为充分肯定慈善组织在构建社会主义和谐社会中做出的显著成绩，进一步引导慈善组织发挥积极作用，决定授予中国企业联合会等595个社会团

---

① 《广州市民政局、广州市财政局关于印发广州市政府资金支持社会工作发展实施办法的通知》，《广州市人民政府公报》2018年17期。

② 《中共中央关于全面深化改革若干重大问题的决定》，《人民日报》2013年11月16日，第1版。

③ 崔冬：《慈善组织行政规制研究》，博士学位论文，吉林大学，2015年，第154页。

④ 傅红伟：《行政奖励研究》，北京大学出版社2003年版，第34页。

体、民办非企业单位和基金会"全国先进社会组织"称号。上海市、深圳市、广州市等也相继出台了相关奖励办法。奖励可以是对慈善组织整体的，也可以是对慈善组织运作的服务项目。前者如获得"全国先进社会组织"称号，后者如民政部近年来对慈善组织和个人开展的优秀项目的奖励。《国务院关于促进慈善事业健康发展的指导意见》明确强调："国家对为慈善事业发展做出突出贡献、社会影响较大的个人、法人或者组织予以表彰。"①《慈善法》第91条规定："国家建立慈善表彰制度，对在慈善事业发展中做出突出贡献的自然人、法人和其他组织，由县级以上人民政府或者有关部门予以表彰。"②

对慈善组织进行行政奖励的意义在于：一是行政奖励具有激励功能，能够充分调动慈善组织的主动性和积极性来实现行政管理的目标；二是行政奖励具有社会调控功能，能够通过对优秀慈善组织的奖励来引导慈善组织的相关行为，而且行政奖励以诱导型的资源配置方式，增强了获得奖励的慈善组织竞争能力。奖励不仅是对慈善组织以往取得的成绩的肯定和鼓励，而且获得奖励还是以后争取国家资助的重要条件。当前政府有关部门在推进购买服务的过程中往往把是否获得政府奖励作为衡量给予资助的一个重要的参考条件。例如，上海黄浦区老西门街道公益项目招标中的组织能力的条件是：有同类项目运作经验；项目运作经验丰富（3个以上）；有项目获奖经历。③

(六) 完善税收优惠制度

政府资助可以分为直接资助和间接资助两大类，财政补贴、政府购买服务、直接拨款属于直接资助，税收优惠属于间接资助。我国慈善税收优惠涉及慈善组织、捐赠人和受益人。慈善组织的税收优惠主要包括企业所得税、增值税、营业税、契税、房产税、进口关税和进口环节增值税。对捐赠人的税收优惠涉及所得税、印花税、增值税、营业税等方面。受益人接受捐赠依法享受税收优惠。我国慈善税收优惠政策已十分详细和具体，但同时要看到存在的问题。当前需要进一步完善慈善税收优惠制度，认真贯彻落实《慈善法》及相关慈善税收法律法规和政策，进一步加大慈

---

① 《国务院关于促进慈善事业健康发展的指导意见》，中央人民政府网站 http://www.gov.cn/zhengce/content/2014-12/18/content_9306.htm。
② 《中华人民共和国慈善法》，《人民日报》2016年3月20日，第1版。
③ 《黄浦区老西门街道高龄空巢老人爱心帮扶项目》，上海社区公益招投标网（http://www.gysq.org.cn/web/tender/TenderShow.aspx?id=111167）。

税收优惠力度，扩大公益性捐赠税前扣除资格的慈善组织规模。财政部门、税务部门和民政部门要协调配合，发挥税收优惠监督作用，简化慈善税收优惠手续，方便捐赠人、慈善组织和受益人切实享受税收优惠。

四 建立社会组织活动异常名录和严重违法失信名单制度

为加强社会组织信用信息管理，推进社会组织信用体系建设，2018年1月24日，民政部发布《社会组织信用信息管理办法》，建立社会组织活动异常名录和严重违法失信名单制度。依据社会组织信用信息采取相应的激励和惩戒措施。[①] 根据对中国社会组织公共服务平台有关信息的统计，2019年被列入社会组织活动异常名录的社会组织共2010个，其中未按照规定时限向登记管理机关报送年度工作报告的有1159个，占比57.7%；受到警告处罚的有375个，占比18.6%；法律、行政法规规定应当列入的其他情形的有376个，占比18.7%（见表4-21）。社会组织应当按规定时间向登记管理机关报送年度工作报告，接受年度检查。因未按照规定时限向登记管理机关报送年度工作报告而被列入活动异常名录的超过一半，这表明这些社会组织的守法意识还有待于进一步提升。社会组织登记管理机关要广为宣传社会组织法律法规，进一步加强执法力度，监督慈善组织履行义务。

表4-21　　　　　　　　2019年社会组织活动异常名录统计

列入事由	依据	频数（个）	百分比（%）
未按照规定时限向登记管理机关报送年度工作报告	《社会组织信用信息管理办法》第11条第1项	1159	57.7
登记管理机关在抽查和其他监督检查中发现问题，发放整改文书要求限期整改，社会组织未按期完成整改	《社会组织信用信息管理办法》第11条第3项	14	0.7
受到警告处罚	《社会组织信用信息管理办法》第11条第5项	375	18.6
受到警告或者不满5万元罚款处罚	《社会组织信用信息管理办法》第11条第5项	18	0.9
通过登记的住所无法与社会组织取得联系	《社会组织信用信息管理办法》第11条第6项	68	3.4

[①] 《社会组织信用信息管理办法》,2018年1月30日，民政部网站（http://www.mca.gov.cn/article/gk/fg/shzzgl/201801/20180115007671.shtml）。

续表

列入事由	依据	频数（个）	百分比（%）
法律、行政法规规定应当列入的其他情形	《社会组织信用信息管理办法》第11条第7项	376	18.7
合计		2010	100.0

数据来源：中国社会组织公共服务平台，本研究统计所得。

根据对中国社会组织公共服务平台有关信息的统计，2019年共730个社会组织被列入严重违法失信名单，排在第一位的是被登记管理机关撤销成（设）立登记，有598个，占比81.9%（见表4-22）。撤销登记是对社会组织的严厉行政处罚，表明其违法情节严重，社会组织会由此而丧失法人资格。

表4-22　　　2019年社会组织严重违法失信名单统计

列入事由	依据	频数（个）	百分比（%）
被列入活动异常名录满2年	《社会组织信用信息管理办法》第15条第1项	2	0.3
受到限期停止活动行政处罚	《社会组织信用信息管理办法》第15条第4项	18	2.5
三年内两次以上受到警告或者不满5万元罚款处罚	《社会组织信用信息管理办法》第15条第5项	4	0.5
被司法机关纳入"失信被执行人"名单	《社会组织信用信息管理办法》第15条第6项	1	0.1
被登记管理机关撤销成（设）立登记	《社会组织信用信息管理办法》第15条第7项	598	81.9
被登记管理机关吊销登记证书	《社会组织信用信息管理办法》第15条第7项	51	7.0
法律、行政法规规定应当列入的其他情形	《社会组织信用信息管理办法》第15条第8项	56	7.7
合计		730	100.0

数据来源：中国社会组织公共服务平台，本研究统计所得。

五　守信激励与失信惩戒

2018年2月11日，国家发展改革委、人民银行、民政部等40个部门联合签署了《关于对慈善捐赠领域相关主体实施守信联合激励和失信联合惩戒的合作备忘录》，备忘录提出进行信息共享与联合激励、联合惩戒。守信联合激励的对象有两类，一是在民政部门依法登记或认定、评估等级在4A以上的慈善组织；二是有良好的捐赠记录，以及在扶贫济困领域有突出贡献的捐赠人。激励措施包括为守信慈善组织登记事项变更、相关业务办理建立绿色通道，提供便利服务等26项。联合惩戒对象为在慈善捐赠活动中有失信行为的相关自然人、法人和非法人组织。① 惩戒措施包括对失信慈善组织，按照有关规定降低评估等级，情节严重的，取消评估等级等24项。②

第七节　慈善组织评估

一　慈善组织评估的含义与意义

（一）慈善组织评估的含义

慈善组织评估是指各级人民政府民政部门为依法实施慈善组织监督管理职责，促进慈善组织健康发展，依照规范的方法和程序，由评估机构根据评估标准，对慈善组织进行客观、全面的评估，并作出评估等级结论。

评估和年检既有联系又有区别，是两种不同的管理方式。评估和年检都涉及对慈善组织内部管理情况、业务活动情况和财务管理情况进行检查。它们的联系主要是：年检是慈善组织评估的前提条件，只有年检合格，才有资格参加评估；评估是慈善组织年检的补充和完善，是在年检的基础上对慈善组织进行的一次全面、系统的综合检查。它们的区别主要体现在工作依据、实施主体、重点内容、时间要求和结果五个方面（见表4-23）。

表4-23　　　　　　　　年检和评估的区别

项目	年检	评估
工作依据	《基金会管理条例》《社会团体登记管理条例》《民办非企业单位登记管理暂行条例》	《民政部关于推进民间组织评估工作的指导意见》《全国性民间组织评估实施办法》《社会组织评估管理办法》

---

① 联合惩戒对象包括：①被民政部门按照有关规定列入社会组织严重违法失信名单的慈善组织。②上述组织的法定代表人和直接负责的主管人员。③在通过慈善组织捐赠中失信，被人民法院依法判定承担责任的捐赠人。④在接受慈善组织资助中失信，被人民法院依法判定承担责任的受益人。⑤被公安机关依法查处的假借慈善名义或假冒慈善组织骗取财产的自然人、法人和非法人组织。
② 《印发〈关于对慈善捐赠领域相关主体实施守信联合激励和失信联合惩戒的合作备忘录〉的通知》，信用中国（https：//www.creditchina.gov.cn/home/lianhejiangchegn/201802/t20180226_109409.html）。

续表

项目	年检	评估
实施主体	业务主管单位和民政部门共同负责，是行政行为	第三方评估机构组织相关专家实施，兼有管理和服务行为
重点内容	慈善组织依法履行登记手续的情况、按照章程开展活动的情况、人员和机构变动的情况以及财务管理的情况等	慈善组织的基础条件、内部治理、工作绩效、社会评价
时间要求	基金会——每年3月31日前；社会团体、民办非企业单位——每年5月31日前	评估机构根据实际工作情况确定，随时报送材料随时实地考察和初评，然后集中统一终评、颁布评估等级结果
结果	合格、基本合格和不合格。通过年检发现慈善组织有违法乱纪行为的，民政部门分别给予警告、责令改正、限期停止活动和撤销登记等处罚	在年检合格的基础上进行评估，评估等级依次为5A级、4A级、3A级、2A级、1A级。慈善组织评估等级结果具有激励性、鞭策性、鼓励性和倡导性，不具有行政处罚性

资料来源：廖鸿：《社会组织评估指引》，中国社会出版社2012年版，第20—22页。

（二）慈善组织评估的意义

对慈善组织评估的理解，人们的观点不尽相同。有人把评估当成一种权力；有人把评估看作一种正义；还有人认为评估的核心在于提供专业化信息，为慈善组织和社会公众服务，使得二者之间建立起信息联通机制。[1] 本研究认为对不同的慈善活动参与者来说，评估作用和意义是不一样的，从总体上看，评估既是一种政府行政监管手段，也是一种慈善组织自我管理的手段，同时它还是政府和社会了解支持慈善组织的途径。

1. 评估是政府监管慈善组织的手段和工具

评估是政府改进对慈善组织的监督方式、提高科学化管理水平的重要工具。与登记、年检和执法等方式相比，慈善组织评估范围比较宽泛，内容比较深入，涉及慈善组织的组织建设、能力建设和制度建设等各个方面。政府通过评估监督管理慈善组织，实施分类管理和指导，根据评估反馈制定与完善监督管理和培育发展政策，促进慈善组织发展。

2. 评估是慈善组织自我评价和自我管理的工具

评估的最终目的是以评促改、以评促建，从基础条件、内部治理、工作绩效和社会评价等方面提高慈善组织的能力。对慈善组织来说，通过评估，慈善组织能够明确内部治理中的漏洞，并采取有针对性措施加以改

---

[1] 卢玮静、赵小平、陶传进等：《基金会评估：理论体系与实践》，社会科学文献出版社2015年版，第1页。

进，提升规范运作和科学管理水平。评估还能帮助慈善组织进行总结提升，促使其明确定位，引导其注重慈善项目运作的专业性，提高社会服务质量，真正为慈善组织的发展提供助力。

根据《中国社会组织评估发展报告（2013）》统计，有46家基金会在2007—2012年间接受了两次评估。其中第二次评估等级上升的基金会有23个，6个4A等级基金会上升为5A等级，9个3A和1个2A等级基金会上升为4A等级，7个2A等级基金会上升为3A等级（见表4-24）。数据显示，规范化评估对基金会的发展起到良好的示范效应，大部分基金会主动参评，积极整改或完善内部治理，基金会行业的运行情况有明显好转，管理水平也呈上升趋势。①

表4-24　　　　2012年度23家基金会评估等级上升情况（个）

年份＼等级	2007年	2012年
5A	0	6
4A	6	10
3A	9	7
2A	8	0
合计	23	23

3. 评估是政府和社会了解和支持慈善组织的途径

评估同培育发展慈善组织紧密结合，有力地推动慈善组织发展。评估结果为政府有关部门向慈善组织购买服务提供信息。民政部制定的《社会组织评估管理办法》规定："获得3A以上等级的社会组织，可以优先接受政府职能转移，可以优先获得政府购买服务，可以优先获得政府奖励。"《关于公益性捐赠税前扣除有关问题的通知》明确把基金会、公益性社会团体的评估等级作为实现税前扣除的条件之一。政府重视慈善组织评估结果应用，把评估等级与政府职能转移、购买服务、税收优惠、资格认定、评比表彰、年度检查等活动紧密联系，相互衔接，相互促进，把培育发展慈善组织落到实处。

4. 评估为社会向慈善组织捐赠提供可靠的信息

对慈善组织而言，公信力就是其生命线，直接影响慈善组织的生存与

---

① 殷洁：《2012年基金会评估专题数据分析》，载徐家良、廖鸿主编《中国社会组织评估发展报告（2013）》，社会科学文献出版社2013年版，第100页。

可持续发展。公众捐赠积极性不高的主要原因不是公众缺乏捐赠的激情，而是不知道谁可信、捐给谁。通过慈善组织评估，政府系统了解有关信息，收集并呈现人们关注的各种数据或资料。同时，在社会公众与慈善组织之间构建起专业化解读的信息系统，使公众更有依据地决定自己是否捐赠以及捐赠给哪个组织。通过评估，明明白白地告诉公众哪些慈善组织能力强、项目运作效果好、公众捐赠资金使用效率高，人们在捐赠时就会有目标和对象，通过这种方式就可以调动公众捐赠的积极性，提高公众的捐赠水平。

二 慈善组织评估的发展历程

我国慈善组织评估大体经历了评估研究和试点、评估工作推进以及评估工作规范化和标准化建设发展三个阶段。

（一）民间组织评估体系研究和评估试点阶段

2005年民政部社会组织管理局（原民间组织管理局）着手组织开展有关民间组织评估理论与指标研究工作，一是与有关单位共同开展"中国民间组织评估体系"研究课题，组织高校和科研机构的专家学者对中外民间组织评估理论及方法展开研究；二是组织部分登记管理机关和业务主管单位开展民间组织评估指标研究。2005年社会组织管理局还在北京、上海、浙江、深圳、青岛等地开展评估试点工作，积累了丰富的经验。

（二）评估工作推进阶段

2007年8月民政部发布《民政部关于推进民间组织评估工作的指导意见》提出开展分类评估，社会团体、基金会开展综合评估，民办非企业单位开展诚信评估。[①] 同月，民政部印发《全国性民间组织评估实施办法》，规范评估程序。2007年10月民政部发布《关于开展基金会评估工作的通知》，决定开展基金会评估，本次评估共有56家基金会获得评估等级。2008年开始对全国性行业协会商会进行评估，共有90家行业协会商会和8家基金会获得评估等级。2009年开展对民办非企业单位的评估，至此，社会组织评估工作全面展开。

在地方，从2008年开始，北京、上海、杭州、宁夏等地开展了社会组织评估工作。

---

① 《民政部关于推进民间组织评估工作的指导意见》，中国社会组织公共服务平台（http://www.chinanpo.gov.cn/6060/52675/bsfwindex.html）。

(三) 评估工作的规范化和标准化建设阶段

2010年民政部印发《关于在民政范围内推进管理标准化建设的方案 (试行)》的通知,把社会组织等级评估纳入民政范围管理标准化建设项目。2010年12月民政部公布《社会组织评估管理办法》,进一步规范社会组织评估工作,完善评估工作机制,在评估对象和内容、评估程序和方法、回避与复核、评估等级管理等方面作了规定。2011年8月民政部发布《关于印发各类社会组织评估指标的通知》,新制定和修订了社会组织评估指标。2012年民政部启动全国性联合社团、职业类社团和公益类社团的评估工作,全国性社会组织评估范围进一步扩大。2014年《国务院关于促进慈善事业健康发展的指导意见》提出,民政部门"要严格执行慈善组织年检制度和评估制度"①,对慈善组织评估制度提出更加明确的要求。此后,《中共中央办公厅、国务院办公厅印发关于改革社会组织管理制度促进社会组织健康有序发展的意见》提出"探索建立专业化、社会化的第三方监督机制,建立健全社会组织第三方评估机制,确保评估信息公开、程序公平、结果公正"②,《慈善法》提出"民政部门应当建立慈善组织评估制度,鼓励和支持第三方机构对慈善组织进行评估,并向社会公布评估结果"③,对慈善组织评估工作提出了明确要求。经过多年努力,慈善组织评估在推动慈善组织健康有序发展、丰富慈善组织监管方式、引导慈善组织发挥作用、优化慈善组织结构等方面取得了积极成效。

三 慈善组织评估主体与评估程序

在民政部登记的全国性慈善组织评估中,有关组织和人员参与慈善组织评估过程,它们包括全国性民间组织评估委员会、民政部民间组织服务中心和评估小组。全国性民间组织评估委员会和民政部民间组织服务中心由民政部设立,前者是慈善组织评估工作期间的非常设机构,负责慈善组织评估的审定工作,后者承担全国性民间组织评估委员会的日常工作。民间组织评估专家由有关政府部门、研究机构、社会组织、会计师事务所、

---

① 《国务院关于促进慈善事业健康发展的指导意见》(国发〔2014〕61号),中国社会组织公共服务平台 (http://www.chinanpo.gov.cn/6060/86122/bsfwindex.html)。
② 《中共中央办公厅、国务院办公厅关于改革社会组织管理制度促进社会组织健康有序发展的意见》,2016年8月21日,中国政府网 (http://www.gov.cn/gongbao/content/2016/content_5106178.htm)。
③ 《中华人民共和国慈善法》第95条第2款,《人民日报》2016年3月20日,第1版。

律师事务所等有关专业人员组成。①

全国性慈善组织评估工作依照下列程序进行：①发布评估通知或公告；②参评慈善组织在规定时间内完成自评，并将自评材料报送全国性民间组织评估委员会；③对申报参加评估的全国性民间组织的参评资格和提交的自评材料进行审核；④组织进行实地考察和初评；⑤全国性民间组织评估委员会对初评材料进行审核，作出结论；⑥将评估结论向社会公示；⑦民政部根据全国性民间组织评估委员会的评估结论和公示结果，授予评估等级，并颁发证书和牌匾。慈善组织评估结果分为5个等级，依次为5A级（AAAAA）、4A级（AAAA）、3A级（AAA）、2A级（AA）、1A级（A）。②

四　我国基金会评估研究（2005—2019年）

（一）评估内容和指标

根据《民政部社会组织管理局关于开展2019年度全国性社会组织评估工作的通知》，现行基金会评估指标由四级构成，它们由抽象到具体，构成了一个可操作的评估指标体系。基金会评估一级指标包括基础条件、内部治理、工作绩效和社会评价四个方面。基础条件指标包括原始基金、法定代表人、住所、章程、登记和备案、重大事项报告和遵守法律法规情况。内部治理指标包括理事会、监事或监事会、党的建设和社会主义核心价值观载入章程、党组织建立、党组织活动情况、负责人、人事管理、工作人员、志愿者管理、档案管理、印章管理、合法运营、会计基础工作、捐赠收入管理、投资管理、货币资金和实物资产管理、公益项目财务管理、关联方及关联交易管理和财务监督。工作绩效指标包括年度捐赠收入、发展规划、年度计划与实施、公益项目规模、项目公益性、项目运作管理、项目专业性、项目效果、平台建设和公开内容。社会评价指标包括理事监事评价、工作人员评价、捐赠人评价、受助人评价、登记管理机关评价、业务主管单位评价和表彰奖励情况。

（二）一级指标分值变动情况

由表4-25可知，基础条件指标分值降低，由2005、2006年的90分

---

① 《社会组织评估管理办法》，民政部网站（http：//xxgk.mca.gov.cn：8011/gdnps/pc/content.jsp？id=12840&mtype=1）。

② 《社会组织评估管理办法》，民政部网站（http：//xxgk.mca.gov.cn：8011/gdnps/pc/content.jsp？id=12840&mtype=1）。

降到 2015 年的 80 分，降低了 10 分；2016 年又降到 60 分，比上次降低 20 分。整体上看，基础条件指标总分降低了 30 分。

表 4-25　　　　基金会评估一级指标及其变动情况（分）

年度	分数				比上年变动情况			
	基础条件	内部治理	工作绩效	社会评价	基础条件	内部治理	工作绩效	社会评价
2005、2006	90	360	430	120	—	—	—	—
2008	90	360	430	120	0	0	0	0
2009	90	360	430	120	0	0	0	0
2010	90	360	430	120	0	0	0	0
2011	90	370	440	100	0	+10	+10	-20
2012	90	370	440	100	0	0	0	0
2013	90	370	440	100	0	0	0	0
2014	90	370	440	100	0	0	0	0
2015	80	370	450	100	-10	0	+10	0
2016	60	400	420	120	-20	+30	-30	+20
2017	60	400	420	120	0	0	0	0
2018	60	420	400	120	0	+20	-20	0
2019	60	420	400	120	0	0	0	0

注：2007 年开始对基金会进行评估，2008 年 3 月公告 2005 年、2006 年的评估等级结果，2018 年 12 月公告 2018 年基金会评估等级结果。

内部治理指标分值增加，由 2005、2006 年的 360 分增加到 2011 年的 370 分，增加了 10 分；2016 年增加到 400 分，比上次增加 30 分；2018 年增加到 420 分，比上次增加 20 分。整体上看，内部治理指标总分增加了 60 分。

工作绩效指标分值先增加，后降低。由 2005、2006 年的 430 分增加到 2011 年的 440 分，增加了 10 分；2015 年增加到 450 分，比上次增加 10 分；2016 年降到 420 分，比上次降低 30 分；2018 年降到 400 分，比上次降低 20 分。整体上看，工作绩效指标分值总分降低了 30 分。

社会评价指标总分先降低，再增加。由 2005、2006 年的 120 分降到 2011 年的 100 分，降低 20 分；2016 年增加到 120 分，比上次增加 20 分；

2017年以后稳定在120分上。总体上看，社会评价指标总分保持不变。

若把首次评估作为基点，总体上看，基础条件、工作绩效指标分值降低，内部治理指标分值增加，社会评价指标分值保持不变。

（三）评估等级情况

中国社会组织公共服务平台公布了基金会历年评估的评估等级情况，本研究进行整理汇总，由表4-26可知，自首次评估以来，共有357个基金会（包括二次参评基金会，本研究将这类基金会视作新基金会），其中获得5A等级的基金会有32个，占全部参评基金会的9.0%；获得4A等级的基金会有105个，占全部参评基金会的29.4%；获得3A等级的基金会有163个，占全部参评基金会的45.7%；获得2A等级的基金会有38个，占全部参评基金会的10.6%；获得1A等级的基金会有19个，占全部参评基金会的5.3%。获得3A等级以上的基金会达到八成，这表明基金会整体上发展良好。

表4-26　　2005—2018年度基金会评估等级情况（个；%）

等级年度	5A	4A	3A	2A	1A	合计	无评估等级基金会
2005、2006	6	13	19	14	10	62	7
2008	0	1	4	2	1	8	0
2009	1	3	9	1	0	14	0
2010	0	6	13	5	5	29	7
2011	1	1	1	0	0	3	1
2012	11	23	16	5	1	56	10
2013	3	9	15	1	0	28	11
2014	1	4	9	0	1	15	12
2015	1	8	22	1	0	32	0
2016	0	5	15	4	0	24	0
2017	3	10	19	2	1	35	0
2018	5	22	21	3	0	51	0
合计	32	105	163	38	19	357	48
百分比（%）	9.0	29.4	45.7	10.6	5.3	100.0	

注：357个基金会包括二次参评基金会。

资料来源：中国社会组织公共服务平台公布的2008—2019年的基金会年度评估公告。

2011年民政部修订了基金会评估指标,我们可以以此为标志分析一下2011年之前和之后基金会评估等级情况。表4-27、表4-28显示,2011年之前,在113个参评基金会中,获得3A等级以上的基金会占比66.3%;2011年之后,在244个参评基金会中,获得3A等级以上的基金会占比92.2%。

表4-27　　2005—2010年度基金会评估等级百分比（%）

等级	5A	4A	3A	2A	1A	合计
百分比	6.2 （113）	20.3 （113）	39.8 （113）	19.5 （113）	14.2 （113）	100.0

表4-28　　2011—2018年度基金会评估等级百分比（%）

等级	5A	4A	3A	2A	1A	合计
百分比	10.2 （244）	33.6 （244）	48.4 （244）	6.6 （244）	1.2 （244）	100.0

再来看获得2A等级以下基金会百分比情况。2011年之前,在113个参评基金会中,获得2A等级及以下的基金会占比33.7%;2011年之后,在244个参评基金会中,获得2A等级及以下的基金会仅占比7.8%。分析表明,随着评估工作的推进,基金会规范化和标准化建设取得了很大进步,整体上获得了更好的发展。

（四）基金会评估结果情况

根据上海交通大学、民政部社会组织管理局、民政部社会组织服务中心2013—2018年每年合作出版的《中国社会组织评估发展报告》,本研究总结基金会评估结果如下:

在基础条件方面,经过评估和多年发展,基金会在原始基金、法定代表人、办公条件、章程、登记和备案、年度检查、遵守国家法律法规和政策等方面符合法律法规的规定,同其他方面相比,基础条件已经较为完备。

在内部治理方面,基金会内部治理不断完善,基金会规范化评估总体情况良好,评估等级较高的基金会在组织机构、人力资源管理、财务资产管理等方面较为规范和完善,评估等级较低的基金会内部治理差异较大。绝大多数基金会建立了党组织,党组织在基金会日常管理中发挥着越来重要的作用。

在工作绩效方面，基金会工作绩效不断提升。评估显示，评估等级较高的基金会在社会捐赠、公益支出水平、项目运作规范性、创新性和可持续性方面的工作较为完善。大部分基金会公益支出比例符合法律规定。大部分基金会建立了信息公开制度，公开接受、使用社会捐赠情况。年度工作报告、财务审计报告的公布情况较好。评估等级较低的基金会尚处于工作体系建立过程中，各项业务能力还有待提高。

在社会评价方面，评估等级较高的基金会更加重视管理部门和社会公众的评价，也会在提升社会知名度和自我宣传上增加投入，在管理部门评价上能够获得较高分数，获得政府部门的表彰和奖励。

（五）基金会发展中存在的薄弱环节

2013—2018年每年出版的《中国社会组织评估发展报告》指出了基金会发展中存在的问题和薄弱环节，具体内容如下：

在基础条件方面，一些基金会理事长的年龄普遍偏大，有的理事长年龄超过70岁。有的基金会秘书长为兼职，还有的基金会秘书长由理事长兼任。有的基金会的章程核准材料不全，或是在对章程进行了修改后而没有再次提交。有的基金会没有建立相关报告制度或报告制度过于简单，有的报告制度没有得到落实。

在内部治理方面，一些基金会一年召开理事会会议不到2次；一些基金会不能提供完整的理事会会议记录；一些基金会没有理事会会议纪要，有的会议纪要不规范、不完整，有的部分或全部参会理事未签字。个别基金会存在领取报酬和补贴的理事人数超过理事人数1/3的情况。有的基金会采用发邮件的方式开会。有些基金会监事虽然列席理事会，但是未就监督内容向理事会提出意见。有的基金会办事机构职责不明确、职能部门未充分细分。一些基金会未建立财务管理制度和财务报告制度。少数基金会专项基金设立未经理事会批准，或专项基金和分支机构管理制度不健全乃至缺失。一些基金会未对符合条件的重大公益项目进行审计并出具专项审计报告。

在工作绩效方面，一些基金会项目管理制度简单，项目立项不够规范，缺乏书面论证和计划，项目流程管理较为薄弱。有的基金会项目监督不到位，个别基金会甚至无任何项目监督机制。有的基金会项目评估简单。一些基金会在具体信息公开上存在一些问题，年度工作报告和财务审计报告未做到逐年公开，年度工作报告未全文披露。有的基金会接受捐赠信息和资金使用信息公开不够详细完整等。

在社会评价方面,社会评价评分与基金会等级相关性弱,评价人的主观意见干扰太大。因资料有限,很难充分了解参评基金会的社会评价指标得分情况以及内外部的具体评价,只能通过各家基金会获得的奖励情况来侧面了解其社会评价。

第五章　监管方式及创新（Ⅱ）：慈善组织内部治理及完善

慈善组织内部治理涉及慈善组织内部组织机构设置、组织机构运行规范和内部治理机制等内容。慈善组织内部治理既要遵守慈善法律制度，也要遵守慈善组织章程和管理制度，这是慈善组织内部治理的依据和规范；慈善组织还要建立起一套包括决策机构、执行机构和监督机构在内的内部治理结构，并形成权责明确、相互制约、协调运转和科学决策的机制。慈善组织内部治理就是内部治理机构在制度规范下开展和运作的。

第一节　慈善组织内部治理结构[①]

慈善组织内部治理结构借鉴公司治理结构。公司治理结构强调公司的权力机构、执行机构和监督机构之间的相互制约关系。慈善组织内部治理结构亦强调权力机构、执行机构和监督机构等组织机构的设置和职权划分；由于慈善组织有社会团体法人和捐助法人两种不同的法人类型，有社会团体、基金会和社会服务机构三种不同的组织形式，因此，不同类型的慈善组织的内部治理结构不尽相同。

一　我国慈善组织法人类型

在大陆法系，慈善组织分为社团法人和财团法人两大类；在英美法系，慈善组织分为慈善信托、公司等形式。在我国，《中华人民共和国民法通则》（以下简称《民法通则》）确立了我国的法人制度，规定了企业法人、机关、事业单位和社会团体法人的法人类型。我国《民法典》对法人作了比较全面细致的规定，规定了营利法人和非营利法人两大类法人

[①] 参见陈为雷《中国慈善组织内部治理研究》，中国社会出版社2019年版，第68—77页。

类型，其中非营利法人是"为公益目的或者其他非营利目的成立，不向出资人、设立人或者会员分配所取得利润的法人"①，具体包括事业单位、社会团体、基金会、社会服务机构等。社会团体法人承袭《民法通则》的规定，《民法典》创新之处在于对基金会和社会服务机构法人类型作了规定。《民法典》第92条第1款规定："具备法人条件，为公益目的以捐助财产设立的基金会、社会服务机构等，经依法登记成立，取得捐助法人资格。"② 这样，慈善组织法人类型包括社会团体法人和捐助法人，其组织形式则为社会团体、基金会和社会服务机构。正因为慈善组织有不同的法人类型和组织形式，所以慈善组织内部治理结构也不尽相同。下面在具体分析慈善组织内部治理结构之前，先来看一下社会团体法人与捐助法人的区别。两者的差异会影响两者治理结构方面的一些差别。

（一）成立基础不同

社会团体法人成立基础在于会员。例如，中国慈善联合会、中华慈善总会、陕西省慈善协会、襄阳市环境保护协会等慈善组织。捐助法人成立基础在于财产。例如，中国青基会、南都公益基金会、天津星星闪耀自闭症康复研究中心、北京市点点爱公益服务中心等。

（二）成立人数条件不同

按照我国社团登记管理规定，成立社会团体法人要有50个以上的个人会员或者30个以上的单位会员；个人会员、单位会员混合组成的，会员总数不得少于50个③；而设立捐助法人，则没有会员及其人数的最低要求。

（三）设立目的不同

按照《民法典》的规定，社会团体法人既有服务于会员共同利益的社会团体法人，也有以公益为目的的社会团体法人。捐助法人是以公益目的而捐助财产设立的。从设立目的上看，一般来说，服务于会员共同利益的社会团体法人不是慈善组织；以公益为目的的社会团体法人和捐助法人则属于慈善组织。

---

① 《中华人民共和国民法典》，中国人大网（http://www.npc.gov.cn/npc/c30834/202006/75ba6483b8344591abd07917e1d25cc8.shtml）。

② 《中华人民共和国民法典》，中国人大网（http://www.npc.gov.cn/npc/c30834/202006/75ba6483b8344591abd07917e1d25cc8.shtml）。

③ 《社会团体登记管理条例》，民政部网站（http://xxgk.mca.gov.cn:8011/gdnps/pc/content.jsp?id=12802&mtype=）。

（四）组织形式不同

社会团体法人以会员（代表）大会为其意志机构，属于自律法人。捐助法人严格意义上说没有意志机构，为他律法人。

（五）决策主体不同

社会团体法人的会员（代表）大会是最高决策机构，由会员（代表）大会选出的理事会是执行机构；捐助法人的决策机构为理事会，拥有最高决策权。

在我国符合条件的社会团体可以取得社会团体法人资格，符合条件的基金会和社会服务机构则可以取得捐助法人资格。社会团体法人同捐助法人的内部治理结构既有相同的地方，也有区别。共同之处在于不管是社会团体法人还是捐助法人，都具有决策机构和执行机构；不同之处在于社会团体法人有会员（代表）大会，捐助法人则没有。

二 权力机构

在我国，会员（代表）大会是社会团体型慈善组织的最高权力机构。《民法典》第91条第2款规定："社会团体法人应当设会员大会或者会员代表大会等权力机构。"[1]《社会团体登记管理条例》规定了成立社会团体的会员人数要求，但没有对会员（代表）大会作出具体规定。民政部发布的《社会团体章程示范文本》则明确会员（代表）大会是社会团体的最高权力机构，职权是：①制定和修改章程；②选举和罢免理事；③审议理事会的工作报告和财务报告；④决定终止事宜；⑤决定其他重大事宜。《社会团体章程示范文本》对会员（代表）大会的职权的规定相对笼统，结合有关材料和慈善组织的实践总结会员（代表）大会的职权如下：①最后决定权。慈善组织的一切大事，包括战略规划等，都需要会员（代表）大会认可和通过，然后才成为整个组织的共同依据或指导方针。②审议权。慈善组织章程及其修改，理事会向大会所作的工作报告及财务报告，组织的目标、任务、战略和策略，组织的选举规则、新选、补选、聘请名誉理事或顾问等重要事务，都要经会员（代表）大会审议。③选举权。理事会成员均经由会员（代表）大会选举产生。理事会向会员（代表）大会负责。④罢免权。理事会及其成员的调整、更换、撤换、罢免等重大事项均要经由会员（代表）大会讨论、审定和最后通过。⑤监

---

[1] 《中华人民共和国民法典》，中国人大网（http://www.npc.gov.cn/npc/c30834/202006/75ba6483b8344591abd07917e1d25cc8.shtml）。

督权。慈善组织的运作过程是否科学、规范、合理和有效，理事会的工作成效、业绩和廉洁，内设机构和成员的表现是否规范端正、符合组织要求，整个组织方针、计划、目标是否得到充分落实，都要经由会员（代表）大会作出最终的结论。①

三 决策机构

（一）理事会的职权

我国《民法典》第93条第2款规定："捐助法人应当设理事会、民主管理组织等决策机构，并设执行机构。理事长等负责人按照法人章程的规定担任法定代表人。"② 在基金会和社会服务机构型慈善组织中，理事会是决策机构，理事会的决策权体现在对组织章程、组织机构、人事任免、业务活动计划、财务预算、内部管理、组织分立、合并与终止以及其他重要事项的决定权。

社会团体型慈善组织的理事会一般是执行机构，但有的社会团体型慈善组织的理事会是决策机构。例如，晋江市慈善总会的理事会就是组织的领导和决策机构，负责制定和修改总会章程；选举会长、常务副会长、副会长、秘书长、常务理事；聘请永远荣誉会长、荣誉会长、名誉会长及团体顾问、顾问；讨论和确定总会发展规划和年度预算；听取和审议总会年度工作报告及资金使用情况报告；讨论和决定总会其他重大事项。③

理事会是全体会议制度，通过选举产生的理事长，主持理事会的有关事务，协调理事会成员之间的关系，保证理事会成为一个有效的决策制衡机构。理事会会议分为例会和特别会议。按照现有法规和大多数规章，会议参加人数要达到2/3以上才能有效。理事会每年召开2次以上会议，会议的决议必须经出席理事过半数才有效。如果是章程修改、选举或者罢免理事长、副理事长、秘书长，以及重要的投资决策和重大的募捐活动和组织的存废等事项时，必须要有2/3以上通过方为有效。④

---

① 马庆钰等：《社会组织能力建设》，中国社会出版社2011年版，第26页。
② 《中华人民共和国民法典》，中国人大网（http://www.npc.gov.cn/npc/c30834/202006/75ba6483b8344591abd07917e1d25cc8.shtml）。
③ 《晋江市慈善总会章程》，载晋江市慈善总会办公室编印《文件材料汇编》，2008年8月，第295—296页。
④ 《基金会管理条例》，民政部网站（http://xxgk.mca.gov.cn:8011/gdnps/pc/content.jsp?id=12799&mtype=）。

(二) 理事会的规范化建设——以中国青基会理事会为例①

1. 理事会规模的规范化

1989 年中国青基会创建，开始并没有一个成型的理事会架构。由于登记注册需要理事长一职，当时中国青基会业务主管单位领导兼任理事长。同年国务院出台了《基金会管理办法》，但没有对理事会人数作出明确规定。第二届至第四届理事会庞大，理事人数过多，理事会如同"摆设"，理事也被认为是名誉象征，此属"有名无实"的阶段。

2004 年《基金会管理条例》正式实施，要求基金会的理事人数为 5—25 人，为中国青基会理事会改革提供了契机。2005 年中国青基会第五届理事会将理事人数从上届的 97 人缩减至 21 人，成为真正的决策机构。理事会被赋予实权和责任，既决定机构章程、战略目标，也推选领导人，决定预决算。② 自第五届理事会之后，理事会人数一般保持在 20 人左右。见表 5-1。

表 5-1　　中国青基会第一届至第七届理事会成员人数

届次	第一届 (1989 年)	第二届 (1994 年)	第三届 (1997 年)	第四届 (2001 年)	第五届 (2005 年)	第六届 (2009 年)	第七届 (2014 年)
人数	0	157	180	97	21	18	18

资料来源：中国青少年发展基金会网站（http：//www.cydf.org.cn/wangjielishihui/）。

2. 理事会注重制度建设和政策决策

第六届理事会从 2005 年 5 月至 2009 年 10 月工作历时 4 年。共召开理事会全体会议 5 次。本届理事会除审核年度工作计划和财务预算等常规工作外，突出贡献在于从制度建设和政策决策上为中国青基会发展奠定了方向，规范和夯实了行动准则。③

3. 理事会成员组成由单一化转向多元化和专业化

《中国青少年发展基金会章程》第 10 条规定了理事的资格，包括：①认同本基金会的宗旨，热爱青少年事业；②能主动尽职履责，志愿服务于本基金会；③具有相关领域研究或管理工作的经历且有一定代表性；

---

① 陈为雷：《中国慈善组织内部治理研究》，中国社会出版社 2019 年版，第 136—140 页。
② 《希望工程 20 年（2005—2008）》，中国青少年发展基金会网站（http：//www.cydf.org.cn/index.php?m=content&c=index&a=show&catid=272&id=117）。
③ 《中国青基会第五届理事会工作总结报告》，中国青少年发展基金会网站（http：//www.cydf.org.cn/index.php?m=content&c=index&a=show&catid=302&id=54）。

④具有较强的议事决策能力和人际沟通能力。① 从第七届理事来源方面看，来自政府部门4人，学界5人，企业界5人，基金会管理层和其他公益组织4人（见表5-2）。第七理事会规模适度、专业化程度明显提高，理事认同感强，有良好的资源和管理经验。

表5-2　　　　　　中国青基会第二届至第七届理事从业结构分析

届次来源	第二届	第三届	第四届	第五届	第六届	第七届
团中央	4	4	2	2	1	1
政府	20	26	9	2	2	3
社会团体	9	16	13	3	0	0
中国青基会管理层	4	9	10	2	4	3
省级团委	34	34	1	0	0	0
省级青基会	0	10	5	1	0	0
企业	33	26	18	5	7	5
高校	0	0	0	0	4	5
其他	53	55	39	6	0	1
总数	157	180	97	21	18	18

资料来源：中国青少年发展基金会网站；黄浩明：《论民间组织治理和内部监管之间的关系》，载陈金罗、刘培峰主编《转型社会中的非营利组织监管》，社会科学文献出版社2010年版，第108页。

总之，中国青基会理事会成员的减少表明慈善组织治理的成熟，主要体现是政策环境变化的影响起到了决定性的作用，促进了慈善组织的专业化。

四　执行机构

上文提到在实践中有的社会团体型慈善组织的理事会是决策机构，但一般来说，社会团体型慈善组织的理事会是执行机构。《民法典》对社会团体法人的理事会的性质作了明确规定。《民法典》第91条第3款规定："社会团体法人应当设理事会等执行机构。理事长或者会长等负

---

① 《中国青少年发展基金会章程》，中国青少年发展基金会网站（https://www.cydf.org.cn/zhangcheng/）。

责人按照法人章程的规定担任法定代表人。"① 这对社会团体型慈善组织理事会建设作了统一和明确的规范。在基金会和社会服务机构型慈善组织中，执行机构类似于公司的总经理，在基金会中是秘书长，在社会服务机构中称院长（或校长、所长、主任），他们负责管理运行整个组织。

一般来说，慈善组织理事会和执行机构的权力是分立的。理事会处于权力的中心，对执行机构起着支配作用。理事会负责聘任、评估和解聘执行机构，执行机构受理事会委托负责组织的日常运营，对理事会负责，具体执行理事会的有关政策。①

五　监督机构

为对理事会和执行机构的权力形成有效制约，基金会和社会服务机构型慈善组织强调组织内部必须设立监事职位或监事会作为监督机构，以防止组织内部出现权力滥用行为。《民法典》第93条第3款规定："捐助法人应当设监事会等监督机构。"②《基金会管理条例》第22条对监事的设置进行了规定，理事、理事的近亲属和基金会财会人员不得兼任监事，监事任期与理事任期相同。监事依照章程规定的程序检查基金会财务和会计资料，监督理事会遵守法律和章程的情况。监事列席理事会会议，有权向理事会提出质询和建议，并向登记管理机关、业务主管单位以及税务、会计主管部门反映情况。③ 社会服务机构的监事在举办者、出资者和单位雇员中产生。相比理事会规模，监事会规模普遍不大。研究显示，监事会规模均值为1.832，最大值为4，最小值为1，规模差异较小。样本中没有监事领取报酬，符合《基金会管理条例》中监事不得从基金会获得报酬的规定。④

---

① 《中华人民共和国民法典》，中国人大网（http：//www.npc.gov.cn/npc/c30834/202006/75ba6483b8344591abd07917e1d25cc8.shtml）。

① 田凯：《中国非营利组织理事会制度的发展与运作》，《经济社会体制比较》2009年第2期。

② 《中华人民共和国民法典》，中国人大网（http：//www.npc.gov.cn/npc/c30834/202006/75ba6483b8344591abd07917e1d25cc8.shtml）。

③ 《基金会管理条例》，民政部网站（http：//xxgk.mca.gov.cn：8011/gdnps/pc/content.jsp?id=12799&mtype=）。

④ 刘丽珑：《我国非营利组织内部治理有效吗——来自基金会的经验证据》，《中国经济问题》2015年第2期。

图 5-1 列出了基金会和社会服务机构的内部治理机构及其相互关系框架。一方面，监事会与理事会之间形成内部监督关系。另一方面，理事会与执行机构之间形成委托—代理关系。理事会是基金会和社会服务机构的决策核心和权力中枢，是组织的掌舵人，对整个组织握有最大的控制权；执行机构由理事会聘任，理事会通过设计激励和监督机制，来促使执行机构努力完成工作。

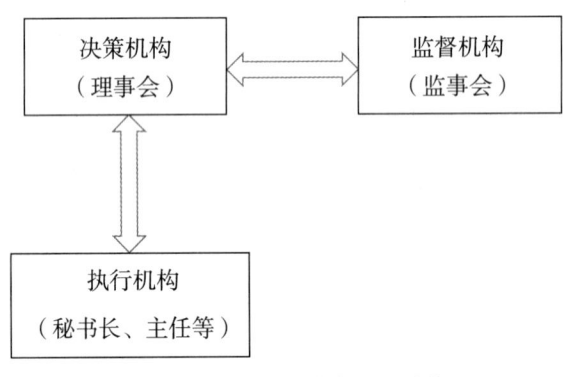

图 5-1 慈善组织内部治理结构

第二节 慈善组织章程和内部管理制度

一 慈善组织章程

（一）章程内容

慈善组织章程是慈善组织的纲领性文件，对慈善组织具有重要的规范、指引和约束作用。完善和规范慈善组织章程，是建立健全法人治理结构的必然要求。① 我国关于慈善组织的法律法规对慈善组织章程的内容作出了明确规定，这使得慈善组织及相关社会组织在制定章程时有所遵循和依据。同时民政部还针对不同类型的社会组织制定了《章程示范文本》，进一步对各社会组织制定章程进行了规范。"三大条例"关于组织章程的

---

① 《〈民政部关于在社会组织章程增加党的建设和社会主义核心价值观有关内容通知〉的解读》，2018 年 5 月 14 日，民政部网站（http://www.mca.gov.cn/article/gk/jd/shzzgl/201805/20180500009044.shtml）。

内容都包括名称、住所、宗旨和业务范围、资产管理和使用的原则制度、终止程序和终止后资产的处理。此外，《社会团体登记管理条例》《民办非企业单位登记管理暂行条例》关于章程的规定还包括组织管理制度、负责人的产生、罢免的程序、章程的修改程序。《社会团体登记管理条例》关于章程的规定还包括活动地域、会员资格及其权利、义务。《基金会管理条例》关于章程的规定还包括原始基金数额、理事会的组成、职权和议事规则、理事的资格、产生程序和任期、监事的职责、资格、产生程序和任期、财务会计报告的编制、审定制度。①

在前期法律制度和实践基础上，《慈善法》对慈善组织的章程作了统一的规定。《慈善法》第 11 条规定：慈善组织的章程，应当符合法律法规的规定，并载明下列事项：①名称和住所；②组织形式；③宗旨和活动范围；④财产来源及构成；⑤决策、执行机构的组成及职责；⑥内部监督机制；⑦财产管理使用制度；⑧项目管理制度；⑨终止情形及终止后的清算办法；⑩其他重要事项。② "三大条例"在章程的规定中没有涉及决策、执行机构的组成及职责、内部监督机制和项目管理制度，《慈善法》则对此专门作出了规定。

2018 年 4 月 28 日，民政部发布《关于在社会组织章程增加党的建设和社会主义核心价值观有关内容的通知》，要求各地民政部门指导社会组织在章程中增加党的建设和社会主义核心价值观有关内容，并在成立登记和章程核准时加强审查。③ 此后，"征求意见稿"规定社会团体、基金会和社会服务机构的章程要载明中国共产党党建工作要求。④

（二）慈善组织《章程示范文本》及其使用情况

民政部根据"三大条例"和其他有关法律法规，分别制定了《基金会章程示范文本》《社会团体章程示范文本》和《民办非企业单位（法人）章程示范文本》，尽管这些示范文本名称上带有"示范"字样，

---

① 具体规定见《社会团体登记管理条例》《民办非企业单位登记管理暂行条例》和《基金会管理条例》。
② 《中华人民共和国慈善法》，《人民日报》2016 年 3 月 20 日，第 1 版。
③ 社会组织党的建设有关内容具体表述为："本会（基金会、中心、院等）根据中国共产党章程的规定，设立中国共产党的组织，开展党的活动，为党组织的活动提供必要条件。"社会主义核心价值观有关内容具体表述为："遵守宪法、法律、法规和国家政策，践行社会主义核心价值观，遵守社会道德风尚。"
④ 《社会组织登记管理条例（草案征求意见稿）》，2018 年 8 月 3 日，民政部网站（http://yjzj.mca.gov.cn:8280/consult/noticedetail.do?noticeid=52）。

但由于慈善组织制定的章程要"包括章程示范文本中所列全部条款",所以以上章程示范文本具有强制性。章程示范文本对章程内容作了详细规定,细化了法规中关于章程的内容。各省民政厅或社会组织管理局在民政部的章程示范文本的基础上,制定了适用于本地的章程示范文本,对民政部制定的章程示范文本多有增益。现以山东省和上海市为例略作介绍。

山东省民政厅制定的《社会团体章程示范文本》增加了党的建设和社会主义核心价值观有关内容、理事的权利与义务、监事会与监事的权利、分支机构和代表机构、管理制度和矛盾解决机制、信息公开与信用承诺等内容。山东省民政厅制定的《基金会章程示范文本》增加了党的建设和社会主义核心价值观有关内容、薪酬管理制度、公开募捐、专项基金管理、慈善项目、重大慈善项目、慈善项目档案管理、年度工作报告和财务会计报告、信息公开、党建工作,并根据《慈善法》规定,删除和修订了原《基金会章程示范文本》的部分条文。上海市社会团体管理局制定的《社会团体章程示范文本(慈善组织)》增加了党的建设和社会主义核心价值观有关内容、任务、从事慈善活动的领域、本会的活动原则、监事会、监事会的权利和义务、捐赠、募捐、慈善项目、重大事项报告及信息公开等内容。上海市社会团体管理局制定的《民办非企业单位章程示范文本(慈善组织)》增加了党的建设和社会主义核心价值观有关内容、从事慈善活动领域、接受捐赠、公开募捐、定向募捐、慈善项目、档案管理、慈善事业支出和年度管理费用的比例、重大事项报告及信息公开等内容。

李政辉以《基金会章程示范文本》为标准,选取了北京等四省市的40家非公募基金会作为样本,分析章程与《基金会章程示范文本》的相符情况。《基金会章程示范文本》为54条。他把章程条文数分为三组,并分别统计了各组基金会数量和百分比。统计结果为:A组共7家,占17.5%;B组为30家,占75.0%;C组为3家,占7.5%(见表5-3)。其中B组与《基金会章程示范文本》基本相同,A组与C组代表了与《基金会章程示范文本》有所偏离,偏离最大的为A组最小15条和C组最大70条。B组显示了《基金会章程示范文本》对基金会章程的影响。除条文数与《基金会章程示范文本》完全相同的13家外,其他的差别也非常小。A组本不应该出现,因为《基金会章程示范文本》的说明已明确要求生效文本"应当包括章程示范文本中所列全部条款"。C组内容多于《基金会章程示范文本》,反映了相应基金会完善治理的主观目的以及对于章程严肃认真的态度。①

表 5-3　　　　　　　　章程条文数与基金会数量

章程条文数	基金会数量	基金会百分比（%）
A≤50	7	17.5
51≤B≤54	30	75.0
C≥55	3	7.5
合计	40	100.0

资料来源：李政辉：《非公募基金会的基本矛盾与规制研究》，法律出版社 2015 年版，第 124 页。

从慈善组织实际使用章程的情况分析，可以发现《示范文本》对章程影响巨大，提升了慈善组织的治理水平，减轻了登记机关的审核难度，方便了监管，促进了慈善组织发展。

二　慈善组织内部管理制度

内部管理制度对慈善组织来说有重要作用。第一，内部管理制度是组织规范结构的重要组成部分，建立健全内部管理制度是落实政府行政监管的要求，政府出台的法律法规和政策往往对慈善组织内部管理制度作出一定规定，这为慈善组织建立内部管理制度提供了依据。内部管理制度是否健全完善是年检和评估的重要内容。第二，慈善组织生存与发展需要得到社会支持，捐赠人、媒体和其他公众判断一个慈善组织是否规范和值得信任的一个标志就是看慈善组织是否有完善的内部管理制度。一般来说，内部管理制度健全，该组织值得信任，而内部管理制度不健全则往往得不到支持和信任。第三，从慈善组织自身来说，慈善组织要正常开展工作，规范有序运行，需要建立各项规章制度，以便给工作人员提供指引，做到令行禁止、赏罚分明，提高组织运行效率和服务质量，从而在市场竞争中处于有利地位。

慈善组织要根据法律法规的规定和自身内部管理的需要建立健全内部管理制度。《慈善法》第 56 条第 2 款规定："慈善组织应当建立项目管理

---

① 李政辉：《非公募基金会的基本矛盾与规制研究》，法律出版社 2015 年版，第 124—125 页。

制度，对项目实施情况进行跟踪监督。"①《基金会管理条例》第 32 条规定基金会应当执行国家统一的会计制度，依法进行会计核算、建立健全内部会计监督制度。②《基金会信息公布办法》第 11 条规定信息公布义务人应当建立健全信息公布活动的内部管理制度。③《民政部印发关于规范基金会行为的若干规定（试行）》提出基金会应当在内部制度中对日常运作费用、项目直接成本、资产管理和处置等问题作出规定。此外，慈善组织也需要根据自身需要和实际情况建立相应的内部管理制度。④ 一般来说，慈善组织的内部管理制度包括如下制度：项目管理制度、专项基金管理制度、分支（代表）机构管理制度、持有股权的实体机构管理制度、内设机构制度、法人证书保管使用管理制度、印章保管使用管理制度、人事管理制度、奖惩制度、业务培训制度、志愿者管理制度、信息公开制度、重大事项报告制度、档案管理制度、薪酬管理制度。

深圳国际公益学院团队通过研究 268 个家族基金会官方网站披露的制度信息，发现：家族基金会内部管理制度数量平均为 3 项，其中财务制度、项目管理制度、人事管理制度等行政类和项目类制度比较健全，但信息披露制度、资金管理制度等制度只有少数基金会有涉及。⑤ 广州市慈善组织社会监督委员会（以下简称市慈监委）在 2015—2018 年对广州市 17 个慈善组织进行监督，针对内部管理制度，市慈监委发现：大部分慈善组织内部管理制度比较健全和完善，各项制度详尽完备、可操作性强，慈善组织在日常运行中严格遵守各项制度，执行情况良好，如广东恤孤助学会、厚德教育慈善基金会、番禺区慈善会等。但是也发现内部管理制度存在一定问题，这些问题有：一是未制定内部监督管理制度；二是未建立公开独立的信息披露平台，公开信息主要以媒体报道、公众号发布为主；三是内部管理制度内容简短，存在一定漏洞；四是内部制度实施办法制定较为简单、宽泛，对实际操作的指导性较差；五是虽然慈善组织有内部管理

---

① 《中华人民共和国慈善法》，《人民日报》2016 年 3 月 20 日，第 1 版。
② 《基金会管理条例》，民政部网站（http：//xxgk.mca.gov.cn：8011/gdnps/pc/content.jsp？id=12799&mtype=）。
③ 《基金会信息公布办法》，民政部网站（http：//xxgk.mca.gov.cn：8011/gdnps/pc/content.jsp？id=13753&mtype=1）。
④ 《民政部关于印发〈关于规范基金会行为的若干规定（试行）〉的通知》，民政部网站（http：//xxgk.mca.gov.cn：8011/gdnps/pc/content.jsp？id=12901&mtype=1）。
⑤ 国际公益学院家族传承中心：《中国家族慈善基金会发展报告（2018）》，2019 年 1 月，第 42 页。

制度，但存在制度执行不到位的情况；六是财务管理制度不完善。①

根据 2019 年 3 月 18 日至 6 月 6 日中国社会组织公共服务平台公布的 209 个全国性基金会年度工作报告的统计，超过 90% 的基金会有下列制度：财务管理制度、项目管理制度、信息公开制度、人事管理制度、资产管理制度、奖惩制度和志愿者管理制度，有以上制度的基金会在 209 个基金会中所占比例分别为 100.0%、99.5%、99.5%、98.1%、98.1%、93.3% 和 91.4%。有业务培训制度的基金会占比 89.0%；有内设机构制度的基金会占比 79.9%；有专项基金管理制度的基金会占比 64.1%；有分支或代表机构管理制度的基金会占比 22.5%；有持有股权的实体机构管理制度的基金会占比 22.0%（见表 5-4）。

表 5-4 基金会内部管理制度统计

内部管理制度	频数（个）	百分比（%）
财务管理制度	209	100.0
项目管理制度	208	99.5
信息公开制度	208	99.5
人事管理制度	205	98.1
资产管理制度	205	98.1
奖惩制度	195	93.3
志愿者管理制度	191	91.4
业务培训制度	186	89.0
内设机构制度	167	79.9
专项基金管理制度	134	64.1
分支或代表机构管理制度	47	22.5
持有股权的实体机构管理制度	46	22.0

从拥有不同的内部管理制度的基金会所占比重来看，一些内部管理制度是法律制度规定必须有的，如项目管理制度、信息公开制度、财务管理制度、资产管理制度等；一些内部管理制度是组织运作必不可少的，如人事管理制度、奖惩制度等。有这两大类内部管理制度的基金会占比非常高，超过 90%，甚至达到 100%。有的内部管理制度根据组织实际情况建立，若基金会有相关业务，则需要建立相关制度，若没有相关业务，则不

① 广州慈善信息发布平台（http：//www.gzmz.gov.cn/gzsmzj/csjdxx/csxxw_list.shtml）。

需要建立该制度。专项基金管理制度、分支或代表机构管理制度、持有股权的实体机构管理制度的建立就属于这种情况，建立这些制度的基金会相对较少。

此外需注意的是，一般来说，基金会需要设立各种内设机构，相应地要制定内设机构制度。在 209 个基金会中，有内设机构制度的基金会占比 79.9%，尚有 42 个基金会没有内设机构制度，占比 20.1%，这是有关基金会需要着力加以改进和完善的地方。

第三节　慈善组织内部治理模式与机制[①]

一　慈善组织内部治理模式

慈善组织内部治理模式相对复杂，不同类型的慈善组织内部治理模式和机制不同。一般来说存在下述两种不同的治理模式。

（一）政府选择模式

双重管理体制是中国政府管理慈善组织的特有方式，也是对慈善组织理事会制度运作影响最大的环境因素。王名把这一管理体制视为一种政治把关和共担责任的分权机制，登记管理机关和业务主管单位的首要目标是降低政治风险和规避责任，而不是发展慈善组织。[②] 强有力的政府控制直接影响慈善组织理事会制度的实施。例如，在政府背景的慈善组织中，业务主管单位（或党的组织部门）直接任命组织的负责人。还存在着国家工作人员担任组织负责人的情况。研究显示，负责人中现任国家工作人员数均值为 0.282，负责人中现任国家工作人员数比例为 0.061。[③] 组织的一些重要决策权也掌握在业务主管单位而不是理事会手中。业务主管单位和登记管理机关还在理事和监事的来源等重要问题上有着重要决定权。当这些重要的决策权力被架空之后，理事会制度已经在很大程度上不能有效发挥作用了。

---

① 本部分参见陈为雷《中国慈善组织内部治理研究》，中国社会出版社 2019 年版，第 82—88 页。

② 王名：《改革民间组织双重管理体制的分析和建议》，《中国行政管理》2007 年第 4 期。

③ 刘丽珑：《我国非营利组织内部治理有效吗——来自基金会的经验证据》，《中国经济问题》2015 年第 2 期。

(二) 社会选择模式

1. 理事的来源

一般而言，慈善组织的理事会通常由内部理事和外部理事两部分构成。内部理事是指那些以慈善组织工作为本业的理事，他们通常由慈善组织出资者和管理人员所构成。与内部理事不同，外部理事主要是指其本业不在慈善组织内而因各种原因加入慈善组织，并成为理事会成员，从而对慈善组织负有治理职责的理事。外部理事一般由慈善组织邀请社会知名人士担任，包括学者、律师、会计师、社会工作师等。这一部分人可以给组织提供建议和咨询，为组织带来各种资源。这些理事代表社会公共利益监督和管理慈善组织的管理层，并且以其诚实和能力去审视慈善组织的战略、计划和重大决策，避免慈善组织出现"内部人控制"现象。不同组织形式和规模的慈善组织其内外部理事结构不尽相同，但外部理事在理事会中所占的比例逐步上升却是一个总体趋势。

2. 社会选择模式的类型

社会选择的内部治理可以根据政策规定与实际情况分为不同的类型。

(1) 资金引入者主导模式

慈善组织的独立性表现在独立于政府和市场两个领域。中国官办慈善组织高度依附于政府，行政化色彩重，独立性较差，很多慈善组织由政府直接创办，政府提供财政资金，干预人事任免。一些民办非企业单位在走向社会选择的过程中，高度依赖市场和出资人，表现出典型的"出资人主导"的治理特征。一项对全国六省的1700家民办非企业单位的问卷调查表明，在领导人产生来源上，有58.9%的民办非企业单位领导人是由主要出资者决定。[1]

根据《非公募基金会内部治理研究报告》，目前中国非公募基金会的内部治理模式主要是资金引入者主导的内部治理模式。即资金引入者和主导理事会决策者是一致的。换句话说，"钱是谁找来的，谁就说了算"是这些非公募基金会的普遍特点，资金引入者主导着理事会的决策。[2]

(2) 共同治理模式

共同治理模式是由慈善组织内部理事和外部理事共同治理的一种模式，在这种模式中理事会由创办人、捐赠人、专家学者、律师、社会名人

---

[1] 邓国胜：《中国民办非企业单位的特质与价值分析》，《中国软科学》2006年第9期。
[2] 中国人民大学非营利组织研究所、公域合力管理咨询（北京）有限责任公司：《非公募基金会内部治理研究报告》，2010年，《摘要》第3页。

等构成，他们共同制定组织章程，选举组织负责人。捐赠人并不因出资而具有股东的性质，其权利也不因其出资多少而有所不同。慈善财产"公益产权"的特性有力地支持共同治理模式。共同治理模式的核心是通过组织章程和其他制度上的安排，确保理事能够平等享有参与管理决策的机会，用适当的投票机制或其他约束机制稳定合作的基础，并依靠相互监督来制衡和约束慈善组织的行为，最终使慈善组织的行为能够满足社会公共利益的需要。[①]

二 慈善组织内部治理机制

慈善组织内部治理机制是指为了保证慈善组织围绕组织宗旨和使命开展有效活动所必需的治理层面的作用机理和运动形式。一般来说，慈善组织常采用激励机制和监督机制来解决委托代理问题。

（一）激励机制

所谓激励就是创设满足员工各种需要的条件，激发员工的工作动机，使之产生实现组织目标的特定行为的过程。[②]

1. 从理性、道德和情感三个方面进行激励

美国学者詹姆斯·L. 佩里（James L. Perry）和洛伊丝·莱克赛斯诺·怀斯（Lois Recascino Wise）认为："公共服务的激励可以理解为个人对主要的基于公共机构和组织而产生的激励作出反应的倾向。"[③] 换句话说，该理论认为公共服务工作本身就具有某种激励作用。他们认为公共服务激励分为三类：理性、道德和情感。这些激励因素说明了个人为什么被吸引从事公共服务工作，而且他们一旦被雇用，则会从中找到满意感。[④] 以上分析同样适用于慈善组织内部治理激励。从理性角度看，慈善组织管理者从事慈善组织管理工作，是为了满足自己的需要，这些需要可能是从事慈善工作能发挥所学专业优势，期望能在慈善领域里有所作为等。从道德的观点看，慈善组织管理者受到为有需要的个人、家庭、群

---

① 张雯：《民间慈善组织治理结构的法律分析》，硕士学位论文，首都经济贸易大学，2012年，第22—23页。

② [美] 斯蒂芬·罗宾斯、玛丽·库尔特：《管理学》（第七版），孙健敏、黄卫伟、王凤彬等译，中国人民大学出版社2004年版，第452页。

③ James L. Perry, Lois Recascino Wise. The Motivation Bases of Public Service. Public Administration Review, 1990, 50 (3): 367—373.

④ [美] 罗伯特·B. 登哈特等：《公共组织行为学》，赵丽江译，中国人民大学出版社2007年版，第180页。

体、组织和社区提供服务所激励。这些激励与责任、公民权利等有关，也与人的价值和尊严、社会公平等价值观有关。从情感的角度看，慈善组织管理者在情感上的激励作用来自个人对慈善组织肩负的使命感和助人理念的个人信念或承诺，换句话说，情感的激励作用根植于个人对社会弱势群体的认识、理解和同情。

2. 恰当地运用内在激励手段与外在激励手段

慈善事业是一种包含一定价值观的社会事业，强调为他人和社会提供公益服务。为慈善组织管理者和工作者提供与其能力和贡献相符的体面的薪酬和福利，不仅是对他们工作努力的肯定，也为他们满足基本的生存需要提供了物质条件。激励理论告诉我们，真正对人产生激励作用的不是物质报酬，而是自我实现和成就感等高层次需要。因此，慈善组织在满足管理者的基本需要以后，应注重非物质性的激励。慈善组织的服务对象往往是社会弱势群体，服务宗旨是尽最大努力满足他们的需要。慈善组织并不是一个资源充足的组织，它所提供的服务大部分是非营利性质的。如果慈善组织主要以外在的激励方式去刺激管理者的工作积极性，一方面受机构本身资源有限的限制，很难长期实施；另一方面，这种激励方式长期实施的结果是其带来的激励效果将会递减，并不能从根本上解决问题，甚至还与机构本身的价值观相违背，有损慈善组织及其员工的形象。因此，应多考虑采用内在激励方式激励慈善组织管理者，满足其较高层次的需要。

（二）监督机制

监督机制是监督主体对慈善组织的活动过程、行为或决策所进行的一系列客观而及时地审核、监察与督导行动。慈善组织内部监督机制包含监事会的监督、理事会、组织规章制度的监督和组织信念、使命的监督等几个层次。在慈善组织内部治理结构中，监事会以财务活动为重点，对理事会及管理者的行为进行监督。理事会最重要的职能是作战略决策以及选择和监督管理者及执行者。理事会对管理者的业绩或能力进行考核，对管理者的任免有最后的决定权。此外，内部监督还包括慈善组织项目开展、实施、管理活动中规章制度监督。例如，中国青基会在希望工程中就建立了比较完善的监督制度与办法。希望工程的内部监督机制建设包括监察、监督机构等组织的设立、"五透明、五不准"基本原则的确立、《希望工程实施管理规则》《希望工程监察巡视员制度实施办法》等20余项规章制度以及计算机管理信息系统技术保障等多个方面。[1]

---

[1] 曾维和：《非营利组织治理中的综合监督机制探讨》，《兰州学刊》2004年第3期。

第四节　慈善组织内部治理结构的问题及其完善

一　慈善组织内部治理结构的问题①

(一) 慈善组织权力机构的问题

在慈善组织内部治理结构中，会员（代表）大会是权力机构，这在《社会团体章程示范文本》和有关慈善组织的章程中有明确规定。但在慈善组织实际运行过程中，会员（代表）大会往往虚设，存在如下问题：

1. 不按期换届

不少慈善组织没有按照章程规定召开会员（代表）大会，不遵守按期换届的规定，使慈善组织到期的理事会、常务理事会无限期地主持工作，影响了慈善组织正常的人事交接。

2. 只具形式，难以发挥实质性作用

会员（代表）大会是社会团体型慈善组织的最高权力机构，所有重大的事务都需要由它来作出决定。尽管有的慈善组织按期召开了会员（代表）大会，但慈善组织负责人往往事先由业务主管单位任命，召开会员（代表）大会只是走走过场，举手表决一下而已，难以真正发挥作用。

3. 难以行使监督权

在实际运作中，慈善组织的会员难以行使监督权。《中华慈善总会章程》规定，慈善总会的会员有监督权，会员代表大会可监督总会的资产管理、使用和项目运作。②但是中华慈善总会会员分布在全国各地，会员大会5年召开一次，很难进行有效监督。慈善组织的会员一般是捐赠人，当执行机构不称职时，更多"用脚投票"，不进行捐赠，而不是通过选举来更换执行机构。③

(二) 理事会的问题

很多慈善组织的理事会的建立仅仅是为了满足法律制度的规定，在实践中难以有效发挥作用。具体有以下几种情况：

---

① 陈为雷：《中国慈善组织内部治理研究》，中国社会出版社2019年版，第106—117页。
② 《中华慈善总会章程》，中华慈善总会网站（http://www.chinacharityfederation.org/NewsShow/3/802.html）。
③ 王雪琴：《慈善法人研究》，山东人民出版社2013年版，第193页。

(1) 为了满足成立条件而不是从获得资源的角度考虑理事人选。慈善组织成立需要具备一定条件，其中对理事的人数有一定规定。一些发起人就找一些人组成理事会，以应付登记注册要求。这些人对理事将要履行的职责、享有的权利与义务不清楚，这样的理事会不可能有效发挥作用。

(2) 理事会在实际运作中发挥作用不大，徒有形式。理事会是形式上的理事会，在运作过程中除开会举手表决外，发挥的作用不大，成为"橡皮图章"和摆设。这与满足登记条件而不是解决难题和实际需要有关。

(3) 尽管基金会理事会是决策机构，但平时理事忙于其他事务，没有深度参与组织运营，不了解组织运作情况；一些理事没有专业知识，提不出有针对性和前瞻性的意见和建议。

(4) 组织的负责人等少数几个人掌握理事会决策权。尽管慈善组织章程详细规定了理事会、执行机构的职责权限，但在实践中有的理事会理事无法正常发挥作用，慈善组织的重大事务和日常事务都由会长或秘书长个人决定，很难保证慈善组织决策的科学化和民主化。这种个人主义的治理模式与理事会制度倡导的群体决策和权力制约与平衡是不一致的。

(三) 理事会与执行机构的关系问题

我国慈善事业法律制度确立了慈善组织的决策机构、执行机构和监督机构的内部治理结构，一般来说，理事会是决策机构，秘书长、主任等是执行机构。但在实践中，理事会与执行机构职权往往重叠，理事长掌握大量权力，既负责理事会，又进行组织管理。理事长过多参与组织日常事务，往往没有时间关注组织战略问题。此外，理事长大权独揽，使得秘书长成为单纯的执行人员，对其不能实施有效激励，挫伤他们的积极性，影响组织的灵活性和回应性，也更容易使组织陷入个人化控制的状态。[①]

(四) 监事或监事会发挥作用有限

按照《社会团体登记管理条例》的规定，社会团体型慈善组织可以不设置监事会或监事，《社会团体章程示范文本》中也没有设置监事会或监事的规定，这对该类慈善组织的监督非常不利。尽管基金会和社会服务机构型慈善组织设置了监督机构，但存在监督机构不能有效发挥作用的问题。在实际运作中，一些重要的利益相关者不是监事；很多监事不具备财务、法律、慈善组织管理等知识，对慈善组织运作缺乏了解，起不到应用

---

① 田凯：《中国慈善组织理事会制度的发展与运作》，《经济社会体制比较》2009 年第 2 期。

的监督作用；监事和监事会的活动直接受理事会控制，缺乏独立性。有关研究显示，社会组织"从未召开过监事会"的占比 24.11%；召开监事会"一年一次""一年两次"和"一年三次以上"的占比分别为 28.57%、21.43%和 16.07%。这说明现实中社会组织监事会活动频率低，监事会发挥的作用有限。①

二 完善慈善组织治理结构

（一）加强理事会建设

上文分析了理事会的法定职责和地位，对理事会来说，它应该按照法律法规和慈善组织章程的规定严格履行职责，扮演好决策者的角色。除外之外，还应该发挥以下两方面作用：

1. 资源筹集作用

关于非营利组织的理事会，德鲁克说："不仅能从别人那里筹集到资金，而且自己还能带头捐赠，并且捐赠得最多"。② 托马斯·沃尔夫在《管理 21 世纪的非营利组织》中提道：没有任何一个群体能比得上理事那样对非营利组织展现出极大的责任心。理事必须从精神上支持组织，鼓励其他人同样热情地参与组织的项目和活动，他们必须支持组织明确地使用资金。每一个在组织理事会工作的成员必须每年为他（她）的组织捐赠一笔资金。捐赠数目的多少是另外一回事，但对各年度捐赠现金的要求绝不模糊。除了捐钱，理事会成员还必须帮助筹集资金。实际上，每一个理事都应该以各种方式帮助募集资金。有许多任务涉及资金募集——比如，潜在顾客的身份确认、名册发展和维护、信件书写、计划事务、书面建议——每个理事会成员都应该分配一些相关的任务。在选择理事时应招募那些与基金会社区保持来往的人，这点很重要，如商人、富人、知名人士。③

2. 咨询作用

发挥慈善组织理事会理事的顾问和咨询作用。德鲁克说："每个理事

---

① 潘琳：《"互联网+"背景下社会组织多元协同监管研究》，博士学位论文，中国科学技术大学，2018 年，第 49 页。

② ［美］彼得·德鲁克：《非营利组织的管理》，吴振阳译，机械工业出版社 2009 年版，第 122 页。

③ ［美］托马斯·沃尔夫：《管理 21 世纪的非营利组织》，胡春艳、董文琪译，商务印书馆 2016 年版，第 39—41 页。

都必须具备某种专业技能,如果你必须有偿使用这些技能的话,是相当昂贵的。"① 理事会理事的选择除考虑能提供关键资源的重要人物之外,还要考虑利益相关者的各种条件和不同情况,注重理事的专业知识和技能,如选择专家学者、律师、会计师、资深公益慈善人士等。他们独立于举办者和管理者,与慈善组织没有直接利害关系,同时具备专业素质、能力和经验,能够客观地审视慈善组织的决策和战略计划,能够就慈善组织运作提出独立有益的意见,助推慈善组织发展。

(二) 理顺理事会和执行机构的关系

要下力气理顺理事会与执行机构的关系,理事会作为决策机构,集体对机构行使治理和处置权。理事会是"裁判员"而不是"运动员",不能既当"裁判员"又当"运动员"。理事会要从资源拓展、财务、法律、对外关系、机构治理与管理等方面为机构的发展做出贡献。理事会可以通过设定年度考核指标,进行年度业绩考核,定期听取执行机构工作进展汇报等方式对执行机构进行监督和管理。理事会理事作为捐赠人向慈善组织进行捐赠之后要与慈善财产的使用与运作分离,指导和监督慈善财产的使用和组织使命的实现。理事会不要过多参与和干预执行机构事务性工作,否则,执行机构将无法发挥专业技能和能动性。

(三) 充分发挥监事会及监事的监督作用

一般来说,监事会或监事的功能发挥需要满足几个条件:一是监事具备足够的专业知识和能力进行监督;二是监事能够得到充分的组织运作信息,这是作出判断的前提条件;三是监事能够不受理事会影响,独立行使监督权力。② 参照以上条件,发挥监事会和监事的作用可从以下方面着手:

(1) 挑选具有专业知识且有意愿的人做监事。在慈善组织中监事不是摆设,而是慈善组织重要的监督力量,对于保证慈善组织规范发展起着重要作用。正因为监事在慈善组织发展中重要性,所以在挑选监事时就要格外慎重。对慈善组织来说,一是要选择有意愿且有奉献精神的人做监事,这样的人有动力去做好监事工作;二是要挑选具有相应专业知识、能力和经验的人做监事,这样的人有能力履行监事职责;三是要挑选认同慈善组织使命和宗旨的人做监事,这样的人能够更好地为慈善组织服务。

---

① [美] 彼得·德鲁克:《非营利组织的管理》,吴振阳译,机械工业出版社 2009 年版,第 134 页。

② 田凯:《中国慈善组织理事会制度的发展与运作》,《经济社会体制比较》 2009 年第 2 期。

（2）保证监事会和监事能够获得慈善组织运作的充分信息。监事会和监事需要利用信息对慈善组织进行监督，因此，充分的信息是保证监事会和监事履职的必要条件。慈善组织要及时主动向监事会和监事提供慈善组织财务管理、项目运作、投资运营、组织战略、计划、政策、内部管理、理事会会议纪要等各方面的信息，供监事阅读，以便其深入了解慈善组织运作情况。慈善组织还要积极配合监事对慈善组织有关事务的问询和了解，以保证监事掌握有关情况。为监事会和监事提供充分的信息就是为其履职创造条件，只有具备条件，监事会和监事才能更好地发挥作用。

（3）监事会和监事独立发挥监督作用。监事会和监事的设置是为了对决策机构和执行机构起到监督作用，而要起监督作用就必须使其保持独立性，不受干扰，只有这样才能使监事会和监事客观公正地进行监督，发挥应有的监督作用。

（4）监事会和监事依托内部审计机制履行监督职责。当前社会审计在慈善组织中已经得到较多应用，但内部审计的应用还较少。内部审计制度是慈善组织自我约束机制，慈善组织建立内部审计制度有利于监事会和监事更好地发挥监督作用。

第五节 我国全国性基金会内部治理结构研究

一 全国性基金会基本情况

自2006年起，中国社会组织公共服务平台每年都公布全国性基金会年度工作报告。本研究所使用的数据来源于2019年3月18日至6月6日中国社会组织公共服务平台公布的209个全国性基金会2018年年度工作报告。全国性基金会年度工作报告的项目和格式是高度标准化的，因此本研究首先将年度工作报告进行编码，把数据录入电脑，进行数据清理，最后建立了全国性基金会数据库。本研究以该数据库为基础，运用SPSS统计软件对全国性基金会的理事会等机构建设情况进行研究。下面首先介绍全国性基金会的基本情况。

据统计，2018年，在209个全国性基金会中，167个基金会是慈善组织，占比79.9%；42个基金会不是慈善组织，占比20.1%（见表5-5）。《慈善法》规定，慈善组织可以采用基金会、社会团体和社会服务机构等组织形式。① 慈善组织可以采用基金会的组织形式，但基金会不一定是慈善组织；新成立慈善组织需要具备一定的条件，而《慈善法》公布前成立的基金会要想成为慈善组织需要向民政部门申请认定。全国性基金会大都是在《慈善法》公布前成立的，因此，它们要想成为慈善组织必须申请认定。以上统计结果表明，2018年全国性基金会中尚有五分之一没有申请认定为慈善组织。

表5-5　　　　　　　　全国性基金会的组织属性

是否慈善组织	频数（个）	百分比（%）
是	167	79.9
否	42	20.1
合计	209	100.0

2018年，在209个全国性基金会中，90个基金会是公募基金会，占比43.1%；119个基金会是非公募基金会，占比56.9%。非公募基金会多于公募基金会（见表5-6）。

表5-6　　　　　　　　全国性基金会类型

基金会类型	频数（个）	百分比（%）
公募基金会	90	43.1
非公募基金会	119	56.9
合计	209	100.0

2018年，209个全国性基金会共有业务主管单位55个，主管10个以上基金会的业务主管单位有4个，它们是民政部、教育部、国家卫生健康委员会、文化和旅游部，共主管120个基金会，占全部基金会的57.4%；其中民政部主管基金会最多，有65个基金会，占比31.1%；教育部主管23个基金会，占比11.0%；国家卫生健康委员会主管17个基金会，占比8.1%；文化和旅游部主管15个基金会，占比7.2%。其他部门主管89个基金会，占比42.6%（见表5-7）。

表5-7　　　　　　　　业务主管单位统计

业务主管单位	频数（个）	百分比（%）
民政部	65	31.1

---

① 《中华人民共和国慈善法》第8条，《人民日报》2016年3月20日，第1版。

续表

业务主管单位	频数（个）	百分比（%）
教育部	23	11.0
国家卫生健康委员会	17	8.1
文化和旅游部	15	7.2
其他部门	89	42.6
合计	209	100.0

据统计，2018年，在209个全国性基金会中，原始基金总额为941000万元；原始基金最少为20万元，最多为100000万元；平均每个基金会的原始基金为4502万元（见表5-8）。

表5-8　　　　　　　　原始基金描述性统计

原始基金统计量	基金会数量（个）	最小值（万元）	最大值（万元）	原始基金总额（万元）	平均值（万元）	标准差（万元）
数值	209	20	100000	941000	4502	9906.0

分组统计显示，2018年，在209个全国性基金会中，原始基金在800万元以下的基金会有4个，占比1.9%；原始基金在800万元以上2000万元以下的基金会有132个，占比63.2%；原始基金在2000万元以上5000万元以下的基金会有49个，占比23.4%；原始基金在5000万元以上100000万元以下的基金会有24个，占比11.5%（见表5-9）。其中原始基金为2000万元、800万元和5000万元的基金会较为集中，依次占比28.2%、25.8%和16.3%，三者达七成多。原始基金少于800万元的4个基金会都是非公募基金会，其中两个成立于1989年，另两个分别成立于1993年和1995年，彼时对基金会的原始基金尚没有明确规定。

表5-9　　　　　　　　原始基金分组统计

原始基金分组（万元）	频数（个）	百分比（%）
800<	4	1.9
800—2000	132	63.2
2001—5000	49	23.4
5001—100000	24	11.5
合计	209	100.0

第五章 监管方式及创新（Ⅱ）：慈善组织内部治理及完善

2018年，在209个全国性基金会中，76个基金会取得公开募捐资格证书，占比36.4%；133个基金会未取得公开募捐资格证书，占比63.6%（见表5-10）。《慈善法》规定，慈善组织开展公开募捐，应当取得公开募捐资格。慈善组织成立两年后方可申请公开募捐资格；法律、行政法规规定自登记之日起可以公开募捐的基金会和社会团体，由民政部门直接发给公开募捐资格证书。① 上文分析表明，90个全国性基金会是公募基金会，但这里统计结果显示只有76个基金会取得公开募捐资格。这表明在现阶段，公募基金会不一定就能马上取得公开募捐资格。其原因可能有二：一是有些基金会没有申请认定为慈善组织，因而就不能申请公开募捐资格；二是由基金会而成为慈善组织，慈善组织再申请公开募捐资格有一个过程，大概需要两年多时间。《慈善法》2016年9月1日正式实施，本项研究的基金会发布年报时间距慈善法实施还不到两年，因而一些基金会可能因为成为慈善组织不到两年而不能申请公开募捐资格。

表5-10　全国性基金会取得公开募捐资格情况

是否取得公开募捐资格证书	频数（个）	百分比（%）
是	76	36.4
否	133	63.6
合计	209	100.0

2018年，在209个全国性基金会中，共有负责人（包括理事长、副理事长、秘书长）767人，平均每个基金会有负责人3人，而其中有的基金会没有负责人，有的基金会最多有12个负责人（见表5-11）。

表5-11　负责人数描述性统计（个）

统计量	基金会数	最小值	最大值	负责人总数	平均数	标准差
数值	209	0	12	767	3.67	1.934

分组统计显示，2018年，在209个全国性基金会中，没有负责人的基金会有2个，占比1.0%；有1个负责人的基金会有10个，占比4.8%；有2个负责人的基金会有45个，占比21.5%；有3个负责人的基金会有64个，占比30.6%；有4个负责人的基金会有38个，占比18.2%；有5

---

① 《中华人民共和国慈善法》第22条，《人民日报》2016年3月20日，第1版。

个负责人的基金会有 18 个，占比 8.6%；有 6 个以上负责人的基金会有 32 个，占比 15.3%（见表 5-12）。可以看出，有 2 个和 3 个负责人的基金会占全部基金会的一半以上。《基金会章程示范文本》规定，理事会设理事长、副理事长和秘书长，理事长不得兼任秘书长，这表明基金会的负责人的人数至少有 2 人，以上分析表明尚有少数基金会的理事长、副理事长和秘书长人数不符合规定。

表 5-12　　　　　　　　全国性基金会的负责人数统计

负责人数（个）	频数（个）	百分比（%）
0	2	1.0
1	10	4.8
2	45	21.5
3	64	30.6
4	38	18.2
5	18	8.6
6—12	32	15.3
合计	209	100.0

2018 年，在 209 个全国性基金会中，审计意见为"无保留意见"的有 204 个，占比 97.6%；审计意见为"保留意见"的有 3 个，占比 1.4%；审计意见为"带说明段的无保留意见"的有 2 个，占比 1.0%（见表 5-13）。从审计意见来看，绝大部分基金会不存在问题，但尚有个别基金会存在一定的问题。

表 5-13　　　　　　　　审计意见类型

审计意见类型	频数（个）	百分比（%）
无保留意见	204	97.6
保留意见	3	1.4
带说明段的无保留意见	2	1.0
合计	209	100.0

二　理事会与理事会成员情况

（一）理事会规模

2018 年，在 209 个全国性基金会中，共有理事会理事 2723 人，平均每个理事会有理事13人；在所有理事会中，有的理事会最少只有1个理事，而有的理事会则最多有25个理事（见表5-14）。根据基金会中心网编《中国基金会发展独立研究报告（2017）》的研究，2015年，在55个县级基金会、304个市级基金会、3043个省级基金会和95个全国性基金会中，平均每个理事会成员数量分别为9人、9人、11人和13人。[①] 可见，近年来全国性基金会的理事会规模基本保持不变，其理事会规模比在其他层级登记的基金会的理事会规模要大一些。

表5-14　　　　　　　　理事会规模描述性统计（个）

统计量	基金会数	最小值	最大值	理事总数	平均数	标准差
数值	209	1	25	2723	13.0	5.875

分组统计显示，在209个全国性基金会中，理事会的理事人数不到5人的基金会有2个，占比1.0%；理事人数在5—10人的基金会有85个，占比40.6%；理事人数在11—15人的基金会有51个，占比24.4%；理事人数在16—20人的基金会有45个，占比21.6%；理事人数在21—25人的基金会有26个，占比12.4%（见表5-15）。《基金会管理条例》规定，基金会设理事会，理事为5—25人。统计表明，在209个全国性基金会中，大约三分之二的基金会理事会的理事人数在5—15人。尚有2个基金会理事会的理事人数不到5人，其中一个基金会理事会的理事人数只有1人，另外一个基金会理事会的理事人数是4人。

表5-15　　　　　　　　理事数分组统计

理事数分组	频数（个）	百分比（%）
1—4	2	1.0
5—10	85	40.6
11—15	51	24.4
16—20	45	21.6
21—25	26	12.4
合计	209	100.0

---

① 邓国胜、陶泽主编：《中国基金会发展独立研究报告（2017）》，社会科学文献出版社2018年版，第14页。

(二) 理事会成员情况

1. 理事的性别构成

(1) 男性理事和女性理事的描述性统计

2018年,在209个全国性基金会中,共有男性理事2225人,平均每个基金会理事会有男性理事10人;有的理事会没有男性理事,有的理事会则最多有男性理事24人。共有女性理事498人,平均每个基金会有女性理事2人;有的理事会没有女性理事,而有的理事会则最多拥有女性理事16人(见表5-16)。

表5-16　　　　男性理事和女性理事的描述性统计(个)

理事性别	基金会数	最小值	最大值	男性理事总数	平均数	标准差
男	209	0	24	2225	10.65	5.571
女	209	0	16	498	2.38	2.190

(2) 理事的性别比例

2018年,在209个全国性基金会的理事会中,共有理事2723人,其中男性理事占比81.7%,女性理事占比18.3%(见表5-17)。从规模上看,理事会的男性理事总数是女性理事总数的5倍,男性理事占主体。

表5-17　　　　　　　　　理事的性别比例

理事性别	频数(个)	比例(%)
男	2225	81.7
女	498	18.3
合计	2723	100.0%

《中国基金会发展独立研究报告(2017)》研究显示,2015年,在3800个地方性基金会中,理事会男性理事和女性理事占比分别为78%和22%;在201个全国性基金会中,理事会男性理事和女性理事占比分别为82%和18%。[①] 可见,近年来,全国性基金会理事会的性别构成基本保持不变;全国性基金会理事会的男性理事比例高于地方性基金会,女性理事比例低于地方性基金会。

---

① 邓国胜、陶泽主编:《中国基金会发展独立研究报告(2017)》,社会科学文献出版社2018年版,第18页。

2. 理事政治面貌

（1）理事政治面貌描述性统计

2018年，在209个全国性基金会的理事会中，理事会理事是共产党员的共1854人，平均每个理事会有党员8人；有的理事会中没有党员，有的理事会最多有25个党员。理事会理事是群众的共562人，平均每个理事会有群众2人；有的理事会没有群众，有的理事会最多有17个群众。理事会理事是民主党派人士的共182人，平均每个理事会有无党派人士不到1人；有的理事会没有民主党派人士，有的理事会最多有19个民主党派人士。理事会理事是无党派人士的共65人；有的理事会没有无党派人士，有的理事会最多有8个无党派人士。此外，理事会理事是共青团员的共4人；其他政治面貌人士的共56人，他们是外国国籍或中国香港地区人士（见表5-18）。

表5-18　　　　　　　理事政治面貌描述性统计（个）

理事的政治面貌	基金会数	最小值	最大值	理事总数	平均数	标准差
中共党员	209	0	25	1854	8.87	6.296
群众	209	0	17	562	2.69	3.134
民主党派人士	209	0	19	182	0.87	2.509
无党派人士	209	0	8	65	0.31	0.937
共青团员	209	0	1	4	0.02	0.137
其他政治面貌	209	0	7	56	0.27	0.835

（2）理事的政治面貌

2018年，在209个全国性基金会中，共有理事会理事2723人，其中理事是共产党员的有1854人，占比68.1%；理事是群众的有562人，占比20.6%；理事是民主党派人士的有182人，占比6.7%；理事是无党派人士的有65人，占比2.4%；理事是共青团员的有4人，占比0.1%；理事是其他政治面貌的有56人，占比2.1%（见表5-19）。总体上看，理事会理事是共产党员的超过三分之二，其次是群众，超过五分之一，这两类是理事会理事政治面貌的主体。

表5-19　　　　　　　理事的政治面貌统计

理事的政治面貌	频数（个）	百分比（%）
中共党员	1854	68.1

续表

理事的政治面貌	频数（个）	百分比（%）
群众	562	20.6
民主党派人士	182	6.7
无党派人士	65	2.4
共青团员	4	0.1
其他政治面貌	56	2.1
合计	2723	100.0

3. 理事领取报酬和补贴情况

2018年，在209个全国性基金会中，在基金会领取报酬和补贴的理事有146人；有的理事会没有理事领取报酬和补贴；有的理事会最多有6个理事领取报酬和补贴（见表5-20）。

表5-20　　　　　　领取报酬的理事的描述性统计（个）

统计量	基金会数	最小值	最大值	理事总数	平均数	标准差
数值	209	0	6	146	0.70	1.088

2018年，在209个全国性基金会理事会的2723个理事中，在基金会领取报酬的理事有146人，占比5.4%，未在基金会领取报酬的理事有2577人，占比94.6%（见表5-21）。总体上，在基金会领取报酬的理事符合《基金会管理条例》关于"在基金会领取报酬的理事不得超过理事总人数的1/3"的规定。

表5-21　　　　　　理事领取报酬和补贴情况

理事是否领取报酬和补贴	频数（个）	百分比（%）
是	146	5.4
否	2577	94.6
合计	2723	100.0

4. 理事是退（离）休干部及其备案情况

（1）理事是退（离）休干部描述性统计

2018年，在209个全国性基金会中，理事会理事是党政机关及国有企事业单位退（离）休干部的有300人，平均每个基金会有1人是退（离）休干部；有的基金会没有退（离）休干部；有的基金会最多有退

（离）休干部 17 人（见表 5-22）。

表 5-22　　理事是退（离）休干部描述性统计（个）

统计量	基金会数	最小值	最大值	退（离）休干部总数	平均数	标准差
数值	209	0	17	300	1.44	2.706

《中共中央组织部关于规范退（离）休领导干部在社会团体兼职问题的通知》规定，退（离）休领导干部在社会团体兼任职务（包括领导职务和名誉职务、常务理事、理事等），须按干部管理权限审批或备案后方可兼职。[①] 据统计，2018 年，在 209 个全国性基金会理事会的 2723 个理事中，理事为党政机关、国有企事业单位退（离）休干部的有 300 人，占比 11.0%；理事不是党政机关、国有企事业单位退（离）休干部的有 2423 人，占比 89.0%（表 5-23）。可见，在基金会理事会中，理事为党政机关、国有企事业单位退（离）休干部的比例较低。

表 5-23　　理事是退（离）休干部情况

理事是否退（离）休干部	频数（个）	百分比（%）
是	300	11.0
否	2423	89.0
合计	2723	100.0

（2）理事是退（离）休干部办理备案手续情况

2018 年，在 209 个全国性基金会中，理事会理事是退（离）休干部办理备案手续的共 281 人，平均每个基金会 1 人；有的基金会没有办理退（离）休干部备案手续的理事；有的基金会最多有 17 个办理退（离）休干部备案手续的理事（见表 5-24）。

表 5-24　理事是退（离）休干部办理备案手续描述性统计（个）

统计量	基金会数	最小值	最大值	退（离）休干部总数	平均数	标准差
数值	209	0	17	281	1.40	2.713

---

① 本刊政策咨询组：《中共中央组织部关于规范退（离）休领导干部的相关文件解答》，《中国老年》2016 年第 1 期。

2018年，在理事是退（离）休干部的300人中，办理备案手续的有281人，占比93.7%；未办理备案手续的有19人，占比6.3%（见表5-25）。这表明，大部分退（离）休干部办理了备案手续，尚有个别退（离）休干部担任理事，但尚未办理备案手续。

表5-25　　　　理事是退（离）休干部办理备案手续情况

是否办理备案手续	频数（个）	百分比（%）
是	281	93.7
否	19	6.3
合计	300	100.0

（三）理事会会议召开情况

2018年，在209个全国性基金会中，理事会共召开514次会议，平均每个理事会一年召开2次会议；有的基金会在本年度没有召开过理事会会议；有的基金会本年度最多召开9次理事会会议（见表5-26）。

表5-26　　　　　理事会会议次数描述性统计

统计量	基金会数（个）	最小值（次）	最大值（次）	会议总数（次）	平均数（次）	标准差（次）
数值	209	0	9	514	2.46	1.152

2018年，在209个全国性基金会中，理事会没有召开过会议的基金会有1个，占比0.5%；理事会召开1次会议的基金会有4个，占比1.9%；理事会召开2次会议的基金会有149个，占比70.8%；理事会召开3次会议的基金会有35个，占比16.7%；理事会召开4—9次会议的基金会有20个，占比9.6%（见表5-27）。《基金会管理条例》规定，理事会每年至少召开2次会议。可见，绝大部分基金会的理事会召开2次及以上会议，符合《基金会管理条例》规定，但仍有个别基金会每年召开会议少于2次。

表5-27　　　　　理事会会议次数分组统计

理事会会议次数分组（个）	频数（个）	百分比（%）
0	1	0.5
1	4	1.9

续表

理事会会议次数分组（个）	频数（个）	百分比（%）
2	149	71.3
3	35	16.7
4—9	20	9.6
合计	209	100.0

三 监事情况

（一）监事数量

2018年，在209个全国性基金会中，共有监事402人，平均每个基金会有监事1人；有的基金会最少有监事1人；有的基金会最多有监事8人（见表5-28）。

表5-28　　　　　　监事人数描述性统计　　　　　　（单位：个）

统计量	基金会数	最小值	最大值	监事总数	平均数	标准差
数值	209	1	8	402	1.92	1.192

注：监事数在第一部分"基础信息"和第二部分"机构建设"中找到，统计之后发现这两个数字不一致，本研究经过仔细统计和核对，采用第二部分"机构建设"中的统计的数据。

2018年，在209个全国性基金会中，设监事1人的基金会有102个，占比48.8%；设监事2人的基金会有50个，占比23.9%；设监事3—8人的基金会有57个，占比27.3%（见表5-29）。可见，七成多的基金会的监事数是1人或2人。《基金会章程示范文本》规定，基金会有3名以上监事应设监事会，这表明，有超过1/4的基金会设有监事会。

表5-29　　　　　　监事数分组统计

监事数分组（个）	频数（个）	百分比
1	102	48.8
2	50	23.9
3—8	57	27.3

（二）监事性别构成

2018年，在209个全国性基金会中，共有监事402人，其中男性监事283人，占比70.4%；女性监事119人，占比29.6%（见表5-30）。可见，总体上男性监事在基金会中占主体。

表 5-30　　　　　　　　　　监事性别构成

监事性别	频数（个）	百分比（%）
男	283	70.4
女	119	29.6
合计	402	100.0

（三）监事的政治面貌

2018 年，在 209 个全国性基金会中，监事是中共党员的有 293 人，占比 72.9%；监事是群众的有 89 人，占比 22.1%；监事是民主党派人士、无党派人士和其他政治面貌的共 20 人，占比 5.0%（见表 5-31）。可见，在基金会中监事的政治面貌主要是中共党员，其次是群众。

表 5-31　　　　　　　　　　监事政治面貌统计

监事政治面貌	频数（个）	百分比（%）
中共党员	293	72.9
群众	89	22.1
民主党派人士、无党派人士、其他政治面貌	20	5.0
合计	402	100.0

（四）监事是退（离）休干部及其备案情况

1. 监事是退（离）休干部情况

2018 年，在 209 个全国性基金会中，共有监事 402 人，其中监事为党政机关、国有企事业单位退（离）休干部的有 46 人，占比 11.4%（见表 5-32）。

表 5-32　　　　　　　　　监事是退（离）休干部情况

是否退（离）休干部	频数（个）	百分比（%）
是	46	11.4
否	356	88.6
合计	402	100.0

2. 监事是退（离）休干部办理备案手续情况

2018 年，在 209 个全国性基金会中，监事是退（离）休干部有 46 人，全部办理备案手续（见表 5-33）。

表 5-33　　　　监事是退（离）休干部办理备案手续情况

是否办理备案手续	频数（个）	百分比（%）
是	46	100.0
否	0	0
合计	46	100.0

四　专职工作人员情况

（一）专职工作人员数量

2018 年，在 209 个全国性基金会中，共有专职工作人员 2931 人，平均每个基金会拥有专职工作人员 14 人；有的基金会没有专职工作人员；有的基金会最多拥有专职工作人员 210 人（见表 5-34）。

表 5-34　　　　　　专职工作人员描述性统计　　　　　（单位：个）

统计量	基金会数	最小值	最大值	总数	平均数	标准差
数值	209	0	210	2931	14.02	19.452

注：专职工作人员数在第一部分"基础信息"和第二部分"机构建设"中找到，统计之后发现这两个数字不一致，本研究经过仔细统计和核对，采用第二部分"机构建设"中的统计的数据。

分组统计显示，在 209 个全国性基金会中，专职工作人员在 5 人以下的基金会有 64 个，占比 30.6%；专职工作人员在 6—10 人的基金会有 69 个，占比 33.0%；专职工作人员在 11—20 人的基金会有 44 个，占比 21.1%；专职工作人员在 21 人以上的基金会有 32 个，占比 15.3%（见表 5-35）。统计分析表明，专职工作人员在 5 人以下和 6—10 人的基金会各占全部基金会的三分之一左右，专职工作人员在 10 人以上的基金会仅占三分之一多，这表明，基金会专职工作人员相对来说较少。

表 5-35　　　　　专职工作人员数量分组统计

专职工作人员数分组（个）	频数（个）	百分比（%）
0—5	64	30.6
6—10	69	33.0
11—20	44	21.1
21—210	32	15.3
合计	209	100.0

(二) 专职工作人员性别构成

2018年,在209个全国性基金会中,共有专职工作人员2931人,其中男性1764人,占比60.2%,女性1167人,占比39.8%,男性比女性多20多个百分点(见表5-36)。

表5-36　　　　　　　　专职工作人员性别构成

专职工作人员性别	频数(个)	百分比(%)
男	1764	60.2
女	1167	39.8
合计	2931	100.0

(三) 专职工作人员年龄

2018年,在209个全国性基金会中,共有专职工作人员2931人,其中29岁以下的有551人,占比18.8%;30—39岁的有1051人,占比35.9%;40—49岁的有628人,占比21.4%,50—59岁的有438人,占比21.4%;60岁以上的有263人,占比9.0%(见表5-37)。在全国性基金会中,青年和中年占九成多,老年人不到一成。

表5-37　　　　　　　　专职工作人员年龄分组统计

专职工作人员年龄分组(岁)	频数(个)	百分比(%)
29≤	551	18.8
30—39	1051	35.9
40—49	628	21.4
50—59	438	14.9
≥60	263	9.0
合计	2931	100.0

(四) 专职工作人员的政治面貌

2018年,在209个全国性基金会中,共有专职工作人员2931人,其中专职工作人员是中共党员的有1274人,占比43.5%;群众1435人,占比49.0%;共青团员132人,占比4.5%;民主党派人士51人,占比1.7%;无党派人士10人,占比0.3%;其他政治面貌29人,占比1.0%(见表5-38)。总体上看,专职工作人员中党员超过四成,群众占将近一半,其他政治面貌则相对较少。

表 5-38　　　　　　　专职工作人员的政治面貌统计

专职工作人员的政治面貌	频数（个）	百分比（%）
中共党员	1274	43.5
群众	1435	49.0
共青团员	132	4.5
民主党派人士	51	1.7
无党派人士	10	0.3
其他政治面貌	29	1.0
合计	2931	100.0

（五）专职工作人员学历

2018年，在209个全国性基金会中，共有专职工作人员2931人，其中是本科学历的最多，有1555人，占比53.1%；其次是硕士研究生学历的806人，占比27.5%；再次是专科学历的390人，占比13.3%；其他学历的97人，占比3.3%（表5-39）。可见，在全国性基金会中，专职工作人员学历较高，基本上都接受过高等教育，本科以上学历有八成多。

表 5-39　　　　　　　专职工作人员学历统计

专职工作人员学历	频数（个）	百分比（%）
专科	390	13.3
本科	1555	53.1
硕士研究生	806	27.5
博士研究生	83	2.8
其他学历	97	3.3
合计	2931	100.0

五　总结与讨论

（一）全国性基金会内部治理结构总结

通过对全国性基金会的基本情况和内部治理结构的分析，本研究发现：大约三分之二的理事会规模在5—15人；理事会的平均规模为13人。男性理事总数是女性理事总数的5倍；理事中共产党员占70%左右；在基金会领取报酬和补贴的理事占全部理事的5.4%，符合法律规定；理事为党政机关、国有企事业单位退（离）休干部的占比11.0%，大部分办理了备案手续。绝大部分理事会召开2次及以上会议。七成多的基金会的监事是1人或2人；超过四分之一的基金会设有监事会；男性监事在基金会中占主体；监事是党政机关、国有企事业单位退（离）休干部的有46人，全部办理备案手续。在专职工作人员中青年和中年占九成多，年龄结构合理；专职工作人员学历较高，本科以上学历有八成多；专职工作人员中党员超过四成。

总体上看，全国性基金会内部治理符合法律制度规定，但在某些方面仍然存在一定问题。总结来看，存在以下问题：

（1）个别基金会没有负责人，一些基金会的负责人少于2人，不符合《基金会章程示范文本》的规定。

（2）个别基金会的理事会规模不到5人，不符合《基金会登记管理条例》关于理事人数在5—25人的规定。

（3）一些党政机关、国有企事业单位退（离）休干部担任理事，但尚未办理备案手续。

（4）个别基金会的理事会每年召开会议的次数少于2次，不符合《基金会登记管理条例》的规定。

（5）超过十分之一的基金会的监事为党政机关、国有企事业单位退（离）休干部。监事为党政机关、国有企事业单位退（离）休干部，这些人不一定来自业务主管单位和登记管理机关，即使来自以上单位，但因其已退休，从事监督工作的积极性和权威性可能大打折扣；此外，监事履职需要专业知识，熟悉慈善组织运作，但退休干部监事可能并不具备专业知识，且由于精力所限，不一定熟悉慈善组织运作。

（6）一些基金会专职工作人员偏少。专职工作人员在5人以下的基金会占全部基金会的三分之一左右，2个基金会没有专职工作人员，6个基金会只有一名工作人员，5个基金会只有2名专职工作人员。

（7）关于性别结构，男性理事是女性理事的4倍多，男性监事是女性监事的2倍多，男性专职工作人员是女性专职工作人员的1.5倍多，性别结构存在一定程度的不合理之处。

（二）完善基金会内部治理结构的建议

1. 遵守法律制度，完善内部治理结构

基金会要增强法律意识，遵守《慈善法》《基金会管理条例》等法律制度的规定，按照《基金会章程示范文本》的要求，完善内部治理结构，建立健全决策机构、执行机构和监督机构，尤其是在负责人、理事人数、理事会会议次数、专职工作人员数量、党政机关、国有企事业单位退（离）休干部担任理事和监事的备案等容易出现问题的方面着力加以改进，持续推进慈善组织的合规性建设和规范化建设。

2. 加强专职工作人员队伍建设

专职工作人员是慈善组织执行机构和内设机构的人力基础，是慈善组织计划和慈善项目的执行者，没有专职工作人员或者专职工作人员过少，会导致内部治理结构不完善，使得执行机构难以贯彻落实决策机构的战略、规划，难以完成工作任务。因此，要加强慈善组织专职工作人员队伍建设，加大公益慈善和社会工作专业人才培养规模和力度，持续为慈善组织提供专业人才。

3. 进一步优化慈善组织性别结构，促进妇女发展

创造条件，鼓励和支持妇女进入公益慈善行业，担任慈善组织的理事、监事、各级管理人员，推动妇女参与慈善组织内部治理和管理；扩宽就业渠道，吸引妇女从事公益慈善工作，发挥自身优势，以进一步优化慈善组织性别结构，促进妇女发展。

4. 加强对基金会等慈善组织的行政监管和社会监督

尽管《慈善法》规定的年度报告制度具有备案属性，不需出具结论，但登记管理部门仍要加强监管，通过阅读年度工作报告、接受举报以及主动检查等对慈善组织进行监管。政府部门要把年报制度和慈善组织评估结合起来，合理设置评估指标和权重，加强评估，通过评估实现"以评促建"。公众、媒体、学界、实务界等要持续关注慈善组织发展，通过政府部门网站、慈善组织网站以及第三方组织网站公开的慈善信息，实现对慈善组织的监督。

第六节 慈善组织党建工作研究

一 加强慈善组织党建工作的依据

社会组织党建工作是党的基层组织建设的重要组成部分。《中国共产党章程》第 30 条提出社会组织等基层单位，凡是有正式党员三人以上的都应当成立党的基层组织。[1] 1994 年 9 月，《中共中央关于加强党的建设

---

[1] 《中国共产党章程》，《人民日报》，2017 年 10 月 29 日，第 1 版。

几个重大问题的决定》提出要从社会组织实际出发建立党的组织，开展党的活动。① 2012年11月，党的十八大提出加大社会组织党建工作力度，明确指出党建工作在社会组织中的重要性。② 2015年9月，中共中央办公厅印发《关于加强社会组织党的建设工作的意见（试行）》，明确了加强社会组织党建工作的重要意义和总体要求、社会组织党组织功能定位、社会组织党建工作管理体制和工作机制、社会组织党的组织和党的工作有效覆盖、社会组织党的组织和党员发挥作用的途径、加强对社会组织党建工作的领导等重要问题。③ 2016年8月，《中共中央办公厅、国务院办公厅印发关于改革社会组织管理制度促进社会组织健康有序发展的意见》强调"按照应建尽建的原则，加大社会组织党组织组建力度，实现党的组织和工作全覆盖"④，对社会组织党建工作提出了具体要求。2017年10月，党的第十九大报告明确提出把社会组织等基层党组织建设成为坚强战斗堡垒。⑤ 2018年4月，民政部印发了《关于在社会组织章程增加党的建设和社会主义核心价值观有关内容的通知》，要求社会组织应当在章程中增加党的建设有关内容。同年民政部公布的《社会组织信用信息管理办法》把"未按照有关规定设立党组织的社会组织"列入活动异常名录。

以上政策文件对及时总结各地慈善组织开展党的建设经验，推动全国慈善组织党的建设工作起到了重要作用。目前慈善组织中党组织数量大幅度增加，影响力明显增强，成为人民群众信任和拥护的坚强战斗堡垒。

二 加强慈善组织党建工作的重要意义

（一）加强慈善组织党建工作对慈善组织自律具有重要意义

党的先进性建设强调贯彻为民、务实、清廉的要求，以坚定的理想信

---

① 《中共中央关于加强党的建设几个重大问题的决定》，中国共产党新闻网（http://cpc.people.com.cn/GB/64162/71380/71387/71588/4854612.html）。
② 胡锦涛：《坚定不移沿着中国特色社会主义道路前进 为全面建成小康社会而奋斗——在中国共产党第十八次全国代表大会上的报告》，《人民日报》2012年11月18日，第1版。
③ 《中共中央办公厅印发关于加强社会组织党的建设工作的意见（试行）》，2015年9月28日，中国政府网（http://www.gov.cn/xinwen/2015-09/28/content_2939936.htm）。
④ 《中共中央办公厅、国务院办公厅关于改革社会组织管理制度促进社会组织健康有序发展的意见》，2016年8月21日，中国政府网（http://www.gov.cn/gongbao/content/2016/content_5106178.htm）。
⑤ 习近平：《决胜全面建成小康社会 夺取新时代中国特色社会主义伟大胜利——在中国共产党第十九次全国代表大会上的报告》，《人民日报》2017年10月28日，第1版。

念为重点加强思想建设，加强反腐倡廉建设。慈善组织对其成员的自律要求与党的先进性建设是一致的。慈善组织自律建设需要依靠外部力量和内部力量的共同作用。在内部力量中，党组织的思想政治建设和组织建设是加强慈善组织自律建设的重要环节。

（二）加强慈善组织党建工作对基层民主有重要意义

要发展基层民主，就要实现政府行政管理与基层群众自治有效衔接和良性互动。慈善组织在扩大群众参与、反映群众诉求方面发挥了积极作用，有增强社会自治的功能。抓紧抓好慈善组织党的建设，既有利于加强党的自身建设，也有利于党的基层组织建设，更有利于推进党的基层民主。

（三）慈善组织党建工作对社会建设有积极意义

党的十九大报告提出统筹推进"五位一体"总体布局，社会建设是五位一体战略布局中的重要一环。加强慈善组织党建工作对加强社会建设的领导，确保社会建设沿着正确方向前进有重要作用。加强慈善组织党建工作有利于凝心聚力，把一切从事社会主义现代化建设的力量凝聚在党的周围，共同为全面建成小康社会，实现社会主义现代化强国努力奋斗。

三 加强慈善组织党建工作的做法

（一）把党建工作写入慈善组织章程

按照《关于在社会组织章程增加党的建设和社会主义核心价值观有关内容的通知》规定，把党的建设写入慈善组织章程。一是各地民政部门在慈善组织登记管理工作中，应当要求正在办理成立登记和已经登记的慈善组织及时按照《通知》有关要求，将党的建设写入本组织章程。二是结合慈善组织实际情况，对章程修订的程序进行了适当简化。[1]

（二）创新党组织设置方式，建立巩固党组织

按照《党章》规定，慈善组织凡是有正式党员三人以上的，都应当成立党的基层组织。[2] 若正式党员人数少于3名，可以通过建立联合党支部、功能性党支部等，或由担任领导层的党员做党建工作联系人，在慈善组织开展党的工作。

---

[1] 《民政部关于在社会组织章程增加党的建设和社会主义核心价值观有关内容的通知》，2018年5月14日，民政部网站（http://www.mca.gov.cn/article/xw/tzgg/201805/20180500009042.shtml）。

[2] 《中国共产党章程》，《人民日报》，2017年10月29日，第1版。

（三）在慈善组织日常登记管理中进行党建工作

登记管理部门在慈善组织日常登记管理中，利用登记、年检、评估等手段着力推动慈善组织党建工作。一是按照民政部《关于社会组织成立登记时同步开展党建工作有关问题的通知》，在慈善组织成立登记时同步开展党建工作。二是在慈善组织年度工作报告书中，增加党建工作的相关内容，及时掌握慈善组织党组织基本情况、党组织活动情况和群团工作情况。三是在慈善组织评估中，把党建工作及时纳入评估指标体系。[①] 例如，在2019年度基金会（慈善组织）评估指标体系中，"党的建设"指标共60分，其中"党的建设和社会主义核心价值观载入章程"为新增指标，占10分，其他两项指标"党组织建立"和"党组织活动情况"分别占20分和30分。

（四）推行"双向进入，交叉任职"

慈善组织负责人中的党员担任慈善组织党组织负责人。非慈善组织负责人的党组织负责人参加慈善组织的相关会议、非党组织负责人的慈善组织负责人参加党组织的相关会议，实现慈善组织党组织负责人与慈善组织负责人"双向进入，交叉任职"；慈善组织党组织对慈善组织重要决策、重要业务活动、大额经费开支、接受大额捐赠、开展涉外活动等提出意见。对上述重要事项，慈善组织党组织提出意见后由慈善组织相应机构决策实施。[②]

四 我国全国性基金会党建工作研究

（一）党组织基本情况

下面从党组织建设情况、党组织类型、党员总人数、党组织书记在基金会中所任职务、党组织书记参加管理层有关会议情况、有无党建工作联系人、党建工作联系人在基金会中所任职务等方面对2018年209个全国性基金会的党建工作进行分析。

2018年，在民政部登记的209个全国性基金会中，175个基金会建立了党组织，占比83.7%；34个基金会未建立党组织，占比16.3%（见表5-40）。

[①] 刘忠祥：《把握规律特点 创新方式方法 社会组织党建工作怎么抓》，《人民论坛》2017年第28期。

[②] 刘忠祥：《把握规律特点 创新方式方法 社会组织党建工作怎么抓》，《人民论坛》2017年第28期。

第五章 监管方式及创新（Ⅱ）：慈善组织内部治理及完善

表 5-40　　　　　全国性基金会党组织建立情况

是否建立党组织	频数（个）	百分比（%）
是	175	83.7
否	34	16.3
合计	209	100.0

2018年，在175个建立党组织的全国性基金会中，111个基金会建立了党支部（功能型党支部），占比63.4%；49个基金会建立了联合党支部，占比28.0%；9个基金会建立了党委（功能性党委），占比5.1%；3个基金会建立了党总支，占比1.7%；另有三个基金会建立了其他类型的党组织，占比1.7%（见表5-41）。

表 5-41　　　　　全国性基金会的党组织类型统计

党组织类型	频数（个）	百分比（%）
党支部（功能型党支部）	111	63.4
联合党支部	49	28.0
党委（功能性党委）	9	5.1
党总支	3	1.7
其他	3	1.7
合计	175	100.0

2018年，在209个全国性基金会中，党员总人数最大值为59人，最小值为0，均值为7人。没有党员的基金会有18个，占比8.6%；有1—2名党员的基金会有45个，占比21.5%；有3名党员的基金会有28个，占比13.4%；有4—10名党员的基金会有85个，占比40.7%；有10名以上党员的基金会有33个，占比15.8%（见表5-42）。

表 5-42　　　　　全国性基金会的党员人数分组统计

党员人数分组（个）	频数（个）	百分比（%）
0	18	8.6
1—2	45	21.5

续表

党员人数分组（个）	频数（个）	百分比（%）
3	28	13.4
4—10	85	40.7
11—59	33	15.8
合计	209	100.0

2018年，在175个建立党组织的全国性基金会中，党组织书记在基金会担任理事长、副理事长、秘书长等不同职务，具体结果如下：在175个党组织书记中，17人在基金会中担任理事长，占比9.7%；3人担任副理事长，占比1.7%；50人担任秘书长，占比28.6%；24人担任副秘书长，占比13.7%；9人担任理事长兼秘书长，占比5.2%；13人担任副理事长兼秘书长，占比7.4%；11担任理事，占比6.3%；34人担任其他职务，占比19.4%；14人没有在基金会中担任职务，占比8.0%（见表5-43）。

表5-43　　　　党组织书记在基金会中所任职务统计

党组织书记所任职务	频数（个）	百分比（%）
理事长	17	9.7
副理事长	3	1.7
秘书长	50	28.6
副秘书长	24	13.7
理事长兼秘书长	9	5.2
副理事长兼秘书长	13	7.4
理事	11	6.3
其他	34	19.4
无	14	8.0
合计	175	100.0

2018年，在175个党组织书记中，126个党组织书记参加理事会会议，占比72.0%；42个党组织书记参加常务理事会会议，占比24.0%；147个党组织书记参加办公会，占比84.0%（见表5-44）。

表 5-44　　　　　　　党组织书记参加管理层会议情况

管理层会议	频数（个）	百分比（%）
理事会会议	126	72.0
常务理事会会议	42	24.0
办公会	147	84.0

2018 年，在 209 个全国性基金会中，175 个基金会有党建工作联系人，占比 83.7%，34 个基金会没有党建工作联系人，占比 16.3%（见表 5-45）。

表 5-45　　　　　　　　党建工作联系人情况

有无党建工作联系人	频数（个）	百分比（%）
有	175	83.7
无	34	16.3
合计	209	100.0

2018 年，在 175 个建立党组织的基金会中，党建工作联系人在基金会中担任不同职务。在 175 个党建工作联系人中，5 个党建工作联系人担任理事长，占比 2.9%；5 个党建工作联系人担任副理事长，占比 2.9%；18 个党建工作联系人担任秘书长，占比 10.3%；12 个党建工作联系人担任副秘书长，占比 6.9%。128 个党建工作联系人担任其他职务，占比 73.1%；7 个党建工作联系人没有担任职务，占比 4.0%（见表 5-46）。这说明党建工作联系人在基金会中担任领导层职务的比例相对较低，党建工作联系人七成以上由不同部门员工担任，如办公室主任、人力资源副总监、财务处官员、项目经理等。

表 5-46　　　　党建工作联系人在基金会中所任职务统计

党建工作联系人职务	频数（个）	百分比（%）
理事长	5	2.9
副理事长	5	2.9
秘书长	18	10.3
副秘书长	12	6.9
其他	128	73.1
无	7	4.0

续表

党建工作联系人职务	频数（个）	百分比（%）
合计	175	100.0

（二）党组织活动情况

下面对全国性基金会的党组织活动场所、活动经费、党员大会、支委会、党小组会和党课等进行分析。在175有党组织的全国性基金会中，144个基金会有专门活动场所，占比82.3%；31个基金会没有专门活动场所，占比17.7%（见表5-47）。

表5-47　　　　　　　　专门活动场所情况

有无专门活动场所	频数（个）	百分比（%）
有	144	82.3
无	31	17.7
合计	175	100.0

2018年，在有党组织的175个全国性基金会中，没有党组织活动经费的基金会有41个，占比23.4%；活动经费在1000元以下的基金会有32个，占比18.3%；活动经费在1001元—2000元的基金会有22个，占比12.6%；活动经费在2001—5000元的基金会有23个，占比13.1%；活动经费在5001元—10000元的基金会有17个，占比9.7%；活动经费在10000元以上的基金会有40个，占比22.9%（见表5-48）。可以看出，近四分之一的基金会没有活动经费，近三分之一的基金会活动经费在2000元以下，近四分之一的基金会活动经费在10000元以上。一半以上的基金会活动经费在2000元以下，活动经费不足是基金会面临的一个问题，影响活动开展。

表5-48　　　　　　　　党组织活动经费统计

党组织活动经费（元）	频数（个）	百分比（%）
0	41	23.4
1—1000	32	18.3
1001—2000	22	12.6
2001—5000	23	13.1
5001—10000	17	9.7

续表

党组织活动经费（元）	频数（个）	百分比（%）
10001 以上	40	22.9
合计	175	100.0

2018年，在有党组织的175个全国性基金会中，党组织活动经费来源于社会组织行政经费列支的基金会有56个，占比32.0%；活动经费来源于上级组织划拨的基金会有68个，占比38.9%；活动经费来源于党费结余的基金会有51个，占比29.1%（见表5-49）。

表5-49　　　　　党组织活动经费来源统计

活动经费来源	频数（个）	百分比（%）
社会组织行政经费列支	56	32.0
上级组织划拨	68	38.9
党费结余	51	29.1
合计	175	100.0

2018年，在175个有党组织的全国性基金会中，召开党员大会5次以内的有101个，占比57.7%；召开党员大会6—10次的基金会有42个，占比24.0%；召开党员大会10次以上的基金会有32个，占比18.3%（表5-50）。可以看出一半以上的基金会召开党员大会在5次以内。

表5-50　　　　　党员大会次数统计

党员大会次数	频数（个）	百分比（%）
0—5次	101	57.7
6—10次	42	24.0
10次以上	32	18.3
合计	175	100.0

2018年，在有党组织的175个全国性基金会中，没有召开过支委会的基金会有45个，占比25.7%；召开支委会5次以内的基金会有58个，占比33.2%；召开支委会6—10次的基金会有26个，占比14.8%；召开支委会10次以上的基金会有46个，占比26.3%（见表5-51）。

表 5-51　　　　　　　　　　支委会次数统计

支委会次数	频数（个）	百分比（%）
0 次	45	25.7
1—5 次	58	33.1
6—10 次	26	14.9
10 次以上	46	26.3
合计	175	100.0

2018 年，在有党组织的 175 个全国性基金会中，没有召开过党小组会的基金会有 68 个，占比 38.9%；召开过 1—5 次党小组会的基金会有 44 个，占比 25.1%；召开过 6—10 次党小组会的基金会有 19 个，占比 10.9%；召开过 10 次以上党小组会的基金会有 44 个，占比 25.1%（见表 5-52）。

表 5-52　　　　　　　　　　党小组会次数统计

党小组会次数	频数（个）	百分比（%）
0 次	68	38.9
1—5 次	44	25.1
6—10 次	19	10.9
10 次以上	44	25.1
合计	175	100.0

2018 年，在有党组织的 175 个全国性基金会中，上党课 0—5 次的基金会有 129 个，占比 73.7%；上党课 6—10 次的基金会有 30 个，占比 17.1%；上党课 10 次以上的基金会有 16 个，占比 9.1%（见表 5-53）。

表 5-53　　　　　　　　　　党课次数统计

党课次数	频数（个）	百分比（%）
0—5 次	129	73.7
6—10 次	30	17.1
10 次以上	16	9.1
合计	175	100.0

(三) 群团工作

2018年，在209个全国性基金会中，71个基金会建立工会，占比34.0%；29个基金会建立团组织，占比13.9%；15个基金会建立妇联，占比7.2%（见表5-54）。建立团组织和工会的基金会比例低，主要原因在于在基金会中工作的专职人员中团员和女性比例低。而建立工会的比例仅占全部基金会的三分之一多，这个方面工作需要加强。

表5-54　　　　　　　　　　群团工作情况

群团工作	频数（个）	百分比（%）
建立工会	71	34.0
建立团组织	29	13.9
建立妇联	15	7.2

2018年，在209个全国性基金会中，没有开展过群团活动的基金会有119个，占比56.9%；开展群团活动5次以下的基金会有62个，占比29.7%；开展群团活动6次以上的基金会有28个，占比13.4%（见表5-55）。没有开展群团活动的基金会占一半以上，这可能与基金会中工会、共青团和妇联少有关。

表5-55　　　　　　　　　群团组织开展活动次数统计

群团活动次数	频数（个）	百分比（%）
0次	119	56.9
1—5次	62	29.7
6次以上	28	13.4
合计	209	100.0

(四) 总结与讨论

1. 全国性基金会党建工作分析

以上对2018年209个全国性基金会的党建工作的统计分析表明，目前全国性基金会中党员人数分布不均衡，有的基金会甚至没有党员。党员数量少，党组织活动难以有效开展，党组织的作用和影响难以发挥。此外，有不到四分之一的基金会的党组织书记参加基金会的常务理事会，而大部分基金会的党组织书记没有参加常务理事会，这一定程度上削弱了党组织对基金会的领导作用。

大多数基金会党建工作有专门的活动场所，这为党建工作和党组织活动提供了便利。同时要看到，有近四分之一的基金会没有党建经费，一半以上的基金会活动经费在 2000 元以下。开展任何活动都需要一定的资源，没有足够的经费，党建工作和党组织活动就无法高质量完成。

研究显示，一半以上的基金会召开党员大会的次数在 5 次以内，超过四分之一的基金会没有召开过支委会，接近 40% 的基金会没有召开过党小组会议，上党课 5 次以下的基金会占比超过 70%。没有或很少召开党员大会、支委会和上党课，就很难保证党员学习效果。

《中共中央办公厅、国务院办公厅关于改革社会组织管理制度促进社会组织健康有序发展的意见》指出：坚持党建带群建，推动有条件的社会组织建立工会、共青团、妇联等群团组织。[①] 研究表明，有少数基金会建立了工会、团组织和妇联，超过半数以上的基金会既没有建立工会，也没有建立团组织和妇联，这说明基金会党建带群建的作用很小。

2. 加强基金会党建工作的建议

（1）加强基金会党员队伍建设

要加强基金会中的党员队伍建设，制定科学的党员发展规划，在基金会中培养入党积极分子，加强对预备党员的教育培训，鼓励流动党员将党籍转入基金会，保证基金会中的党员数量每年按照一定的比例逐步增加。重视对基金会基层员工的党性培养，按照党章规定的标准对其进行培训和引领，提高党员思想素质、政治素质、能力素质和道德品行。

（2）加强基金会党组织书记等党务工作者队伍建设

加强对基金会党组织书记等党务工作者的教育培训，强化对党组织书记的管理和激励。发挥党组织书记以及其他党务工作者在基金会常务理事会中的领导作用，推动基金会党组织建设更好更快发展。

（3）加强对党员教育培训

基金会中的党员必须加强学习，以发挥模范先锋作用，为此，基金会党组织要创新党员学习方法，提高党员学习效果。其一，营造良好的学习氛围，将理论学习与实践结合起来，把解决问题作为党员学习的出发点和落脚点。其二，创新学习方法，集中学习和自学相结合，通过手机、网络等现代信息教育平台促进党员之间、党组织之间学习交流。其三，分类教

---

① 《中共中央办公厅、国务院办公厅关于改革社会组织管理制度促进社会组织健康有序发展的意见》，2016 年 8 月 21 日，中国政府网（http://www.gov.cn/gongbao/content/2016/content_5106178.htm）。

育培训，根据党员的从业形式、思想状况、生活水平的不同，分类型、分层次对党员提出学习要求。

(4) 多渠道开拓党组织活动经费

充足的活动经费是基金会党组织有效开展党建工作和党组织活动的重要保证。基金会党建活动经费主要来源于上级组织划拨、社会组织行政经费列支和党费结余，党组织的党建活动经费非常少。可以考虑采取如下措施：①将基金会党组织纳入基金会内部机构设置，并将党建活动经费纳入管理费用列支，增加活动经费，调动基金会党组织书记党建工作积极性。②将党员上交的党费全部下拨。党费结余是基金会党组织开展党建活动的经费来源之一，为增加党建活动经费，可以全额返还党员上交的党费。当然，全额返还党费要经过上级党组织的考核，基金会党组织自行申报，在所属上级单位按照相关程序研究审批通过之后，才能获得党费全额返还的资格。③对基金会党组织实施定向奖励措施。上级党组织可以通过对基金会党组织进行定期考核来评定党建工作示范单位，同时对党建示范单位进行奖励。这样既增加了基金会党组织开展党建活动的活动资金，同时也激发了基金会加强党组织建设，积极开展党建活动的热情。

(5) 党建带群建，推动群团组织发展

当前，基金会内群团组织数量少、群团活动开展少，除客观条件限制外，基金会党组织对群团工作的重视程度不够，对群团活动开展的规律和特点缺乏足够认识，群团干部的能力不足，缺乏专业训练也是重要原因。针对以上原因，可以从以下几个方面着手来解决：①强调群团组织效力，深化对群团活动的认识。群团组织是党建工作的重要组成部分，是党组织动员广大人民群众为实现党的中心任务而奋斗的重要法宝，基金会党组织要高度重视群团组织活动的开展，切实调动群团工作的积极性与主动性。②健全完善群团工作机制，确保对群团活动保障到位。基金会要建立健全党组织群团活动开展的工作机制，规范群团工作的工作程序，确保群团组织围绕党组织开展活动，为群众服务。③采用灵活多样的方法，调动群团组织干部的工作积极性。基金会可以采取灵活多样的方式开展群团活动，采用物质奖励和精神鼓励来调动群团组织干部工作的自主性、积极性。④加强对群团干部的培训，建立健全群团工作奖惩机制。建立全面完整的奖惩机制，充分发挥基金会奖惩机制的作用，把群团工作纳入党组织的绩效考核评价当中，将党群工作紧密联系在一起，促进党群工作协调发展。

第六章　监管方式及创新（Ⅲ）：
社会监督及创新

社会监督在慈善事业整体性监管中发挥重要作用。慈善事业社会监督体系包括捐赠人监督、传统媒体监督、新媒体监督和第三方组织监督。社会监督主体运用不同的方式方法对慈善组织和慈善活动进行监督，本章针对不同社会监督主体探讨各种社会监督方式，介绍社会监督案例，分析社会监督中存在的问题，提出有针对性的对策建议。

第一节　捐赠人监督

一　捐赠人的权利

捐赠人对慈善组织的监督建立在捐赠人同慈善组织之间的权利和义务的关系基础上，正是捐赠人享有一定的权利，才使得捐赠人对慈善组织的监督有学理和法律的基础。李喜燕博士认为慈善捐赠人权利是指捐赠人在捐赠前、捐赠时所享有的其正当要求和合法权益得到满足和保障的权利以及捐赠后要求义务主体履行相关义务的权利的综合。① 捐赠人权利包括如下内容：

（一）目的实现权

捐赠人捐赠财产后，其有权要求受赠人严格按照捐赠协议或募捐方案的规定管理和使用捐赠财产，以实现慈善目的。受赠人应当满足捐赠人的意愿，特别是当捐赠人为捐赠财产指定了特别用途时，更应该严格遵从其关于财产用途的意愿。《慈善法》第39条规定，慈善组织接受捐赠，捐赠人要求签订书面捐赠协议的，慈善组织应当与捐赠人签订书面捐赠协议。书面捐赠协议包括捐赠人和慈善组织名称，捐赠财产的种类、数量、

---

① 李喜燕：《慈善捐赠人权利研究》，博士学位论文，西南政法大学，2013年，第25页。

质量、用途、交付时间等内容。① 如果受赠的慈善组织未能按照约定用途使用财产，就违反了捐赠人的意愿，捐赠人则有权依法请求慈善组织实现其捐赠意愿，以实现公益捐赠的目的。

(二) 知情权

现代慈善事业的基石是慈善信息透明度，只有信息透明，捐赠人才能了解捐赠财产的使用、处分等具体情况。知情权包括三个方面：一是捐赠人可以自由地获取各种公共信息，不能禁止捐赠人知悉依法不禁止公开的公共信息；二是捐赠人可以依法要求慈善组织公开相关内容，慈善组织有依法向公众公开公共信息的职责与义务；三是在知情权受到侵犯时可以要求救济。②《民法典》《慈善法》《公益事业捐赠法》《基金会管理条例》对保障捐赠人知情权作出了若干规定。《民法典》94 条第 1 款规定："捐助人有权向捐助法人查询捐助财产的使用、管理情况，并提出意见和建议，捐助法人应当及时、如实答复。"③《公益事业捐赠法》第 13 条第 3 款规定："捐赠的公益事业工程项目竣工后，受赠单位应当将工程建设、建设资金的使用和工程质量验收情况向捐赠人通报。"第 21 条规定："捐赠人有权向受赠人查询捐赠财产的使用、管理情况，并提出意见和建议。对于捐赠人的查询，受赠人应当如实答复。"④《慈善法》第 42 条第 1 款规定："捐赠人有权查询、复制其捐赠财产管理使用的有关资料，慈善组织应当及时主动向捐赠人反馈有关情况。"⑤《基金会管理条例》第 39 条规定："捐赠人有权向基金会查询捐赠财产的使用、管理情况，并提出意见和建议。对于捐赠人的查询，基金会应当及时如实答复。基金会违反协议使用捐赠财产的，捐赠人有权要求基金会遵守捐赠协议或者向人民法院申请撤销捐赠行为、解除捐赠协议。"以上法律法规规定对捐赠人行使知情权提供了法律依据和保障。

(三) 监督权

捐赠人监督权是指捐赠人依法对捐赠财产的管理、使用等活动进行监

---

① 《中华人民共和国慈善法》，《人民日报》2016 年 3 月 20 日，第 1 版。
② 李喜燕：《慈善捐赠人权利研究》，博士学位论文，西南政法大学，2013 年，第 89 页。
③ 《中华人民共和国民法典》，中国人大网（http：//www.npc.gov.cn/npc/c30834/202006/75ba6483b8344591abd07917e1d25cc8.shtml）。
④ 《中华人民共和国公益事业捐赠法》，中国政府网（http：//www.gov.cn/ziliao/flfg/2005-10/01/content_74087.htm）。
⑤ 《中华人民共和国慈善法》，《人民日报》2016 年 3 月 20 日，第 1 版。

督的权利。① 捐赠人作为直接开展捐赠活动的主体，最为了解自身捐赠的目的，有动力和兴趣监督捐赠财产的管理和使用。只有捐赠人拥有监督权，才能对慈善组织进行有效监督，从而促进捐赠财产更加有效地发挥作用。前述的知情权是监督权的条件，要实现有效监督需要依赖一定的信息。《慈善法》第42条第2款规定："慈善组织违反捐赠协议约定的用途，滥用捐赠财产的，捐赠人有权要求其改正；拒不改正的，捐赠人可以向民政部门投诉、举报或者向人民法院提起诉讼。"② 这里提到的要求改正、投诉、举报等属于监督权的具体实现方式。

（四）撤销权

《民法典》规定，具有救灾、扶贫、助残等公益、道德义务性质的赠与合同不得撤销。但是，当出现了法律规定的情形，捐赠人则有权撤销捐赠。《慈善法》第41条第2款规定："捐赠人公开承诺捐赠或者签订书面捐赠协议后经济状况显著恶化，严重影响其生产经营或者家庭生活的，经向公开承诺捐赠地或者书面捐赠协议签订地的民政部门报告并向社会公开说明情况后，可以不再履行捐赠义务。"③ 这就为捐赠人行使撤销权提供了依据，当然，行使撤销权需要符合法律规定的要求并履行一定的程序后方可撤销。

（五）起诉权

捐赠人诉权是指当捐赠财产不按照慈善协议使用时，捐赠人有权向法院提起诉讼，要求慈善组织按照协议履行捐赠义务的权利。捐赠人诉权是一种救济性权利，属于捐赠人权利遭受侵犯时所享有的派生性的权利，法院应满足捐赠人的诉讼请求。④《慈善法》第41条第2款规定捐赠人有向人民法院提起诉讼的权利。⑤ 在实践中，有捐赠人曾行使过这项权利，并维护了自身权益。2000年12月10日，美国妈妈联谊会以未按照捐款者意愿使用捐款为由，将丽江妈妈联谊会告上法庭。2002年8月29日，云南省最高人民法院依法作出终审判决，判决被告返还原告未按照捐款意愿使用的90万元人民币。⑥

---

① 李喜燕：《慈善捐赠人权利研究》，博士学位论文，西南政法大学，2013年，第90页。
② 《中华人民共和国慈善法》，《人民日报》2016年3月20日，第1版。
③ 《中华人民共和国慈善法》，《人民日报》2016年3月20日，第1版。
④ 李喜燕：《慈善捐赠人权利研究》，博士学位论文，西南政法大学，2013年，第80页。
⑤ 《中华人民共和国慈善法》，《人民日报》2016年3月20日，第1版。
⑥ 鲁篱、罗颖姝：《公益性非营利组织法律责任研究——以基金会为中心》，《上海财经大学学报》2014年第1期。

二 捐赠人监督的方式

慈善组织生存和发展离不开捐赠人的捐赠和支持，正是由于捐赠人的捐赠使他对慈善组织拥有监督的权利，这成为慈善组织社会监督体系中的重要一环。捐赠人监督有直接监督和间接监督之分。

（一）直接监督

直接监督是捐赠人根据捐赠合同或约定进行的监督，这是一种有目的的针对性监督。捐赠人直接监督是实现捐赠人权利和履行社会责任的有效形式。例如，中国青基会实施的"1+1助学行动"为捐赠人监督提供了有效途径。1995年8月13日，《中国青年报》以《希望工程专款必须专用》登载了四川成都市兰台的一封信，反映他1993年至1994年三次邮寄给陕西省志丹县纸坊乡高梁小学赵喜兵同学的助学金被乡教委扣留，直到1995年4月，赵喜兵的班主任追问此款时才发给。中国青基会调查组调查结果是：志丹县纸坊乡教委副主任胡有岗，从1993年到1994年间先后扣压6个捐助人的汇款，共计170元；其中80元是兰台给赵喜兵的助学金。胡有岗和负有直接责任的乡团干部牛景光被分别给予行政警告和行政记过处分。这是捐赠人"一对一"捐赠和直接监督典型案例之一。[1]

（二）间接监督

间接监督是由捐赠人委派监督者或由慈善组织招募志愿者对捐赠人捐赠的资金和实物的使用情况所进行的监督。在中国青基会的社会监督体系中，监察巡视员是代表捐赠人监督的一种重要制度和方式。监察巡视员是来自社会各界的"爱心人士"，他们虽不是捐赠人的"民选代表"，但代表了捐赠人意愿，是希望工程的"钦差大臣"。他们"有一说一，有二说二，不怕得罪了谁"；他们"没有上司"，不怕"穿小鞋"；"下去发现这个县、那个乡有问题，该往哪儿反映就往哪儿反映，毫无顾忌"。他们凭借监察委授予的知情权、调查权和建议处理权对希望工程基金管理和实施工作进行监督。不管是常规性的巡视还是重点检查和专项监察，他们都实实在在地对从事希望工程的各级工作人员构成了有力的监督和约束。[2]

---

[1] 周志忍、陈庆云：《道德驱动的自律与制度化自律——希望工程公共责任和监督机制研究》，《中国行政管理》2001年第3期。

[2] 周志忍、陈庆云主编：《自律与他律——第三部门监督机制个案研究》，浙江人民出版社1999年版，第176—196页。

三 捐赠人监督的改进

在对慈善组织进行社会监督过程中要建立和完善信息公开制度，慈善组织要主动接受监督，要保障捐赠人的知情权、监督权等各项权利的实现。

（一）建立和完善信息公开制度

作为公众监督的一个重要的、特殊的组成部分，捐赠人监督要想真正发挥监督作用，既要求捐赠人有较高的慈善意识，也要完善信息公开制度，畅通监督渠道。信息公开制度是慈善监督的基本制度，没有信息公开，任何监督主体都无法进行监督，捐赠人监督也以信息公开制度为基础。在建立信息公开制度时，应考虑捐赠人的特殊性，面对大额捐赠人无时间和精力监督，小额捐赠人不愿意监督的问题，要具体情况具体分析。针对大额捐赠人应该制定严格的捐赠协议，注明善款的使用目的、使用方式和要达到的效果，并及时向大额捐赠人汇报。针对分散的捐赠人应该选取其容易接触的媒介公开慈善信息，如网络、发行广泛的报纸等进行信息公开。[1]

（二）主动接受捐赠人监督

捐赠人是慈善组织重要的利益相关者，慈善组织应该转变作为被监督对象的认识，积极主动接受捐赠人监督。《慈善法》第42条规定，慈善组织应当及时主动向捐赠人反馈捐赠财产管理使用情况。十三届全国人大常委会执法检查组对《慈善法》实施情况的执法检查时发现，68.7%的受访者认为慈善组织主动接受捐赠人监督情况不理想。[2] 慈善组织不应只注重眼前利益，而应该努力提高公信力，主动向捐赠人反馈捐赠财产管理使用情况，接受监督，这样才能得到捐赠人进一步支持，促进慈善组织健康发展。

（三）保护捐赠人知情权

知情权是监督权的基础，监督权是知情权实现的渠道。捐赠人把财产捐赠给慈善组织，有权利知道善款的使用目的、使用方式和使用结果。知情权的实现包括两个方面：一是在慈善活动和项目开展之前，慈善组织应

---

[1] 韩丽欣：《我国慈善组织治理法治化研究》，法律出版社2015年版，第201页。
[2] 张春贤：《全国人民代表大会常务委员会执法检查组关于检查〈中华人民共和国慈善法〉实施情况的报告》，2020年10月15日，中国人大网（http://www.npc.gov.cn/npc/c30834/202010/afc0a05adb4242b49920c2251017205e.shtml）。

该把慈善活动和项目的目的、计划公之于众，以便让捐赠人了解；二是在慈善活动和项目开展之后，慈善组织应该定期公布或汇报活动或项目进展情况和最终结果，确保捐赠人了解自己善款的用途和具体使用情况。①

四 捐赠人监督案例

2009年入秋以来，我国西南地区遭遇历史罕见特大旱灾。曹德旺、曹晖先生决定捐款2亿元，用于支持受灾贫困村农户的生产生活恢复。在捐出2亿元之后，曹德旺通过与中国扶贫基金会签署捐赠合同，通过合同、媒体问责公益组织，通过过程中的问责，有效地发挥了监督作用。② 此外，曹德旺还借助第三方评估机构了解整个过程和结果。

（一）签订合同

曹德旺、曹晖与中国扶贫基金会签订合同时，"原来它的合同叫我捐赠给它，由它再转赠"，曹德旺把合同"改成委托发放"，帮他发放。③ 合同规定：中国扶贫基金会负责善款的发放和项目执行，曹德旺则组织独立的监督委员会对项目执行进行全过程监督；中国扶贫基金会在2亿元善款中有3%作为管理费，而不是国家允许的捐款总额的10%；在善款发放之后，将随机抽查10%农户，如发现超过1%的缺损比例，则根据合同要求中国扶贫基金会按照抽查超过1%缺损比例的30倍予以赔偿，最高赔偿额不超过项目管理费600万元；如果在2010年11月30日后，还有捐款没有发放到户，这些善款将由曹德旺全部收回。④

（二）成立监督委员会进行监督

曹德旺建立了独立于中国扶贫基金会的监督委员会，对项目的全过程进行监督，要求基金会定期递交项目进展报告。曹德旺专门安排福耀集团一名执行董事全程深度参与其中，通过参加中国扶贫基金会工作会议、深入项目区实地考察、查看原始工作资料、听取定期汇报等方式了解、跟踪、监督项目进展。⑤ 项目实施过程中，曹德旺经由自己的监督组织对执

---

① 韩丽欣：《我国慈善组织治理法治化研究》，法律出版社2015年版，第203页。
② 冯利：《曹德旺曹晖2亿元扶贫善款项目如何实现捐赠人问责》，载康晓光、冯利主编《2012中国第三部门观察报告》，社会科学文献出版社2012年版，第314页。
③ 《善义上亿》，央视网（http://tv.cntv.cn/video/C10583/c6e489842efe4e06d541be910ae4a6d1）。
④ 冯利：《曹德旺曹晖2亿元扶贫善款项目如何实现捐赠人问责》，载康晓光、冯利主编《2012中国第三部门观察报告》，社会科学文献出版社2012年版，第308—314页。
⑤ 霍庆川：《曹德旺捐款的"七步定位"堪称典范》，《东方早报》2011年3月11日。

行过程进行抽查、访点,在抽查过程中,指出项目实施过程中的遗漏和需要改进的地方,监督小组两次前往项目县检查工作。在双方的合同中写有"对于甲方及甲方监督小组的查询,乙方应在接到查询通知后 10 个工作日内如实书面答复"。从项目启动至 2010 年 12 月,中国扶贫基金会共向曹德旺递交六期《项目简讯》,监督小组代表到中国扶贫基金会办公室三次进行面对面沟通,并随时通过电话就各地项目实施过程中的一些情况进行沟通。①

(三) 邀请媒体监督

《京华时报》、央视《经济半小时》《中国新闻周刊》《人民日报海外版》、新浪网、中国扶贫基金会网站以及地方政府网站等关注和报道扶贫善款的发放情况。2010 年 5 月 25 日,项目开展的第六天,《21 世纪经济报道》发表了题为《2 亿善款保卫战》的报道,报道了曹德旺、曹晖 2 亿元扶贫善款实施情况。2011 年 5 月 17 日,《中华合作时报》发表题为《曹德旺:捐款两亿扶贫,开创问责先河》的报道称,"受助者们不知道,在这笔善款到他们手中的过程中,眼前这位和蔼可亲的富豪大多数时间都是板着脸的,对捐款的每一个环节都保持着高度警戒"。②曹德旺尽可能地运用媒体的力量使这笔善款准确发放,包括项目启动仪式暨捐赠仪式。这些仪式充满着捐赠人的监督意味,让媒体见证,让公众见证,让官员们见证。

(四) 通过第三方评估了解项目过程及结果

曹德旺、曹晖还通过第三方评估机构对项目进行评估、了解项目实施整个过程及结果。中国扶贫基金会委托中国人民大学非营利组织研究所和公域合力管理咨询(北京)有限责任公司对项目执行情况进行全面评估。评估团队经过 3 个月的工作,通过定性和定量的方法,对项目的需求、设计、过程、结果,项目的创新性、可复制性、可持续性,以及项目合作模式和项目所带来的启示进行了评估和分析。确认 17 个县的 92150 户农户全部收到 2000 元善款,在抽样评估的 705 户受资助农户中不符合条件的有 6 户,缺损率为 0.85%,实现了捐赠人提出的缺损率不超过 1% 的要求。将 2000 元善款直接发给受益人的这种发放方式符合受益农户的需求。

---

① 冯利:《曹德旺曹晖 2 亿元扶贫善款项目如何实现捐赠人问责》,载康晓光、冯利主编《2012 中国第三部门观察报告》,社会科学文献出版社 2012 年版,第 308—314 页。

② 周钧:《曹德旺:捐款两亿扶贫,开创问责先河》,《中华合作时报》2011 年 5 月 17 日。

捐赠方也实现了目的纯粹、捐赠数额巨大、要求严格、问责到位的目标。①

第二节 传统媒体监督

一 传统媒体监督的含义

传统媒体监督是广播、电视、报纸等传统媒介对慈善活动和慈善组织进行的监督，通过相关报道，引发社会大众关注，从而对相关慈善主体带来压力，促使其按照法律法规的要求从事慈善行为。这种监督实质上是一种舆论监督，公众在传统媒体报道的信息基础上，了解情况，进而再通过一定的组织形式和传播媒介，行使法律赋予的监督权力，发表意见，影响慈善主体甚至公共决策。当前，慈善组织需要借助传统媒体进行宣传报道，使公众了解慈善组织和慈善活动，提升其公信力。同时，媒体也需要通过慈善报道吸引公众，并履行慈善监督的社会责任。尽管传统媒体受到新媒体强力冲击，但仍有一些传统媒体拥有大批读者，其慈善报道可以引起公众兴趣，增加传统媒体的阅读量，扩大媒体影响。传统媒体报道慈善事件，也有利于公众实现知情权和监督权，进而促进慈善事业健康发展。

二 传统媒体监督的特征

在我国，党和政府创办了不同层级的传统媒体，不同层级的媒体介入慈善监督的方式不同。

（一）中央媒体对全国各地慈善活动和慈善组织的监督

《人民日报》、新华社等中央级媒体面向全国，可以对全国各地各类慈善活动和慈善组织进行报道和监督。研究指出，《人民日报》的慈善报道越来越多地承担起舆论监督的作用。2005年《人民日报》在其慈善报道中没有报道慈善组织公开透明运作的信息，而在2011年这类承担了舆论监督功能的报道迅猛增长，有11篇。目前，《人民日报》的慈善报道

---

① 中国人民大学非营利组织研究所和公域合力管理咨询（北京）有限责任公司：《曹德旺曹晖2亿元扶贫善款项目评估报告》，2010年12月。

趋向正面报道为主，同时合理呈现负面报道的状态。①

（二）外地媒体对本地之外的慈善活动和慈善组织的监督

当某地出现慈善事件或丑闻后，该地的慈善组织及其主管部门可能希望在内部解决存在的问题，希望本地媒体集体"失声"，不将问题公之于众。有关该地之外的传统媒体不受问题发生地政府管辖，往往会对慈善事件或丑闻进行报道，进而发挥监督作用。

三 传统媒体监督的方式

（一）宣传慈善文化意识

慈善文化意识是中国文化和传统的重要组成部分，属于伦理和精神层面，对慈善事业的发展起着潜移默化的作用。传统媒体报道慈善活动和慈善组织，宣传慈善人物和慈善事迹，传播慈善文化能够使民众养成慈善意识，进而自觉参加慈善捐赠和其他慈善活动，促进慈善事业发展。

（二）披露慈善信息

慈善组织是一个"透明的口袋"，实践证明，只有当公众的知情权得到保障，公众才会更愿意参与慈善。传统媒体披露慈善组织的慈善活动、捐赠使用情况、慈善组织年报等各种信息以及被救助对象信息，以便广大公众知晓，满足捐赠人和其他公众知情和监督的意愿。例如，美国媒体积极配合全国慈善机构咨询局等部门，公开有关慈善组织的报告，民众则根据报告自主决定向哪个慈善机构捐款。央视曾在新浪网上进行过一次问卷调查，调查发现人们最关心的是资金的流向和慈善物资的分配和管理。要想慈善事业健康有序发展，必须实现信息公开，而信息公开离不开新闻媒体的积极参与，这是进行监督的前提和重要方式。②

（三）监督慈善违规行为

传统媒体不仅披露各种慈善信息，而且还运用舆论监督力量监督慈善主体的不规范行为。在西方国家，几乎所有的基金会都会受到公众的广泛关注和严格监督，这种监督在很大程度上是通过媒体来实现的。1992年美国联合慈善基金会主席阿拉莫尼滥用捐款丑闻就是由媒体首先披露的。若没有慈善报道的穷追猛打，许多危害慈善事业健康发展的"假慈善"

---

① 沈涵洁：《框架理论视角下的媒体慈善报道现状考察——以〈人民日报〉2005年至2014年慈善报道为例》，《新闻传播》2015年第11期。

② 李妮：《我国慈善报道与和谐社会的构建》，硕士学位论文，南京师范大学，2008年，第20—21页。

就将进行下去。研究发现，媒体报道慈善丑闻或慈善事件后，基金会将更多的资金和精力投向公益活动。媒体监督在基金会中能够有效发挥治理效应，从而引导资源有效配置，缓解委托代理问题。①

四 传统媒体监督案例

中国青基会历来非常重视公信力建设，《壹周刊》《明报》《南方周末》等传统媒体对中国青基会捐款使用、违规投资等进行报道，引发广泛关注，促使有关部门加强监管，使中国青基会加强自身建设。

(一) 香港《壹周刊》对希望工程的监督

1994年1月21日，香港《壹周刊》发表文章《千里追寻七千万下落，希望工程善款失踪》。文章发表后5个月内，中国青基会接受海外捐款数额急剧下降。1994年6月24日，中国青基会向香港高等法院起诉《壹周刊》。2000年6月2日，香港高等法院作出判决，中国青基会胜诉。其后，中国青基会更加冷静清醒地思考公益组织的公信力问题。1995年中国青基会在总结以往工作经验和教训基础上制定《希望工程实施管理规则》，成为实施希望工程的基本纲要和管理依据。与此同时，中国青基会也要求各省级希望工程实施系统必须以此规则对本地希望工程实施工作进行管理，并相应制定实施细则，是希望工程规范化和制度化建设的一个里程碑。②

(二)《南方周末》和央视对希望工程的监督

2001年11月29日，《南方周末》头版刊登了《千里追踪希望工程假信》一文，披露了四川省宣汉县希望工程假信事件，一时间舆论哗然。2001年12月20日，中央电视台《东方时空·时空连线》就此事制作了节目《希望工程追寻》，更为深入地讨论"假信事件"。节目播出后引起了社会的强烈反响，观众普遍认为央视此次客观公正的报道既披露了问题，又全面反映了各方立场；既体现了媒体的监督权，又使观众了解了希望工程实施机构的责任。③

---

① 李晗、张立民、汤胜：《媒体监督能影响基金会绩效吗？——来自我国的初步经验证据》，《审计研究》2015年第2期。

② 《希望工程20年（1993—1997）》，中国青少年发展基金会网站（http://www.cydf.org.cn/index.php?m=content&c=index&a=show&catid=272&id=115）。

③ 《希望工程20年（1998—2004）》，中国青少年发展基金会网站（http://www.cydf.org.cn/index.php?m=content&c=index&a=show&catid=272&id=116）。

(三) 香港《明报》对希望工程的监督

2002年2月28日,香港《明报》发表《希望工程违规投资》一文,称中国青基会"涉嫌挪用捐款,违反规定投资",此文引起香港市民和海内外华人的强烈关注。中国青基会处认识到媒体监督的力量,主动邀请国家审计署进行希望工程专项审计;理事会积极应对,召开紧急会议,作出5项决定,遏制事态发展;中国青基会还认识到要着眼于今后如何改善工作,将不利的负面影响转化为严于律己的正面行动。[①] 2004年1月,《中国青年报》发布一则消息称经过核查,没有发现中国基金会负责人有腐败行为。

第三节 新媒体监督[②]

一 新媒体监督的含义

新媒体慈善监督是指网民以互联网为平台,利用博客、微博、论坛、视频分享网站等新媒体通过人肉搜索、网络爆料、网络围观等方式对个人、慈善组织、政府的慈善行为进行监视、检查、控制和纠偏的各种活动。新媒体慈善监督的主体是广大网民,他们利用互联网对慈善行为进行曝光,借助网络无阻碍传播营造社会舆论,从而引发官方及社会的关注与回应。便捷性、广泛性、互动性、高效性和两面性是新媒体监督的重要特征。

二 新媒体监督兴起的原因

新媒体对慈善事业的监督与互联网和新媒体技术的发展、知名网友的深度参与和引导、网民广泛参与、党和政府认可支持分不开。

(一) Web2.0和新媒体的发展

作为一种新的传播技术,Web2.0以个人化、去中心化和信息自主权为主要特征,给人们一种极大的自主性。在Web2.0时代,原来自上而下由少数资源集中控制的体系,转变为自下而上由广大用户集体主导的体

---

① 《希望工程20年(1998—2004)》,中国青少年发展基金会网站(http://www.cydf.org.cn/index.php?m=content&c=index&a=show&catid=272&id=116)。

② 本节参见陈为雷:《Web2.0时代新媒体慈善监督刍议》,《理论学刊》2015年第6期。

系。与此同时，互联网的主导权渐渐被交还给个人，个人也从"受众"的一分子变成"公众"的一分子。随着Web2.0的兴起，出现了各种各样的新媒体形式，包括搜索引擎、网络电视、网络报纸、网络期刊、社交网站、门户网站、视频网站、网络社区、博客、播客、手机媒体、未来的互动式数字电视等。根据中国互联网络信息中心（CNNIC）2020年4月发布的《第45次中国互联网络发展状况统计报告》，截至2020年3月，微信朋友圈、微博使用率分别为85.1%、42.5%，较2018年底分别上升1.7个、0.2个百分点；QQ空间使用率为47.6%。[1] 新媒体为网民参与慈善监督和其他社会事务提供了平台和场域，新媒体完全打破了以往公民参与社会事务的时间与地域的限制。

（二）知名网友深度参与和引导

在现实中并非所有的慈善爆料都能够得到网民关注和参与。其原因一方面与慈善信息的敏感度有关，另一方面与网民自身的能力和影响有关。在微博中有一些经过实名认证的用户，这些用户大多为现实中的名人，在网络中也有众多粉丝，他们所发布的信息或倡导的行动较之一般社会大众更容易得到响应并获得社会的关注。例如，知名网友、资深网络爆料人周筱赟通过新媒体率先独家揭露或主要参与揭露卢美美父女中非希望工程事件、中华儿慈会48亿巨款神秘消失、红十字会社会监督委员会"利益门"事件、嫣然天使基金风波等慈善事件，引发全国舆论关注。正是在这些著名网友和爆料人的倾情投入和深度参与下，加上下文提及的网民的广泛参与才引发了利用新媒体进行慈善监督的风潮。

（三）网民广泛参与

根据《第45次中国互联网络发展状况统计报告》，截至2020年3月底，中国网民规模达9.04亿，互联网普及率为64.5%。网民人均每周上网时长达30.8个小时。20—29岁年龄段的网民占比最高，达42.3%。初中、高中/中专/技校及以上学历的网民群体占比分别为41.1%和41.7%。网民中月收入在2001—5000元的群体占比33.4%，月收入在5000元以上的网民群体占比为27.6%。社交、支付等应用在社会公益方面发挥正功能，互联网极大降低了网民参与公益活动的门槛。[2] 报告显示中国的网民

---

[1] 《第45次中国互联网络发展状况统计报告》，中国互联网络信息中心（http://cnnic.cn/hlwfzyj/hlwxzbg/hlwtjbg/202004/P020200428399188064169.pdf）。

[2] 《第45次中国互联网络发展状况统计报告》，中国互联网络信息中心（http://cnnic.cn/hlwfzyj/hlwxzbg/hlwtjbg/202004/P020200428399188064169.pdf）。

数量庞大，所属阶层多样，上网时间长，其中年轻、具有较高学历的网民占了较大的比例，正是他们构成新媒体监督的主体。他们利用博客、论坛、微博、手机微博等新媒体工具参与到慈善事业监督中，一定程度上实现了全民动员与参与。

（四）党和政府认可和支持新媒体监督

中共中央总书记习近平非常重视互联网在社会管理方面的作用，他在2014年2月27日主持召开的中央网络安全和信息化领导小组第一次会议上强调，做好网上舆论工作是一项长期任务，要创新改进网上宣传，运用网络传播规律，弘扬主旋律，激发正能量，大力培育和践行社会主义核心价值观。[①] 习近平总书记在2015年5月20日中央统战工作会议上强调，要加强和改善对新媒体中的代表性人士的工作，建立经常性联系渠道，加强线上互动、线下沟通，让他们在净化网络空间、弘扬主旋律等方面展现正能量。[②] 党和政府认可和支持成为新媒体监督的依据和动力。

三 新媒体监督方式

（一）人肉搜索

人肉搜索引擎是指利用人工参与来提纯搜索引擎提供信息的一种机制，实际上就是通过其他人来搜索自己搜不到的东西。搜索引擎也有可能对一些问题不能进行解答，当用户的疑问在搜索引擎中不能得到解答时，就会试图通过其他几种渠道来找到答案，或者通过人与人的沟通交流寻求答案。[③]

（二）网络爆料

所谓网络爆料就是通过博客、微博等新媒体发布有关慈善事件的网络监督方式。广州媒体人周筱赟就是一个"网络爆料人"，他所披露的事件，没有一件通过传统的公共媒体首发，而是选择了博客、微博等被新闻学定义为"自媒体"的传播工具，以非职务行为的"公民新闻"方式发布。周筱赟的多个爆料发表后，迅速被传统媒体跟进采访，成为一时的热

---

① 习近平：《总体布局统筹各方创新发展 努力把我国建设成为网络强国》，《人民日报》2014年2月28日。
② 习近平：《巩固发展最广泛的爱国统一战线 为实现中国梦提供广泛力量支持》，《人民日报》2015年5月21日。
③ 李健男：《浅析人肉搜索涉及的法律问题》，《法制与社会》2010年第31期。

点事件，在社会上产生了强烈的监督效应。①

（三）网络围观

网络围观是建立在互联网物质架构和网络化逻辑的基础之上，以延伸的视觉形成的虚拟围观现象，围观者在网络空间对被围观者进行话语评判，有时围观者的行为会延伸至现实世界，从而对被围观者产生直接影响。② 网络围观行为可以称为一种新型的舆论监督，其本质就是公共权力和民意之间的一种平等的互动过程。广大网民对"郭美美事件"进行了网络围观，真相不断显现，显示了这种监督方式的巨大影响。

四　新媒体监督在实践中存在的困境和原因分析

（一）新媒体监督的困境和问题

当前新媒体监督既有监督慈善行为使之公开透明，防止滥用善款和以慈善为名谋取私利的积极作用，也存在着夸大事实、网络侵权等问题。新媒体监督主要问题有：

1. 部分网民在监督中出现非理性行为

法国心理学家勒朋（G. Le Bon）在其1895年出版的《乌合之众》一书中指出，集群的特征表现为有意识的人格已经消失，无意识的人格占据主导地位，情绪和观念的感染、暗示的影响使集群心理朝着某一方向发展，并具有将暗示的观念立即转变为行动的倾向。③ 新媒体监督中的人肉搜索、网络爆料、网络围观本质上是一种网民自发行为，由于网民人数众多，缺少监督，因此网络表达随意，而感性化和情绪化的言论却会进一步影响到更多的人。在情绪感染的作用下，促使其他围观网民理性思考和自我控制的能力减弱甚至消失，并形成心理上暗示，最终导致网民的人肉搜索和网络围观卷入非理性的狂乱之中。这不但不能起到舆论监督的作用，而且有可能产生火上浇油或使问题复杂化的后果。④

2. 个人隐私权易受侵犯

新媒体监督中的人肉搜索、网络围观和网络爆料极易泄露他人的个人信息，侵犯他人的隐私权。此外，为了追求点击率和吸引眼球，一些民众

---

① 周俊生：《周筱赟的网络爆料升华了自媒体》，《中国广播》2013年第3期。
② 静恩英：《网络围观的界定及特征分析》，《新闻爱好者》2011年8月下。
③ 郑杭生主编：《社会学概论新修》（第三版），中国人民大学出版社2003年版，第141页。
④ 薛霞：《"人肉搜索"现象的社会学思考》，《中国青年研究》2009年第1期。

利用新媒体揭露慈善丑闻时容易使用一些极端术语，甚至出现攻击性、煽动性或侮辱性的言论，从而造成当事人名誉损害的行为。丹麦电影《狩猎》就描述了这样一个受害者，这个品行端正的好好先生卢卡斯受到一个名叫卡拉的早熟女孩的诬陷，成为"性侵幼女者"，即使卡拉讲出了真相，卢卡斯仍然难以走出被歧视、凌侮的命运。即使事后证明名誉受损者实际上是无辜的，爆料者承担相应的侵权责任，但损害并不容易消弭。①

3. 慈善事业的公信力受到损害

新媒体监督是一柄双刃剑，既能提高也能损害慈善事业的公信力。负面的慈善新闻、慈善事件和慈善丑闻暴露在广大公众面前，就像揭开的疮疤让肌体的脓液流出，新媒体监督中人肉搜索和网络爆料往往会抖出一些慈善组织、个人违规或不符合慈善精神的行为或相关信息，这让人们看到它的"溃烂"之处，无疑会引起人们的不快和不满。在应对网络爆料的过程中，若政府、慈善组织对一些网络举报和爆料应对不及时、措施不给力，会严重损害慈善事业的公信力和声誉。

4. 部分新媒体监督缺乏长效性

许多慈善丑闻是通过新媒体曝光的，但是新媒体曝光慈善丑闻之后很少跟进报道，往往因新的社会热点出现而转移关注点，可以说新媒体监督缺乏持续性和长效性。当然，这体现了社会快速发展和新媒体的时效性，但这种时效性对慈善监督不利。

(二) 新媒体监督面临困境的原因

新媒体监督之所以存在上述问题，其原因概括来讲主要有以下几点：

1. 缺乏配套的法律法规

目前中国关于新媒体监督的法律法规建设步伐远远跟不上新媒体的发展速度，网民新媒体监督的法律意识淡薄。人肉搜索中网民的一些曝光行为及谴责行动游走在法律的边缘。2015 年 8 月 29 日第十二届全国人民代表大会常务委员会第十六次会议通过的《中华人民共和国刑法修正案（九）》规定：网络服务提供者违法致使违法信息大量传播和致使用户信息泄露，造成严重后果的，被判有罪②，该修正案实施时间尚短，此前大量违法行为得不到约束。2010 年 7 月 1 日施行的《侵权责任法》虽然明确规定网络用户、网络服务提供者利用网络侵害他人民事权益的行为，应

---

① 张建伟：《网络爆料的价值与隐忧》，《检察日报》2013 年 8 月 9 日。
② 《中华人民共和国刑法修正案（九）》，中国人大网（http://www.npc.gov.cn/wxzl/gongbao/2015-11/06/content_1951896.htm）。

当承担侵权责任，但是按照民法的"谁举报谁举证"的原则，在人肉搜索如此之快的搜寻周期内，"被人肉者"实际上很难在实施侵权之前提起诉讼或者向网络服务提供者提出抗议。加之网络匿名性的现状没有改变，法律的可执行性大打折扣，本质上只是起到了"知道"和"威慑"的作用。①

2. 不能及时应对慈善爆料或慈善丑闻

政府和一些官办慈善机构由于其庞大的科层体系及对上负责的特点，仍习惯于集权治理，通过集中管理信息和行政命令的方式进行慈善事业和慈善组织治理。一些政府部门仍采用政府包办一切的思维和工作方法进行社会控制与管理，反应迟钝和被动，手段单一，重管制、轻服务。一些政府官员和慈善机构抵触新媒体监督，把网民看作是刁民，对网民的意见不作回应，甚至封杀有关信息。这导致政府和一些官办慈善机构不了解新媒体监督的内容和方式，不能及时应对各种慈善丑闻和慈善事件，反而使事件和丑闻愈演愈烈，导致政府、慈善机构及整个慈善事业的公信力降低。

3. 监督机制不完善

新媒体监督是慈善事业监督的重要方式，但对新媒体的慈善监督行为也需要进行管理，由于目前中国新媒体监督体制机制还不完善，对新媒体监督行为的管理带来了难度。在传统媒体中信息把关人一般受过专业训练，负责审核把关；在新媒体中缺乏严格意义上的信息把关人。对虚假的新闻和信息的甄别和防范措施不力，加上网络匿名性，在某种程度上弱化了网民的道德意识和责任意识，如果一些别有用心的人在网络上传播虚假信息或者散播谣言，就容易对网民进行误导，造成恶劣影响，这也大大降低了新媒体监督的效力。另外，目前受理新媒体信息的平台还不完善，舆情处理能力有待提高，受制于技术的限制以及海量信息等因素的影响，新媒体监督受理机构往往不能及时关注和处理网民传播的信息。②

五 新媒体监督的制度化建设路径

面对新媒体监督所带来的机遇和挑战，为有序推进新媒体监督，促进

---

① 王程铧：《政策否决的社会建构——以我国几次立法禁止"人肉搜索"的失败为例》，《公共管理学报》2011年第4期。
② 宋超：《新媒体环境下当代中国网络监督的困境与出路》，《山东大学学报（哲学社会科学版）》2013年第3期。

慈善事业的健康可持续发展，要做好以下几个方面的工作：

(一) 加强新媒体监督法制建设

加强网络立法和政府管理是各国互联网管理的发展趋势。当前中国新媒体监督和传播方面的法律法规的法律效力普遍偏低，并且立法滞后。对此，应不断加强和完善新媒体监督和传播的法律法规，监管与引导新媒体监督行为，促进其良性、健康、有序运行。制定 Web2.0 环境下大家共同遵守的公共法则和道德准则，增强慈善爆料和围观者的责任感，提升网民的媒介素养，提高对网络爆料的辨别能力。依法追究因新媒体传播失实信息造成损害相关慈善主体的行为，尤其是对网络推手借慈善爆料等恶意引导、炮制舆论的行为，应加大依法惩治的力度。

(二) 网站把关人和网民要遵纪守法，加强自律

在人肉搜索、网络慈善爆料中，网络论坛版主是主要把关人，他们负责根据版规对网民的信息进行过滤、筛选，因此，政府有关部门要指导网站把关人了解和遵守网络传播法律法规，遵守职业道德，在监督中合理运用自由裁量，依法保护公民的个人信息和权益；指导把关人加强自律，构建筛选过滤机制，制定自律公约，对自身监督行为进行约束。[①] 广大网民也要遵纪守法、加强自律、强化责任意识，做到在网络上的发言、转发、爆料和围观符合法律要求，要充分占有信息，要言之有据，不要捕风捉影，更不能以讹传讹。

(三) 政府和慈善组织加强与网民对话和沟通

以互联网论坛、微博互动为代表的新媒体对话沟通机制，提供了传统媒体所无法提供的即时对话、沟通与回复机制，在网民中以及网民与政府、慈善组织之间架起了双向沟通桥梁。一方面，在新媒体力量的倒逼下，慈善主管部门和官办慈善组织信息不公开、行政化的思想和做法日益受到人们的诟病；另一方面，高度互动化、个性化和即时性的新媒体又为网民与政府慈善主管部门、慈善组织进行沟通、消除分歧、误解，树立慈善组织形象提供了良好的沟通环境。因此，政府和慈善组织要以新媒体监督为契机，真正倾听网络民意，留心慈善爆料、慈善网络围观。政府有关部门要加强联合，建立类似自然灾害那样的突发事件的即时通报和应对机制，及时针对慈善网络爆料展开调查，及时主动地发布调查结论，主动澄清事实，加强与网民的互动。慈善组织一方面要懂得如何运用新媒体和网络树立自身的积极形象，另一方面要及时掌握新媒体监督的动向，及时研

---

① 康良辉：《"人肉搜索"的政府监管》，《兰州学刊》2010 年第 4 期。

究和解决网民提出的各种问题。

（四）把新媒体监督纳入慈善事业整体性监管体系之中

对新媒体监督与其他慈善监督机制和方式进行整合并明确新媒体监督的定位是一项非常必要的工作。从新媒体监督的诸多案例来看，新媒体监督效能并不能单独体现，也就是说，新媒体监督具有依附性，它需要与政府监管和慈善组织内部治理进行对接后才能发挥最大效果。因此，唯有将新媒体监督纳入既定的慈善事业整体性监管体系，将之与现有监管资源进行整合才能体现其最大价值，也才能保持新媒体监督的活力和号召力，同时还能以此促进解决政府行政监管机制运转不灵、慈善组织内部治理不良的老毛病。

第四节 第三方组织监督

一 中国慈善透明指数

（一）中国慈善透明指数概况

目前我国有关第三方组织开展了一系列慈善透明度评估，比较有代表性的有中国慈善透明指数 CTI、中国民间组织公益透明指数 GTI、中基透明指数 FTI、中国最透明慈善公益基金会排行榜和中国慈善信用指数，其中有些评估已经停止，而有些评估仍在持续进行。有关第三方组织及其透明指数（见表6-1）。

表6-1 中国慈善透明指数信息

名称	发布机构	观测范围	指标参数	分值	数据采集来源	结果公布形式
中国慈善透明指数CTI	中民慈善捐助信息中心	对各级慈善总会、红十字会、基金会和公益性社团、民办非企业单位进行抽样，2014年监测样本为1000个	完整性、及时性、易得性三个维度，基本信息、治理信息、业务信息、财务信息四个一级指标，11个二级指标，54个三级个指标	满分100分	通过机构网络主页、公共信息平台、机构官方微博等途径检索组织信息	进行星级评定和慈善透明指数打分，发布年度中国慈善透明报告

续表

名称	发布机构	观测范围	指标参数	分值	数据采集来源	结果公布形式
中国民间组织公益透明指数GTI	USDO自律吧	2015年度委托清华大学创新与社会责任研究中心和廉政与治理研究中心依托互联网渠道，对国内1738个民间公益组织进行监测评估	组织基本信息、治理与管理信息、业务或者项目信息、财务信息4个一级指标、20个二级指标和58个三级指标构成	满分100分	由独立第三方（2015年度委托清华大学创新与社会责任研究中心和廉政与治理研究中心）通过民间公益组织的独立网站、博客、官方微博、挂靠在相关机构（自律吧）下面的组织信息页面和其他信息渠道收集民间公益组织各项指标的信息	按照各民间组织得分公布当期与上期排行榜单，并公示涨跌幅
中基透明指数FTI	基金会中心网	2019年度参加评选的基金会共6394个	4.0版共有基本信息、项目信息和财务信息三个维度，40个指标	满分100分	指标数据的采集主要依照基金会向主管部门提交的年度工作报告	以排行榜单为呈现形式，每月更新一次
中国最透明慈善公益基金会排行榜	界面	2019年度排行榜以2018年度公益/慈善活动支出最高的300个慈善公益基金会为考察对象	通过基本信息、筹款信息、项目执行信息、财务信息、日常动态信息等方面以及披露以上信息机制、渠道、频次等六个方面综合考察	满分100分	从公众角度，重点使用基金会官方网站、官方微博、官方微信号公众平台等大众可得渠道及数据	发布50个上榜基金会榜单
中国慈善信用指数	易善、清华大学公益慈善研究院	民政部"慈善中国"网站上获取了4000余个面向社会募捐的慈善组织	信息公开、财务和团队能力、合作伙伴背景、合作风险、品牌知名度和美誉度五个一级指标	满分100分	通过登录各级民政部门的慈善组织信息公开平台，采集2015—2017年的年报信息、风险和品牌信息，通过媒体平台采集慈善组织的舆情信息	发布60个上榜慈善组织名单

资料来源：杨团主编：《中国慈善报告》社会科学文献出版社2019年版；基金会中心网；壹基金网站；界面。

下面主要介绍中基透明指数FTI和中国慈善信用指数。

（二）中基透明指数FTI

1. 发布机构

中基透明指数（Foundation Transparency Index，缩写FTI）由基金会中心网联合清华大学廉政与治理中心在2012年推出。基金会中心网由国内 35 个基金会于 2010 年 7 月 8 日联合发起成立，清华大学廉政与治理研究中心成立于 2000 年 11 月，它们都是独立第三方机构。

2. 观测范围

FTI 涵盖的基金会是观测年度前一年之前成立的基金会。例如，FTI2013 涵盖了 2011 年 1 月 1 日之前注册成立的 2210 个基金会和自愿加入榜单的 4 个 2011 年成立的基金会；FTI2019 涵盖了 2018 年 1 月 1 日之前注册成立的 6394 个基金会，2018 年 1 月 1 日后成立的基金会原则上不参评。2012—2019 年纳入 FTI 观测基金会数量（见表 6-2）。

表 6-2　　　　2012—2019 年 FTI 观测基金会情况

年度	参评基金会数量
2012	2508
2013	2604
2014	3053
2015	3637
2016	4234
2017	4956
2018	5694
2019	6394

基金会中心网：《中基透明指数（FTI）指南 2019 版》，基金会中心网（fti1.foundationcenter.org.cn/PDFFile/2019FTIGuide.pdf）。

3. 指标参数和分值

FTI 自 2012 年正式发布至今已有 8 年，在这 8 年时间里在指标涵盖内容、数量、权重、满分分值等多个维度每年都略有调整。目前 FTI 的版本是第 4 版，它由基本信息、财务信息、项目信息 3 个维度、40 个指标构成。FTI 总分 100 分，其中基本信息 36.8 分，财务信息 27.6 分，项目信息 35.6 分（见表 6-3）。

表 6-3　　　　FTI 指标构成和分值

维度	指标（个）	分值（分）
基本信息	16	36.8
财务信息	16	27.6

续表

维度	指标（个）	分值（分）
项目信息	8	35.6
合计	40	100.0

数据来源：基金会中心网：《中基透明指数（FTI）指南2019版》，基金会中心网（fti1.foundationcenter.org.cn/PDFFile/2019FTIGuide.pdf）。

在进行计算时，每个观测的基金会的FTI分数等于40个指标（FTIn）的分数之和。FTI的分数同时由四个参数决定，即：指标是否披露Ti、指标权重Wi、信息披露渠道Si和信息披露的完整程度Ci。某个基金会的透明度分数FTIn等于单个指标对应的四个参数的乘积的合计。其中信息披露渠道Si涉及"官网披露"和"其他渠道披露"两种方式，通过官方网站披露信息的参数值是1.2，通过其他渠道披露信息的参数值是0.8。

公示如下：

$$FTIn = \sum (T_i \times W_i \times S_i \times C_i)$$

n：基金会序号，如1，2，3……

i：指标序号，值介于1—40。

Ti：第i个三级指标是否披露，值为0或1。

Wi：第i个三级指标的权重，值范围为1—9。

Si：第i个指标的信息来源，来源官网时Si值为1.2，其他渠道Si值为0.8。

Ci：第i个指标信息披露完整度，值介于0—1，完整度越高值越接近1（该参数仅应用于主要项目信息分数的计算）。

4. 数据采集来源

FTI数据采集主要来源于基金会年度工作报告及同年度相关信息，这些信息经政府相关部门审核通过。

5. 结果公布形式

FTI以排行榜单为呈现形式，包括FTI满分榜单、注册地榜单、捐赠收入TOP100榜单、公益支出TOP100榜单。FTI分数每周更新一次，基金会中心网每年总体发布一次。

6. 历年FTI得分与2019年中国基金会透明度情况

（1）2012—2019年FTI得分情况

随着中国基金会行业在自律透明、信息公开上的发展和进步，8年间中基透明指数 FTI 从 2012 年 1.0 版本的 60 个指标，满分 129.4 分到现在的 40 个指标，满分为 100 分。8 年来 FTI 实际得分（见表 6-4）。

表 6-4　　　　　　　　　2012—2019 年 FTI 得分情况

年度	FTI 分数
2012	48.89
2013	43.91
2014	49.45
2015	48.91
2016	47.73
2017	33.67
2018	50.08
2019	51.34

数据来源：基金会中心网：《中基透明指数（FTI）指南 2019 版》，基金会中心网（fti1.foundationcenter.org.cn/PDFFile/2019FTIGuide.pdf）。

(2) 2019 年 FTI 基本情况

根据基金会中心网的《中基透明指数（FTI）指南 2019 版》公布的数据，2019 年中国基金会透明度基本情况如下：

2019 年有 6394 个基金会参加了 2019FTI 的计算，FTI 分数为 51.34 分，比 2018 年上升 2.5%。基本信息、项目信息、财务信息实际得分分别为 21.27 分、12.72 分和 11.35 分。除基本信息完成率及格外，项目信息和财务信息的完成率只有 37% 和 41%，其中缺项最高的两项分别是项目展示栏目和审计报告。

按照基金会注册地来看，在民政部、贵州省、北京市登记注册的基金会排在前三位，得分分别是：77.61 分、53.08 分和 52.22 分。

FTI 满分基金会 225 个，比上年增加 49%，其中连续 8 年满分 23 个、新入榜满分 4 个、其他基金会 198 个。这些满分基金会有 26% 和 18% 来自民政部和北京市，这也充分体现了他们在信息公开和活跃度上的成果。

医疗救助、扶贫助困及教育是中国公益行业的传统三大领域，公众对这三大领域的信息公开也最为关注，这三大领域信息透明度均有 2% 左右小幅上升。

从 2019 年参与 FIT 计算的基金会来看，活跃的基金会有 3501 个，占参与 FTI 计算的基金会的 55%；不活跃的有 2593 个，占参与 FTI 计算的基金会的45%。不活跃的基金会没有官方网站或网站更新频率低，难以获得其年度工作报告，其在公开媒体上报道消息较少，筹款及项目活动信息较少，捐赠收入和支出、项目收入和支持趋近于0，没有专职人员或仅1—2人，公众无法了解这些基金会的行为更不要说是成果。[1]

（三）中国慈善信用指数[2]

1. 发布机构

中国慈善信用指数由独立的第三方——易善和清华大学公益慈善研究院合作完成，易善负责评估体系设计、数据采集分析，清华大学公益慈善研究院提供学术支持。

2. 观测范围

研究团队从民政部"慈善中国"网站上获取了4000余个面向社会募捐的慈善组织，以2015—2017年为时间单位，收集并分析这些组织在民政部门慈善组织信息公开平台、互联网媒体平台、中基透明指数平台上的数据。

3. 指标参数

慈善组织信用评估模型的设计主要包括信息公开、财务和团队能力、合作伙伴背景、合作风险、品牌知名度和美誉度5个一级指标。每个一级指标下又包含若干二级指标和三级指标，共50多个指标。慈善组织信用指数指标体系（见表6-5）。

表6-5　　　　　　　　慈善组织信用指数指标体系

一级指标	二级指标	权重（%）
透明指数	基本信息、捐赠及内部建设信息、财务信息、项目信息	16.3
能力指数	管治能力、财务能力、团队能力、绩效与影响	25.1
伙伴指数	政府合作、企业合作、社会组织合作、公众参与	27.6
风险指数	失信记录、机构负责人信用、媒体负面报道	13.8
品牌指数	荣誉与奖励、口碑、项目品牌	17.2
合计		100.0

---

[1] 基金会中心网：《中基透明指数（FTI）指南2019版》，基金会中心网（fti1.foundation-center.org.cn/PDFFile/2019FTIGuide.pdf）。

[2] 陶泽、何立晗：《2018年中国慈善信用指数报告》，载杨团主编《中国慈善发展报告（2019）》，社会科学文献出版社2019年版，第321—346页。

4. 分值

中国慈善信用指数的得分范围在 0—100 分，信用指数的得分越高，表明该组织的信用程度越好；得分越低，表明该组织信用程度越差。

5. 数据采集来源

在数据采集分析上，易善团队通过登录各级民政部门的慈善组织信息公开平台，采集 2015—2017 年的年报信息、风险和品牌信息，通过媒体平台采集慈善组织的舆情信息，参考中基透明指数透明度的评价标准和结果信息，完成评估数据的采集。

6. 结果公布形式

易善团队发布中国慈善信用榜上榜慈善组织名单，榜单共有 60 个基金会，包括 30 个公办筹款型基金会和 30 个民间筹款型基金会。2018 年中国慈善信用榜上榜的 60 家慈善组织整体较为年轻，在组织发展、公益事业投入等方面表现较好，且筹款能力较强，整体表现良好。在透明度方面，上榜的民间筹款型基金会的平均分是 98.03 分，公办筹款型基金会的平均分是 99.26 分，上榜组织几乎达到全透明的程度。

二 慈善组织第三方评估

(一) 慈善组织第三方评估的含义与特点

慈善组织第三方评估是指具有一定独立性、专业性和权威性的专家学者、评估机构和评估公司，运用社会研究方法测量、诊断和评价慈善组织及服务绩效，以改进组织运作，提升社会服务的效率、效果和品质，并向政府、资助机构及社会大众交代的过程。慈善组织第三方评估与其他监督方式相比较，具有较强的独立性、专业性和权威性。

1. 独立性

一般来说，第三方评估主体包括科研院所的专家学者、专业评估机构和专业评估公司。第三方评估由第三方机构进行评估，不同于行政监管，也不同于公众和媒体监督，评估机构独立开展工作，不受任何机构和个人的干涉，能够保证监督的公正性、透明性。

2. 专业性

第三方评估的专业性体现在第三方机构具有从事慈善组织评估的资质以及评估的专业知识和技能，有能力对慈善组织进行独立评估。例如，美国"指南星"（GuideStar）和"慈善导航"（Charity Navigator，CN）等评估机构由若干专业人员组成，这些专业人员利用评估机构开发的评估工具和技术对慈善组织进行评估，帮助公众了解和比较慈善组织的工作绩效和诚信度。

3. 权威性

第三方机构具有独立性,与慈善组织和服务对象没有利害关系,由它进行评估能够保证评估的公正性。第三方机构具有评估的资质和能力,由其对慈善组织进行评估,能够保证评估的专业性。因此,慈善组织第三方评估是一种具有独立性和专业性的评估,从而具有一定的权威性。

(二) 慈善组织第三方评估的模式

第三方包括专家学者、专业公司和专门从事评估的社会组织,与之相对应,在实践中慈善组织第三方评估形成了三种模式,它们是:

1. 专家学者评估

专家学者第三方评估是指高等院校和研究机构的专家学者接受委托方委托,对慈善组织及其实施的项目进行评估。1997 年中国科技促进发展研究中心的专家接受委托对"希望工程"进行评估;2002 年和 2007 年,清华大学 NGO 研究所的专家接受中国人口福利基金会委托分别对"幸福工程"项目、"农村独生子女特困家庭扶助项目"进行评估。[1]

2. 专业公司评估

专业公司评估是指专门的调查机构接受委托来评估慈善组织。例如,2008 年零点调查集团公司受中国宋庆龄基金会委托对西部园丁项目进行评估。2009 年深圳市政府委托深圳市鼎诚技术经济评价中心对行业组织的基础条件、内部治理、工作绩效和社会评价进行评估。[2]

3. 社会组织评估

社会组织评估是指专门从事评估工作的社会组织接受委托对慈善组织及其项目进行评估。例如,深圳市现代公益组织研究与评估中心接受深圳市民政局委托对深圳市社会工作服务机构进行评估。

(三) 慈善组织第三方评估的发展

1. 第三方评估机构对慈善项目进行评估

20 世纪 90 年代以来,第三方评估机构对一些慈善组织实施的慈善项目进行了评估,如对中国青基会"希望工程"的评估和对中国人口福利基金会"幸福工程"的评估。希望工程评估课题组从 1997 年 5 月至 1998 年 5 月,对希望工程的效益进行了评估。评估的重点是希望工程救助失学

---

[1] 潘旦、向德彩:《社会组织第三方评估机制建设研究》,《华东理工大学学报(社会科学版)》2013 年第 1 期。

[2] 潘旦、向德彩:《社会组织第三方评估机制建设研究》,《华东理工大学学报(社会科学版)》2013 年第 1 期。

儿童、建设希望小学和接受社会各界捐助等活动的情况和效果。① 清华大学 NGO 研究所的邓国胜通过评估了解幸福工程在各项目点实施情况，评估了幸福工程的适当性、实施的效果、效率、质量、社会影响及可持续性，总结了幸福工程的经验与教训。②

对慈善项目的第三方评估除了对慈善组织自行设计和运作的项目的评估外，还包括对政府购买服务项目的评估。2014 年 12 月民政部发布了《社会工作服务项目绩效评估指南》，该标准适用于财政性资金购买社会工作服务项目的评估，其他资金购买或委托实施的社会工作服务项目评估可参照使用。③

2. 第三方评估机构对慈善组织进行整体评估

2009 年深圳市建立了第三方评估机制，逐步形成了政府购买、第三方评估机构组织实施、业务主管单位认定的评估体系。近年来，深圳市第三方评估指标体系相对稳定，重点关注组织的服务质量、服务诚信和财务管理。

徐双敏和崔丹丹曾先后在北京、上海、杭州、银川、广州 5 个城市开展社会组织第三方评估工作满意度进行调查研究。研究结果显示：社会组织第三方评估的总体满意度为 56.68 分，仅处于"一般"水平，评估主体专业性、评估指标体系科学性、评估过程科学性、评估公开公正性、评估结果运用和对评估主体监管的满意度结果分别为：56.30 分、45.36 分、55.58 分、58.84 分、56.58 分、62.79 分。其中"对评估主体监管"满意度得分最高，达到"较满意"级；"评估指标体系科学性"满意度得分最低，接近"一般"下限。社会组织第三方评估主要存在以下问题：评估主体日益多样，但评估方法专业性不高；指标体系得到认可，而指标项目设置不科学；信息公开获好评，但评估公正不足。针对以上问题应进一步完善现行工作机制，在开展第三方评估时，强化评估主体的独立性、增强评估指标的科学性、提高评估过程的透明度、扩大评估结果的适用性。④

---

① 希望工程效益评估课题组：《希望工程效益评估报告》，中国青少年发展基金会网站（http://www.cydf.org.cn/shiyong/html/lm_134/2006-09-20/151630.htm）。

② 邓国胜：《公益项目评估——以"幸福工程"为案例》，社会科学文献出版社 2003 年版。

③ 《社会工作服务项目绩效评估指南》，民政部网站（http://files2.mca.gov.cn/sw/201412/20141230133955651.pdf）。

④ 徐双敏、崔丹丹：《完善社会组织第三方评估工作机制研究——基于 5 市调查数据的分析》，《中南财经政法大学学报》2016 年第 6 期。

第七章　影响慈善事业监管的因素分析

影响慈善事业监管的因素是复杂的，其中主要包括法律制度、政府监管架构、慈善组织、社会与文化等因素，本章主要探讨以上因素的基本情况及其对慈善事业监管的影响。

第一节　法律制度因素

一　我国慈善事业法律制度概况

慈善事业法律制度主要是指与慈善事业发展相关的法律、行政法规、部门规章、司法解释、地方性法规、地方政府规章和其他规范性文件以及对于这些法律、法规的修改和补充。中国现代慈善事业在新中国成立后至改革开放之前基本处于停滞状态，慈善立法工作也处于停滞状态。改革开放之后慈善事业才重新起步，经过多年发展，中国特色的慈善事业法律制度体系呈现了初步轮廓。

（一）国家宪法和法律

宪法是一个国家的根本大法。我国宪法是制定和实施慈善事业政策法规的最高依据。关于慈善事业的国家法律主要有《慈善法》《民法典》《公益事业捐赠法》《红十字会法》《信托法》《中华人民共和国行政许可法》（以下简称《行政许可法》）《企业所得税法》《个人所得税法》等。《慈善法》是我国社会领域的重要法律，是我国慈善制度的基础性、综合性法律。[①]《民法典》确立了我国的法人制度，规定非营利法人包括事业单位、社会团体、基金会、社会服务机构等，并对非营利法人的内部治理结构作了规定。《民法典》规定：社会团体法人、捐助法人依法所有的不

---

① 李建国：《关于〈中华人民共和国慈善法（草案）〉的说明》，《人民日报》2016年3月10日，第4版。

动产和动产，受法律保护。《民法典》还对赠与人与受赠人的权利和义务作出了规定。《公益事业捐赠法》规定：捐赠应当是自愿和无偿的，禁止强行摊派或者变相摊派，不得以捐赠为名从事营利活动。《红十字会法》规定：红十字会可以依法进行募捐活动和接受捐赠，募捐活动应当符合《慈善法》的有关规定。《信托法》规定了公益信托。慈善组织的登记、慈善募捐许可在法律上属于《行政许可法》规定的"一般许可、特许、认可、核准和登记"5种许可类型中一种，慈善组织登记制度、慈善募捐的许可制度应遵守《行政许可法》的规定。《企业所得税法》和《个人所得税法》对公益慈善税收优惠作了规定。

（二）行政法规

"三大条例"是中国三部慈善组织登记管理的行政法规，对慈善组织的成立进行严格管理，它们最重要的特点就是确立了双重管理体制，即由登记管理机关和业务主管单位分别行使对社会组织的监督管理职能。目前有关部门正在对"三大条例"进行修订。《志愿服务条例》对志愿服务的基本原则、管理体制、权益保障、促进措施等作了全面规定。《企业所得税法实施条例》和《个人所得税法实施条例》分别对企业和个人对公益事业捐赠税收优惠作了规定。

（三）国务院部门规章

有关慈善事业的部门规章主要有：《社会团体印章管理规定》《社会团体分支机构、代表机构登记办法》《民办非企业单位名称管理暂行规定》《民办非企业单位年度检查办法》《民办非企业单位登记暂行办法》《民办非企业单位印章管理规定》《基金会名称管理规定》《基金会年度检查办法》《基金会信息公布办法》《取缔非法民间组织暂行办法》《社会组织评估管理办法》《社会组织登记管理机关行政处罚程序规定》《社会组织信用信息管理办法》《慈善组织认定办法》《慈善组织公开募捐管理办法》《慈善组织信息公开办法》《慈善组织保值增值投资活动管理暂行办法》《慈善信托管理办法》等。

（四）地方性法规

有关慈善事业的地方性法规有：《江苏省慈善条例》《江西省实施〈中华人民共和国慈善法〉办法》《陕西省实施〈中华人民共和国慈善法〉办法》《湖南省募捐条例》《宁夏回族自治区慈善事业促进条例》《广东省社会救助条例》《广州市募捐条例》《宁波市慈善事业促进条例》等，它们对慈善事业各个方面作出规范。

（五）地方政府规章

地方政府规章是指省、自治区、直辖市和较大的市的人民政府根据法律、行政法规和本省、自治区、直辖市的地方性法规，依照《规章制定程序条例》制定的规章。如《北京市促进慈善事业的若干规定》《甘肃省慈善捐助管理办法》等。

（六）政府政策文件

所谓政府政策文件是指各级党政部门向其下属单位和社会发布有关政策的文件。在慈善事业法律制度体系中，这一类数量最多，现列举如下：《中共中央办公厅、国务院办公厅关于转发〈民政部、国务院扶贫开发领导小组关于在大中城市开展经常性捐助活动支援灾区、贫困地区的意见〉的通知》《中共中央办公厅、国务院办公厅关于转发〈民政部关于进一步开展经常性社会捐助活动的意见〉》《国务院批转发展改革委等部门关于深化收入分配制度改革若干意见的通知》《国务院关于促进慈善事业健康发展的指导意见》《财政部关于加强企业对外捐赠财务管理的通知》《财政部关于企业公益性捐赠股权有关财务问题的通知》《卫生部办公厅关于印发〈卫生部接受社会捐赠财产管理暂行办法〉的通知》《国家宗教事务局、中共中央统战部、国家发展和改革委员会等关于鼓励和规范宗教界从事公益慈善活动的意见》《财政部、国家税务总局关于公益股权捐赠企业所得税政策问题的通知》《财政部、税务总局、民政部关于公益性捐赠税前扣除资格有关问题的补充通知》《关于公益性捐赠税前扣除有关事项的公告》《民政部关于基金会等社会组织不得提供公益捐赠回扣有关问题的通知》《民政部办公厅关于加强指导和规范管理基层慈善活动的通知》《民政部关于印发各类社会组织评估指标的通知》《民政部关于完善救灾捐赠导向机制的通知》《民政部关于加强和创新慈善超市建设的意见》《民政部、全国工商联关于鼓励支持民营企业积极投身公益慈善事业的意见》《民政部、财政部关于加强社会组织反腐倡廉工作的意见》《民政部、财政部关于规范全国性社会组织年度财务审计工作的通知》《民政部关于探索建立社会组织第三方评估机制的指导意见》《民政部关于进一步加强基金会专项基金管理工作的通知》《民政部关于印发〈社会组织登记管理机关行政执法约谈工作规定（试行）〉的通知》《民政部、海关总署关于社会团体和基金会办理进口慈善捐赠物资减免税手续有关问题的通知》《民政部关于印发〈社会组织登记管理机关受理投诉举报办法（试行）〉的通知》《民政部、中国银行业监督管理委员会关于做好慈善信托备案有关工作的通知》《民政部、工业和信息化部、国家新闻出版广电总局、国家互联网信息办公室关于印发〈公开募捐平台服务管理办法〉的通知》《民政部、财政部、国家税务总局关于印发〈关于慈善组织开展慈善活动年度支出和管理费用的规定〉的通知》《民政部关于慈善组织登记等有关问题的通知》《民政部关于社会组织成立登记时同步开展党建工作有关问题的通知》《民政部关于印发〈社会组织抽查暂行办法〉的通知》《民政部办公厅关于全国性社会组织办理法定代表人离任审计、注销清算审计有关问题的通知》《民政部办公厅关于报送社会组织活动异常名录和严重违法失信名单信息的通知》《民政部关于在社会组织章程增加党的建设和社会主义核心价值观有关内容的通知》《民政部关于印发〈民政部直管社会组织重大事项报告管理暂行办法〉的通知》《民政部办公厅关于在社会组织登记管理工作中加强名称管理有关问题的通知》等。

为清晰起见，按照慈善领域将以上国家层级的有关慈善事业主要法律制度列于表7-1中。

表7-1　　　　　　　国家层级有关慈善事业主要法律制度一览

慈善领域	法律	行政法规	部门规章	重要政策文件
慈善组织	《民法典》《慈善法》《行政许可法》	《社会团体登记管理条例》《民办非企业单位登记管理暂行条例》《基金会管理条例》	《社会团体印章管理规定》《社会团体分支机构、代表机构登记办法》《民办非企业单位名称管理暂行规定》《民办非企业单位年度检查办法》《民办非企业单位登记暂行办法》《民办非企业单位印章管理规定》《基金会名称管理规定》	《国务院关于促进慈善事业健康发展的指导意见》《民政部关于印发各类社会组织评估指标的通知》《民政部、财政部关于加强社会组织反腐倡廉工作的意见》《民政部、财政部关于规范全国性社会组织年度财务审计工作的通知》《民政部关于探索建立社会组织第三方评估机制的指导意见》《民政部关于进一步加强基金会专项基金管理工作的通知》《民政部关于印发〈社会组织登记管理机关行政执法约谈工作规定（试行）〉的通知》《民政部关于印发〈社会组织登记管理机关受理投诉举报办法（试行）〉的通知》《民政部关于慈善组织登记等有关问题的通知》《民政部关于社会组织成立登记时同步开展党建工作有关问题的通知》

续表

慈善领域	法规政策 法律	行政法规	部门规章	重要政策文件
慈善组织	《民法典》《慈善法》《行政许可法》	《社会团体登记管理条例》《民办非企业单位登记管理暂行条例》《基金会管理条例》	《基金会年度检查办法》《取缔非法民间组织暂行办法》《社会组织评估管理办法》《社会组织登记管理机关行政处罚程序规定》《社会组织信用信息管理办法》《社会组织登记管理机关行政处罚程序规定》《慈善组织认定办法》	《民政部关于印发〈社会组织抽查暂行办法〉的通知》《民政部办公厅关于全国性社会组织办理法定代表人离任审计、注销清算审计有关问题的通知》《民政部办公厅关于报送社会组织活动异常名录和严重违法失信名单信息的通知》《民政部关于在社会组织章程增加党的建设和社会主义核心价值观有关内容的通知》《民政部关于印发〈民政部直管社会组织重大事项报告管理暂行办法〉的通知》
慈善捐赠与募捐	《慈善法》《公益事业捐赠法》《红十字会法》	《自然灾害救助条例》	《救灾捐赠管理办法》《慈善组织公开募捐管理办法》	《国务院关于促进慈善事业健康发展的指导意见》《中共中央办公厅、国务院办公厅关于转发〈民政部关于进一步开展经常性社会捐助活动的意见〉》《中共中央办公厅、国务院办公厅关于转发〈民政部、国务院扶贫开发领导小组关于在大中城市开展经常性捐助活动支援灾区、贫困地区的意见〉的通知》《财政部关于加强企业对外捐赠财务管理的通知》《财政部关于企业公益性捐赠股权有关财务问题的通知》《卫生部办公厅关于印发〈卫生部接受社会捐赠财产管理暂行办法〉的通知》《国家宗教事务局、中共中央统战部、国家发展和改革委员会等关于鼓励和规范宗教界从事公益慈善活动的意见》《民政部关于基金会等社会组织不得提供公益捐赠回扣有关问题的通知》

续表

慈善领域\法规政策	法律	行政法规	部门规章	重要政策文件
慈善捐赠与募捐	《慈善法》《公益事业捐赠法》《红十字会法》	《自然灾害救助条例》	《救灾捐赠管理办法》《慈善组织公开募捐管理办法》	《民政部办公厅关于加强指导和规范管理基层慈善活动的通知》《民政部关于完善救灾捐赠导向机制的通知》《民政部关于加强和创新慈善超市建设的意见》《民政部、全国工商联关于鼓励支持民营企业积极投身公益慈善事业的意见》《民政部、工业和信息化部、国家新闻出版广电总局、国家互联网信息办公室关于印发〈公开募捐平台服务管理办法〉的通知》
慈善信托	《信托法》《慈善法》	—	《慈善信托管理办法》	《国务院关于促进慈善事业健康发展的指导意见》《民政部、中国银行业监督管理委员会关于做好慈善信托备案有关工作的通知》
慈善财产	《慈善法》《民法典》	—	《慈善组织保值增值投资活动管理暂行办法》	《国务院关于促进慈善事业健康发展的指导意见》《民政部、财政部、国家税务总局关于印发〈关于慈善组织开展慈善活动年度支出和管理费用的规定〉的通知》《财政部关于印发〈民间非营利组织会计制度〉的通知》《财政部关于印发〈民间非营利组织会计制度〉若干问题的解释的通知》
慈善税收优惠	《慈善法》《公益事业捐赠法》《企业所得税法》《个人所得税法》	《企业所得税法实施条例》《个人所得税法实施条例》	—	《国务院关于促进慈善事业健康发展的指导意见》《国务院批转发展改革委等部门关于深化收入分配制度改革若干意见的通知》《财政部、税务总局、民政部关于公益性捐赠税前扣除资格有关问题的补充通知》《关于公益性捐赠税前扣除有关事项的公告》《财政部、税务总局关于非营利组织免税资格认定管理有关问题的通知》《财政部、国家税务总局关于非营利组织企业所得税免税收入问题的通知》

续表

慈善领域	法律	行政法规	部门规章	重要政策文件
慈善税收优惠	《慈善法》《公益事业捐赠法》《企业所得税法》《个人所得税法》	《企业所得税法实施条例》《个人所得税法实施条例》	—	《财政部、国家税务总局关于对社会团体收取的会费收入不征收营业税的通知》《民政部、海关总署关于社会团体和基金会办理进口慈善捐赠物资减免税手续有关问题的通知》《财政部、海关总署、国家税务总局关于支持舟曲灾后恢复重建有关税收政策问题的通知》《财政部、税务总局、国务院扶贫办关于扶贫货物捐赠免征增值税政策的公告》《财政部、国家税务总局关于公益股权捐赠企业所得税政策问题的通知》《国家税务总局关于支持新型冠状病毒感染的肺炎疫情防控有关税收征收管理事项的公告》《财政部、海关总署、税务总局关于防控新型冠状病毒感染的肺炎疫情进口物资免税政策的公告》《财政部、税务总局关于支持新型冠状病毒感染的肺炎疫情防控有关捐赠税收政策的公告》
慈善信息公开	《慈善法》	《政府信息公开条例》	《基金会信息公布办法》	《国务院关于促进慈善事业健康发展的指导意见》《民政部关于进一步加强社会捐助信息公示工作的指导意见》《公益慈善捐助信息公开指引》

二 我国慈善事业法律制度的特点

（一）我国初步形成了以《慈善法》为基础的慈善事业政策法规体系

国外慈善立法实践表明，即使在采用集中立法模式的国家，调整慈善活动的法律也不仅仅是一部慈善法，而是以慈善基本法为基础，辅之以其他配套法律，形成慈善法律体系。我国采用集中立法模式，已制定了慈善基本法——《慈善法》，慈善法与相关政策法规相互配合。从法律制度类型来看，它包括前述国家宪法和法律、行政法规、部门规章、地方性法规、地方政府规章和政策文件，这些类型的法律制度不是独立的，而是相互联系形成一个有机的整体。慈善这种现象包括意愿或情感、行动、主体、客体、物、途径、制度等要素，尽管我国当前某些慈善领域的法律规定分散在不同的法律文件中，有关单行法律文件之间缺少必要的衔接，但是总体上慈善事业政策法规并不是松散的、毫无联系的，而是围绕慈善法而联结在一起，并形成了一个有机的整体。

从系统层次性角度看，法律、法规和规章之间的效力和约束力程度是不一样的，因而慈善事业法律制度是个等级层次体。在效力方面，宪法具有最高的法律效力。《慈善法》等法律的效力又高于行政法规、地方性法规。在约束力程度方面，法律、条例、对法律和条例的解释和实施细则，都具有完整的约束力，必须严格执行。国务院及其行政部门和地方政府制定和发布的有关慈善事业的各种"决定""通知""规定""办法"等文件也具有约束力，在其规定的范围内应该按照办理。各级政府及其行政部门发布的有关慈善事业的各种"意见"的约束力相对较弱，而指导性的意义较强。

（二）我国慈善事业法律制度的变动性

我国慈善事业法律制度是随着我国经济社会的发展从无到有逐步建立起来的。例如《公益事业捐赠法》于1999年颁布，《慈善法》2016年颁布并实施，社会团体、民办非企业单位和基金会等有关慈善组织形式的法规分别于1989年、1998年和2004年建立。在经济社会发展较为缓慢和稳定的时期，慈善事业法律制度能适用稳定的环境，一般变化较小；而在经济社会发展迅速和变动的时期，慈善事业法律制度则往往要进行制定和调整，以适应变化了环境。当前，我国社会生产力水平总体上显著提高，社会生产能力在很多方面进入世界前列，这为解决经济社会协调发展问题奠定了物质基础。面对人民日益增长的美好生活需要和不平衡、不充分的发展问题，党和政府加快了各领域立法步伐。正是在这样的背景下，近年我国慈善事业政策法规出台的数量增多、速度加快，很多慈善领域有了规范。同时，一些不适应经济社会发展的政策被及时废止或被新的政策法规取代。因而，在实践中我国慈善事业法律制度呈现出很强的变动性的特点，尤其是有关慈善事业的政策和规范性文件的制定和废止较为频繁。

（三）不同慈善领域的法律制度完善程度不同

慈善事业涉及慈善组织、慈善活动、慈善财产、慈善信息公开等不同领域，这些领域发展程度不一，法律制度完善程度也不尽相同。从慈善工作实际和慈善立法实践来看，慈善组织、慈善捐赠和募捐发展较快，这些领域政策法规也较多；而慈善信托、慈善财产等领域发展较慢，政策法规也较少。我国在慈善税收优惠方面颁布了一些政策法规，但无论从规模、范围还是发展程度看，慈善税收优惠领域还有若干问题需要解决，需要更高层次的法律加以规范。反过来看,哪个领域的政策法规多,则表示该领域活跃程度高,有关慈善活动多,业务复杂,监管工作量也大,需要对各个方面加以规范,如在慈善组织、慈善捐赠和慈善募捐、慈善税收优惠等方面,需要进一步理顺这些领域的政策法规,规范有关慈善活动;其他领域可能较薄弱,或者工作尚不全面、不深入,如慈善信托、慈善投资等,需要根据实践变化加以引导和培育。

三 完善的法律制度为慈善事业监管提供依据

法律制度为慈善事业发展保驾护航,也为慈善事业监管提供依据和基础,从而有助于监管主体有序开展监管。特别是有关法律制度界定了监管主体的资格、明确了参与者的权利和义务,由此形成了监管主体和监管行为的基本格局或者秩序。对政府而言,法律制度为其行政监管提供了法律规范。对慈善组织而言,有关法律法规对慈善组织内部治理和自我管理作出了规定,慈善组织要严格遵守,要建立健全内部治理结构,完善内部管理制度,加强内部管理,以促进慈善组织健康发展。对社会监督主体来说,法律制度规定了他们享有知情权和监督权,可以参与对慈善组织和慈善活动的监督,这为社会监督主体依法有序进行社会监督提供了保障。此外,法律制度将政府组织和官员置于其监督之下,使机构不至于过分膨胀。吴玉章认为法律不仅对慈善组织管理,也对政府管理加以限制;法律不仅要有利于政府对慈善组织的管理,而且更重要的是约束管理者自身和维护公民的权利。[①]

第二节 政府监管架构因素

一 《慈善法》实施前我国的慈善事业监管架构

《慈善法》颁布前,我国慈善事业监管架构是"登记管理+业务主管+相关部门"的监管架构,下面进行介绍。

(一)登记管理部门

为加强对慈善组织的管理,1988年民政部成立社团管理司,专门负

---

① 吴玉章:《"政府管理社团"模式及其效果》,载吴玉章主编《社会团体的法律问题》,社会科学文献出版社2004年版,第14页。

责社团登记管理工作。1997年社团管理司更名为社会团体和民办非企业单位管理司。根据1998年国务院办公厅印发的民政部"三定方案",民办非企业单位登记管理工作由民政部负责。根据"三大条例"规定,民政部门是社会团体、民办非企业单位和基金会的登记管理机关。就民政系统层次看,民政部是国务院的一个组成部门,专门负责全国慈善工作。民政部下设社会组织管理局(社会组织执法监督局)、慈善事业促进和社会工作司各自负责一部分慈善工作,社会组织管理局(社会组织执法监督局)主要负责社会组织登记管理工作,慈善事业促进和社会工作司负责有关慈善信托、慈善组织及其活动的管理工作。县级以上地方人民政府民政部门也设立了专门机构或者配备了专门人员负责对慈善工作进行管理,对在本管辖权内的慈善组织进行登记管理和执法监督。

(二)业务主管单位

《社会团体登记管理条例》《民办非企业单位登记管理暂行条例》规定,国务院有关部门和县级以上地方各级人民政府有关部门、国务院或者县级以上地方各级人民政府授权的组织,是有关行业、学科或者业务范围内社会团体、民办非企业单位的业务主管单位。《基金会管理条例》第7条规定:国务院有关部门或者国务院授权的组织,是国务院民政部门登记的基金会、境外基金会代表机构的业务主管单位。省、自治区、直辖市人民政府有关部门或者省、自治区、直辖市人民政府授权的组织,是省、自治区、直辖市人民政府民政部门登记的基金会的业务主管单位。[①] 尽管上述三部法规对慈善组织的业务主管单位作出了规定,但到底哪些部门和组织可以成为慈善组织的业务主管单位仍不明确。在这种情况下,2000年以后民政部陆续发布了《民政部关于重新确认社会团体业务主管单位的通知》《民政部关于国务院授权中国法学会作为社会团体业务主管单位的通知》《民政部关于国务院授权全国工商联作为全国性社会团体业务主管单位有关问题的通知》《民政部关于国务院授权中国红十字会总会作为全国性社会团体业务主管单位有关问题的通知》等文件,进一步明确了社会团体的业务主管单位。

(三)其他相关部门

《社会团体登记管理条例》第27条、《民办非企业单位登记管理暂行条例》第22条分别规定社会团体、民办非企业单位要接受财政部门和审

[①] 见《社会团体登记管理条例》《民办非企业单位登记管理暂行条例》《基金会管理条例》。

计机关的监督。《基金会管理条例》第 37 条规定，基金会应当接受税务、会计主管部门的税务监督和会计监督。以上法规显示，其他相关部门包括财政部门、审计机关和税务部门。一些地方立法也对慈善组织的监管主体作出了规定。例如，《宁夏回族自治区慈善事业促进条例》第 6 条规定，慈善事业监管部门有县级以上人民政府民政部门、审计机关和其他有关部门。①

综上，从《慈善法》实施前慈善组织立法内容看，行政监管权主要由民政部门、业务主管单位和其他有关部门行使。民政部门是登记管理部门，业务主管单位对慈善组织的登记成立、年检等实施监管，其他部门如税务部门、财政部门、审计部门也享有一定的监管权。

二 《慈善法》实施后我国的慈善事业监管架构

《慈善法》第 6 条规定确定了我国慈善事业的监管架构，即"主管部门+相关部门"的监管架构。② 民政部门是慈善工作的主管部门，有关部门在各自职责范围内做好相关工作。其含义包括：

（一）民政部门主管慈善工作

如上所述，国务院关于慈善组织登记管理的三部行政法规对民政部门职权的提法是慈善组织的登记管理机关，《国务院关于促进慈善事业健康发展的指导意见》首次提出民政部门是"慈善事业主管部门"③，《慈善法》则从法律上进一步明确规定民政部门是慈善工作的主管部门，这是明确授权、明责。其中国务院民政部门负责主管全国的慈善工作，县级以上地方各级人民政府民政部门主管本行政区域范围内的慈善工作。④ 这种按照行政区划来确立监管主体的法律规定，决定了地方各级人民政府民政部门必须承担起监管本区域所有慈善活动的职责。《慈善法》第 23 条明确规定慈善组织到登记的民政部门管辖区域外进行公开募捐时，需要提前向其开展募捐活动所在地的县级以上人民政府民政部门备案。⑤

在《慈善法》起草过程中，有专家、学者建议参照英国、新加坡、

---

① 《宁夏回族自治区慈善事业促进条例》，《宁夏回族自治区人民代表大会常务委员会公报》2011 年第 5 期。
② 《中华人民共和国慈善法》，《人民日报》2016 年 3 月 20 日，第 1 版。
③ 《国务院关于促进慈善事业健康发展的指导意见》（国发〔2014〕61 号），中国社会组织公共服务平台（http://www.chinanpo.gov.cn/6060/86122/bsfwindex.html）。
④ 《中华人民共和国慈善法》第 6 条，《人民日报》2016 年 3 月 20 日，第 1 版。
⑤ 《中华人民共和国慈善法》第 6 条，《人民日报》2016 年 3 月 20 日，第 1 版。

新西兰等国家的做法成立慈善委员会,作为对慈善组织统一的监督管理机构。但考虑到民政部门长期以来在慈善组织的管理方面积累了丰富经验,所以,我国仍由民政部门继续统一负责对慈善组织的监管工作是符合中国国情的。①

(二) 有关部门做好相关工作

《慈善法》规定的"慈善"是"大慈善",涵盖教育、科学、文化、卫生、体育、生态环境等多项社会公益事业,不同领域都有相应行业行政主管部门。实践中,慈善活动要牵涉多方利益与复杂的法律关系,亦与多项公共政策紧密相关,虽然民政部门负有主管之责,但如果没有相关部门的协同,《慈善法》将很难得到全面贯彻实施。鉴于此,《慈善法》第 6 条规定,县级以上人民政府有关部门依照本法和其他有关法律法规在各自的职责范围内做好相关工作②,这是对与慈善组织、慈善信托及慈善活动有关联的行政部门的概括性规范。有关部门参与慈善事业监管的依据有两种情形:

1. 依照《慈善法》的规定,有关部门履行监管职责

《慈善法》第 18 条规定慈善组织终止不成立清算组或者清算组不履行职责的,民政部门可以申请人民法院指定有关人员组成清算组进行清算;第 41 条规定捐赠人拒不交付捐赠财产的,慈善组织和其他接受捐赠的人可以依法向人民法院申请支付令或者提起诉讼;以及法律责任中规定有关主体违法时追究刑事责任的,当然也是人民法院的职责所系;这些都是对人民法院的明确规定。第 38 条规定慈善组织接受捐赠时应当开具财政部门统一监(印)制的捐赠票据,以及在促进措施中有关税收减免、行政事业性费用免征等,均离不开财政部门的监管。第 43 条规定国有企业实施慈善捐赠必须遵守有关国有资产管理规定,必然要国有资产监管部门承担起相应的责任。第 50 条规定慈善信托本法中未规定的,适用《信托法》,必然需要信托监管部门承担起相应的责任。第 85 条规定慈善服务设施需要用地的,可以依法申请使用国有划拨土地或者农村集体建设用地,这与国土部门直接相关。第 86 条规定国家为慈善事业提供金融政策支持,此为金融监管部门的职责。第 87 条规定政府通过购买服务对慈善组织给予支持,此为财政部门的职责。第 88 条规定弘扬慈善文化,培育公民慈善意识,此为教育部门及新闻监管部门的职责。第 103 条规定慈

---

① 阚珂主编:《中华人民共和国慈善法释义》,法律出版社 2016 年版,第 18 页。
② 《中华人民共和国慈善法》第 6 条,《人民日报》2016 年 3 月 20 日,第 1 版。

组织骗取税收优惠的由税务机关依法查处。第 104 条规定慈善组织从事、资助危害国家安全或者社会公共利益活动的由有关机关依法查处——此为公安机关、国家安全机关职责所系。第 107 条规定自然人、法人或者其他组织假借慈善名义或者假冒慈善组织骗取财产的由公安机关依法查处，第 109 条规定公安机关对慈善领域及相关活动中构成违反治安管理行为的要依法处罚，等等。由此可见，要保证慈善事业发展规范有序，上述相关部门必须依法履职，尽到职责。①

2. 依照其他法律法规具有相应监管责任的部门

海关对境外捐赠或者境内对境外的捐赠，负有进出口关税等方面的监管之责；教育、科学、文化、卫生、体育、环保等多个部门对从事这个领域的慈善组织与活动者，亦应当依据自己的法定职责负起相应的监督之责。不过，这些部门的监督应本着"不扰乱本行业发展"的原则，依法负责慈善组织开展的与本行业相关的业务督查，不设障碍、不介入慈善组织内部管理，同时确保慈善组织开展的相关活动遵守行业法律规定和行业规范，不扰乱行业发展，一些特殊领域尤其如此，如宗教界和国家安全领域。②

三　我国慈善事业监管架构的特点及其对慈善事业监管的影响

（一）多种监管架构和监管模式并存

我国《慈善法》确立了民政部门主管慈善工作，它要履行监管职责，包括登记管理、年度检查、备案管理、政策引导、资金支持、组织评估等；此外要协调涉及慈善工作的其他部门，如财政部门、税务部门等，出台有关政策法规，对慈善工作进行管理。作为慈善工作的主管部门，民政部门承担大量工作，这是当前法律制度所规定的，但同时我们看到，由于法律制度不完善，与《慈善法》配套的《社会组织登记管理条例》等法规政策尚未出台，在实践中双重管理仍然存在。例如，对 209 个全国性基金会的业务主管单位的统计发现，这些基金会共有 55 个业务主管单位，有很多业务主管单位主管多个基金会。双重管理是我国特定历史阶段的特定产物，随着《慈善法》的实施，它应该被直接登记制取代。但是，我

---

① 郑功成主编：《〈中华人民共和国慈善法〉解读与应用》，人民出版社 2016 年版，第 38—39 页。

② 郑功成主编：《〈中华人民共和国慈善法〉解读与应用》，人民出版社 2016 年版，第 38—39 页。

们发现双重管理仍然存在,这使得我国不同的慈善事业监管架构和监管模式同时存在,慈善事业监管呈现出过渡性特征。

(二) 不同的监管架构的监管重点不同

监管架构的设计是为了实现监管职能,反过来说,监管职能是否发挥以及发挥得如何关键在于良好的监管架构设计。从我国慈善事业监管架构的具体设计和演进来看,在不同时期监管机关对慈善工作的监管重点不同。在《慈善法》实施前,我国慈善事业监管架构是多部门参与的架构,重点对慈善组织进行监管,其依据是"三大条例"。按照"三大条例"的有关规定,业务主管单位、登记管理机关以及其他有关部门分工合作,各负其责,共同实施对慈善组织的监管。《慈善法》在法律上明确民政部门主管慈善工作,监管内容包括慈善组织、慈善捐赠、慈善募捐、慈善信托、慈善财产、慈善服务、慈善信息公开等方面,可以看出,民政部门不仅监管慈善组织,而且要监管慈善捐赠等慈善活动,这样,监管的重点就从对慈善组织的登记管理转向慈善组织的慈善活动,从准入监管转向过程监管和事后监管。此前,监管架构的设计及监管重点主要面向慈善组织准入控制,而忽略过程监管和事后监管。在这种监管架构下,造成要么过度监管,要么无监管。《慈善法》确立的监管架构则明确了慈善工作的主管部门,明确规定了监管对象和监管内容,监管重点由组织管理转向行为管理,有利于促进慈善事业发展。

(三) 监管部门工作量大,专业人才队伍建设亟待加强

慈善事业监管架构的重新设计及慈善监管重点的转向给主管部门及其工作者带来了压力。《慈善法》第 94 条规定,县级以上人民政府民政部门对慈善组织、有关单位和个人进行检查或者调查时,检查人员或者调查人员不得少于 2 人,并应当出示合法证件和检查、调查通知书。[①] 实际运行中,省级慈善监管和执法工作机构平均不到 4 人,有些地市级、县级甚至没有专人负责,无法达到法律要求。[②] 面对规模庞大的慈善组织以及大量的慈善活动,短期内监管部门在工作量大的情况难以避免人力不足,从而难以承担起繁重的监督管理工作。针对这种情况,主管部门可以根据工作需要,适当增加从事慈善事业监管人员,要创新工作方法,提高工作效

---

① 《中华人民共和国慈善法》第 6 条,《人民日报》2016 年 3 月 20 日,第 1 版。
② 张春贤:《全国人民代表大会常务委员会执法检查组关于检查〈中华人民共和国慈善法〉实施情况的报告》,2020 年 10 月 15 日,中国人大网(http://www.npc.gov.cn/npc/c30834/202010/afc0a05adb4242b49920c2251017205e.shtml)。

率。例如，通过购买服务让第三方社会组织承担评估工作。

慈善事业是重要的社会事业部门，涉及的慈善主体和慈善活动类型多，需要多方面的知识和技术对其进行监督管理。尽管某些慈善内容相对明确具体，如法律制度对慈善组织登记、认定、慈善费用支出比例等规定得非常清楚，监管部门可以据此监督管理。但在财务审计、税收优惠、评估、慈善信托、慈善投资等方面，则需要财务管理、审计、税收、评估、信托、投资等多方面的知识和方法。此外，随着社会分工和慈善事业的发展，慈善事业必定向专业化和精细化方向发展，对其监管也提出了更高的要求。但是，目前的高等学校设置的学科和专业还没有慈善学、慈善社会学、慈善经济学等学科和专业，尽管一些高校在相关专业中开设这些课程，但这毕竟是少数；一些研究机构如清华大学慈善研究院等也对社会人士进行培训，但主要是对慈善组织负责人及其从业人员进行的，对从事慈善事业监管的政府工作人员的培训则较少。在实践中，若干从事慈善事业管理工作的政府工作人员没有接受过系统教育和培训，面对日益复杂的慈善事业和领域，往往难以有效监管。因此，要在社会工作、社会学、公共管理、法律、政治学等与慈善工作密切相关的专业设置慈善工作方向，培养本专科生掌握扎实的慈善知识、理论和方法；加强培养慈善工作高级应用型人才，在 MPA、MSW 等硕士专业学位教育中设置公益慈善方向，开设公益慈善课程，加强实践教学，着力提升人才培养素质。同时，要加大对政府慈善工作人员的培训，鼓励和支持政府工作人员攻读 MSW 等相关专业学位非全日制硕士研究生，以适应未来慈善事业发展和慈善事业监管工作的需要。

第三节　慈善组织因素

一　双重管理体制与慈善组织行政化及其影响

"三大条例"对慈善组织内部治理的规定相当粗略，有的法规甚至没有内部治理的规定。与之不同的是，以上法规对慈善组织的管理有详细而全面的规定，这些规定在很大程度上对慈善组织内部治理产生了影响。双重管理体制是中国政府管理慈善组织的特有体制，也是对慈善组织内部治理影响最大的环境因素。其一，中国慈善组织受业务主管单位和登记管理部门的双重管理，理论上能够起到齐抓共管的效果，但事实上政府缺位和

"无监管"现象层出不穷。其二，慈善组织内部决策权力的外化控制。政府对慈善组织的管理已经超出一般的监管范畴，对某些组织的过度介入，已经影响到慈善组织的独立性，使慈善组织内部治理处于有名无实的境地，不仅不利于慈善组织内部治理结构的构建，而且还影响其发挥应有的作用，弱化了内部治理效果和监督效果。

在中国，官办慈善组织内部治理深受政府的影响。这类慈善组织基本上是由政府直接举办成立的，其收入主要来源于政府补助和国有企事业单位的捐赠。政府把这种慈善组织看作自己的组成部门，把慈善组织纳入政府科层体系中，通过直接指挥命令的方式自上而下对其进行管理，委派负责人和工作人员，提供办公场地，支付慈善组织日常运作经费。在这种管理体制下，这种慈善组织就变成了一种"二政府"，虽然在名义上具有其他机构同样的组织机构，但其人员安排及其运作方式皆听命于政府，实质上是一种体制内科层制管理而非治理。由于中国政府和慈善组织之间千丝万缕的联系，尤其是一些地方的慈善组织还没有完全脱离政府机关，慈善组织的行政化倾向非常突出。

二 慈善组织自律状况及影响

法律学者李政辉在其著作中提到，慈善组织治理结构存在不足，其中之一是不区分基金会类型，治理结构"一刀切"。立法者提供了一个看上去完整的治理结构，但这种统一的要求在个体差异甚大的基金会中能否一体适用？强制推行的结果就是治理结构成为"写在纸上，挂在墙上"的表面文章，实际治理状况却存在差别，甚至是背道而驰。[1] 基金会的差异是客观存在的，但是对于统一治理要求和规定必须要严格遵守，不能因为基金会的差异而否认或轻视制度的统一性。此外，强制推行的结果也不是造成"写在纸上，挂在墙上"的表面文章的原因。存在形式主义现象的原因很多，和是否强制推行没有直接的关系，笔者认为恰恰是强制推行不彻底的原因。试想，若严格按照有关要求做，不得变样，不搞形式主义，就会有好的效果，起码能减少这种现象，而不是更多。

导致慈善组织未按照章程规定的宗旨和公益活动的业务范围进行活动，是因为基金会章程的权威性不够。从理论到实践，对章程的忽视成为一种习惯，甚至力图促进基金会发展的举措也有意无意地忽视章程。

慈善组织章程的内容、条目是有具体规定的，"三大条例"以及章程

---

[1] 李政辉：《非公募基金会的基本矛盾与规制研究》，法律出版社 2015 年版，第 137 页。

示范文本列得很清楚。可以说制定章程很容易，关键是遵守章程。现实中一些慈善组织未按照章程规定的宗旨和公益活动的业务范围进行活动，被民政部门依法进行行政处罚。例如，刘彪慈善基金会2016年度未按照章程规定的宗旨和公益活动的业务范围进行活动，借款1亿元给陕西省某公司，此外还存在违反《基金会管理条例》《基金会信息公布办法》《关于规范基金会行为的若干规定（试行）》的情形，被民政部作出停止活动六个月的行政处罚。① 再如，慈孝特困老人救助基金会存在超出章程规定的宗旨和公益活动的业务范围开展活动，甚至在编制财务会计报告中存在弄虚作假的违法行为，情节严重，依据《基金会管理条例》第42条的规定，民政部决定对其作出撤销登记的行政处罚。②

三 慈善组织负责人和工作人员的素质状况及影响

当前，我国慈善组织负责人、管理者和工作者素质参差不齐。慈善组织的组织机构尤其是治理机关人员素质偏低，表现在以下几个方面：其一，一些慈善组织治理机构人员没有慈善和非营利理念和意识，对慈善组织的宗旨和使命认同度低，以营利为目标，忽视了非营利原则，这不利于慈善组织治理水平的提升。其二，一些慈善组织的负责人具有强烈的市场竞争意识，积极争取各种项目，但合作意识不强，不善于或者忽视同其他机构合作，这不利于慈善事业的整体形象和声誉，不利于慈善组织公信力建设。其三，慈善组织治理机关人员专业性不足。根据《2018年度中国社会工作发展报告》，截至2018年底，全国有助理社会工作师和社会工作师共439266人。③ 相对于庞大的社会组织来说，拥有社会工作职业资格的人数量还偏少。而且持证社会工作者地域分布不均，广东最多，超过8万人，江苏超过5万人，浙江超过4万人，北京、上海、山东超过2万人，一些中西部省份则相对较少。一些执行机构负责人和工作人员不具备项目管理、财务管理、慈善服务等方面的专业知识，不熟悉项目运作的流程和方法。其四，慈善组织工作人员社会认同度低，职业评价体系不健全，限薪政策阻碍了慈善行业吸引和留住高级管理人才。十三届全国人大

---

① 《民政部对刘彪慈善基金会作出停止活动六个月的行政处罚》，2018年12月10日，民政部网站（http://www.mca.gov.cn/article/xw/tzgg/201812/20181200013487.shtml）。
② 民政部网站（http://www.mca.gov.cn/article/xw/tzgg/201608/20160815001573.shtml）。
③ 《2018年度中国社会工作发展报告发布》，2019年3月26日，《公益时报》（http://www.gongyishibao.com/html/yaowen/16252.html）。

常委会对《慈善法》实施情况的执法检查发现，100余家慈善组织有三分之一员工流动性较强，连续任职超过3年的员工数量比例低于50%。[①] 慈善组织工作人员专业化和职业化是慈善组织可持续发展的必然选择，今后需要大力加强慈善组织工作人员队伍建设，建立一支具有扎实专业知识、丰富实践经验和具有奉献精神的高素质的专业化和职业化的人员队伍。

第四节　社会文化因素

与慈善事业有关的社会文化因素包括慈善文化意识、人们对慈善事业的信任程度和整体社会责任状况，它们对慈善事业监管产生不可忽视的潜在影响。

一　慈善文化意识状况

目前，中国民众的个体慈善行为表现在以下几个方面：[②]

（1）参加"慈善一日捐"活动。响应党和政府的号召，民众参加慈善总会组织的一年一度的"慈善一日捐"活动，在活动中捐出一天的工资或收入。参加者主要是政府机关、企事业单位和社区的居民。

（2）参加临时性的捐助活动。主要是针对重大自然灾害和突发公共卫生事件等进行捐款、捐物活动。近年来各地民政部门和慈善总会在灾害和事故灾难发生时进行募捐或号召民众捐款，我国民众先后参与为印度洋海啸灾区、2008年南方冰雪灾害、汶川地震、玉树地震、雅安地震、芦山地震、舟曲特大山洪泥石流等灾后恢复重建以及2020年新冠肺炎疫情防控的捐款活动。

（3）响应政府号召捐赠物品进行对口支援。在对口支援中人们的捐助热情很高。

（4）参加社区慈善组织倡导的捐助活动。在这方面，社区党支部、居委会工作人员、社区慈善积极分子起到了带头作用。例如，天津滨海新

---

① 张春贤：《全国人民代表大会常务委员会执法检查组关于检查〈中华人民共和国慈善法〉实施情况的报告》，中国人大网（http://www.npc.gov.cn/npc/c30834/202010/afc0a05adb4242b49920c2251017205e.shtml）。

② 陈为雷、毕宪顺：《中外慈善事业比较研究》，中国政法大学出版社2019年版，第51—53页。

区新港街道办事处北仑里社区居委会成立社区福利会，进行月月捐活动，对社区内困难群体进行救助；再如，烟台市慈善总会在大海阳社区设立红色先锋慈善公益基金，方便居民为困难党员和群众提供帮助。

（5）参加有关志愿服务组织的志愿服务活动。在城乡居民的日常生活中，有些人在工作之余乐意贡献自己的时间和精力帮助他人，从事志愿服务活动。

从以上个体慈善行为来看，我们发现中国民众个体慈善意识呈现出以下几个特点：

（1）慈善意识得到加强，但仍然比较薄弱。从近年来慈善活动或慈善行为看，当发生自然灾害、事故灾难和公共卫生事件等突发事件时，人们的慈善之心就会表现出来，就有强烈的慈善助人意识，这尤其体现在重大自然灾害中人们踊跃捐款、捐物的行为上。但在平时人们的慈善意识处于潜在的状态中，没有被激发出来。根据对扬州市10余个社区和高校的调查，受访者对慈善的认知较为模糊，整体意识水平较低，只有16.81%的受访者认为自己非常了解或比较了解慈善。在对当前社会的慈善意识评价中，约51.25%的受访者认为社会慈善氛围不浓郁，公民慈善意识发展水平低。[①]

（2）城乡有差别。随着我国城市化的发展，城乡差别在逐渐消除，但在某些方面差别仍然存在。就慈善事业来说，城乡居民参与程度不同。根据对青岛、烟台和威海三地城乡社区的问卷调查，居住在乡村、郊区、城中村和城区中参加志愿活动的受访者占全部被调查者的比例分别为34.1%、31.1%、45%和38.9%。[②] 可见，受访者的居住地不同，其参与志愿服务活动的比例也不同。

（3）人们的慈善行为呈现出被动参与的特点。前几年，"慈善一日捐"活动由政府统一举办，慈善总会组织实施。人们虽然参加"一日捐"活动，但是可能不清楚捐赠活动的意义，不知道捐款的用途。这说明被动参与式的捐款不利于培养民众自觉自愿的发自内心的慈善意识和慈善行为，容易导致人们不愿捐款，影响人们的捐赠意愿和行为。

（4）慈善的内涵还有待于进一步扩展。目前很多人对慈善的理解还局限于捐款、捐物进行扶贫济困，人们的慈善行为主要表现在捐款、捐物

---

① 张梦云：《当代中国公民慈善意识培养的理论与实践研究》，硕士学位论文，扬州大学，2019年，第20—21页。

② 陈为雷、王文静：《当前社会发展与合作性建设》，《山东社会科学》2019年第8期。

上。这说明人们对慈善事业的理解还比较狭隘，还有待于进一步宣传慈善的内容和范围，促使人们更好地理解慈善事业。

(5) 人们对政府与慈善组织关系的认识上存在不同的观点。全国大部分省市的慈善总会设在民政局，由民政干部从事慈善工作，特别是在重大自然灾害和突发公共卫生事件发生时慈善总会往往与政府部门一道开展工作。这导致人们可能认为慈善总会就是政府的一个部门，慈善总会搞募捐就是政府搞摊派，这不利于人们的慈善意识培养。

二 慈善信任状况

社会对慈善事业的信任是慈善事业健康发展的基础和关键。只有人们信任慈善组织和慈善制度，他们才能持续参与慈善活动，推动慈善组织和慈善事业不断向前发展。中国社会科学院社会学研究所于2011年和2013年对非政府组织的信任状况做过两次调查。2011年的调查结果显示，非政府组织的平均信任得分为57.5分，属"不信任"水平。具有官方背景的非政府组织较受市民信任，而对慈善机构的信任水平接近"高度不信任"范围，得分为53.5分。[1] 2013年的调查结果显示，慈善机构社会信任得分为52.8分，属于"不信任"的较低水平；从动态来看，社会团体信任水平出现分化。与2011年底相比，公众对社会团体信任水平总体上升4.5分，其中六项上升，两项下降。慈善机构的社会信任则下降了0.7分，继续停留在"不信任"水平，慈善机构的信任危机还在继续。[2]

有学者于2012年研究了民众对慈善制度的信任状况，结果显示，受访者打分不高，低于3分的受访者所占比例为57%，所有分数的均值仅为3.24分（最高赋分为7分），这说明受访者对中国慈善制度的信任度极低，亟待从根本上完善慈善制度。[3]

当前，随着互联网和信息技术的发展，出现了"微公益""水滴筹""相互保"等新型公益形式，但其信息的真实性、钱财去向等问题

---

[1] 饶印莎、周江、田兆斌、杨宜音：《城市居民社会信任状况调查报告》，载杨宜音、王俊秀：《中国社会心态研究报告（2012—2013）》，社会科学文献出版社2013年版，第79—80页。

[2] 饶印莎、周江、靳建刚、杨宜音：《2013年中国八大城市居民社会信任状况调查报告》，载王俊秀、杨宜音主编《中国社会心态研究报告（2014）》，社会科学文献出版社2014年版，第173页。

[3] 张进美：《中国城市居民慈善捐款行为影响因素研究》，博士学位论文，东北大学，2012年，第82页。

也成为人们的关注点。根据对扬州市10余个社区和高校的调查，在问及"如何看待互联网慈善"时，80.37%的受访者认为真假难辨、风险高，15.72%的受访者持保留态度，只有3.91%的受访者信赖并积极参加；问及"遇到网络求助信息的捐款意向"时，七成以上的人选择捐款10元以内。[1] 新型慈善方式的出现方便了人们参与，但也存在慈善信息失真、个人信息泄露、信任度低等问题，亟待政府出台相关政策法规予以规范。

三 社会责任状况

慈善事业是一项需要社会成员广泛参与的社会事业。有学者专门研究了人们对慈善责任者的认知，结果发现，79.10%的受访者认同"发展慈善事业需要每一个社会成员的参与"，仅有6.66%的受访者不赞成这种观点。56.89%的受访者认同发展慈善事业是政府的责任，41.58%的受访者认同发展慈善事业是富人的责任。[2] 从以上数据来看，近80%的受访者认同发展慈善事业需要每一个社会成员的参与，这为公众参与推动慈善事业发展奠定了基础。同时发现人们对慈善责任承担者的认知出现一定偏差，发展慈善事业不仅仅是政府和富人的责任，它需要全社会广泛参与。

在现代社会中，每个公民除了对自己负责外，还要承担相应的社会责任，以形成一种彼此照应、相互支持的社会氛围，从而保证社会有序规范运行。人们对承担社会责任的认知与其工作时间、个人经历等有密切联系。一项对424名理工科专业博士生社会责任状况的调查显示，从事科技工作6年以上的博士生对"服务国家和社会发展需要""维护法律与社会秩序"等社会责任的认同程度要显著高于从事科技工作时间5年或以下的博士生。履行岗位职责，做好本职工作是每个劳动者的责任和义务，而人们有可能在履行岗位职责时放弃承担社会责任。调查显示，在履行社会责任与提高科研效率、取得科技创新优先权和科技竞争等有冲突时，从事科技工作6年或以上的博士生"社会责任意识缺失"的程度要高于从事科技工作时间在5年或以下的博士生，即从事科技工作6年或以上的博士

---

[1] 张梦云：《当代中国公民慈善意识培养的理论与实践研究》，硕士学位论文，扬州大学，2019年，第23页。

[2] 石国亮：《我国居民的慈善意识及其影响因素——基于全国五大城市的调查分析》，《理论探讨》2014年第2期。

生更倾向于选择后者而不是承担社会责任。[1]

企业是重要的社会责任主体，它们对所承担的不同类型的社会责任的认同度不同。有关研究显示，民营企业比较同意和非常同意以下责任：诚信责任、投资者责任，认同度在"比较同意"和"非常同意"之间；经济责任、员工责任、特殊群体责任、消费者责任和社区责任，认同度为"比较同意"。而公益责任和环境责任认同度低于"比较同意"。民营企业对法律责任的认同度较高，但对伦理责任特别是慈善责任的认同度相对较低，这说明现阶段民营企业的社会责任意识还具有局限性。[2]

四 社会文化因素对慈善事业监管的影响

改革开放前，我国慈善事业一度走向衰熄与停滞，改革开放后，慈善事业才开始恢复发展，慈善文化意识逐步复苏。一项对城市居民慈善意识影响因素的研究显示，影响最大的因素是文化因素。人们的自我满足感、回报社会的责任感及宗教信仰影响人们的慈善行为，受助对象的困难程度和慈善宣传能够加重人们的同情心和责任感，使居民的慈善捐赠意识更为强烈。[3] 当前，既要看到社会文化因素对提升慈善意识、促进慈善事业发展和慈善事业监管有利的一面，也要看到它对慈善事业和慈善事业监管不利的一面。周志忍和陈庆云指出，多年来的总体性国家和全能政府实践，社会主义制度下利益高度一致性的过分强调，"先锋队"观念及其暗含的道德人假设，政治领域对权力缺乏制衡和制度化约束等，导致对"个人觉悟"的过分信赖，公民权利意识和监督意识薄弱，甚至表现出无奈和"理性的冷漠"。[4] 从以上我国当前社会文化基本状况来看，人们还没有普遍地把慈善当作个人的起码职责和义务，大多数人对慈善的理解还停留在同情心使然，慈善意识明显滞后。由于市场经济一些负面影响的冲击，一些慈善组织面临着严重的公信力危机。慈善意识、社会责任意识以及民众对慈善组织的信任度皆不高，受此影

---

[1] 陆根书、孙海鹰、李科、畅蕙蕊、王海晨：《博士研究生社会责任意识的结构与特征分析》，《高等工程教育研究》2011年第6期。

[2] 陈旭东、余逊达：《民营企业社会责任意识的现状与评价》，《浙江大学学报（人文社会科学版）》2007年第2期。

[3] 邓玮：《城市居民慈善意识影响因子分析及动员策略》，《重庆大学学报（社会科学版）》2013第3期。

[4] 周志忍、陈庆云：《道德驱动的自律与制度化自律——希望工程公共责任和监督机制研究》，《中国行政管理》2001年第3期。

响，人们的慈善监督意识薄弱，主动对慈善组织进行监督的行为少，这不利于慈善事业健康发展。因此，需要进一步完善慈善事业制度，加强慈善文化宣传意识，唤醒广大公众的慈善意识和责任意识，让越来越多的人具有善心、同情心和责任心，增强对慈善组织的信任，鼓励和支持人们承担社会责任，积极参与慈善事业，提升社会慈善事业监管意识，从而促进慈善事业健康发展。

第八章　境外慈善事业监管模式及启示

境外慈善事业监管涉及当地历史文化、法律法规、组织架构、监管措施等多个方面的内容，本章不打算全面介绍以上内容，而是根据本研究确立的框架和本着针对性吸收境外经验和做法的思路，重点选择欧美的英国、美国、德国及亚洲的日本、中国香港和中国台湾地区，重点从行政监管、慈善组织内部治理、社会监督三个方面介绍、分析这些国家和地区比较独特及行之有效的监管模式和举措。

第一节　行政监管模式

一　英国以慈善委员会监管为中心的慈善行政监管

（一）英国慈善委员会及其监管

1853年英国《慈善信托法》确立了慈善委员会制度，英国成为世界上最早建立慈善委员会的国家。英国《1960年慈善法》改革之后，慈善委员会既是行政机关，又是准裁判机关。经过《1992年慈善法》《1993年慈善法》《2006年慈善法》《2011年慈善法》等慈善法成文法改革，慈善委员会已经基本上实现了现代化的再造。英国慈善委员会制度的独特性体现在它代表政府实施慈善事业监管职能。

1. 慈善委员会的目的

《2011年慈善法》列出的慈善委员会的目的如下：①公信力目的，指增强公众对慈善组织的信任和信心。②公共利益目的，指提高对实施公共利益要求的认识和理解。③合规性目的，指促进慈善组织内部受托人在行使其对慈善组织运作之控制和管理时遵守其法律义务。④慈善组织的资源目的，指促进慈善组织资源的有效利用。⑤责任目的，指加强慈善组织对捐赠者、受益人及公众的责任。①

2. 慈善委员会的一般职能

慈善委员会的一般职能包括：①决定机构是否为慈善组织。②鼓励和促进更好地管理慈善组织。③查明和调查慈善组织管理方面的明显不当行为或管理不善，并就慈善组织管理方面的不当行为或管理不善采取补救或保护行动。④决定公共慈善募捐证书是否应颁发并确定其是否仍在有效期。⑤获得、评估和传播与慈善委员会履行任何职能或实现其任何目标有关的信息。⑥就与慈善委员会的任何职能或实现慈善委员会的任何目标有关的事项向政府部长提供信息、咨询或建议。②

3. 慈善委员会对慈善组织的监管

慈善委员会对登记和未登记的慈善组织均有监管权，监管作用主要集中于慈善组织受托人及其行为。如果慈善组织中出现不当行为，慈善组织及其共同受托人必须负责改正，如果是严重的滥用情形，那么慈善委员会可以展开法定调查。

（1）慈善组织登记

除以下类型的慈善组织，英格兰和威尔士地区的慈善组织均须在登记簿中登记：豁免登记的慈善组织；无须登记且符合条件的慈善组织；总收益不超过10万英镑且符合条件的慈善组织；总收益不超过5000英镑的慈善组织。③

（2）慈善组织分类审计

慈善委员会拥有常规审计监督权力和指定审计权力。按照慈善组织规模不同，《慈善法》明确了分类审计和检查标准。大型慈善组织是指总收入超过100万英镑，或者总收入不超过25万英镑且总资产超过326万英镑的慈善组织。对大型慈善组织必须执行法定审计制度。不属于大型慈善组织但年度总收入超过了2.5万英镑的慈善组织，其会计报表必须由独立检查员检查，或者由审计人员进行审计。④

---

① 金锦萍译：《非营利组织法译汇（三）：英国慈善法》，社会科学文献出版社2017年版，第229—230页。

② The Commission's general functions, Charities Act 2011, (http://www.legislation.gov.uk/ukpga/2011/25/section/15).

③ 金锦萍译：《外国非营利组织法译汇（三）：英国慈善法》，社会科学文献出版社2017年版，第237—238页。

④ 胡波：《英国慈善组织审计监督制度及启示》，《会计之友》2018年14期。

（3）对不当行为或不当管理展开法定调查

展开法定调查的原因：有不当行为或不当管理迹象；对信托的重大违反或不遵守慈善法；对慈善组织财产、受益人或工作带来极大危险；有使用慈善委员会监管权力的需要；有收集证据需要；法定调查更有效的情况或者为保护公众的需要。[①] 2015 年英国慈善委员会收到 1569 个举报，并从中选出 299 个进行了调查。[②]

（4）信息收集

《慈善法》第 47 条允许慈善委员会要求某人在具体时间范围内提供下列信息：①向慈善委员会书面陈述调查相关问题，并确保这些陈述或回答的真实性，如有必要写一个法定陈述书；②将其保管或控制下与调查相关的文件复印件交给慈善委员会，并确保这些文件确属原件的复印本，如有必要写一个法定陈述书；③在规定时间和地点提供证据或文件，若被要求的人员在规定时间和地点内难以提供上述证据或文件，应立即告知慈善委员会。[③]

慈善委员会也可根据《慈善法》第 52 条规定的权力要求相关人士提供文件或原始文件的复印件或摘要。

（5）对慈善组织的保护[④]

对慈善组织的保护包括临时性保护和永久性保护。慈善委员会在调查期间有临时保护权力，会暂时保护慈善组织的财产。临时保护权包括下列内容：①暂停受托人、慈善受托人、管理人员、代理人或员工的工作；②将慈善组织财产交给正式管理人保管；③未经慈善委员会同意，禁止持有慈善组织财产的人取走财产；④未经慈善委员会同意，禁止人们偿还欠慈善组织的任何债务；⑤限制慈善组织可进行交易的性质或支付额；⑥任命一位临时经理代替或（和）受托人一起管理慈善组织的事务；⑦暂停受托人、慈善受托人、管理人员、代理人或员工的成员资格，如果他们的工作已被暂停，但希望借其成员资格恢复职位。

永久保护权是救济权，对调查中发现的问题提供长期的解决方案。永久保护权包括：①解雇受托人、慈善受托人、管理人员、代理人或员工，

[①] 林少伟译：《英国慈善委员会指引》，法律出版社 2017 年版，第 882—887 页。

[②] 孙卫东：《英国慈善组织监管及思考——中英慈善项目代表团关于英国慈善监管的考察报告》，《中国民政》2017 年第 1 期。

[③] 林少伟译：《英国慈善委员会指引》，法律出版社 2017 年版，第 888 页。

[④] 林少伟译：《英国慈善委员会指引》，法律出版社 2017 年版，第 889—891 页。

如果他们参与了不当行为或不当管理，应对其负责；②解除管理人员、代理人或员工在慈善组织的成员资格；③给慈善组织的行政管理制订一个计划；④对慈善组织的行政管理或其财产采取特别行动；⑤确定慈善组织成员。

（二）其他机构的监管

除慈善委员会之外，英国还有其他机构享有对慈善组织监管权。英国法院对慈善组织的监管权力包括为了更好地实现一个慈善目的而制定"方案"、适用力求近似原则变更信托目的和采取措施纠正受托人违反慈善组织义务的行为。这些职权目前都由英国高等法院与慈善委员会共同行使。皇家检察总长在保护和管理慈善组织方面可以向法院提供建议。随着慈善委员会权力的扩大，皇家检察总长对慈善组织的监管转向了司法救济。慈善组织可以通过遗嘱和遗嘱以外的形式设立，涉及依遗嘱方式设立的慈善组织受到遗嘱事务署的监管。英国国内税务署对获得减免税资格的慈善组织享有监督权。《1986年财政法》规定国内税务署如果发现某个慈善组织从事非公益活动或将信托财产的投资收益用于私益目的时，可以将案件提交法院。税务署还有权查阅慈善委员会的登记记录。2005年税务署、海关与消费税署合并，成立了最高税务和关税署，由这个新成立的机构继续履行传统上由国内税务署履行的监管职能。以上这些机构共同作用，构成了一整套完整的慈善组织监管体系。[①]

（三）英国慈善事业监管的特点

1. 以慈善委员会监管为中心的整体性监管

英国慈善委员会是英国慈善组织监管的核心部门，慈善委员会对慈善组织的监管是英国慈善组织监管的最大特色。慈善委员会运用法律赋予的职权维护慈善组织的名誉和慈善法的可信度，监督慈善组织运行。其他部门如遗嘱事务署、国内税务署等在与其职权相关的环节上对慈善组织进行监管。总体看来，英国慈善委员会和其他部门建立起全方位、多角度的监管体系，对慈善组织的监管涉及事前、事中和事后的整个过程及主要方面。

2. 注重对慈善组织支持与保护

慈善委员会的本职是制定明确的法律政策促进慈善事业发展，工作重点是致力于鼓励慈善组织管理、行政和财政管理高标准化。无论慈善组织是否进行登记，慈善委员会都重视向其提供信息、法律政策咨询服务，帮

[①] 解锟：《英国慈善组织监管的法律构架及其反思》，《东方法学》2011年第6期。

助慈善组织解决问题。在法定调查中，慈善委员会也会利用监管权力保护慈善组织受益人和资产。可以说，慈善委员会是慈善部门的独立合作伙伴，慈善委员会通过对慈善组织的支持、服务与监督，维护慈善组织的内部运作机制，提高民众对慈善组织及其相关活动的信任感。

3. 注重分类监管

在英国，分类监管体现在慈善组织登记和分类审计等方面。慈善组织登记分为强制登记和自愿登记两类，年收入在5000英镑以上的慈善组织必须在慈善委员会登记，年收入在5000英镑以下的自愿登记。已经登记的慈善组织如果某年收入低于5000英镑，也保留注册身份。英国《慈善法》确定了分类审计和检查的制度，将监管重心和精力集中在大型慈善组织上。分类登记和分类审计监管模式注重抓大放小，有利于增强大型慈善组织的监督效果，节约监管的人力、物力。[①]

二　美国多层次慈善行政监管[②]

美国没有一部独立的关于慈善组织的法律，慈善法也不是一个独立的部门法。《国内税收法典》是联邦政府管理包括慈善组织在内的免税组织的"根本大法"。以《国内税收法典》为基本法律，加上配套的一系列税法实施条例和细则，联邦政府构筑了比较严密的免税组织法律体系。美国政府对慈善事业监管体现在三个层次上，一是联邦政府的监管，二是州政府的监管，三是地方政府的监管，在这三个层次中，联邦和州政府的监管起着主要作用。

（一）联邦政府的监管

1. 联邦税务局的监管

美国联邦税务局对慈善组织的监管主要体现在以下几个方面：

（1）审批慈善组织免税资格

《国内税收法典》第501（c）(3)项规定了慈善组织免税资格的条件，包括：①必须以非营利为目的，即满足《国内税收法典》501（c）(3)项下列举的一项或多项目的；②其成立出于非营利目的；③主要围绕非营利目的开展活动；④禁止分配利益；⑤不得参与竞选；⑥不得

[①] 胡波：《英国慈善组织审计监督制度及启示》，《会计之友》2018年14期。

[②] 参见陈为雷、毕宪顺《美国慈善事业监管体制及其对中国的启示》，《东岳论丛》2015年第7期。

参与实质性游说。① 一个慈善组织若想获得免税资格，必须依法向联邦税务局提出申请。联邦税务局对提交的文件进行审查，可以作出批准或不批准的决定。

（2）接受慈善组织年度税务报表并进行监管

通过慈善组织提交的年度税务报表获得信息，以此掌握慈善组织的运营情况。对不依法履行报备义务的组织，联邦税务局将处以罚款。连续三年不报送990系列表格的组织，其联邦免税待遇会被自动注销。

（3）对慈善组织进行审计

美国联邦法律授权联邦税务局对慈善组织的账簿和记录进行审计。如果审计人员发现了问题，将责成慈善组织补征税款，并处以罚款。近年来联邦税务局越来越多地采用综合性检查的方法，深入了解监管对象的各相关细节，并利用档案数据和公开信息对某些组织进行追踪性比较。重点监管的组织有两类：一是接受联邦政府资助或者与政府签订服务合同的组织，二是资产额超过1000万美元的特大型组织。②

2. 其他联邦政府部门的监管

除此之外，联邦政府的其他部门也参与慈善组织的监管工作。卫生与公共服务部的工作职责之一是依法对从事非营利医疗保健事业的慈善组织进行监管；联邦贸易委员会的消费者保护局负责监督电话营销和跨州募捐活动；美国邮政管理局承担着许多慈善组织向公众和特定对象大量邮寄宣传品的职能，也依法负有邮政专业监管职责，要求其服务的组织符合相关规范。③

（二）州政府的监管

1. 州务卿的监管

在美国，慈善组织若想设立非营利法人，须将签署后的法人章程和其所在州要求缴纳的登记费用一起提交给该州州务卿。除非特别规定推迟的生效日期，法人于法人章程备案时开始存在。如果法人章程没有包含所要求的内容，或者其允许组织从事法律禁止的活动，州务卿就不会接受该章

---

① [美]贝希·布查尔特·艾德勒、大卫·艾维特、英格里德·米特梅尔：《通行规则：美国慈善法指南》，金锦萍等译，中国社会出版社2007年版，第5页。

② 徐彤武：《美国政府对公益慈善事业的管理及启示》，中国社会科学网（http://www.cssn.cn/gj/gj_gjwtyj/gj_mg/201310/t20131026_593321.shtml）。

③ 栾恺：《美国慈善组织外部监管机制研究》，硕士学位论文，外交学院，2010年，第11页。

程也不会将其存档。

2. 州首席检察官的监管

在美国绝大多数州，州首席检察官有权监督和管理慈善组织，慈善组织必须经常报告其业务活动和财务情况。例如，加利福尼亚州首席检察官对慈善组织享有广泛的监督权。纽约、加利福尼亚和其他很多州，都要求慈善组织向州首席检察官提交报告，而且公众可以查阅这些报告。在大多数州，首席检察官有权查阅慈善组织的账簿和记录，以确保慈善组织的财产用于公共利益。①

3. 其他州政府部门的监管

美国各州还设有专门的慈善组织管理部门，例如，加利福尼亚州设有慈善信托登记处、慈善信托法律暨审计部，前者主要负责收集和处理本州内慈善组织和慈善信托人提交的财务报告等信息，并且负责接待要求查阅此类文件的公众，后者主要负责对慈善组织资产的滥用、浪费和欺诈行为进行调查和审计，调查结果将被提交给法院，以防止慈善财产被不当使用。州首席检察官负责指导上述两个部门的工作，并根据登记处提供的公众投诉信息，要求法律暨审计部进行调查。②

（三）地方政府的监管

美国的地方政府指州级以下的政府设置，通常包括 5 个类别：县政府、市政府、镇政府、学区和防火、灌溉等特别区。2007 年全美共有 3033 个县政府、19492 个市政府、16519 个镇政府、13051 个学区和 37381 个特别区。③ 与联邦政府和州政府相比，地方政府对慈善组织进行的管理与监督较为有限。其中涉及本地慈善组织的内容多为慈善募捐管理、活动管理以及某些税、费的豁免。例如，休斯顿市的市法中就对慈善组织的募捐活动作出详细的规定；佛罗里达州南部的迈阿密–戴德县政府的消费者服务部负责消费者投诉的调查工作，专门向公众发布防范募捐欺诈的指导性意见。④

---

① ［美］贝希·布查尔特·艾德勒、大卫·艾维特、英格里德·米特梅尔：《通行规则：美国慈善法指南》，金锦萍等译，中国社会出版社 2007 年版，第 109 页。
② 蔡磊：《非营利组织基本法律制度研究》，博士学位论文，西南财经大学，2004 年，第 95 页。
③ U. S. Census Bureau, Statistical Abstract of the United States 2012. Bernan Press, 2011. p267.
④ 徐彤武：《美国政府对公益慈善事业的管理及启示》，2012 年 11 月 6 日，中国社会科学网（http://www.cssn.cn/gj/gj_gjwtyj/gj_mg/201310/t20131026_593321.shtml）。

(四) 美国慈善行政监管的特点

美国对慈善组织的监管由联邦政府、州政府和地方政府实施，其中联邦税务局对慈善组织进行免税资格审批和税收管理，联邦政府的卫生与公共服务部、联邦贸易委员会消费者保护局、美国邮政管理局等联邦政府部门，各州的州务卿、州首席检察官等州政府部门及地方政府部门分别依职权对慈善组织实施监管，形成了以联邦税务局监管为中心的多层次的慈善事业监管体系。

三 德国"登管分离"慈善行政监管

德国有关慈善组织的法律法规比较完善，《德国基本法》《德国民法典》《社团法》《基金会法》从不同的层面对慈善组织的成立、性质和行为规范等内容作出了规定，慈善组织必须在法律框架内进行规范、有序的活动。

(一) 登记注册

在德国，社团登记注册主要涉及公益性认定问题。德国负责非营利社团登记注册的是具有审理民事、刑事案件的普通管辖权的最低一级法院即"区法院"或"初级法院"。如果社团所有地跨越两个以上区域，则由州的司法行政部门来决定在其中的一个所在地的区法院进行登记。非营利社团登记的基本条件包括：①社员人数不少于七人；②有社团章程，章程内容必须包含社团的目的、名称和所在地；③社团的名称应明显区别于在同一地点或者同一市镇内现存的已登记社团的名称；④社团必须有二人以上构成的董事会；⑤向区法院提出申请并提交如下文件：由至少七名社员签字的章程的正本和副本；关于选任董事会的证书副本。[1]

财团是德国民法典规定的另外一种法人形式，相对于社团来说，财团基于捐助行为形成，其中一部分财团采用基金会的名称。根据 2002 年修正后的德国《民法典》，财团成立由许可主义改为准则主义。在民法第 80 条第 1 项规定说明一个有权利能力的财团之成立，除了要有捐助行为外，最重要的是要由财团所在地的州的主管部门认可。财团的成立只要满足下面三个条件：①有捐助行为；②足够财产长期地支持财团的目的；③没有违反公共利益。那么德国各州的财团主管机关就必须承认财团，给予其法人的地位。[2]

---

[1] 王名、李勇、黄浩明编著：《德国非营利组织》，清华大学出版社 2006 年版，第 32 页。

[2] 王名、李勇、黄浩明编著：《德国非营利组织》，清华大学出版社 2006 年版，第 33 页。

另外，在德国民法中，除了规范具有法人资格的社团与财团之外，也容许不具有法人地位的非法人团体的存在，它们包括未登记且不具法人身份的社团以及不具有法人身份的非自主性财团。①

(二) 监督管理

在德国，社团监管机关为州和联邦的政府，地方州的最高官厅管理在州管辖范围内存在和活动的社团，联邦内务部管理跨州存在和活动的社团。社团监管机关可采取禁令、调查、财产扣押与没收、清算等措施解散以至消灭社团。①禁令由社团监管机关依据宪法以命令形式发出，当社团管理机关确认一个社团的活动与刑法相抵触、不利于宪法秩序、不利于国际团结友好思想的时候，当以书面形式发出禁令并送达该社团分支机构，同时公布于联邦公报和政府通报中。②调查由社团监管机关实施，可请有关负责保卫公共安全与秩序的主管官厅协助调查，应向所在地的行政法院申请，在获得法院命令后执行。调查要按照法定程序询问证人、扣押和搜查。③财产扣押与没收是社团监管机关实施的监管行为，扣押对象包括社团的财产、社团的信托财产，以及第三人作为受托人为社团取得的财产或保管的社团财产，扣押须依据扣押命令对财产予以查封，必要时可采取直接强制手段。财产没收由州或联邦的社团监管机关实施。②

财团法人监督机关对财团法人的慈善行为，慈善财产的维持、使用及投资收益具有审查权，主要审查其是否与财团章程规定相一致。监督机关具有以下权力：一是有权了解财团所有事务；二是审查财团的机构与设置，审查其业务执行与财务管理情况，必要时还可委托他人审查；三是对财团法人的违法行为，可以提出异议，并要求其采取相应措施；四是财团在规定期限内未执行监督机关命令的，监督机关有权代为执行。③

(三) 税收优惠监管

在德国，财政部门具体负责慈善组织税收优惠监管工作，包括：审核组织章程；帮助慈善组织修改章程，使之符合公益的原则并得到认可；每三年进行一次财务检查，以确保该组织遵守其章程所规定的非营利原则。④ 此外，财政部门对慈善组织章程的审核、修改和认可是慈善组织登

---

① 陈惠馨：《德国财团法人制度的发展——以德国〈民法典〉及柏林邦财团法为中心》，《中国非营利评论（第7卷）》，社会科学文献出版社2011年版，第72页。
② 王名、李勇、黄浩明编著：《德国非营利组织》，清华大学出版社2006年版，第34页。
③ 谢琼：《欧洲慈善监管模式及对我国的启示》，《苏州大学学报》2015年第5期。
④ 王名、李勇、黄浩明编著：《德国非营利组织》，清华大学出版社2006年版，第34页。

记注册过程的一个环节,即慈善组织的章程只有得到认可和公证,才可到法院办理注册登记。

(四) 德国慈善组织监管的特点

德国慈善组织行政监管特点有以下三个方面:其一,德国在慈善组织监管方面没有统一的政府监督机构,而是由政府有关部门、司法部门共同对慈善组织进行监管。政府的财政部门负责检查社会组织的公益性,审核、修改组织章程并给予认可;"区法院"或"初级法院"负责社团、州内政部门负责财团的登记注册;有关政府部门则对慈善组织违反法律行为进行监管,慈善组织监管体现分工合作的综合性监管特点。其二,登记与管理分离,社团登记由地方法院执行;联邦和州政府对社团实施管理。登记注册是程序性管理,日常管理则是对社团行为的实质性监督管理。其三,慈善组织管理注重追惩和奖励。一般情况下,政府不干预慈善组织的内部具体事务,有关部门只检查从政府领取资助的慈善组织的财务和项目执行情况。违法的非营利组织,由司法部门负责解决。对有贡献的非营利组织,政府予以物质和精神的褒奖。

四 日本对公益法人和特定非营利活动法人的行政监管

根据日本学者雨森孝悦的观点,在日本,法人型 NPO 至少包括 NPO 法人、公益社团/财团法人(通称"公益法人")、一般社团/财团法人(通称"一般法人")、社会福祉法人、宗教法人、医疗法人、学校法人、更生保护法人、管理组合法人(含团地管理组合法人)、许可地缘团体以及消费生活协同组合。① 与慈善相关的法人类型包括公益法人和特定非营利活动法人。公益法人是依据日本《民法》第 34 条设立的,是日本出现最早的一类非营利法人,分为社团法人和财团法人两种。2006 年日本对公益法人制度进行改革,颁布"公益三法",即《一般社团法人及一般财团法人法》《公益社团法人及公益财团法人认定法》和《与一般法人法、公益认定法等法律的实施所需配套法律之整备等的法律》,旧公益法人转变成新公益法人或一般法人。特定非营利活动法人是 1998 年颁布的《特定非营利活动促进法》设立的法人,由地方政府认证。为了取得更为优越的税收待遇,特定非营利活动法人应向地方政府申请认定,经认定后可以获得认定特定非营利法人的法律地位。下面详细介绍公益法人和特定非

---

① 俞祖成:《日本非营利组织:法制建设与改革动向》,《中国机构改革与管理》2016 年第 7 期。

营利活动法人的认定和管理。

(一) 公益法人认定与监督

1. 公益法人认定

(1) 认定标准

公益认定标准一共有18项,可分为四类:第一类,与法人的目的、事业性质和内容相关的标准;第二类,与法人财务相关的标准;第三类,与法人机构相关的标准;第四类,与法人财产相关的标准。2008年4月,内阁府公益认定委员会制定了细则,对18项标准进行了划分,各自有相应的分数。一般法人在申请时要填写相应内容,各都道府县合议制机构也应该按照内阁府制定的细则来认定。①

(2) 认定机构

关于公益认定机构,过去主管部门的许可制度被废除,现在由内阁府公益认定委员会进行认定。委员会由7名委员组成,包括法律专业人士、注册会计师、教授等,其中3名是专职。另外,各都道府县设置审议会及其他合议制机构(以下统称"合议制机构"),一般由5人组成,最少也有3人,由他们来负责认定,认定之后由都道府县的知事发布结果。公益目的事业共23个项目,只要满足其中一个或者多个项目,而且针对的是不特定多数人的利益的增进就可以被认定为公益组织。

(3) 认定程序

公益法人认定程序可概括如下:①设立法人。发起人根据准则主义进行一般法人登记,这是申请被认定为公益法人的第一步。②提交申请。全国性一般法人向首相提交认定申请,地方性一般法人向其事务所(办公室)所在地的都道府县知事提交认定申请。③形式审查。内阁府公益认定等委员会事务局负责受理全国性一般法人的认定申请并进行形式审查,各都道府县的总务部总务科或文书科等负责受理地方性一般法人的认定申请并进行形式审查。④实质审查。内阁府公益认定委员会或各都道府县合议制机构负责公益认定的实质审查,同时负责审议针对公益法人的劝告、命令以及取消公益认定资格等事项,并将结果提交至首相或知事。⑤下达通知。内阁府公益认定委员会或各都道府县合议制机构作出认定结果后,行政部门以首相或知事的名义向申请法人递送"公益认定书"。接到认定书后,申请法人须按照法律要求向法务局提交法人名称变更申请,并向税

---

① 王振耀主编:《日本公益法律制度概览》,法律出版社2016年版,第23—26、164—166页。

务和金融机构递交税务材料。根据日本内阁府的统计，从新法实施日至 2014 年 11 月末，公益认定机关共收到 10147 件认定申请，最终受理并进入实质审查的有 9345 件，获得公益认定的有 9330 件，占受理总数的 99.84%。①

2. 公益法人的监督

为确保公益法人事业的合理运营，主管部门在必要的限度内根据内阁府令的规定，有权要求公益法人提交有关运营机构以及事业活动的报告，或其主管部门工作人员进入该公益法人的办事机构，检查公益法人的运营机构及事业活动的情况或检查会计账簿、文件及其他物件，或问询相关责任人。公益法人有法律规定的违规情形的，主管部门必须撤销其公益认定。②

（二）特定非营利活动法人认定与监督③

1. 主管部门

根据 2012 年修改的《特定非营利活动促进法》，从 2012 年 4 月起，在两个以上都道府县区域内设有办事处的 NPO 法人，其主管部门为其事务所本部所在都道府县的知事。如果其事务所仅在某个政令指定都市区域内，其主管部门为该指定都市市长。

2. NPO 法人的标准与设立程序

（1）NPO 法人的标准

根据《特定非营利活动促进法》，能够成为 NPO 法人的团体，必须符合以下标准：①以开展特定非营利活动为主要目的；②不以营利为目的；③关于社员资格的取得和丧失，不得附加不合理的条件；④获得报酬的高级管理人员人数占高级管理人员总人数的 1/3 以下；⑤不以宗教活动或政治活动为主要目的；⑥不以推荐、支持、反对特定的公职人员（包括候选人）及政党为目的；⑦不是暴力团体，不受暴力团体或暴力团体成员控制；⑧具有 10 名以上的社员。

（2）NPO 法人设立程序

设立 NPO 法人，需要向主管部门提交附有法定材料的申请书，并获得设立认证。提交的部分材料自受理之日起 2 个月以内，供公众随意阅

---

① 俞祖成：《日本公益法人认定制度及启示》，《清华大学学报（哲学社会科学版）》2017 年第 6 期。
② 王振耀主编：《日本公益法律制度概览》，法律出版社 2016 年版，第 174—176 页。
③ 王振耀主编：《日本公益法律制度概览》，法律出版社 2016 年版，第 85—101 页。

览。主管部门在受理申请书后 4 个月以内要作出认证或不予认证决定。设立认证后，即可通过登记成立为法人。

3. 认定 NPO 法人和暂认定 NPO 法人

认定 NPO 法人制度是一项税制上的措施，是为了推动向 NPO 法人捐赠以支援 NPO 法人活动的开展而设置。

（1）认定 NPO 法人

认定 NPO 法人，是指 NPO 法人中，符合运营组织及事业活动合理，且有助于增进公益等一定标准，获得主管部门认定的 NPO 法人。

（2）暂认定 NPO 法人

暂认定 NPO 法人，是指在新设立的 NPO 法人中，符合可预计其运营组织及事业活动合理，具备特定非营利活动健康发展的基础，且有助于增进公益等一定的标准，获得主管部门暂认定的 NPO 法人。

（3）认定标准

认定标准包括：①通过公众支持度测试（暂认定 NPO 法人除外）；②事业活动中，共益性活动所占比例不得超过 50%；③运营组织及财会合理；④事业活动的内容合理；⑤合理进行信息公开；⑥已向主管部门提交事业报告书等；⑦没有违反法令、不当行为或违背公益的事实等；⑧自设立之日起已超过 1 年。

认定的有效期间为自主管部门认定之日起 5 年。暂认定的有效期间为自主管部门暂认定之日起 3 年。

（4）申请认定程序

欲获得认定的 NPO 法人和欲获得暂认定的 NPO 法人，依据主管部门的条例规定，向主管部门提交申请书，获得认定。

4. 监督管理

在违反法令等一定情况下，主管部门可以要求 NPO 法人提交报告，或对其进行检查，根据情况还可以责令改正，甚至撤销设立认证。而且，违反特定非营利活动促进法的，可能对其适用罚则。

（三）日本慈善事业监管的特点

1. 公益法人和 NPO 法人的成立由许可制发展为认定制

此前法人成立需要主管部门的许可，新公益法人制度则取消许可制而代之以认定制。

2. 第三方合议制机构负责公益认定

以前公益法人都是由主管部门审批，新公益法人制度是由民间专家组成的内阁府公益认定委员会或者地方政府的合议制机构认定。只要法人符合相应的要件就可以获得认定。

3. 法人的成立与公益性认定分开来

以往一些既不是公益又不是营利的非营利法人不能获得公益法人资格。在新法中，既非公益又非营利的法人可以根据一般法人法自由成立。一般法人只要获得公益认定就成为公益法人，法人的成立和公益的认定这两块是分开的，这一部分是和旧的公益制度不一样的。

五　中国香港地区慈善行政监管

在香港没有专门的慈善方面的法律法规，但是却有许多涉及慈善内容的法律法规。例如：《税务条例》《印花条例》及香港法例《保良局条例》（第1040章）、《香港明爱法团条例》（第1092章）、《东华三院条例》（第1051章）等。政府对慈善组织的监管要视慈善组织为哪一类别而定。下面对香港慈善行政监管作系统介绍。

（一）社会福利署的监管

1. 颁发公开筹款许可证

根据《简易程序治罪条例》（第228章）第4(17)(i)条，任何人士为慈善用途在公众地方组织、参与或提供设备以进行任何筹款活动，或售卖徽章、纪念品或类似物件的活动，或为获取捐款而交换徽章、纪念品或类似物品的活动，须向社会福利署署长申请许可证。申请机构必须符合社会福利署制定的准则，才可获发准许在公众地方进行慈善筹款活动的公开筹款许可证。公开筹款许可证主要为两类在公众地方举行的慈善筹款活动而签发，包括卖旗日及一般慈善筹款活动。① 卖旗时间为卖旗日的上午7:00至下午12:30。社会福利署按"奖券基金咨询委员会"（委员会）的建议进行每年一次的卖旗日分配，并公开申请通告。符合资格的申请机构会获邀请出席抽签仪式，成功申请的机构将获邀请约于十一月依抽签决定的优先次序选择卖旗日子。所有成功申请的机构约于十二月获发卖旗日公开筹款许可证。② 一般慈善筹款活动的活动范围包括：徽章、纪念品或类似物件的慈善售卖；逐户捐款，特别是在公共屋邨；在指定地点设置捐款收集箱；慈善义载；传奉献袋。慈善团体在公众地方举行一般慈善筹款活

---

① 香港特别行政区政府社会福利署网站（https://www.swd.gov.hk/sc/index/site_pubsvc/page_controlofc/sub_publicsubs/）。

② 香港特别行政区政府社会福利署网站（https://www.swd.gov.hk/sc/index/site_pubsvc/page_controlofc/sub_flagdays/）。

动，全年均可向社署提出申请。申请机构必须符合社署订定的准则方可获批准于公众地方做慈善筹款活动。①

2. 规范慈善筹款活动

社会福利署为非政府机构提供一站式服务，同时就有关监察服务表现和津贴的事宜向各机构提供意见、指导及支援。② 自 1998 年以来，社会福利署在香港会计师公会及廉政公署的协助之下，发出了一套《慈善筹款活动内部财务监管指引说明》。为加强对慈善筹款活动的行政监管，政府公布了《慈善筹款活动最佳安排参考指引》给公众人士参考，并邀请慈善机构自愿遵守。该《参考指引》是经充分咨询而制订的，用以提高慈善筹款活动的透明度和公众问责性。《参考指引》涵盖捐款人的权利、筹款活动的运作和财务责任等方面的最佳安排，可让公众人士透过该指引评估慈善机构的筹款活动。③

3. 设立项目监管及审查制度

社会福利署规定，凡政府资助的项目均应在拨款要求中载明监管与回应的条文，并设立明确的量化目标和奖励机制，如成功达标，则与奖励计划挂钩。监管与回应的方式有定期约见、提交书面进度报告、资助管理人审查等，也鼓励民间组织进行内审自查。④ 其中评估探访是社会福利署监察服务表现的常规工作，以了解服务单位遵守协定服务水平的情况，当中包括 16 项服务质量标准及基本服务规定的执行。为落实整笔拨款，独立检讨委员会在 2008 年 12 月发表《整笔拨款津助制度检讨报告建议》，除了定期的评估探访及为调查投诉而进行的突击巡查外，社会福利署会更频繁地巡查服务单位，也会基于一般质量保证需要而按抽样拣选服务单位进行突击巡查。此外，社会福利署还会根据建议由评估人员在探访或巡查期间系统地收集服务使用者的意见。⑤

---

① 香港特别行政区政府社会福利署网站（https://www.swd.gov.hk/sc/index/site_pubsvc/page_controlofc/sub_generalcha/）。

② 香港特别行政区政府社会福利署网站（https://www.swd.gov.hk/doc/annreport0507/tc/14_other.html）。

③ 《香港法律改革委员会慈善组织报告书》（https://www.hkreform.gov.hk/chs/docs/rcharities_c.pdf）。

④ 马宏：《新加坡、香港、深圳民间组织发展比较研究》，中国社会组织公共服务平台（http://www.chinanpo.gov.cn/1835/24782/preindex.html）。

⑤ 闫晶：《港澳台地区慈善事业概览》，中国社会出版社 2014 年版，第 34—35 页。

(二) 民政事务局的监管

1. 公民事务科的监管

民政事务局下设公民事务科，负责多项事务，包括信托基金、社会企业等慈善或与慈善相关的事务。

2. 信托基金及庙宇联合秘书处的监管

香港目前设有多个慈善信托基金，市民或社会上一些指定团体可向这些基金申请救济及援助。这些基金多数属于法定基金，援助目标包括慈善、教育和福利等范畴。信托基金及庙宇联合秘书处为蒲鲁贤慈善信托基金等基金提供行政支援。此外，民政事务局也为下述基金提供行政支援：香港赛马会音乐及舞蹈信托基金、卫奕信勋爵文物信托基金。若干教育用途或用于指定范畴的基金是根据《民政事务局局长法团条例》运作。

3. 信托基金的咨询或管理委员会对信托基金的监管

民政事务局局长辖下信托基金的咨询或管理委员会，它们是公营架构内的咨询及法定组织，包括卫奕信勋爵文物信托受托人委员会等，这些咨询或管理委员会为指定受益人的利益或特定目的而持有和管控信托基金。

(三) 税务局的监管

香港地区的税务局只负责慈善组织的免税事宜，并不负责慈善组织注册，也不负责监督慈善组织的慈善行为。根据《税务条例》（第112章）第88条规定对慈善团体豁免缴税[①]，获得免税资格的慈善组织不仅可以享受自身免税，捐赠人也享受税前扣除的待遇。税务局会在其网站维护一个免税组织的名单，这个名单并不是完整的，慈善组织可以自主选择是否被公开。对于上述获得免税资格的慈善组织，税务局会定期复查个别组织的免税地位而要求该组织提交账目、年报或其他文件。形式属法团公司的慈善组织，通常每四年须向税务局提交经过审计的账目一次，这是税务局定期复查慈善组织的程序之一。形式属社团或非属法团组织的慈善组

---

① 《税务条例》（第112章）第88条规定："即使本条例有相反规定，任何属公共性质的慈善机构或慈善信托，均获豁免并当作一直获豁免缴税；但凡任何行业或业务是由该等机构或信托经营，而得自该行业或业务的利润是纯粹作慈善用途及其中大部分并非在香港以外地方使用，并符合以下规定，在此情况下，该等利润方获豁免并当作获豁免缴税——(a) 该行业或业务是在实际贯彻该机构或信托明文规定的宗旨时经营的；(b) 与该行业或业务有关的工作主要是由某些人进行，而该机构或信托正是为该等人的利益而设立的。"

织则只需提交账目的自我核证副本。①

（四）廉政公署的监管

廉政公署防止贪污处推出《慈善机构及筹款活动管理》防贪锦囊，包括机构管治、筹款活动准备工作、处理捐赠及发放捐款等方面，供慈善机构参考，慈善机构可于廉政公署网页浏览或下载该文件。

（五）律政司司长的监管

香港法例《受托人条例》（第29章）第57A条"慈善信托"赋权律政司司长就投诉违反该信托或投诉假定的违反该信托或为更有效地管理该信托而提出申请，法院可因应该申请而提供法院认为属公正并与该信托有关的济助，或作出法院认为属公正并与该信托有关的命令或指示。作为慈善事务守护人，律政司司长角色是维护慈善利益，其可以介入相关法律程序，并可就慈善信托的管理事宜向法庭提供协助。② 至今，律政司司长已经参加多宗涉及慈善组织的案件的审理。

（六）香港地区慈善事业监管的特点

1. 慈善法律制度健全，为慈善事业监管提供法制保障

香港地区的慈善立法采取分散立法模式，与慈善事业有关的法律法规有近20部，涉及慈善组织成立、筹款、运作、税收优惠、内部治理等各个方面，为慈善事业监管提供了法律制度基础。

2. 多部门参与监管，构建全方位慈善事业监管体系

慈善事业涉及多个领域，慈善事业监管涉及若干不同政府部门，包括社会福利署、民政事务局、廉政公署、律政司、税务局等部门，有关部门根据法律法规的规定对慈善活动进行全方位监管，维护慈善事业公信力。

3. 注重过程监管和质量控制

香港地区的不同类型的慈善组织设立程序简单，门槛较低，尤其对于经济条件和成员数目要求较低，但对慈善组织的运行过程监管较为严格。例如，社会福利署对卖旗日及一般慈善筹款活动实施许可，颁发许可证，有关部门制定《慈善筹款活动内部财务监管指引说明》《慈善机构及筹款活动管理》等文件供慈善组织参考。此外，注重对政府资助的慈善项目

---

① 《香港法律改革委员会慈善组织小组委员会慈善组织咨询文件》，香港法律改革委员会网站（https：//www.hkreform.gov.hk/chs/publications/charities.htm）。

② 《立法会十六题：监察作慈善用途的遗产的管理事宜》，香港特别行政区政府律政司网站（https：//www.doj.gov.hk/sc/public/pr/20190529_pr1.html）。

进行监督和评估，注重服务质量和效果，有力地保障慈善活动和慈善项目开展。

六　中国台湾地区慈善行政监管

台湾地区属于大陆法系，制定了"民法"总则、专门法规、免税法规以及其他配套法规等慈善组织法律规范。有关慈善法律制度对监管机关、社会团体和财团法人作出了规范。

（一）慈善组织的监管机关

台湾地区"人民团体法"规定人民团体之主管机关为"内政部"和县（市）政府，登记机关为法院。但其目的事业仍应受各该事业主管机关的指导、监督。因此，台湾地区慈善组织批准机关除了法院，还有行政登记机关。横向上，"内政部"相对集中主管各类社会团体，其他20多个"部会"分别主管各目的事业财团法人。纵向上，各市、县政府的社会局分别掌握不同层级慈善组织的许可批准权。①

（二）社会团体型慈善组织的设立和管理

"人民团体法"将人民团体分为职业性团体、社会团体和政治团体，一些慈善组织属于其中社会团体形式。按照"人民团体法"，这类慈善组织的设立程序有下列步骤：首先，由发起人提交申请书、章程草案及发起人名册，向主管机关申请许可。发起人须年满二十岁，并应有30人以上。其次，社会团体经许可设立后，应召开发起人会议，推选筹备委员，组织筹备会，筹备完成后，召开成立大会。再次，社会团体应于成立大会后30日内提交章程、会员名册、选任职员简历册，报请主管机关核准立案，并发给立案证书及图记。最后，社会团体经主管机关核准立案后，要依法向该管地方法院办理法人登记，并于完成法人登记后30日内将登记证书复印件送主管机关备查。②

"人民团体法"对社会团体的内部治理结构作出了详细规定：社会团体由会员组成，又从会员中选举理事、监事，社会团体理事会、监事会应依会员（会员代表）大会的决议及章程的规定，分别执行职务。社会团体理事、监事的任期不得超过四年，除法律另有规定或章程另有限制外，可连选连任。理事长的连任，以一次为限。社会团体理事、监事均为无薪职。社会团体理事、监事执行职务，如有违反法令、章程或会员（会员

---

① 郑振宇：《台湾社会组织管理的经验、问题与启示》，《探索》2013年第3期。
② "人民团体法"，北大法宝（www.pkulaw.com）。

代表）大会决议的，除依有关法令及章程处理外，得经会员（会员代表）大会通过罢免，以作为处罚。

"人民团体法"对社会团体奖惩作出了规定：社会团体成绩优良者，主管机关给予奖励；其奖励办法由中央主管机关制定。社会团体有违反法令、章程或妨害公益的，主管机关给予警告、撤销其决议、停止其业务之一部或全部，并限期令其改善；届期未改善或情节重大者，主管机关可给予撤免其职员、限期整理、废止许可、解散。

为落实"人民团体法"，"行政院"颁布了四项授权命令，以作为主管机关"内政部"社会司管理社会团体的依据，这四项授权令是人民团体选举罢免法、人民团体奖励办法、社会团体工作人员管理办法和社会团体财务管理办法。"内政部"为了执行其管理行政任务，又制定了三种职权命令：督导各级人民团体实施办法、社会团体许可立案作业规定及人民团体立案证书颁发规则。各级地方主管单位大致亦依上述各种法规，执行社团法人的管理任务。①

（三）财团法人型慈善组织许可及业务监督

台湾地区"民法"第32条及第59条将财团法人之许可及业务监督权限赋予主管机关，规定："主管机关得检查其财产状况及其有无违反许可条件与其他法律之规定。""财团于登记前，应得主管机关之许可。"此前20个全省行政机关制定的财团法人管理监督命令，现在已基本废止。目前尚有几件法律和法规命令对一些财团法人实施管理监督（见表8-1）。

表8-1　　　　台湾地区财团法人主管机关和规章

主管机关	目的事业	规章名称
教育主管部门	分配补助学校财团法人或该文件修正条文施行前已设立之财团法人私立学校发展校务之支出	"财团法人私立学校兴学基金会组织运作及基金管理办法"
司法主管部门	监督并确保财团法人法律扶助基金会之正常运作及健全发展	"财团法人法律扶助基金会监督管理办法"
财政主管部门	为监督管理所主管之财团法人，使其业务符合公益及捐助之目的	"财政部主管财团法人监督管理准则"

为健全财团法人组织及运作，促进财团法人积极从事公益，增进民众

---

① 冯燕：《自律与他律：非营利组织规范的建立》，载范丽珠主编《全球化下的社会变迁与非政府组织（NGO）》，上海人民出版社2003年版，第164页。

福祉，2018 年 8 月 1 日，台湾地区发布了"财团法人法"，规定财团法人许可设立、组织、运作及监督管理。所谓财团法人，指以从事公益为目的，由捐助人捐助一定财产，经主管机关许可，并向法院登记的私法人。区分"政府捐助财团法人"与"民间捐助财团法人"。财团法人设立许可、撤销或废止许可及监督管理等相关事项，主管机关委任所属机关、委托或委办其他机关、民间团体、法人或个人办理。

台湾地区慈善组织监管机关设有主管机关和登记机关，对社会团体型慈善组织和财团法人型慈善组织的设立进行许可，具有较强的管控特点。但是慈善组织的法人身份得以明确，慈善组织拥有较强的独立性，行政监管也要保障慈善组织的权利，从而造就了低准入门槛的许可主义。

第二节 慈善组织内部治理模式

一 英国慈善组织受托人及其信义义务

英国的慈善传统久远，也赢得了相当的社会信任，其最基本的保障在于内部治理和自律机制。

（一）慈善组织内部受托人制度

英美法系在慈善组织治理方面与大陆法系一般重视组织的结构形式形成对比，其更加重视慈善组织受托人个体义务的确立、履行与执行。根据英国《2011 年慈善法》的规定，慈善组织内部受托人是指对慈善组织运作进行整体控制和管理的人员。慈善组织的规章可能称其为受托人、受托人委员会、管理委员会、管理者、主管或其他名称。无论慈善组织规章如何称呼，慈善法将对慈善组织有最终控制权的人员定义为慈善组织受托人。[1] 慈善组织受托人的首要义务是避免与慈善组织发生利益冲突。此外，受托人还有注册义务、账目义务和提交报告义务。这些义务传统上涉及的是英国衡平法的原则，而现在则被称为慈善组织治理。作为义务主要承担者的慈善组织受托人，在慈善组织治理中起着举足轻重的地位，发挥着无可替代的作用。[2]

---

[1] 林少伟译：《英国慈善委员会指引》，法律出版社 2017 年版，第 39 页。
[2] 李德健：《英国慈善法研究》，法律出版社 2017 年版，第 120 页。

(二) 慈善组织内部受托人的信义义务

信义义务源于信义关系。忠实义务和注意义务是最为重要的两个信义义务。忠实义务强调慈善受托人应当遵守其目标，并通过恰当的管理避免或解决利益冲突问题。《英国慈善委员会指引》对此作出详细规定。该指引指出，所有受托人必须确保慈善组织按其成立目的行事，而非其他目的。这意味着受托人应该：①确保能理解规章中规定的慈善组织目的；②计划慈善组织要做的事以及想要达到的目的；③能够证明慈善组织所有活动均是为了深化或巩固其目的；④理解慈善组织如何通过实现其目的来造福公众。

若基于不正当目的花费慈善基金，后果很严重，有时受托人要自行向慈善组织支付这部分费用。受托人行事以慈善组织最大利益为重。受托人必须：①做自身及共同受托人（不包括其他任何人）认定的、能最大程度帮助慈善组织实现其目的的事；②与共同受托人作出折中与明智的决定，既要放眼长远，又要立足当下；③避免出现自身肩负的慈善组织职责与个人利益，或其自身对其他个人或机构的义务相冲突的情形；④除得到相应授权且符合慈善组织利益外，不得从慈善组织获取任何利益。这还包括任何与受托人有财务往来的人，例如，合伙人受供养子女或商业伙伴。[1]

此外，慈善组织受托人还有注意义务和谨慎义务。在注意义务方面，作为管理慈善组织的负责人，受托人必须合理谨慎且有技巧地行事，利用自己的技能和经验，并在必要时采纳合理建议；应该为自己的职责投入足够的时间、想法及精力，如准备、出席及积极参与所有受托人会议。

在谨慎义务方面，受托人必须：①确保慈善组织资产仅用于支持或实现其目的；②避免使慈善组织的资产、受益人或信誉遭受不必要风险；③不让慈善组织过度承担义务；④特别注意投资及借贷；⑤遵守资金使用或土地售卖的所有限制。[2]

二 美国慈善组织内部治理

(一) 慈善组织理事会

在美国的非营利组织中，自我约束的力量主要来自理事会。理事会是慈善组织最重要的治理机构，掌控着整个非营利组织的决策，决定着非营

---

[1] 林少伟译：《英国慈善委员会指引》，法律出版社2017年版，第5—6页。
[2] 林少伟译：《英国慈善委员会指引》，法律出版社2017年版，第6—7页。

利组织的发展方向和运作水平。

1. 理事会的构成

美国的慈善组织大都以非营利法人的形式存在，其创建和内部治理由公司法予以规范。按照法律规定，每个慈善组织都需要设立理事会。慈善组织的理事会构成具有多样性，包括商业成功人士、专家学者、社会名流、律师、财务人员和服务对象代表等。机构的秘书长也可以加入理事会，但是理事长和秘书长不可以是同一人。理事的任职一般为3—5年，一般没有终身制。机构可以自行决定一个理事连任几期。理事会成员应当对本机构的宗旨高度认同，具有本机构需要的特别资源或者技能，并保证有一定的时间参与到机构的管理之中。[1]

2. 理事的职责

理事的职责包括以下几点：①理事要监督机构遵守国家的各项法律。②理事要确保机构的各项活动符合机构宗旨。③理事要积极参与研究重大事项，充分发挥"主人翁"精神。④理事要保护机构的合法利益，对机构的核心信息保密。⑤理事要正确处理好利益冲突问题。当理事会成员的个人利益和机构利益发生冲突时，应当尽量从机构的最大利益出发加以处理。理事不能利用职务之便谋取私人利益。[2]

3. 理事的注意义务和忠实义务

根据美国大多数州的法律，非营利法人的理事负有注意义务和忠实义务。关于注意义务，根据加利福尼亚州法律规定，理事可以信赖下列人员提供的信息或观点来作出决策：非营利法人的执行官或者雇员、法律顾问、独立会计师或其他专业人员，以及该理事不在其中任职的委员会。但是必须满足两个条件：其一，理事有理由相信就咨询的问题提出信息或者建议的人是有资格的，是可靠的；其二，理事应该履行合理的调查研究义务。只有当理事善意地行事，在进行合理调查研究之后，没有发现这种依赖是毫无根据的，这种信赖才是合理的。

忠实义务要求理事为慈善组织的最大利益行事，即使在发生利益冲突的情形下也不例外。加利福尼亚州法律规定，在利益冲突的情形下，履行忠实义务有两种途径：其一，规定从慈善组织获得报酬的理事和其家庭成

---

[1] 王名、李勇、黄浩明编著：《美国非营利组织》，社会科学文献出版社2012年版，第108—109页。

[2] 王名、李勇、黄浩明编著：《美国非营利组织》，社会科学文献出版社2012年版，第109页。

员从该慈善组织获得报酬的理事数量限制在理事总数的49%之内。其二，如果理事会成员与慈善组织之间发生利益冲突交易，必须按照法律规定的整套程序来进行。该法规定了直接的利益冲突交易，例如，慈善组织雇佣其理事作为律师的情形；也规定了间接的利益冲突交易，例如，从其理事持有股份的公司购买商品或服务的情形。①

4. 理事会委员会的监督

在美国，非营利法人的内部监督主要依靠理事会的委员会，特别是大型基金会。《美国非营利法人示范法》8.25条规定，除章程或者章程细则禁止或者限制外，非营利法人理事会可以设置一个或数个理事会的委员会，并需有两名或两名以上自愿为理事会服务的理事。②实践中，大规模的非营利法人有十几个甚至二十几个理事，理事会中设有若干监督小组或委员会。一般具有财政小组，专司财务监督；审计小组，专司公益法人基金募集、基金增值、基金投资等各环节的审计；项目审查小组，专司项目质量、进展以及项目执行情况的审查；筹款小组，专司资金募集的规范性运作；理事提名小组，专司下一届理事的考核、提名工作。因此，美国的基金会机关尽管没有专门的监督机构，但其下设各小组或委员会，分别由具有相应业务水平的专家和理事组成，发挥了强大的监督职能。③

（二）监事会

为了加强自律，美国许多非营利组织内部设立了监事会来对理事会进行制衡。监事会相对独立，在不干涉组织内部正常工作的前提下，可以对理事会进行监督，也可以对工作人员进行监督；可以监督组织的财务状况，也可以监督组织的运作是否违反法律、法规和章程。实践表明，美国非营利组织的监事会是自律机制的重要组成部分。④

三 德国慈善组织内部治理

《德国民法典》对社团和基金会的组织机构作了规定。根据规定，德

---

① ［美］贝希·布查尔特·艾德勒、大卫·艾维特、英格里德·米特梅尔：《通行规则：美国慈善法指南》，金锦萍等译，中国社会出版社2007年版，第100—102页。

② 金锦萍、葛云松主编：《外国非营利组织法译汇》，北京大学出版社2006年版，第36页。

③ 李本公主编：《国外非营利组织法规汇编》，中国社会出版社2003年版，第454—455页。

④ 王名、李勇、黄浩明编著：《美国非营利组织》，社会科学文献出版社2012年版，第107页。

国社团的组织机构有董事会和社团成员大会。董事会由数人构成,在法庭内和法庭外代表社团;董事会具有法定代表人地位。董事会的任命通过全体成员大会决议加以确定。凡不属于董事会或者社团其他机构处理范围内的社团事务,由社团全体成员大会作出的决议决定。决议由出席成员的过半数通过。如果社团全体成员书面表示同意某项决议,即使不召开大会,该决议也有效。变更章程的决议需由出席成员的四分之三多数决定;变更社团目的,需经全体成员同意;没有出席的成员,需以书面表示同意。对于有关社团与某一成员之间缔结法律行为,或者社团与该成员之间提起诉讼或解决诉讼的决议事项,该成员没有表决权。社团全体成员大会应在章程规定的情形下或者社团的利益所必需时召集,符合条件可以经由少数成员要求召集。成员的资格不得转让或继承。由成员资格所产生的权利不得委托他人行使。除帝国或州法律另有规定外,基金会的组织机构根据捐赠行为加以确定。[1]

四 日本慈善组织内部治理

下面介绍日本一般社团/财团法人、公益社团/财团法人、NPO法人的制度及其内部治理。

（一）一般社团/财团法人内部治理结构

一般社团法人和一般财团法人是依据《一般社团法人和一般财团法人法》成立的一般非营利法人。公民成立一般非营利法人比较简单,不需中央或地方政府的任何审批,只需要在公共登记处登记。一般社团法人至少应有2个成员,有1名理事和1名审计员,对资金没有要求。一般财团法人的最低资金要求是300万日元。[2]

根据法律规定,一般社团法人必须设置作为最高决策机构的会员总会,同时必须设置1名以上的理事。不过,法律并未规定一般社团法人负有设置理事会和监事的法定义务。据此,一般社团法人的内部治理机制可分为五种类型:①会员总会+理事;②会员总会+理事+监事;③会员总会+理事+监事+会计监查人;④会员总会+理事+理事会+监事;⑤会员总会+理事+理事会+监事+会计监查人。

需要补充的是,利润完全非分配型一般社团法人(即税法上规定的"非营利型法人")必须设置理事会(3名以上理事)和监事。此外,负

---

[1] 《德国民法典》,郑冲、贾红梅译,法律出版社1999年版,第3—16页。
[2] 王世强:《日本非营利组织的法律框架及公益认定》,《学会》2012年第10期。

债总额超过 200 亿日元的一般社团法人（即大规模一般社团法人）必须设置监事和会计监查人（注册会计师或监查法人）。另外，一般社团法人可以通过章程的特别规定，设立独具日本特色的"基金"。所谓"基金"，是指一般社团法人为了组织成立所需筹集的启动资金，是向个人或组织筹集而来的社会资金。这些社会资金不同于募捐资金，必须在以后将之归还给出资人。

较之一般社团法人，作为财产集合体的一般财团法人不存在会员，所以无法设立会员总会。不过，根据法律规定，一般财团法人负有设置理事、理事会以及监事的法定义务。另外，为了制衡和监督理事，一般财团法人还必须设置评议员和评议员会。评议员拥有诸如选任理事以及变更组织章程等重大事项的决策权。此外，负债总额超过 200 亿日元的一般财团法人（即大规模一般财团法人）还须设置会计监查人。

简言之，可供一般财团法人选择的内部治理机制仅有两种：①评议员+评议员会+理事+理事会+监事；②评议员+评议员会+理事+理事会+监事+会计监查人。

（二）公益社团法人和公益财团法人的内部治理结构

《公益社团法人和公益财团法人认定法》第 4 条规定，公益社团法人和公益财团法人是通过公益认定核准的一般社团法人和一般财团法人。如果一般社团法人或一般财团法人通过认定，将成为公益社团法人或公益财团法人，并修改原来的法人地位，变更名称。《公益社团法人和公益财团法人认定法》明确了一般社团法人和财团法人成为公益社团法人和公益财团法人的条件。① 公益财团法人的最低资金要求是 300 万日元，至少有 3 名理事、1 名审计员、一个负责监督的委员会。②

公益社团法人的内部治理机制有两种：①会员总会+理事+理事会+监事；②会员总会+理事+理事会+监事+会计监查人。与之相似，公益财团法人内部治理机制也有两种：①评议员+评议员会+理事+理事会+监事；②评议员+评议员会+理事+理事会+监事+会计监查人。其中损益计算表所

---

① 公益社团法人和公益财团法人的条件：①公共目标活动须符合法律中列举的范围；②主要从事以公共利益为目标的活动；③有能力实施合理的会计工作和项目管理；④从公益活动获得的收入不超过活动支出；⑤以公益为目标的活动支出应超过总体支出的 50%；⑥负债不能超过特定的数额；⑦在理事会或审计员中，来自一个家庭或公司的人不能超过三分之一；⑧理事会成员的酬金不能过高；⑨不能拥有可以使其影响其他实体的财政资源。

② 王世强：《日本非营利组织的法律框架及公益认定》，《学会》2012 年第 10 期。

列收益总额超过 1000 亿日元、损益计算表所列费用额和损失额之总和超过 1000 亿日元、借贷对照表所列负债总额超过 50 亿日元的公益法人（即所谓的大规模公益法人），必须设置会计监查人。①

（三）特定非营利活动法人的内部治理机构

特定非营利活动法人是依据 1998 年颁布的《特定非营利活动促进法》设立的，该法赋予了 NPO 法人资格。该法规定，为了获得法人资格，NPO 应该致力于推动多数人的共同利益。特定非营利活动法人只能是社团，不包括财团。特定非营利活动法人应至少有 10 名成员、3 名理事和 1 名审计员。特定非营利活动法人在经济活动中获取的收入，应被使用于《特定非营利活动促进法》列举的非营利活动。特定非营利活动法人不能从事为了特定个人、公司或其他组织利益的活动，不能向 1/3 以上的官员提供报酬。对于具有免税资格的特定非营利活动法人，法律对其利润分配的限制更加严格。②

特定非营利活动法人内部治理要求成员结构应包括 3 名及以上的理事和 1 名以上的监事。理事代表特定非营利活动法人，但可以通过章程限制理事代表权。特定非营利活动法人从事的业务应由过半数的理事决定，章程另有规定除外。监事应依据随函所附的条款行事。每年至少召开一次社员总会。除授权理事会或者授权法律、章程规定的其他组织外，开展经营活动应由社员总会决定。③

五　香港地区慈善组织内部治理

在香港地区，慈善组织的内部治理结构包括董事会和执行委员会。

（一）董事会

在香港地区，慈善组织的董事会是最高决策层。组建慈善组织一般采用四种类型的组织结构形式：一是按照香港《公司条例》组成的公司；二是信托；三是不具有公司地位的组织，例如，那些按照香港《社团条例》注册登记的组织；四是根据香港法规成立的团体。尽管以往信托是慈善组织的主要形式，但是当组织成员发现成立公司可享有有限法律责任及法人资格的优点，慈善组织便开始利用公司的结构形式，其中担保有限

---

① 俞祖成：《日本非营利组织法制建设与改革动向》，《中国机构改革与管理》2016 年第 7 期。
② 王世强：《日本非营利组织的法律框架及公益认定》，《学会》2012 年第 10 期。
③ 王振耀主编：《日本公益法律制度概览》，法律出版社 2016 年版，第 9 页。

公司是慈善组织通常采用的组织结构形式。[①]

根据香港法例第 32 章《公司条例》的规定，公众公司及担保有限公司须有最少 2 名董事。在董事人数减至少于最低法定人数的情况下，一名董事可行使增加董事人数或召开公司成员大会的权力。有关公司须有最少一名自然人董事。委任为董事的最低年龄是年满 18 岁。不论公司章程细则或公司与董事之间的协议有什么规定，在该董事任期届满前，该公司可借在成员大会上通过的普通决议，罢免该董事。

一般而言，公司董事负有履行职责时的谨慎义务。香港《公司条例》规定，公司的董事须以合理水平的谨慎、技巧及努力行事。合理水平的谨慎、技巧及努力，是指任何合理努力并具备以下条件的人在行事时会有的谨慎、技巧以及努力——可合理预期任何人在执行有关董事职能时会具备的一般知识、技巧以及经验；该董事本身具备的一般知识、技巧以及经验。[②] 就慈善组织而言，董事会成员也要履行同样的谨慎义务。例如，董事会成员应该获取和掌握充分的知识和理解慈善事业的使命，使自己能够更恰当地履行职责。为了能够作出独立决策，他们应该参加会议和拥有慈善事业活动的信息和知识。另外，董事如果欺诈营商、违反取消资格令或未能提交附录账目及核数师报告书的资产负债表，要负个人法律责任。[③]

慈善组织的董事还负有受托责任。作为受托人，董事必须为组织使命奉献，视组织利益高于自己利益。其一，他必须避免利益冲突。这意味着他不能接受贿赂、利用职务便利谋取属于慈善组织的机会或经营与所任职慈善组织同类的业务。其二，他必须避免利用受托人的位置获取个人收益。一个受托人如与慈善组织订立合同或者进行交易，这种因自我交易而订立的交易将被视为无效。[④]

慈善组织董事会的主要职权包括：确定机构的长远发展战略，领导机构朝既定目标前进；订立风险管理、财务监控、内部监控、监察及向公众

---

① 李颖芝：《促进与规管：关于管理香港慈善组织的法律框架的概观》，载民政部法制办公室编《中国慈善立法国际研讨会论文集》，中国社会出版社 2007 年版，第 181—182 页。

② 《公司条例》，香港特别行政区政府公司注册处网站（https://www.cr.gov.hk/sc/companies_ordinance/docs/part10-c.pdf）。

③ 李颖芝：《促进与规管：关于管理香港慈善组织的法律框架的概观》，载民政部法制办公室编《中国慈善立法国际研讨会论文集》，中国社会出版社 2007 年版，第 185 页。

④ 李颖芝：《促进与规管：关于管理香港慈善组织的法律框架的概观》，载民政部法制办公室编《中国慈善立法国际研讨会论文集》，中国社会出版社 2007 年版，第 186 页。

汇报的政策；确定适当的理财方式及平衡各方面对机构的要求；监管机构和管理层的表现；审批年度业务计划和财务预算；批准有关年度及中期业绩；审查机构的风险管理及内部监控；确保良好的企业管治及合规；管理机构并确保履行使命，等等。①

以香港东华三院为例，董事局通过董事局会议及所辖各委员会监管行政人员的工作表现。董事局所担当的管治角色如下：制定整体策略及政策，以履行东华的使命及达成目标；监督执行总监和各高级管理层及确保其问责性，同时维持内部监控及制定管理层的管辖范畴；协助宣扬东华三院的形象及建立社区关系；捐助并积极参与东华三院的筹募活动；确保收支平衡，并定时对财政状况作准确的评估；向利益相关者包括顾问局作适时汇报。②

（二）执行委员会

香港一些慈善组织往往成立执行委员会，以执行和监督各项主要职能。香港廉政公署防止贪污处制作了防贪锦囊——《非政府机构的管治及内部监控》，提出可建立以下专责委员会：①审计委员会，监督机构的所有内部及外部审计工作。②提名委员会，按照董事会制定的成员组合政策，物色合适人选填补董事会的空缺。③财务委员会，监察机构的财务计划、管理及汇报事宜。④薪酬委员会，定机构的薪酬政策、高级行政人员的薪酬水平及其他职员的薪级表。该文件还提出列明董事会及各专责委员会会议的最低出席率，专责委员会须向董事会汇报。③

以东华三院和仁爱堂为例，东华三院董事局由执行委员会协助管治东华三院。董事局辖下设有多个委员会，分别监察东华三院各方面的工作或服务。各委员会一方面向董事局提供厘定政策的建议；另一方面任命有关职员执行委员会的政策。此外，董事局通过各间医院的医院管治委员会积极参与医院的管理和发展工作；同时成立东华学院校董会，由东华三院董事局委任校董会主席，负责管治东华学院。④ 仁爱堂董事局下设9个执行

---

① 闫晶：《港澳台地区慈善事业概览》，中国社会出版社2014年版，第14页。
② 《董事局职权》，东华三院网站（https：//www.tungwah.org.hk/about/corporate-governance/committee/）。
③ 《非政府机构的管治及内部监控》，香港廉政公署网站（https：//cpas.icac.hk/UPload-Images/InfoFile/cate_43/2016/a8fc475c-de81-40d7-9b13-01dab2833228.pdf#page=1&zoom=auto,-44,842）。
④ 《委员会及其职权范围》，东华三院网站（https：//www.tungwah.org.hk/about/corporate-governance/committee/）。

委员会，定期与行政总裁暨各科及部门行政人员举行会议，推动仁爱堂各项事务和制定有关政策及发展方针。①

六　中国台湾地区慈善组织内部治理②

台湾地区慈善组织分为社会团体型慈善组织和财团法人型慈善组织，它们内部治理结构不尽相同。根据台湾地区的有关规定，慈善组织内部治理结构如下：

（一）会员（会员代表）大会

在台湾地区，社会团体型慈善组织属于人民团体，人民团体有会员（会员代表）大会为最高决策机构。在社团日常运营时，由会员大会选出数名理事组成理事会，再由理事或者常务理事中选出社团的理事长。会员（会员代表）大会，分定期会议与临时会议两种，由理事长召集。会员（会员代表）有表决权、选举权、被选举权与罢免权。理事由会员（会员代表）中选举。理事任期不得超过四年，除法律另有规定或章程另有限制外，连选得连任。理事长连任，以一次为限。理事、监事均没有薪酬。理事会每六个月至少举行会议一次。

台湾地区"财团法人法"规定了财团法人型慈善组织的董事会和职权。财团法人分为民间捐助财团法人和政府捐助财团法人。就民间捐助财团法人来说，应设董事会。董事会设置董事5人至25人，董事人数应为单数，其中一人为董事长，并设置副董事长。但因特殊需要经主管机关核准，董事总人数可超过二十五人。董事无薪酬。但董事长系专职的，经董事会决议有薪酬。民间捐助财团法人董事任期，每届不得超四年；期满连任董事，不得超过改选董事总人数的五分之四。董事由公务员兼任，应随本职异动者，不计入连任及改选董事人数。民间捐助财团法人董事相互间有配偶或三亲等内亲属之关系者，不得超过其总人数三分之一。但性质特殊经主管机关核准者，不在此限。民间捐助财团法人董事，其总人数五分之一以上应具有与设立目的相关专长或工作经验。

民间捐助财团法人董事会职权如下：经费筹措与财产管理及运用；董事改选及解任，但捐助章程另有规定者，不在此；董事长推选及解任；内

---

① 《仁爱堂第三十九届董事局年刊2018—2019》，仁爱堂网站（https://www.yot.org.hk/download/annual-report/2018-19/2018-2019-Annual-Report.pdf）。
② 除其他引用外，本节内容主要引自台湾地区"人民团体法"和"财团法人法"，见北大法宝（www.pkulaw.com）。

部组织订定及管理；工作计划研订及推动；年度预算及决算审定；捐助章程变更拟议；不动产处分或设定负担拟议；合并拟议；其他捐助章程规定事项拟议或决议。

台湾地区的学者官有垣曾对台湾地区基金会董事会的组织结构的特质和功能做过多项调查研究，他发现一个普遍的模式，包括：董事会规模趋向 15 人以下的小规模，普遍在 9—15 人，男性董事的数量占绝对优势，大学与研究所学历者所占比例高，偏好聘请商界人士、学术与教育界人士加入董事会，董事年龄偏高，董事长一职三分之二是由创办人或其家属担任，有很高比例的基金会董事已连任两次以上，董事会普遍没有设置监察人、顾问或功能性委员会的辅助单位。董事会的年度开会次数以二次最为普遍。基金会的董事会结构功能分化尚浅，设置功能性的委员会并不多见。董事会功能的发挥偏向内部会务运作的控管，而不善于扮演对外联络的角色。"治理权掌控的私人化或家族化"相当显著，董事长由基金会的创办人或其家属担任的比例超过六成。①

（二）秘书处或执行长

台湾地区慈善组织的执行机构通常是秘书处或执行长。秘书长、执行长或者总干事是社团或者基金会拟订方案、企划及执行机构决策的灵魂人物，规模较大的民间慈善机构可下设执行秘书以协助秘书长、执行长管理内部行政。至于那些不设执行秘书的机构，则由秘书长、执行长或者总干事直接负责一切会务的处理。而多数民间慈善机构都普遍设有秘书（干事）数名，以协助执行会务。② 以台湾地区某财团法人文教基金会为例，秘书长的职责包括：资源的募集和年度工作计划的制定，年度收支预算决算的制定；人事的安排与资源配置，资金的筹集及运用，执行董事会的决定；主持基金会日常运作；协调内部各机构的工作，对外负责发展公共关系与危机处理；对业务与方案的执行进行跟踪；决定各机构专职人员的聘用等。③

官有垣以台湾地区社会福利相关基金会为例，研究了基金会的执行长的特质及职能角色。研究显示，受访基金会执行长以男性居多，但男女性别比

---

① 官有垣：《台湾非营利组织的治理及责信：以财团法人基金会为例》，载《海峡两岸四地研讨会——关顾民困、共见和谐：非营利组织的角色和挑战关顾民》，2010 年 11 月 22 日。

② 闫晶：《港澳台地区慈善事业概览》，中国社会出版社 2014 年版，第 117 页。

③ 蔡小李：《大陆与台湾地区公益基金会治理比较研究》，硕士学位论文，华侨大学，2015 年，第 37 页。

已趋近为3:2，在决策核心阶层上，女性已逐渐占优势地位。执行长整体平均年龄为53.04岁，分布于41—60岁者占近六成二，执行长普遍处在人生的壮年时期。大学以上学历的执行长高达八成二，执行长高学历是一大特征。各类组织的执行长除了本身组织所需要的专业知识外，另一项专长领域为组织管理或人事行政管理，其他专长领域仍显不足。执行长专任者仅占44.4%，大多数是以兼职及志工的身份出任执行长，此一比例高达55.6%。执行长担任该职位的服务年资平均为6.95年，担任此职务者在年资上普遍不长。执行长的职能角色大都以组织内部职能发挥为主，显示出受访执行长大多将时间与精力用在处理内部事务，而较少对外部环境作出回应。[1]

（三）监事会和监察人会议

社会团体型慈善组织和财团法人型慈善组织的监督机构分别为监事会和监察人会议。

社会团体型慈善组织应置监事，在会员（会员代表）中选举。监事名额不得超过该团体理事名额三分之一。监事任期不得超过四年，除法律另有规定或章程另有限制外，连选得连任。监事会召集人，无正当理由不召开监事会超过二次者，应由主管机关解除监事会召集人职务，另行改选或改推。监事会每三个月至少举行会议一次，并得通知候补监事列席。

民间捐助财团法人得置监察人，监察人名额不得超过董事名额三分之一。监察人相互间、监察人与董事间，不得有配偶或三亲等内亲属关系。但性质特殊经主管机关核准者，不在此限。民间捐助财团法人设有监察人，其职权如下：监督业务执行及财务状况；稽核财务账册、文件及财产资料；监督依相关法令规定及捐助章程执行事务。监察人没有薪酬。

第三节 社会监督模式

一 政府主导型第三方组织监督

英国对慈善组织的评估监督是政府主导型第三方组织评估，它以准第三方机构为主、独立第三方机构为辅。准第三方机构是慈善委员会，其负责慈善组织的注册评估、风险评估、资产评估。独立第三方机构主要是英

---

[1] 官有垣：《非营利组织执行长之治理——以台湾社会福利相关基金会为例》，《中国非营利部门研究》2011年第2期。

国社区联合会和英国明智捐赠。英国社区联合会是为公众服务的监督机构，评估慈善组织的经济效率和组织行为；2005 年成立的英国明智捐赠（Intelligent Giving）的主要工作，就是开展慈善组织排名服务。[1]

二 民间主导型第三方组织监督

民间主导型第三方组织监督以美国为代表，第三方组织监督的类型与方式多样。

（一）美国第三方组织监督的背景

20 世纪 80 年代后期以来，美国非营利部门高速成长，享有联邦免税待遇的非营利组织数量大幅增加。根据美国联邦税务局的研究和统计，1990 年美国约有联邦免税组织 140 万个，2010 年联邦税务局管理的非营利组织数量陡增至 196 万个，其中第 501（c）（3）条款组织超过 128 万个。仅在 2006—2009 年，联邦税务局就审批了超过 20 万件免税申请。[2]

非营利部门的高速成长对美国经济与社会发展产生了积极促进作用。同时，"萝卜快了不洗泥"，许多慈善组织暴露出很多问题，特别是大批新成立的组织。这些问题的表现是一个又一个轰动全国的丑闻，或曰"大案要案"。其中比较有代表性的是 1992 年的联合慈善基金会案、1995 年的新时代慈善基金会案、1996 年的艾德菲大学案、1997 年的毕晓普遗产信托案、2001—2005 年的美国红十字会系列丑闻、2003 年的大自然保护协会案及 2009 年的"阿科"组织案，等等。所有这些丑闻或案件严重损害了美国非营利部门，特别是慈善组织的声誉，降低了这些组织的社会公信力。这不仅直接影响到它们的财源——来自公众和机构的捐款与资助，甚至威胁到它们自身的生存。反过来，这些组织财务状况的恶化又不可避免地导致它们所提供的社会服务在数量和质量上的下降，从而对公众利益造成损害。一批评估机构相继成立，通过各种方法对慈善组织进行评估和监督，提升慈善组织的社会公信力和认可度。

（二）美国第三方组织监督的类型与方式

1. 以第三方组织为依托的公众评价

卓越的非营利组织（Great Nonprofits，GN）成立于 2007 年，是美国

---

[1] 参见徐永祥、潘旦：《国际视野下第三方参与慈善组织评估的机制研究》，《江西社会科学》2014 年第 8 期。

[2] 徐彤武等：《美国公民社会的治理——美国非营利组织研究》，中国社会科学出版社 2016 年版，第 154—155 页。

慈善领域信息量最大的大众点评类评估机构。GN 的运作模式类似于国内的"大众点评网""豆瓣网"等大众评价网站，网站本身不评价任何机构，而是让与慈善机构有过直接接触的人来给机构打分并发表自己的看法，分享自己对这家机构的故事，从而提供更加直观、鲜活的机构评价。目前，社会公众可以在 GN 的网站上方便地搜索到美国 180 多万个非营利组织。这些组织既包括全国性或者国际性的大机构，也包括区域性的小组织。GN 将慈善机构按服务领域细分成动物福利、文化艺术、教育、卫生医疗、环境保护等数十个领域，每年按照社会公众的总体评分统计出各领域排名靠前的机构。GN 网站通过良好的设置使社会公众可以便捷地查询到各区域、各领域非营利组织的得分及排名。GN 网站上的各项评估结果都是基于社会公众对机构的总体评价，即一星到五星的评分。①

2. 第三方组织认证评估

马里兰州非营利组织联合会（Maryland Association of Nonprofit Organizations）成立于 1992 年，是美国最大的非营利组织联合会之一。该机构于 1998 年推出了针对非营利组织的认证项目——"通向卓越的标准"，其服务对象是向该组织提出申请认证的非营利组织，包括该联合会的会员和非会员组织，其中主要是向社会公开募捐的组织，既有全国性的，也有地方性的。通向卓越的标准包括 8 个维度的 55 条标准。8 个评估维度包括：使命与项目、理事会治理、利益冲突、人力资源、财务与法律、公开透明以及公共事务和公共政策。该机构的评估主要依据申请组织提供的申请资料，出于认证需要，马里兰州非营利组织联合会还会要求额外的文件或信息。认证评估由评估小组进行，评估小组提出建议，标准委员会对该建议投票表决并最终决定是否授予卓越印章。卓越标准的标识将被授予 3 年，以后每隔 5 年需要再认证。在认证和再认证的年份之间，徽章持有者会被要求按年度提交更新的信息和文件。②

3. 第三方组织行业自律性评估③

（1）责任慈善全国委员会的评估

责任慈善全国委员会（National Committee for Responsive Philanthropy, NCRP）设在首都华盛顿，主要工作是监督基金会的捐助情况，力求使有限

---

① 沈慎：《美国慈善组织评估机构概述》，《社团管理研究》2012 年第 2 期。
② 沈慎：《美国慈善组织评估机构概述》，《社团管理研究》2012 年第 2 期。
③ 徐彤武等：《美国公民社会的治理——美国非营利组织研究》，中国社会科学出版社 2016 年版，第 176—180 页。

的慈善资源能有效地服务于最需要的弱势群体。此外，它还开展了许多研究项目，提出了一系列完善非营利部门治理的建议，代表非营利组织向联邦政府转达它们的要求。2010年年底完成的对该机构的评估报告显示，58%的受访基金会认为该机构提高了行业透明度，64%的慈善捐赠组织和77%非营利组织（接受捐赠的）认为该机构为慈善界引入了独特的价值观。23%的受访基金会在责任慈善全国委员会的促进和激励下改进了捐赠工作。

(2)"明智捐赠联盟"的评估

"明智捐赠联盟"（Wise Giving Alliance）成立于2001年，这个机构的主要工作是对符合《国内税收法典》510（c）（3）条款的公共慈善机构（私立基金会除外）进行综合评价，评价依据是其主持制定的《慈善组织责任标准》。《慈善组织责任标准》自2003年3月起推行，到2013年年底已有507家公共慈善机构完全符合"明智捐赠联盟"的认证标准，其中361家选择加入慈善标志认证计划，并在它们的官方网站上展示认证标志，其中不乏知名组织，如美国红十字会、美国癌症协会、全国妇女健康组织等。

(3)"慈善导航"的评估

"慈善导航"创办于2001年，位于新泽西州。它的宗旨和主要业务与"明智捐赠联盟"相似，也是对慈善组织进行评估。不过，它的评估系统比较独特，目前共有两大维度：一是慈善组织的财务健康状况，其中包括日常财务状况和支撑慈善项目持续运行的财务能力两个方面；二是问责制与信息透明度。该组织从2011年9月20日起升级评估系统，进一步改进评估的科学性。慈善组织按照评估后获得的总分情况被划分为五级，分别被授予不同数量五角星，其中四颗星代表卓越，三颗星代表良好，两颗星意味着需要改进，一颗星表示较差，没有星表示非常差。此外，还有若干慈善组织根本无评价，仅用警示红字"捐赠者注意"，这样的组织一般有严重问题。评估结果是动态的，可以随时根据变化的情况予以调整。

(4)"慈善瞭望"的评估

"慈善瞭望"（Charity Watch）的前身是1992年创办于芝加哥的美国慈善研究所（American Institute of Philanthropy，AIP），2012年改为现名。机构宗旨是为捐赠者提供所需信息，使他们能够在作出捐赠决定时更加清楚情况，让捐赠给公益慈善事业的每一分钱都能发挥最大效益。为此，"慈善瞭望"组织主要开展两方面的工作：一是对大约500家慈善机构和其他组织不评估的社会组织进行评估，向社会公开发布评估结果；二是开展专题研究，围绕非营利部门的一些"热点"话题（如高层管理人员的薪酬待遇）发表研究报告和评论意见。"慈善瞭望"组织的评估与众不同，采用了业内最严格的方法，并拒绝使用计算机系统根据电子版的990年度报表自动生成的评级结果。全国都市联盟、美国肾脏病基金会、美国救世军等都以能够获得"慈善瞭望"组织的最高评级（A+级或者A级）为荣，并在它们的官方网站主页展示"慈善瞭望"组织醒目的黄色圆形认证标志。

为了更好地评估慈善组织，美国第三方评估机构不断加强合作，形成优势互补。第三方评估机构也不断完善评估指标，从过去的主要以财务健康分析为主，逐渐延伸到问责、公开透明乃至效果。此外，评估机构也积极开拓其他方式帮助非营利组织展示项目运作的效果，如帮助搭建展示其项目信息的网络平台，让公众更好地了解项目的设计理念、产出和影响力。[1]

三 公众对慈善组织的监督[2]

为了使捐赠者信任慈善组织和慈善事业，美国筹款专业人士协会开发了一个有10条捐赠者权利的清单，它们是：① 被告知组织使命、组织打算使用捐赠资源的方式以及为了预期目的而有效地使用捐赠的能力；② 被告知服务于组织的董事的身份、并期望董事会在管理责任上作出审慎判断；③ 能够得到组织最新财务报告；④ 确保捐赠款物用于它们所给定的目的；⑤ 得到适当的认同；⑥ 确保有关捐赠的信息在某种程度上受法律尊重和保密；⑦ 有权期待"为非营利组织提供咨询的组织"与"代表捐赠者权益的个人"之间的关系应当纯属业务上关系，而不是私人关系；⑧ 被告知那些从事募捐的人是志愿者、组织雇员还是聘用募捐人；⑨ 有权要求将他们的名字从被其他组织打算分享的邮件列表中删除；⑩ 在捐赠时自由提问，并得到及时、真实、坦率的答案。[3]

慈善组织受益人可以对慈善组织违反信义义务而给自己造成的直接损害提起诉讼。美国《合同法》提出了包括捐赠受益人（A Done Beneficiary）在内的意向受益人（Intended Beneficiary）概念，即指那些合同当事人在合同中明确指明使之受益的第三方。当意向受益人的权利受到侵害时，可以依据有关合同诉诸法律，要求强制执行。此外，美国法院认

---

[1] 沈慎：《美国慈善组织评估机构概述》，《社团管理研究》2012年第2期。

[2] 陈为雷、毕宪顺：《美国慈善事业监管体制及其对中国的启示》，《东岳论丛》2015年第7期。

[3] The Donor Bill of Rights(https://onlinelibrary.wiley.com/doi/pdf/10.1002/9781118386255.oth2)。

为在首席检察官没有介入或者拒绝介入诉讼的情形下，享有特定利益的慈善组织或者公益信托受益人（而不仅仅是广泛的受益对象中的一员），可以对慈善组织或者公益信托的受托人违反信义义务而给自己造成直接损害提起诉讼。[1] 受益人立法模式以及相关的司法判例使得慈善组织的受益人可以通过司法诉讼来保障自己的利益，借以实现对慈善组织的监督。

四　媒体对慈善组织的监督[2]

大众传媒在西方被视为除立法、司法和行政之外的"第四权力"，它有着传播速度快、影响范围广、扩散方式多样化等优点，在美国的慈善事业中起着不可或缺的外部监督作用。一方面，大众媒介的揭露成为政府监管机构和司法机构的主要信息来源；另一方面，媒体"曝光"影响公众的态度和行为，对慈善组织形成巨大压力，是对慈善组织实施社会监督的重要手段。美国联合慈善基金会主席阿拉莫尼丑闻案就是最先由新闻媒体披露。近年来Facebook（脸书）、Twitter（推特）等新媒体纷纷出现并获得巨大发展，根据2010年的调查，在近1200家美国中小型非营利机构中，86%的机构在Facebook网站上开有账户，比2009年上升了16%，60%的机构在Twitter上开有账户，比2009年上升了38%。[3] 一方面，慈善组织通过新媒体对自身进行宣传和推广；另一方面，公众也借此对慈善组织进行及时地了解和监督。

第四节　境外慈善事业监管的特点与启示

一　行政监管的特点

（一）慈善立法模式与行政监管模式

慈善立法模式有集中立法和分散立法两种。集中立法模式又称综合立

---

[1] 杨道波：《公益性社会组织约束机制研究》，中国社会科学出版社2011年版，第252—259页。

[2] 陈为雷、毕宪顺：《美国慈善事业监管体制及其对中国的启示》，《东岳论丛》2015年第7期。

[3] Jeremy MacKechnie, Trends in Nonprofits—Use of social Media. Idealist. org, 2010.7.26. 转引自栾恺《美国慈善组织外部监管机制研究》，外交学院硕士学位论文，2010年，第21页。

法模式或统一立法模式，是指国家立法机关制定统一法典，将有关慈善事业的所有法律制度全部融入其中，全面规定关于慈善组织和慈善活动的各项基本制度。① 集中立法的优势在于：通过制定慈善法，统一规范慈善组织和慈善活动，解决单行立法所带来的矛盾与冲突问题，有助于构建系统性的慈善法律制度。英国在《慈善法》这个统一的法律框架下对各种类型的慈善组织进行统一监管，设有专门的慈善委员会统一行使慈善组织的监管职能。

分散立法模式又称分别立法模式、单项立法模式，是指将有关的慈善法律制度分散在不同的单行法中，每一个单行法只规定慈善的某个制度，多部法律的集合构成完整的慈善法律制度。分散立法针对性强，立法难度小，但容易造成立法资源的浪费和法律之间的协调性差等问题，不利于实现慈善法律制度的统一。② 美国、德国、日本、香港地区、台湾地区等采用分散立法模式。在采用分散立法模式的国家，各监管部门或者依据不同的法律制度对慈善组织进行登记、税收优惠管理、审计监督、慈善财产管理、慈善组织终止等综合监管，或者不同领域的慈善组织接受不同政府部门的监管。

（二）慈善事业法律制度完整

不管是采用集中立法模式还是分散立法模式，境外慈善事业法律制度非常完整。英国在1601年颁布了世界上第一部慈善法——《慈善用途法》，此后制定了《慈善信托法》《慈善受托人社团法》《永久营业和慈善促进法》等，并于20世纪以来相继出台了综合性法律《1960年慈善法》《1993年慈善法》《2006年慈善法》和《2011年慈善法》，建立了完备的慈善法律制度。由于税收在激励慈善组织发展中的重要地位，美国规范慈善组织的主要法律依据是《国内税收法典》，此外，还有数量庞大的税收法典的实施条例、财政部和税务局的条例、法院的判例以及各州的法律，整个美国慈善组织的法律制度是一个极为庞大和精细完整的体系。在德国，形成了一个从宪法、民法典、社团法到相关专门法规和地方法规的完善的法律体系，通过严密规范的法律制度区分不同的民间组织并规定了相应的制度框架。日本市民团体大致上有十几种法律形式，不同类型的法

---

① 崔冬：《慈善组织行政规制研究》，博士学位论文，吉林大学，2015年，第120—121页。

② 崔冬：《慈善组织行政规制研究》，博士学位论文，吉林大学，2015年，第120—121页。

律实体受到不同法律的调整，其中"公益三法"和《特定非营利活动促进法》对公益法人和特定非营利活动法人认定和管理进行了规范。在中国香港地区，涉及慈善内容的法律法规包括《税务条例》《印花条例》《保良局条例》《香港明爱法团条例》《东华三院条例》等。中国台湾地区制定了"民法"总则、专门法规、免税法规以及其他配套法规等慈善组织法律规范。可以看到，不论是哪个国家或地区，不论哪种法律体系，慈善事业监管主体、监管方式、监管对象、监管内容都由法律制度明确规定，健全完整的慈善法律制度为慈善事业监管提供依据和规范。

（三）多种慈善行政监管模式并存

从慈善组织监管机构或部门的性质和职能来看，境外慈善行政监管模式大体上可以分为独立机构集中监管、多部门综合监管、分领域单独监管三种类型：

1. 独立机构集中监管

在该模式下，设有独立机构实施对慈善组织的监管。在英国，慈善委员会统一监管慈善组织，既不分级别，也不分地区，慈善组织在哪里登记，就接受设在哪里的慈善委员会监管。

2. 多部门综合监管

在该模式下，慈善组织登记、税收和重大行为变动等分别由不同部门实施管理。在美国，公共慈善机构、私人基金会审批与登记注册部门分别为州务卿办公室和司法局；其免税以及税收监管权在州和联邦国税局；在绝大多数州，首席检察官有权监督和管理慈善组织，有些还有权查阅慈善组织的账簿和记录。[①]

3. 分领域单独监管

该模式是根据慈善组织所从事业务的行业性质，来对慈善组织的活动分别实施监督管理。在这种监管模式下，不同的政府部门对慈善组织进行监管。在日本，除公益法人、一般法人和特定非营利活动法人之外，具备公益性的特殊类型的法人，如社会福利法人、学校法人、宗教法人、医疗法人、更生保护法人等就由不同的政府部门主管。

（四）慈善组织准入门槛降低，对慈善活动的监管趋于严格

一般来说，慈善组织的准入模式主要有许可主义和准则主义两种。通过对境外慈善组织的准入制度和实践的考察发现，目前准则主义是大多数

---

① 杨道波：《公益性社会组织约束机制研究》，中国社会科学出版社2011年版，第166—168页。

国家和地区采用的准入模式，放松对慈善组织准入控制是这些国家慈善监管的一大特色和发展趋势。德国和日本在对慈善组织制度改革之前实施登记许可制，慈善组织需向行政机关递交申请，由有关行政机关依据法律规定的条件，对申请者的资质条件进行审查，决定是否准予许可。在慈善制度改革之后，慈善组织成立采用准则主义，只要符合规定条件并履行一定手续即可成立。在放松慈善组织准入门槛的同时，境外各国和地区加强了对慈善组织慈善活动的监管。例如，英国、中国香港地区和台湾地区对公开募捐活动进行了详细规定，一些国家对无关宗旨商业活动、信息公开等作了具体规定，强化慈善组织运作和慈善活动的规范性，加强对其监督。

（五）对慈善组织实施分类管理

境外许多国家和地区注重对慈善组织进行分类管理，在业务范围和功能、成立条件、规模、适用法规、税收优惠、运行规范和监督方式等多方面对慈善组织监管要求不同。在一些国家和地区，慈善组织可以选择登记，也可以选择不登记。进行登记取得法人身份，不登记则不具备法人身份。登记或不登记取决于慈善组织自身的意愿，登记不是慈善组织合法成立的条件。如英国对年收入在 5000 英镑以上的慈善组织进行登记，年收入在 5000 英镑以下的自愿登记。德国除了具有法人资格的社团与财团之外，也容许未登记且不具法人身份的社团和不具有法人身份的非自主性财团存在。慈善组织登记后可以享受各种形式的税收优惠，而不进行登记或不具有法人身份的慈善组织则不能享受税收优惠。此外，在透明度、内部治理和信息公开等方面，对法人型慈善组织实施更严格的监管。

（六）注重经济激励和社会监督

从境外注重税法的作用及各监管部门和机构的工作内容看，政府对慈善组织的监管较多地运用经济和法律手段，较少行政干预。较多地运用免税资格审批和税收管理等经济手段。政府的监督不得干扰慈善组织的管理方式、人员编制和财务运作。注重对慈善组织内部治理的规范，强化慈善组织在法律范围内的自治意识。注重运用媒体、公众监督来制约慈善组织的违法行为和活动。

二　慈善组织内部治理的特点

（一）强调信义义务

在英美法系国家，慈善组织的内部监督注重对其理事、执行官等高级管理人员责任与义务的强调，这体现了信托法、公司法等对非营利法人和公益法人制度的渗透和影响。大陆法系国家公益法人的内部治理结构法律规范主要来源于民商法典立法和本国营利性公司立法两个方面,尽管也受到本国信托制度的影响,但因大陆法系国家信托立法普遍不发达而比较受局限。

(二) 法人是慈善组织广泛采用的法律形式

大陆法系国家和地区将慈善组织划分为社团法人和财团法人。在德国,社会团体是所有法律形式之中慈善组织采用最多的一种组织形式。日本民法典立法在很大程度上参考了德国民法典草案,但它采用了营利法人与公益法人的两分法。我国台湾地区把私法人分为社团法人和财团法人,并制定了"财团法人法",把财团法人分为民间捐助财团法人和政府捐助财团法人两大类。由此可见,法人是慈善组织广泛采用的法律形式。

(三) 慈善组织内部治理结构稳定

境外慈善组织的内部治理结构一般包括社员大会(社员总会)、理事会(董事会)、执行机构、监督机构四个部分:

1. 社员大会(社员总会)

社员大会是由慈善组织的成员参加,行使最高权力的组织机构。社员不仅通过表决权行使社员大会对慈善组织实施监督的权利,而且当社员大会决议与法律、设立文件或组织章程相抵触时,或者社员大会的决议方法违反法律、设立文件或章程时,社员可以向作出决议的机构提出撤销请求,也可以直接向法院诉请撤销。

2. 理事会(董事会)

慈善组织类型不同,理事会的职权也不同。社会团体的理事会是社员大会的执行机构,对外代表组织,对内执行组织内部事务。基金会的理事会除了对外代表组织以及对内执行法人内部事务外,还拥有较多的决策职能。在英美法系国家,实行以理事会为中心的内部治理机制,理事会既是执行机构又是决策机构。在大陆法系国家,理事会的性质与地位取决于监事会(监察人)与理事会之间关系的不同。

3. 执行机构

慈善组织执行机构可称为执行官或秘书长,负责慈善组织的日常工作,其职责可由法人的章程作出规定,也可由理事会授权,其具体职责主要来自理事会的决定。

4. 监督机构

在英美法系国家,慈善组织的内部监督主要依靠理事会的委员会,特别是那些大型的基金会。在大陆法系国家,关于监事会的地位主要有以下两种模式：一是监事会与理事会处于平行关系。监事会和理事会都由权力机构产生，二者之间不存在隶属关系，只是基于分工而分别履行不同的职能，以日本和我国台湾地区代表。二是监事会与理事会处于非平行关系，要么理事会由监事会产生，对监事会负责并向其报告工作，要么监事会对理事会负责并向其报告工作。①

（四）慈善组织内部治理结构深受公司治理结构的影响

在英美法系国家，公司治理结构一般实行一元结构，即在公司股东会之下设董事会，董事会是公司治理结构的核心，既是执行机构，又具有较强的监督职能。在大陆法系国家，公司普遍在股东会设董事会和监事会二元治理结构。德国的公司有董事会与监事会，分别行使经营权与监督权。董事会负责公司日常经营管理，对外代表公司，但须向监事会报告工作。在日本和中国台湾地区，公司董事会和监事会均由股东会产生，董事会负责执行，监事会负责监督，共同向股东会负责并报告工作。受公司治理结构影响，在英美法系国家，慈善组织内部治理结构体现了董事会中心主义的思想，理事会不仅是慈善组织的执行机构，而且是监督机构；在大陆法系国家，慈善组织内部治理结构强调权力机构、执行机构和监督机构的分立。②

三　重视社会监督的作用

英国、美国等国家第三方组织评估类型和方式多样，既有以第三方组织为依托的公众评价，也有第三方组织认证评估和行业自律性评估。第三方组织参与评估慈善组织，能够加强慈善组织自身建设，提升慈善组织的公信力。在日本，内阁府公益认定委员会和都道府县的合议制机构在慈善组织认定方面发挥重要作用。

捐赠人、受益人、媒体等社会力量在慈善事业监督中也发挥积极作用。各国普遍强调捐赠人的监督权利。美国的捐赠人拥有被告知组织计划使用捐赠资源的方式、能够获得组织的最新财务报告等多项权利。可以说没有谁比捐赠人更关心善款的使用情况，由捐赠人监督慈善组织是慈善事业监管中最为直接的方式。有研究表明，捐赠人积极参与慈善组织的监

---

① 杨道波：《公益性社会组织约束机制研究》，中国社会科学出版社2011年版，第123—151页。

② 杨道波：《公益性社会组织约束机制研究》，中国社会科学出版社2011年版，第116—120页。

督，有利于提升组织财务报告的质量，增强监管的实效；也有观点认为捐赠人的参与有利于形成有效的监管，而有效的监管可以防止慈善组织管理者对慈善资源的侵占。① 受益人是慈善捐赠和慈善服务的接受者，他们清楚捐赠是否收到，提供的慈善服务的服务方式、服务质量等基本情况；慈善捐赠的受益人也拥有司法救济权利，可以通过司法途径主张自己的权利。

在境外一些国家和地区的大众传媒发挥着"第四权力"的作用，可以为政府监管提供信息和线索，发挥了巨大的舆论作用，促进了慈善事业的健康发展。

四 对我国慈善事业监管的启示②

（一）根据中国国情，建立完善的慈善事业监管体制

英国慈善专家肯尼斯·蒂博（Kenneth Dibble）说："主权国家选择何种模式来监管非政府组织受到很多因素的影响。根据各自不同的宪法及其在文化、社会和经济方面的特点，每个国家都将形成其独有的界定、登记、支持及监督非政府组织的机制。"③ 任何慈善事业监管体制的构建都必须考虑其所处的环境。由于境外国家和地区在政治、经济、文化、社会等各方面环境不同，各国和地区都基于本国国情，选择适宜的慈善事业监管模式。正是因为选择适合本国和本地区特色的慈善事业监管模式，所以才使得慈善事业保持长期健康稳定发展。而有些国家在某段时间由于制定不符合实际的法律制度，使得有关规定不能落地实施。英国《2006年慈善法》放宽法律框架，试图引导或塑造一种新的慈善组织形式——慈善法人组织，却因当时社会中实际需要较少而一直无法付诸实施，直到2013年制定出更加具体的管理和实施细则后才开始发挥作用。④ 中国要根据自己的国情，建设有中国特色的慈善事业监管体制，要在慈善事业的发展中及时总结经验教训，加强立法调研，完善慈善法及其他慈善事业监管法律制度，使慈善事业监管有法可依、执法必严、违法必究。

---

① 谢琼：《欧洲慈善监管模式及对我国的启示》，《苏州大学学报（哲学社会科学版）》2015年第5期。
② 参见陈为雷、毕宪顺《美国慈善事业监管体制及其对中国的启示》，《东岳论丛》2015年第7期。
③ ［英］肯尼斯·蒂博：《慈善团体及非政府组织的国际规管框架》，载民政部法制办公室编《中国慈善立法国际研讨会论文集》，中国社会出版社2007年版，第119页。
④ 谢琼：《国外慈善立法的规律、特点及启示》，《教学与研究》2014年第12期。

(二) 政府监管从直接行政干预转变为通过经济、法律手段进行间接干预

我国政府对慈善组织的监管注重的是慈善组织的非营利性,防止慈善组织以慈善之名为自己谋私利,重点在于准入监管和把关,让真正非营利组织进入这个领域之中,所以长期采取双重管理体制,有业务主管单位和登记注册部门来负责。但中国的所谓业务主管单位监管实质上是对慈善组织内部运行的干预,致使慈善组织的理事会、监事会等都成了摆设。从中可以看出,我国政府对慈善组织的行政干预还是非常强烈的,这与美国、德国等国家主要发挥税收监管的作用是不同的。慈善事业的发展需要政府承担政策制定者、资源提供者和监督管理者等角色,不能过多干预慈善组织运作。从制度的执行成本来看,政府部门的监督成本最高。当监管成本大于监管收益的时候,监管行为本身就变成了不划算的事情。[1] 可以借鉴美国、德国等国家政府监管的做法,明确各个部门的权力和责任,政府监管从直接行政干预转变为通过经济、法律手段进行间接干预。例如,从税法的角度对作为税收优惠主体的慈善组织进行严格的界定,对其非营利收入进行税收减免,对其从事与宗旨无关的商业活动的收入进行征税,对向慈善组织捐赠的单位与个人给予所得税优惠等。

(三) 完善慈善组织内部治理结构,提升慈善组织内部治理水平

境外慈善组织内部治理涉及理事会的监督和对理事义务的强调。美国一些大型的基金会的理事会设立若干委员会,发挥了应有的监督职能。慈善组织的理事注重注意义务和忠诚义务,减少了对慈善组织的不良影响。我国慈善组织内部治理因慈善组织的性质和类型不同而有所差别。就慈善会和官办基金会来说,其机构设置包括会员大会、理事会、常务理事会、监事会等,尽管较齐全,但官办色彩较浓,许多机构虚有其名,不能发挥实际作用。而民办社会服务机构和私募基金会因其力量弱小、内部组织机构不健全,也难以发挥治理效果。因此需要借鉴英、美、德、日等国家慈善组织内部治理的经验,构建和完善内部治理结构和机制。从理事的选举做起,完善选举程序,明确理事的任职资格,要求从业人员具有高度的献身精神和责任心,选举出有能力、负责任的人担任理事。同时完善各种法规和政策,强调理事的注意义务和忠诚义务,理事要加强自身修养,避免内部交易。

---

[1] 姚俭建、黄丹:《关于构筑中国特色慈善事业监督体系的思考》,《社会科学》2004年第10期。

(四) 大力发展第三方评估机构和行业自律组织

在美国，第三方组织评估是慈善事业社会监督体系的重要构成部分，第三方组织评估不仅能对慈善组织的工作绩效作出公正的评价，还能为社会公众选择有效的慈善组织进行捐赠提供信息。这种监督方式非常值得我们学习和借鉴。可以考虑建立各级慈善行业自律组织，并为这些组织的发展提供必要的经济支持和组织保证。同时，行业自律组织要进一步加强能力建设，强化社会责任感，切实履行信息咨询和社会监督的职能。2013年广州市政府同意成立广州市慈善组织社会监督委员会，首创慈善组织第三方社会监督机制。7年来，广州市慈善组织社会监督委员会共对49个慈善组织、慈善项目和42个扶贫村的慈善资金进行了现场监督，涉及金额17.78亿元，提出了296条监督意见，出具58份监督报告，连续三年主导开展了广州地区慈善组织透明度评价活动，受到政府部门的充分肯定和慈善组织的支持和认同。[①]

(五) 加强慈善组织和政府慈善信息公开

"阳光是最好的防腐剂"，通过公开慈善信息，可以增强慈善组织运作的透明性，有助于社会公众的监督，有助于提高慈善组织的公信力，有助于降低行政监管的成本。民政部门要通过信息网站等途径向社会公开慈善事业发展和慈善组织、慈善信托、慈善活动相关信息，具体包括各类慈善组织名单及其设立、变更、评估、年检、注销、撤销登记信息和政府扶持鼓励政策措施、购买慈善组织服务信息、慈善组织受奖励及处罚信息、本行政区域慈善事业发展年度统计信息以及依法应当公开的其他信息。

(六) 行政监管、慈善组织内部治理与社会监督有机统一

只有将行政监管、慈善组织内部治理与社会监督有机统一起来，形成慈善事业整体性监管体制，才能对慈善事业的监管发挥最大的效应。就政府行政监管来说，政府有关部门可以相互配合，弥补固有缺陷。例如，在美国，由于联邦税务局工作人员有限，不可能对所有免税组织进行全面审计。因此，州首席检察官对慈善组织的监督非常重要，这是对联邦税务局监督不足的重要补充。就慈善组织内部治理来看，除了一些大型的基金会，许多慈善组织的理事会并没有普遍设立多个委员会来执行多种具体的职能，慈善组织治理在很大程度上依靠外部监督。行政监管与社会监督可以有机结合。政府有关部门从媒体报道、举报人那里获得问题线索，要展

[①] 广州市慈善组织社会监督委员会编：《广州市慈善资金监管实践与探索》，中国社会出版社2020年版，《编者的话》。

开深入的调查，并有权采取相应措施。政府各个部门要加强协调和沟通，分工合作，注重慈善事业的非营利性和公益性，维护公共利益和慈善事业的声誉；慈善组织则加强自身的建设，完善规章制度，提高对工作人员的要求，保证慈善组织按照法律法规的要求运作，自觉接受社会监督；社会大众、传媒和各类行业自律组织要加强对慈善组织的外部监督。这样，行政监管、慈善组织内部治理、社会监督有机统一起来，便形成一个相互联系、相互作用的有机整体。

第九章 进一步完善慈善事业整体性监管体制

本研究前几章对我国慈善事业整体性监管体制的构成、类型、方式、影响因素等进行了深入分析，揭示了我国慈善事业监管的全貌。本章着眼于如何进一步完善整体性监管体制机制，提出应遵循的理念、目标和原则，提出要进一步完善组织管理体制与机制，以及借助信息公开平台实现监管类型与机制之间的联结。

第一节 完善整体性监管体制的理念与目标

一 完善整体性监管体制的理念：变控制为培育发展

国外慈善事业监管理念有两种：控制理念和自由理念。在控制理念下，政府对组织资格的获得、组织的形式、组织的宗旨进行规定，没有得到政府许可的慈善组织就是非法组织。慈善组织监管的进路是一种组织的进路，政府垄断组织合法性的资源，设置慈善组织准入的门槛，控制、引导慈善组织的发展。自由理念认为只要不违反法律的规定或损害他人的权利和自由，公民有权自主从事任何事情。政府对慈善组织在资格准入、具体组织方式方面没有多少限制。对慈善组织管理采取的是行为的进路，也即根据慈善组织行为的性质，而不是根据组织的性质来确定行为的责任。[①]

以上两种监管理念和思路是一种理想类型，现实中多是以上两种理念和思路的变形或混合。在不同的发展阶段，中国的慈善事业监管理念不同，经历了从严格控制，到分类控制，再到当前的培育发展的演变。

---

① 刘培峰：《非营利组织管理模式的思考》，《北京师范大学学报（社会科学版）》2012年第2期。

(一) 控制

1949年新中国成立后，政府对旧有的慈善机构进行接收、改造和调整，从而巩固新生政权建设，维护整个社会秩序。1950年政务院制定的《社会团体登记暂行办法》明确了一系列关于社会团体的问题。同时政府通过一系列措施削弱社会团体的社会基础。整个计划经济时期的慈善事业监管贯穿了严格控制的理念。改革开放后，中国处于社会转型期，注重改革、发展、稳定三者的关系。受"秩序中心主义"观念的影响，从维稳的角度出发，对社团和结社自由采取了抑制政策。[1]

1989年国务院颁布了《社会团体登记管理条例》，重申并具体规定了由登记管理机关和业务主管部门共同负责核准登记的社会团体的监督管理。1998年新发布的《社会团体登记管理条例》和《民办非企业单位登记管理暂行条例》在制度上对双重管理体制作出了更加明确和精致的规定，它所贯彻的理念不同于改革开放前严格控制的理念，而是体现和贯彻了分类控制的理念。这种理念主张政府为了自身利益，根据慈善组织的挑战能力和提供的公共物品，对不同的慈善组织采取不同的控制策略。[2] 分类控制理念指导下的双重管理体制的构建从根本上说源于中国慈善组织"先发展、后管理"的现实，是面对大量已经成立并得到相关政府部门支持的慈善组织，在推行统一登记制度时政府部门之间彼此妥协的结果。[3] 从监管分工角度看，主管部门具有专门技术和专业上的优势，对慈善组织的业务比较熟，可以较好地监控慈善组织的活动，并在必要时给予指导。登记管理部门则负责对慈善组织的形式要求进行审查，看其是否具备形式上慈善组织的各种要件，起到把关者的作用。不过这种监管体制也存在着非预期后果，这就是过度监管和监管缺位，这都不利于慈善组织的培育和发展。

(二) 培育发展

自从双重管理体制确立以来，它就成为慈善事业监管的基本体制。在分类控制理念指导下，政府对慈善组织存在控制需求和资源需要，控制需

---

[1] 盖威：《市民社会视角的中国社团立法研究》，博士学位论文，复旦大学，2010年，第150—151页。

[2] 康晓光、韩恒：《分类控制：当前中国大陆国家与社会关系研究》，《社会学研究》2005年第6期。

[3] 刘求实、王名：《改革开放以来我国民间组织的发展及其社会基础》，《公共行政评论》2009年第3期。

求优先于资源需求。随着我国经济发展、民众需求增多和慈善组织在福利制度中发挥越来越重要的作用,近几年来,贯穿这种双重管理体制的理念开始被突破,从强调控制向强调发展方向转变。这里发展不是普遍发展,而是一种分类发展,因此这种理念可称之为分类发展或培育发展理念。

我国慈善事业整体性监管体制的构建和完善所要遵循的理念是培育发展理念,这种理念已体现在政策法规当中,并且在实践中得到贯彻和推行。近年来,《慈善法》《民法典》《慈善组织认定办法》《慈善组织公开募捐管理办法》《慈善组织保值增值投资活动管理暂行办法》《社会组织信用信息管理办法》《慈善信托管理办法》《国务院关于促进慈善事业健康发展的指导意见》等政策法规不断颁布,与《慈善法》配套的其他法规政策正在修订和完善之中,构建了比较完整的慈善事业法律制度体系。慈善组织发展"政策利好",空间越来越大。政府对慈善组织的制度供给直接决定了后者的生存和发展空间。在一般情况下,政府的制度供给会呈现"刚性"特点,即政府供给的制度总量会不断增加,制度会越来越完善。并且,以后的政府制度供给应主要表现为慈善相关法律法规的不断出台。

二 完善整体性监管体制的目标:权利、秩序与效率

(一)维护慈善组织和利益相关者的基本权利

构建和完善慈善事业整体性监管体制的一个目标在于规范慈善组织、捐赠人、志愿者、受益人等慈善活动参与者的活动,维护慈善活动参与者的基本权利。公民有参与慈善事业的自由,这种自由受国家宪法的保障。但是公民的组织并不总是积极的。接受政府资助和社会捐赠的慈善组织有可能滥用慈善资源,造成腐败。例如,1992年《华盛顿邮报》首先揭露美国联合慈善基金会主席阿拉莫尼用慈善捐款包养情人、谋取私利的内幕。丑闻曝光后,阿拉莫尼于1995年被判处7年监禁。美国国会于1996年通过法案,规范慈善组织主管人员的薪资和津贴,并且要求非营利组织必须将990报表向社会大众公开,表中需反映慈善组织资产收入、支出以及人员薪金情况,包括机构前5名收入最高成员的名单、前5名支付最高的合同名单以及与所有董事会成员有关的金融交易记录。同年10月,美国联邦《综合统一及紧急补充提拨法案》通过,要求具有免税资格之非营利组织须向大众披露其基本数据与财务信息,并使大众能广泛取得。[①] 近年来,一些以

---

① 袁晓彬:《美国慈善组织应对丑闻不遮掩》,网易(http://view.163.com/special/reviews/unitedway0807.html)。

支持公益慈善事业发展为名开展的实际以营利为目的的募捐活动不断出现，甚至出现假借慈善名义从事非法集资、传销等违法犯罪活动。某些组织和个人打着慈善的旗号、披着慈善组织的外衣干着牟利的勾当，极大损害了慈善组织在社会公众心目中的形象，严重阻碍了慈善事业的健康发展。2017年公安部门查处的"善心汇"及广东省公安厅侦破的"人人公益"网络传销案等，就是典型的披着公益慈善外衣的非法传销组织。[1] 此外，具有垄断地位的慈善组织可能垄断慈善资源和有关机会，阻断社会其他人群参与和分享慈善活动的机会。因此，构建和完善整体性监管体制，能够规范慈善组织和其他慈善活动参与者的活动，维护慈善活动者的权利。

（二）维持秩序

构建和完善慈善事业整体性监管体制的目标在于维持慈善事业发展秩序和社会秩序。

1. 维持慈善事业的秩序

慈善事业是由各个慈善活动参与者参与的事业，其中各个慈善活动参与者各有一定的权利和义务，通过整体性监管，有利于形成和维护慈善事业秩序，促进慈善事业健康发展。

2. 维持社会秩序

从西方国家慈善发展史来看，近现代关于慈善和救济的立法根本上是为维护公共秩序。在近现代，贫困已开始被意识到是对合法秩序的威胁。在17世纪和18世纪前半叶，为了除掉路上行乞的穷人，统治者首先设立了一般性的救济院，让他们在其中参加劳动。为了统一和改造慈善事业，国家对该事业施以严格监护。国家这样做的目的是消除行乞，保障城市安全，而不是为了教育穷人、鼓舞穷人或使穷人新生。救济院已成拘禁所而不是慈善地。法国试图将穷人驱逐至殖民地，还在监狱之外处处对未经允许的行乞者施以肉刑。意大利在其统一后不久就颁布了1865年第2248号法律，许多与穷人相关的规定被写进其有关公共安全的组织的附件二，尤其是被插在关于危害社会的阶层的规范中。穷人常被拘禁或以乞讨罪或流浪罪被追究刑责。[2]

---

[1] 《民政部：加强社会组织监管 防范和处置非法集资》，中国经济网（http://finance.ce.cn/rolling/201804/23/t20180423_28920532.shtml）。

[2] 蒋军洲：《慈善捐赠的世界图景——以罗马法、英美法、伊斯兰法为中心》，法律出版社2016年版，第59—60页。

在现代社会政府作为公众利益和社会利益的代表，其重要职能在于维护社会秩序。托马斯·霍布斯（Thomas Hobbes）在《利维坦》中写道：最高权力有足够的理由怀疑非政府的结社，后者通过对组织技巧的教育和建立一种共同体的感觉，能够对国家的权力构成挑战。另一思想家威廉·埃勒里·查恩宁（William Ellery Channin）认为：在公众中，少数几个人就能煽动起大家的强大而激烈的情绪，产生巨大的优势。他进而指出，他们是我们的宪政政府内部的异常的政府，应当对它们倍加留心。①

在当代社会，只要是组织，就会存在其天然的缺陷。罗伯特·A. 达尔（Robert A. Dahl）认为："对于组织而言，独立或自治（这两个术语是交替使用的）也创造了作恶的机会。组织可能利用这样的机会增加或维持不公正而非减少不公正。它也可能损害更广泛的公共利益来促进其成员狭隘的利己主义，甚至有可能削弱或摧毁民主本身。"②慈善组织在满足社会公共需求中是一支独立的力量，既有与政府合作的一面，也有与政府对立的一面。慈善组织可以成为动员弱势群体并表达少数人意见的工具，但它也可能成为强势群体表达意见、压制多元化并丑化少数群体的工具。③因此，发展慈善事业也需要考虑整个社会的秩序，考虑如何通过发展慈善事业促进维持良好的社会秩序。从本质上说，保障政治稳定和社会秩序是政府发展慈善事业的核心目标，也是政府对慈善事业行政监管的重要目标之一。正如贾恩弗朗哥·波齐（Gianfranco Poggi）所言："国家总是代表它自己作为对社会进行全面管理的核心，超越地方主义，凝聚所有的个人，从社会中建构权力。"④

综上所述，慈善事业整体性监管的理念和目标不是单一的而是复杂的，这与慈善事业的复杂性、中国社会发展的现实情况相符。在以上讨论的有关理念指引下，为了实现监管目标，需要构建和完善慈善事业整体性监管体制。

（三）提高效率

在多元化的慈善事业监管方式中，每一种监管方式都有自身的固有缺

---

① 王名、刘培峰等：《民间组织通论》，时事出版社 2004 年版，第 41 页。
② [美] 罗伯特·A. 达尔：《多元主义民主的困境——自治与控制》，周军华译，吉林人民出版社 2006 年版，第 1 页。
③ [美] 罗伯特·L. 佩顿、迈克尔·P. 穆迪：《慈善的意义与使命》，郭烁译，中国劳动社会保障出版社 2013 年版，第 200 页。
④ [美] 贾恩弗朗哥·波齐：《国家：本质、发展与前景》，陈尧译，上海世纪出版社 2007 年版，第 126 页。

陷，因而存在监管失灵的可能。构建和完善整体性监管体制，完善慈善事业法律制度，明确各监管主体的地位和角色，理顺监管机制，使各监管主体间相互协同、相互监督，各自发挥自身优势，有序参与慈善事业监管，有助于克服监管失灵现象；能够保障慈善活动参与者依法参加慈善活动，使所有慈善活动都能实现规范化、制度化，这样就将大大提高慈善事业监管的效率。此外，对慈善组织和其他慈善活动参与者来说，整体性监管是增强慈善组织竞争力的重要手段。慈善组织面临多方面的竞争，从资格认证到资源的获取和服务质量的比较，只有加强整体性监管，才能促使其提高效率，提升竞争力。

第二节 完善整体性监管体制的原则

一 系统性原则

系统是由一些相互联系、相互制约的若干组成部分结合而成的、具有特定功能的一个有机整体（集合）。系统性原则可以从要素性、层级性和相互联系特性等方面理解。系统由要素构成，系统离不开要素而独立存在。从系统与要素之间的地位来看，系统高于构成要素，系统与要素之间具有一定的层次特性。从相互联系方面来看，各个要素以一定的结构和方式构成系统整体，它们之间必然有这样那样的内在联系。例如从属关系、指导与被指导的关系等。

构建和完善慈善事业整体性监管体制需要遵循系统性原则。前文分析了政府、慈善组织和社会力量三类监管主体，它们都有权对慈善事业进行监管，从而形成三种不同类型的监管类型：行政监管、慈善组织内部治理和社会监督。这三种监管作为构成要素共同组成了整体性监管体制这个系统，相对于系统，三种监管的地位低；系统相对于这些构成要素则处在更高的地位上。各个监管主体运用不同的监管方式实施监管，在这个过程中它们既在各自领域独立发挥作用，又通过一定的机制紧密结合起来，相互联系，相互配合，共同为实现监管目标而行动。

二 整体性原则

系统理论认为，系统具有整体性、协作性、机体性和形态性。整体不仅仅是各部分的总和，系统本身只能解释为整体性。[①] 慈善事业整体性监管体制的各个要素是相对独立的，但在结合进系统后则会变成一个整体，因而其监管效果要优于各个构成要素独立进行监管所能达到的效果，也就是说整体大于部分之和。慈善事业整体性监管体制包括外部监管和内部监管，行政监管和社会监督属于外部监管，慈善组织内部治理则是内部监管。若只重视内部监管或只注重外部监管，都难以满足慈善事业监管和发展的客观需要，无法发挥全部监管效果。因此，监管必须建立在完整的一体化模式之下才能起到内部监管和外部监管综合作用的结果。

长期以来，我国对慈善事业的监管偏重行政监管，注重对慈善组织和慈善行为进行"设限"，导致慈善组织独立性不高，内部治理结构不完善，无法有效发挥内部监管的效率和效果。此外，在相当长的一段时间内，我国慈善事业还存在无监管现象，默认一些无法达到登记条件的慈善组织的存在，任其自生自灭，这种情况则需要加强监管，通过备案、培育等方式促进其发展。作为外部监管类型的社会监督在慈善事业整体性监管体制中占有重要地位，因其监督主体广泛、监督手段灵活、监督效率高而被广大社会力量所接受和认可，发挥了不可替代的作用。但是，社会监督存在一定风险，尤其是新媒体监督等监督手段可能会侵犯人们的隐私权，不实报道可能会损害慈善组织的声誉。在这种情况下，就需要行政监管提供准确信息，对社会监督加以指导和引导，让社会监督行走在正确的轨道上。行政监管、慈善组织内部治理和社会监督既独立运行，又相互支持、相互配合，从而形成整体性监管体制，实现慈善事业监管良性运行，推动慈善事业健康发展。

环境要素构成慈善事业监管超系统，它影响监管内容和监管方式的选择和使用，因而整体性监管体制的构建和完善还需要考虑如下环境要素。

（1）社会保障体系

党的十九届四中全会提出"统筹完善社会救助、社会福利、慈善事业、优抚安置等制度"，作为中国社会保障体系的组成部分，慈善事业要处理好与社会保障体系的其他部分之间的关系，发挥自身的优势和作用，加快完善覆盖全民的社会保障体系。

[①] [美]弗莱蒙特·E.卡斯特、詹姆斯·E.罗森茨韦克：《组织与管理：系统方法与权变方法》（第四版），傅严、李柱流等译，中国社会科学出版社2000年版，第126—149页。

(2) 社会事业体系

慈善事业是发挥第三次分配作用的社会公益事业。这种事业不同于政府举办的公共服务，也不同于市场供应，而是强调社会捐赠和社会力量在其中发挥的作用，归根到底它是一种政府支持、民间力量举办的社会事业。我国社会主义建设正处在攻坚阶段，新制度、新体制和新机制势必影响慈善事业监管，慈善事业监管必须在整体社会主义事业中谋划、布局。进行慈善事业监管、发展慈善事业，需要把其纳入到整个社会事业发展中，成为社会主义事业的一部分。

(3) 政府机构改革和行政体制改革

党的十九届三中全会通过了《中共中央关于深化党和国家机构改革的决定》和《深化党和国家机构改革方案》，以加强党的全面领导为统领，以国家治理体系和治理能力现代化为导向，以推进党和国家机构职能优化协同高效为着力点，改革机构设置，优化职能配置。[①] 慈善事业监管架构的设置属于政府机构改革和行政体制改革的范畴，因此，构建和完善慈善事业整体性监管机制也要考虑我国政府机构和体制改革的适应和协同。

三　协同性原则

协同性是指各个慈善事业监管主体互相配合或者一方协助另一方共同完成一件或者多件监管事项。协同是在相互联系的基础上共同行动，这种共同行动是一种合作行为。20世纪70年代以来，随着新的经济政治形势的发展，以及新管理主义的推行，出现了政社合作提供公共服务的模式。在我国，随着政府改革的深入，越来越多的监管主体参与监管活动，随着时间的变化各种监管主体之间的关系变得越来越复杂，这就需要监管主体进行协同，需要互相配合和合作，共同做好慈善事业监管工作。在这里，协同可以是两两协同，也可以是三者协同。

(一) 两两协同

一是行政监管可以与慈善组织内部治理协同进行。一方面，慈善组织年检、慈善组织评估与慈善组织内部治理可以有机地整合，年检和评估信息反馈给慈善组织，有助于其发现差距和问题，并采取相应的措施；另一方面，慈善组织完善组织机构，加强内部管理，则可以为年检和评估提供准确信息，有助于年检和评估顺利进行，有助于慈善组织取得高的评估等

---

① 《新中国峥嵘岁月》，《人民日报》2020年2月11日，第16版。

级。二是行政监管与社会监督协同进行。在这里信息公开机制把两者联系在一起，捐赠人和其他社会公众根据政府和慈善组织公开的信息对有关慈善组织和慈善活动质疑和曝光，这时政府有关部门就需要及时回应群众关切，该调查的调查，该处理的处理，并及时公布信息。三是慈善组织内部治理和社会监督协同。慈善组织资金很大一部分来源于社会捐赠，慈善组织要加强内部管理，依法管理和使用慈善财产。只有这样，才能向社会作出交代，以便继续得到资助和支持。公众、媒体和第三方组织则时刻关注慈善组织开展的捐赠和募捐活动、从事的慈善项目和慈善服务以及内部管理活动，这本身就给予慈善组织外在压力，使其按照法律制度和章程的规定规范运作；同时，慈善组织根据公众、媒体和第三方组织的反映、报道，及时采取措施，查漏补缺，完善管理，在社会力量注视之下健康发展。

（二）三者协同

行政监管、慈善组织内部治理与社会监督也可以实现三者协同。这种协同是一种更全面的协同，需要不同监管主体实现信息共享，加强沟通和互动，进而形成一个网状的互动结构和治理模式。例如，在新冠肺炎疫情防控期间，微博账户司马3忌给北京市民政局发来举报材料，反映北京韩红爱心慈善基金会（以下简称韩红基金会）存在违法行为，这是社会公众对慈善组织进行社会监督。北京市民政局收到举报材料后，立即依法依规开展调查，并于2020年2月20日发布通报。通报称韩红基金会自成立以来，总体上运作比较规范，但也发现部分投资事项公开不及时，在未取得公开募捐资格前有公开募捐行为，已要求其限期改正。对此，韩红基金会21日回应充分尊重北京市民政局对该问题的认定，并予认同。[1] 在该案例中，社会公众、政府部门和慈善组织实现了协同合作，取得了良好效果。

综上，慈善事业整体性监管体制不仅包括行政监管，还涵盖了慈善组织内部治理和社会监督。慈善事业整体性监管体制是一个有机整体，行政监管、慈善组织内部治理和社会监督构成整体性监管体制的组成部分，它们之间相互配合，协同进行，保障慈善活动参与者的权益，维护慈善事业秩序和社会秩序，促进慈善事业健康发展。

---

[1] 《北京市民政局关于对举报韩红爱心慈善基金会有关问题调查结果通报》，中国新闻网（http://www.chinanews.com/m/sh/2020/02-20/9098918.shtml）。

第三节　完善组织管理体制与机制

一　完善慈善事业法律制度

（一）尽快出台与《慈善法》相配套的政策法规

《慈善法》是我国社会领域基本法，是慈善事业核心立法。《慈善法》已实施4年多，但有关配套政策法规还没有及时修订和出台，这导致法律的效力存在一定的问题。当前民政部已经陆续出台了若干部门规章和政策文件，其他有关部门也制定了政策，在贯彻落实《慈善法》过程中起到积极作用。但是由于还有一些配套政策法规尚未出台，尤其是规范慈善组织的《社会组织登记管理条例》尚未颁布。《社会组织登记管理条例》的制定涉及多个方面、多个部门，需要协调的部门多、工作量大，民政部虽然早已向社会公布"征求意见稿"，但尚未颁布正式法规。由于《社会组织登记管理条例》还没有修订出台，"三大条例"还没有废止，而"三大条例"若干条款同《慈善法》以及其他政策法规相抵触，不适应实际情况。在实践中，有些地方一度停止对新成立慈善组织进行登记注册，既不利于慈善组织监管，也不利于慈善组织发展。因此，有关部门要加强协调，密切配合，尽快修订出台这些基本法规。此外，《慈善法》出台前，一些地方颁布了有关慈善事业的地方性法规或地方政府规章，促进了当地慈善事业发展，但有些地方性法规或地方政府规章的内容与《慈善法》冲突。例如，《汕头经济特区募捐条例》第4条规定，红十字会、慈善总会、公募基金会、公益性非营利的事业单位、获得3A以上等级的公益性社会团体和公益性民办非企业单位可以开展募捐活动，这与《慈善法》第22条的规定冲突。因此，为维护《慈善法》的权威和法制的统一，地方慈善法立法亟须清理或修改。①

（二）正确处理法律和政策的关系

当前，在我国慈善事业法律制度体系中，仅有《慈善法》《公益事业捐赠法》等几部法律，法规也仅有"三大条例"等几部，但是规范性文件数量却很多。规范性文件的层次、效力、稳定性、规范性等方面相对于法律法规要低得多，但现实中，慈善事业监管往往依赖这些规范性文件，

---

① 杨思斌：《慈善法治建设：基础、成效与完善建议》，《社会科学战线》2019年第10期。

否则很多方面就无从监管。在面对紧急情形时出台文件来进行指导和规范非常有必要，但在慈善事业稳步发展过程中，慈善组织和其他慈善活动参与者的关系相对稳定时，若还是主要通过下通知等方式进行指导和监管，将不利于慈善事业发展。

就中国法律规范的等级而言，宪法是国家的根本法，具有最高的法律效力，在宪法之下是基本法律或法律，再下去才是行政法规或条例。法律处于宪法和行政法规的中间层次，既是宪法精神的体现，又是具体行政法规的指导。一般来说，由国家法律来制定并颁布实施的社会政策越多，说明一个国家社会政策体系的法制化程度越高。吴玉章说："长期以来，我国政府管理社团工作一直依靠政策，法律更多还是一个立法意义上的法律，还是纸上的法律，还不是一个活法律。法律法规是框架，在某种意义上甚至是死的，而政策则是实施细则，是活的。"① 要在法律框架内制定和执行慈善政策，要正确处理政策与法律的关系，才能让慈善政策与慈善法律协调配合。

（三）及时出台法律制度规范慈善创新实践

如上文所述，我国具体慈善领域的慈善立法数量和速度不一样，慈善组织、慈善捐赠和募捐立法较为全面，而慈善信托、慈善财产等方面则相对落后。随着西方国家慈善事业创新形式和实践的发展，我国也出现了若干慈善新方式、新做法，如社会企业、公益创投、影响力投资、公益营销、网络捐赠、慈善众筹等，借用企业经营、市场竞争的经验和做法从事慈善事业，这对于增加慈善资源、提高慈善组织运行效率和竞争力有一定帮助，但同时应该看到一些新模式和新做法尚不成熟，缺少政策法规对其进行规范、引导和监管，所以在实践中难免会出现问题。此外，有关理念和做法在学术层面上尚存在争论，如康晓光和徐永光围绕"公益向右，商业向左"的争论等，都还没有共识和一致看法，更不用说在法律上进行规范和监管了。在这种情况下，有关部门应该密切跟踪国际上和我国出现的慈善新模式和新做法，宣传《慈善法》，出台新的政策法规，对这些新模式和新实践进行规范和引导，并加强监管，使之在法律法规范围内运营，促进慈善事业健康发展。

---

① 吴玉章：《"政府管理社团"模式及其效果》，载吴玉章主编《社会团体的法律问题》，社会科学文献出版社 2004 年版，第 15 页。

二 完善组织机构设置

（一）整合慈善事业管理部门

国外慈善管理体制主要分为两种：一种是纳入政府管理系列进行行政监管；另一种则是由特定的法定机构进行管理。例如，英国和新加坡都设立专门慈善委员会统一管理慈善组织。英国慈善委员会独立于政府，直接受议会领导，同时，慈善委员会结合高等法院、皇家检察总长、遗嘱事务署、国内税务署、地方政府等机构共同发挥作用。新加坡在慈善委员会之外特设立了由五位部级长官辅助行事的慈善专员。统一的慈善组织管理和协调机构有助于慈善组织整体上有序运行，也有利于维护慈善组织良好的形象。香港在一段时间内还曾讨论设立慈善事务委员会统一负责慈善事业。我国在慈善法起草过程中很多学者建议设立慈善委员会。就是说在机构设置上主张学习英国，在国务院设立慈善委员会统一负责慈善事业，做到集中监管。我国传统上由民政部门担负对慈善事业的监督管理职责，《慈善法》进一步明确了慈善事业的主管部门的地位。随着《慈善法》的出台以及对慈善主管部门的明确，近来关于设立慈善委员会的讨论已渐少。本研究认为还有必要对监管的组织机构再加以探讨，原因如下：

其一，本研究在前几章详细分析了慈善事业监管的类型、方式和内容，研究表明，若没有成功构建一种整体性监管机制，在细分的基础上实现整合，那么慈善事业监管中的碎片化问题依然存在，我们对慈善事业监管的把握仍然是碎片化的。因此有必要在对各种监管类型、监管方式的政策法规规定与实际状况掌握的基础上，来构建和完善慈善事业整体性监管体制。我们前面分析了各种慈善事业监管主体，有政府、慈善组织、公众、媒体、第三方组织等，它们能否担当起整合协调各个慈善事业监管主体的重任呢？很明显，除了政府有权力和有能力，其他主体是胜任不了的。因此需要再对慈善事业监管组织机构进行讨论，为构建和完善整体性监管体制奠定基础。

其二，从政府监管部门设置来看，需要加以整合。先来看一下中央层级慈善主管部门——民政部的慈善事业监管部门设置的历史演变。国务院机构改革之前民政部设民政部社会福利和慈善事业促进司，2018年改为慈善事业促进和社会工作司，负责制定促进慈善事业发展的政策文件。此外，民政部社会组织管理局（社会组织执法监督局）也负责与慈善组织有关的事务，依据有关法律法规对慈善组织进行规范和监管。例如，进行慈善组织登记、认定和评估等工作。可以看到，尽管法律规定慈善事业的主管部门由民政部门负责，但在中央层级还没有专门的慈善事业管理部门，而是由不同的部门分别负责各自职权范围内的慈善事业监管工作。在党和政府进行机构改革的进程中，民政部内部对慈善事业分割管理不利于慈善事业管理和发展。因此民政部需要统一慈善事业监管职责，明确由一个部门负责，或者在原来部门基础上成立新的慈善事业监管部门，专门从事慈善管理。

考虑中国实际情况，借鉴学习党和政府机构改革的经验和思路，将分散的慈善事业管理部门整合，具体有以下两种做法：一是设立慈善司，整合有关慈善管理职能。当前慈善事业由民政部门主管，这是确定的，但具体由民政部门的哪个职能部门负责，全国并不统一。在中央，民政部慈善事业促进和社会工作司以及社会组织管理局（社会组织执法监督局）分别负责一部分慈善工作，可以考虑整合有关事务。因为慈善事业涉及的内容和范围非常广，且非常专业，若是继续分散在不同职能部门，在这些部门对慈善工作的主要业务重视程度不够时，便不利于慈善事业管理。因此，可以设立慈善司，把民政部慈善事业促进和社会工作司与社会组织管理局（社会组织执法监督局）有关慈善工作的职责整合在一起，并由该部门负责。二是适当集中和整合。按照上述思路，需要考虑的一个现实问题是慈善组织登记注册、认定等需要社会组织管理局（社会组织执法监督局）负责，若把这项工作整合到专门部门也不现实。虽然划走了慈善组织登记注册业务，但其他社会组织登记注册仍由社会组织管理局（社会组织执法监督局）负责，相当于同一项工作又分为两部分来做了，造成职能重叠、人力浪费问题。在这种情况下，原先由社会组织管理局（社会组织执法监督局）负责的登记注册工作仍然由其负责，且其只负责慈善组织登记注册、认定工作，其他工作如募捐管理、捐赠管理、慈善信托、志愿服务、慈善组织信息公开、慈善组织促进等由一个部门负责，适当地集中还是有必要的。

（二）设置慈善事业监管服务单位

除了进一步调整整合慈善事业主管部门外，也可以借鉴英国慈善委员会和日本公益委员会和审议委员会等合议制机构模式，在民政部门设置慈善事业监管委员会作为临时性机构，吸纳政府官员、慈善组织代表、社会公众代表、媒体、专家学者参加，通报交流慈善事业监管信息，回应社会关切。

三　理顺监管机制

中国长期对慈善组织实行双重管理，慈善组织要想获得合法的身份，必须经过业务主管单位的审批和民政部门的登记，这是政府行政权力过多干预慈善组织的表现。当前这种双重管理体制已被废除，新体制和机制正在搭建过程中。我国确立民政部门主管慈善事业的监管架构，实施直接登记制，尽管这会避免双重管理中统一综合管理和目的事业管理职能交叉和不清的弊病，但无形中加大了民政部门的工作压力，可能使其处于超负荷运转中。因此，需要处理好慈善事业监管方式之间的关系，自律机制和他律机制有机结合，实现监管机制协同与联动。

（一）处理好慈善事业监管方式之间的关系

1. 发挥行政监管主导作用

无论从慈善组织在参与相关立法上所拥有的权利来看，还是从法律框架所体现出的政府与慈善组织的关系来看，我国慈善事业监管的特征都体现为政府主导。[1] 政府行政监管在慈善事业整体性监管体制中居于主导地位，政府对慈善事业的监管主要是执行法律、解释法律和制定政策，保证慈善组织和其他慈善活动参与者依法规范从事慈善活动；接受公众、媒体和其他社会力量的举报，对违规慈善活动进行调查并作出处理；加强同慈善组织和社会监督主体沟通，共同做好慈善事业监管工作，促进慈善事业健康发展。

2. 发挥慈善组织内部治理的主体作用

慈善组织的生存与发展虽然在相当大的程度上取决于其同外部各方面的关系，但从根本上来说，还是由其内部治理来决定的。治理内容包含着非营利组织的法定义务，而且还界定非营利组织在社会中的地位。良好的治理可以使慈善组织充分利用其内部和外部资源，获得更大的生存和发展空间，更好地实现组织宗旨和使命。

3. 发挥社会监督的协同作用

社会监督是整体性监管体制的重要组成部分，它既是行政监管的要求，也是体现慈善组织内部治理效果的途径。《慈善法》第97条规定国家鼓励公众、媒体对慈善活动进行监督[2]，这就为公众、媒体等社会力量参与监督慈善活动提供了法律依据，使社会监督成为慈善事业整体性监管体制的重要一环。对慈善组织和其他慈善活动参与者来说，其内部治理或其行为效果如何最终并不是由自身来评判而是由政府、服务对象、公众、媒体来评价。因此，社会力量通过直接问责、透明度评估、等级评估和曝

---

[1] 康晓光等：《依附式发展的第三部门》，社会科学文献出版社2011年版，第37页。

[2] 《中华人民共和国慈善法》，《人民日报》2016年3月20日，第1版。

光等方式来对慈善组织及其他慈善活动参与者进行监督,若慈善组织内部治理结构完善,行为规范,自然会得到公众、媒体和第三方组织的好评,从而赢得更大的知名度和声誉,获得更多的关注和支持;若慈善组织内部治理不完善,行为不规范甚至有违法行为,公众、媒体和第三方组织通过曝光等方式给慈善组织带来压力,迫使其加以改进,只有这样,其才能生存和发展。

(二) 自律机制和他律机制有机结合

在慈善事业整体性监管机制中,慈善组织内部治理和自我管理是自律机制,行政监管和社会监督是他律机制,慈善事业监管需要自律机制与他律机制相互配合。在对慈善事业的整体性监管中,自律机制和他律机制都不可或缺。一方面,自律机制是慈善组织自我约束的行为,是实现他律的广泛基础,又包含着慈善组织体现自身形象的更高要求。另一方面,他律机制对自律机制的实现具有促进作用。他律机制是外部力量对慈善事业的监督和管理,是维持慈善事业秩序和社会秩序的要求,也是保护公共利益的基本要求,具有强制性。可以从两方面来理解它的内涵:其一,他律机制是外部监管主体的规范系统,对尚未形成主体自觉的慈善组织和其他慈善活动参与者来说,它是一种不得已而为之的律令,因而具有强制性,是维护慈善事业秩序和社会秩序所必需的规则及对不同职业人员的统一要求。其二,他律机制是一种外部监管主体的评价系统,它以社会舆论为导向,通过公众舆论的褒贬抑扬实现行为的社会调控,对慈善组织和慈善活动参与者来说,他律机制作为对主体主观任意的一种制约,是为维护社会秩序而对慈善主体自律程度不足的一种补充。当经常化、严密化的外部约束下的行为惯性最终成为行为主体的自觉行为时,外部监督和约束就转化为慈善活动参与者自身的自律行为,自律机制和他律机制也就实现了有机统一。自律机制和他律机制的辩证统一,是社会主义市场经济和慈善事业健康发展的重要保证。自律机制与他律机制配合得当,可以良性互动,相得益彰。

(三) 监管机制协同与联动

目前,一些西方国家的慈善事业监管采用的是一种多主体协同联动的监管机制。例如,美国慈善事业监管就形成了政府监管、慈善组织内部治理和社会监督三位一体的监管机制。我国慈善事业整体性监管机制也是一种模式化的协同联动监管机制,这种监管机制既强调政府责任,也注重充分依靠多元社会力量的广泛参与和社会联动;既重视政府行政监管,也重视慈善组织内部治理和社会监督,以形成一种有秩序、有规则的相互协同的监管系统,从而增大慈善事业监管成效。要进一步完善整体性监管体制,厘清整体性监管的理念与思路,明确监管目标与任务,加强监管主体协同联动。政府代表公共利益对慈善组织进行监管,政府有关部门要切实发挥行政监管职能,建立强制性的网络信息披露制度,加强对慈善组织和其他慈善主体日常慈善行为的监管,要会同社会第三方组织共同对慈善组织进行事后评估和监督。慈善组织一方面要做好内部治理工作,另一方面要进行自律建设,利用媒体披露信息,着力提高自身的影响和公信力。捐赠人可以对捐款进行问责,受助者也要明确自己的权利和义务,其他公民可利用网络等新技术进行监督。

慈善事业监管协同机制与单一监管机制比较,有三个显著区别:一是慈善事业监管社会协同机制认可社会参与者的主体地位。中国慈善事业涉及不同主体,在慈善事业监督机制中,政府、慈善组织、捐赠人、受助者、媒体、公民个人都是慈善监督主体。慈善事业整体性监管机制认可以上监管主体在慈善事业监管中的地位。无论是政府还是慈善组织、媒体甚至公民个人,都有平等地参与慈善事业监管的权利和义务,从而改变了以往政府单一监管机制除政府机构外,所有社会主体参与慈善事业监管都只能经过行政调遣而进入政府的体制框架中才能得以实现的状况。二是慈善事业整体性监管机制吸纳了多种社会力量。这些社会力量具体来自于慈善组织、捐赠人、公众和媒体,通过把他们吸纳到慈善事业监管中,更有利于提高慈善事业监管的能力和水平。三是慈善事业整体性监管机制弥补了过度监管缺陷和"无监管"的管理真空。

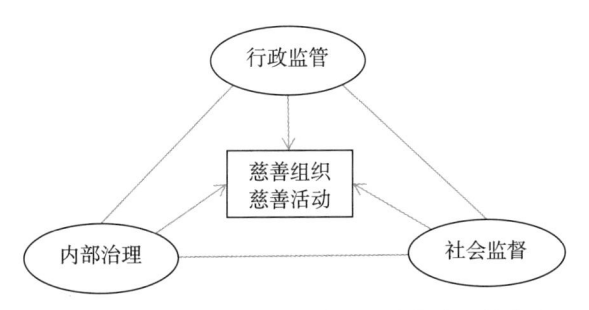

慈善事业整体性监管机制的构成及其关系(见图9-1)。

图 9-1 慈善事业整体性监管机制的构成及其关系

第四节 慈善信息公开与监管机制的联结

一 慈善信息公开过程

慈善信息公开过程一般经过六个步骤,即慈善信息创造、收集和整理,选择信息公开平台,平台公开信息,利益相关者收到信息,信息分析,对慈善信息作出反应。通过慈善信息公开把各种监管主体、监管方式等联结起来,慈善信息公开机制模式图(见图9-2)。

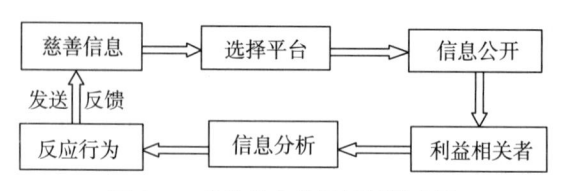

图 9-2 慈善信息公开机制模式图

(一)监管主体创造、收集和整理慈善信息

这里涉及两个问题,一是有哪些慈善主体能够创造、收集和整理慈善信息,二是慈善信息的类型有哪些。关于前者,慈善主体包括政府、慈善组织、第三方组织、行业组织等,他们能够创造、收集和整理慈善信息。政府有关部门在履行职责过程中会接受慈善组织行政许可、年度检查、年度工作报告、财务会计报告、审计报告、慈善组织评估报告、慈善募捐方案、慈善信托备案等各种信息,因此政府掌握全面的信息。慈善组织在运作过程中会形成大量信息,如前述报送给政府有关部门的信息、慈善组织内部治理结构、组织机构、规章制度、工作计划及其执行情况、年度工作总结、接受捐赠和募捐情况等信息,慈善组织可以根据规定公开有关信息。第三方组织利用政府和慈善组织公开的信息进行透明度评估和慈善组织和项目评估,会形成大量的透明度信息和评估信息,它们可以在其网站及媒体上公开。慈善行业组织在进行行业自律和监督中会收集大量的慈善组织信息,会形成一些研究报告和政策报告,它们可在有关信息公开平台上公开。

以上提到的各种慈善主体创造和形成了各种慈善信息,此外还可以把慈善信息分为法定公开的信息和自愿公开的信息。法定公开的信息包括行政监管过程中收集到的行政许可信息、年度检查信息、年度工作报告等，政府部门要在有关慈善信息平台上进行公开。有些信息如组织计划及执行情况等属于自愿公开的信息，慈善组织可选择公开或不公开。

(二) 选择慈善信息平台

有了慈善信息之后，还要将信息发布到相关的慈善信息公开平台上。所谓信息平台，是信息的数字化、网络化存在方式，可以理解为基于数字化网络运行的信息系统，如互联网。具体到慈善领域，慈善信息平台是指为慈善组织服务、面向社会公众公开慈善信息的网站。《慈善法》第8章明确强调县级以上人民政府建立健全慈善信息统计和发布制度，并且要求慈善组织和慈善信托的受托人应当在规定的平台发布慈善信息，并对信息的真实性负责。① 可以说，平台作为信息的收集点和发布点，在慈善事业整体性监管中起着桥梁作用。根据《慈善法》的规定，民政部指定相应的慈善信息平台，而所有慈善组织只要将自己的相关信息上传至平台就意味着要对信息的真实性负责并接受平台的监管。这需要根据规定选择慈善信息公开的平台，如对年检、年报信息等要上传中国社会组织公共服务平台，这是法定要求，而且有明确的时限规定；对于其他自愿公开的信息可以在组织网站上公开。

1. 中国社会组织公共服务平台

政府民政部门主办的社会组织公共服务平台或社会组织管理部门网站，既有信息平台功能，也是民政部门对社会组织进行管理的工具。比如中国社会组织公共服务平台，是民政部社会组织管理局（社会组织执法监督局）为了更好地宣传社会组织登记管理各项政策法规，推进政务公开，在更大范围内实现中国社会组织各类信息的交流与互动而开通，集政务信息发布、网上业务办公、社会组织新闻、研究资料库于一体，是目前国内最大的社会组织多功能网络综合服务平台。

2. 全国慈善信息公开平台（"慈善中国"网站）

2017年9月4日，全国慈善信息公开平台（"慈善中国"网站）开通，用于慈善组织、慈善信托受托人等面向社会公开慈善信息。平台（一期）有以下基本服务功能：就行政监管来说，平台能为各级民政部门提供信息录入、审核、发布、查询服务；就慈善组织来说，平台能为慈善组织提供信息录入、提交、发布服务；对慈善信托来说，平台为受托人提供信息报送、发布服务；对其他平台来说，与民政部指定的慈善组织互联

---

① 《中华人民共和国慈善法》，《人民日报》2016年3月20日，第1版。

网公开募捐信息平台相衔接。①

3. 全国信用信息共享平台

《关于对慈善捐赠领域相关主体实施守信联合激励和失信联合惩戒的合作备忘录》提出，民政部和其他有关部门通过全国信用信息共享平台向签署备忘录的相关部门提供守信联合激励与失信联合惩戒的名单及相关信息。同时，在"信用中国"网站、"慈善中国"网站、国家企业信用信息公示系统、民政部网站等向社会公布。各部门从全国信用信息共享平台中获取守信联合激励与失信联合惩戒信息，执行或协助执行备忘录规定的激励和惩戒措施，定期将联合激励与惩戒实施情况通过该系统反馈给国家发展改革委和民政部。②

4. 民政部指定的互联网公开募捐信息平台

互联网公开募捐信息平台是通过互联网为具有公开募捐资格的慈善组织发布公开募捐信息的网络服务提供者，是民政部根据《慈善法》《公开募捐平台服务管理办法》遴选指定的，现有 30 家。

(三) 平台公开信息

慈善信息公开平台将按规定公开有关慈善信息，供利益相关者查阅。政府官方网站及政府指定的平台会及时公开政府部门履职过程中收集的信息及履职结果的信息，例如，行政许可信息、慈善募捐备案信息等，这些信息往往是原始信息。《慈善信息公开办法》规定，慈善组织应在民政部门提供的统一的信息平台上向社会公开办法规定的有关信息。有些慈善信息公开平台，则发布分类信息和相关研究报告，例如基金会中心网发布的 FTI 中基透明指数是基金会中心网在利用政府官方网站及指定平台发布的信息经过分析整理而得到的，可供公众捐赠参考。

(四) 利益相关者收到慈善信息

平台把慈善信息按时公开在平台上，利益相关者可以登录平台接收和阅读各类慈善信息。不同的利益相关者需要不同的信息，他们可以根据自己的需求接收和查看慈善信息。对捐赠人来说，关注的是捐赠是否被用于组织的公益宗旨，现有捐赠人关注组织的运营效率和效果，潜在捐资人要

---

① 《民政部办公厅关于全国慈善信息公开平台上线运行的通知》，民政部网站（http://xxgk.mca.gov.cn:8011/gdnps/pc/content.jsp?id=13172&mtype=1）。

② 《印发〈关于对慈善捐赠领域相关主体实施守信联合激励和失信联合惩戒的合作备忘录〉的通知》，信用中国（https://www.creditchina.gov.cn/home/lianhejiangchegn/201802/t20180226_109409.html）。

求组织有持续生存的能力；个体捐赠人考虑自身贡献满足的程度，而机构捐赠人考虑捐赠对机构本身的社会效益。对受益人来说，他们关注的是能否得到最大化的效益保障。对政府部门来说，它们关注组织的运作是否合法合规。[①] 对一般公众来说，他们往往关注知名慈善组织及其信息。对第三方组织来说，它们注重收集政府官方网站发布的年度工作报告及慈善组织网站公布的基本信息。

（五）信息分析

利益相关者基于不同的目的对慈善信息作出不同的处理。有些利益相关者仅仅基于知情而接收慈善信息，他们不再对慈善信息进行深入的比较分析；有些利益相关者将所收到的慈善信息进行分析以得出信息的内涵，并可能将此信息同其他利益相关者分享。

（六）利益相关者对慈善信息作出反应，实现监管机制的融合

利益相关者对平台公开的信息作出了反应即产生了反馈。若无反馈，该慈善信息公开机制就是单向的，有了反馈它就是双向式的。反馈是能够增强信息公开效果的强有力的因素，因为它能使发送者判断接收者是否正确理解了信息。例如，若某慈善组织想通过义演、义卖、义拍、慈善晚会等方式进行公开募捐，它首先要具备公开募捐资格，其次要在"慈善中国"网站进行备案，最后在民政部指定的互联网公开募捐信息平台上进行发布。对公众来说，他可以在'慈善中国'网站查询该组织是否是慈善组织以及是否具备公开募捐资格，如果民众在网站上没有查到这些信息，那就表明该组织公开募捐活动不合法，他可以向平台举报。举报就是公众在前述接收、查询和分析有关信息的基础上作出的反馈，这样也就实现了公众监督与政府行政监管的结合，从而提高了监管效率。对公众来说，他也可以不作出反馈，即他自己知道该组织的公开募捐活动是不合法的，不向该组织捐赠，但他也没有向有关部门举报，这种信息公开就是单向的。信息公开的单向机制实现了公众的知情权，公众据此作出决策，不捐赠，这样想得到募捐收入的慈善组织便得不到募捐收入，从而影响其生存和发展。相对于反馈机制来说，这种单向机制毕竟只是公众个人自己知情，其他公众可能还不清楚，因此应鼓励公众积极参与慈善监督，激发公众的责任心，并制定制度对慈善监督进行激励，保障监督者的权益。

---

① 李静、万继峰：《我国非营利组织会计信息披露现状解读》，《现代财经》2006 年第 2 期。

二 慈善信息公开平台与监管机制的联结

在慈善事业整体性监管中政府行政监管、慈善组织内部治理和社会监督通过慈善信息公开架起了沟通联系的桥梁，各类监管主体在各类慈善信息平台上实现互动和沟通，共同做好监管工作，促进慈善事业发展。

（一）行政监管与慈善组织内部治理联结

目前，民政部已经搭建起了全国慈善信息公开平台，并借助平台对慈善组织进行管理，从而实现以信息公开平台为载体和抓手的行政监管及慈善组织规范发展的融合。在这个过程中，政府通过接收信息掌握慈善组织和慈善信托基本情况，指导和约束慈善组织遵守法律法规，及时公开慈善信息。对于那些不遵守法律法规规定进行信息公开的组织，慈善信息平台会记录其行为并交由相关政府部门处理，这就对慈善组织形成了约束和监督作用，将有助于慈善组织规范运作。对慈善组织来说，无论是全国性的还是地方性的，都要按照要求在平台上发布信息，不仅缓解公众与慈善组织之间的信息不对称，增强社会对慈善组织的信任，而且还可以通过平台统一对慈善组织行为进行规范。

（二）行政监管与社会监督联结

慈善信息平台可以与举报监督机制相结合，公众通过查阅慈善组织、慈善信托、公开募捐方案等信息发现存在的问题，进而可以通过短信、微信等手段进行举报，慈善信息平台可以以数据的形式存储举报内容和处理结果，以便有人需要查看时及时呈现。互联网公开募捐信息平台就有社会举报功能。《慈善组织互联网公开募捐信息平台基本技术规范》要求：平台在公开募捐活动展示页面提供举报功能，接到举报后与慈善组织、有权机关沟通，并在5个工作日内通过电话、邮件或短信等方式对举报人进行反馈；经确认举报属实的，应有技术能力配合有权机关进行处理，包括但不限于暂停募捐活动、下线募捐活动、通知捐款人及相关方等。

（三）社会监督与慈善组织内部治理与自我管理联结

以大数据为基础的慈善平台建设将有助于实现对慈善事业的全面的社会监督。随着各类慈善信息平台的运作，不同平台的优劣会逐渐显现，公众和慈善组织通过自己的行为筛选出好的平台，整合并进而完善整个慈善组织的监管机制。无论是公众、新闻媒体还是其他慈善组织都可以通过大数据平台了解某个慈善组织在某一个时间点举办什么活动、有什么人参与。此前一些慈善组织虽成立理事会，但是有名无实。一些慈善组织注重拓展领域和做项目，很少考虑资金的使用目的和使用过程是否合法合规。

一些慈善组织内部管理混乱，不按照规定使用善款。慈善信息公开会给慈善组织带来改善内部治理结构、完善内部管理制度的压力和动力，促使其按照法律法规要求规范运作，从而提升慈善组织的公信力。通过信息公开，捐赠人了解自己的捐款流向和使用情况。慈善组织信息公开制度化、规范化、程序化有助于提高慈善组织公信力，提升慈善组织自身的自觉自律，更加强了公众监督。

参考文献

一 中文著作

［美］保罗·布雷斯特、何豪：《善款善用：聪明慈善的战略规划》，李存娜译，中国劳动社会保障出版社2013年版。

北京师范大学中国慈善事业研究中心：《2001—2011中国慈善发展指数报告》，北京师范大学出版社2012年版。

［美］贝希·布查尔特·艾德勒、大卫·艾维特、英格里德·米特梅尔：《通行规则：美国慈善法指南》（第2版），金锦萍等译，中国社会出版社2007年版。

［美］彼得·德鲁克：《非营利组织的管理》，吴振阳译，机械工业出版社2009年版。

陈金罗、葛云松、刘培峰等：《中国非营利组织法的基本问题》，中国方正出版社2006年版。

陈为雷、毕宪顺：《中外慈善事业比较研究》，中国政法大学出版社2019年版。

陈为雷编著：《社会工作行政》（第2版），中国社会出版社2015年版。

陈为雷：《中国慈善事业行政监管论纲》，山东人民出版社2018年版。

陈为雷：《中国慈善组织内部治理研究》，中国社会出版社2019年版。

崔开华等：《组织的社会责任》，山东人民出版社2008年版。

大成企业研究院：《财富的积累与责任》，社会科学文献出版社2017年版。

《德国民法典》，郑冲、贾红梅译，法律出版社1999年版。

邓国胜：《公益项目评估——以"幸福工程"为案例》，社会科学文献出版社 2003 年版。

邓国胜、陶泽主编：《中国基金会发展独立研究报告（2017）》，社会科学文献出版社 2018 年。

［美］冯·贝塔朗菲：《一般系统论：基础、发展和应用》，林康义、魏宏森译，清华大学出版社 1987 年版。

［日］夫马进：《中国善会善堂史》，伍跃、杨文信、张学锋译，商务印书馆 2005 年版。

［美］弗莱蒙特·E. 卡斯特、詹姆斯·E. 罗森茨韦克：《组织与管理：系统方法与权变方法》（第四版），傅严、李柱流等译，中国社会科学出版社 2000 年版。

傅红伟：《行政奖励研究》，北京大学出版社 2003 年版。

高鉴国等：《中国慈善捐赠机制研究》，社会科学文献出版社 2015 年版。

广州市慈善组织社会监督委员会编：《广州市慈善资金监管实践与探索》，中国社会出版社 2020 年版。

［美］哈罗德·孔茨、海因茨·韦里克：《管理学精要》（第六版），韦福祥等译，机械工业出版社 2005 年版。

［美］韩德林：《行善的艺术：晚明中国的慈善事业》，吴士勇、王桐、史桢豪译，江苏人民出版社 2015 年版。

韩丽欣：《我国慈善组织治理法治化研究》，法律出版社 2015 年版。

汉语大词典编辑委员会：《汉语大词典》（第七册），汉语大词典出版社 1994 年版。

黄春蕾等：《我国慈善组织政府监管改革》，上海人民出版社 2020 年版。

［美］加里·S. 贝克尔：《人类行为的经济分析》，王业宇、陈琪译，上海三联书店 1995 年版。

［美］贾恩弗朗哥·波齐：《国家：本质、发展与前景》，陈尧译，上海世纪出版社 2007 年版。

贾西津：《第三次改革——中国非营利部门战略研究》，清华大学出版社 2005 年版。

姜明安主编：《行政法与行政诉讼法学》，北京大学出版社 1999 年版。

蒋军洲：《慈善捐赠的世界图景——以罗马法、英美法、伊斯兰法为中心》，法律出版社 2016 年版。

金锦萍编著：《社会组织财税制度》，中国社会出版社 2010 年版。

金锦萍：《非营利法人治理结构研究》，北京大学出版社 2005 年版。

金锦萍、葛云松主编：《外国非营利组织法译汇》，北京大学出版社 2006 年版。

金锦萍译：《外国非营利组织法译汇（二）》，社会科学文献出版社 2010 年版。

金锦萍译：《外国非营利组织法译汇（三）：英国慈善法》，社会科学文献出版社 2017 年版。

阚珂主编：《〈中华人民共和国慈善法〉释义》，法律出版社 2016 年版。

康晓光等：《依附式发展的第三部门》，社会科学文献出版社 2011 年版。

［美］莱斯特·M.萨拉蒙：《公共服务中的伙伴——现代福利国家中政府与非营利组织的关系》，田凯译，商务印书馆 2008 版。

李本公主编：《国外非政府组织法规汇编》，中国社会出版社 2003 年版。

李德健：《英国慈善法研究》，法律出版社 2017 年版。

李芳：《慈善性公益法人研究》，法律出版社 2008 版。

李莉：《中国公益基金会治理研究》，中国社会科学出版社 2010 年版。

李韬：《沉默的伙伴：美国现代慈善基金会研究》，中国社会出版社 2008 年版。

李政辉：《非公募基金会的基本矛盾与规制研究》，法律出版社 2015 年版。

梁其姿：《施善与教化：明清时期的慈善组织》，北京师范大学出版社 2013 年版。

廖鸿：《社会组织评估指引》，中国社会出版社 2012 年版。

林少伟译：《英国慈善委员会指引》，法律出版社 2017 年版。

刘春湘：《非营利组织治理结构研究》，中南大学出版社 2006 年版。

刘京主编：《中国慈善捐赠发展蓝皮书》，中国社会出版社 2008—2011 年、2015—2017 年版。

卢汉龙主编：《慈善：关爱与和谐》，上海社会科学院出版社 2004 年版。

卢玮静、赵小平、陶传进等：《基金会评估：理论体系与实践》，社会科学文献出版社 2015 年版。

吕鑫：《当代中国慈善法制研究：困境与反思》，中国社会科学出版社 2018 年版。

［美］罗伯特·A. 达尔：《多元主义民主的困境——自治与控制》，周军华译，吉林人民出版社 2006 年版。

［美］罗伯特·B. 登哈特等：《公共组织行为学》，赵丽江译，中国人民大学出版社 2007 年版。

［美］罗伯特·L. 佩顿、迈克尔·P. 穆迪：《慈善的意义与使命》，郭烁译，中国劳动社会保障出版社 2013 年版。

马庆钰等：《社会组织能力建设》，中国社会出版社 2011 年版。

［美］玛丽恩·R. 弗莱蒙特-史密斯：《非营利组织的治理：联邦与州的法律与规制》，金锦萍译，社会科学文献出版社 2016 年版。

孟志强等主编：《中国慈善捐助报告（2011）》，中国社会出版社 2012 年版。

民政部社会福利和慈善事业促进司：《中国慈善发展指数报告》，北京师范大学出版社 2013 年版。

《牛津高阶英汉双解词典》（第 6 版），商务印书馆、牛津大学出版社 2004 年版。

彭和平主编：《公共行政管理》（修订版），中国人民大学出版社 2004 年版。

彭建梅主编：《2013 年度中国慈善捐助报告》，企业管理出版社 2014 年版。

［美］皮特·纽曼主编：《新帕尔格雷夫法经济学大辞典（第 3 卷）》，许明月、张舫等译，法律出版社 2003 年版。

［美］平狄克、鲁宾费尔德：《微观经济学》（第四版），张军等译，中国人民大学出版社 2000 年版。

商务印书馆辞书研究中心修订：《古代汉语词典》（第 2 版），商务印书馆 2014 年版。

上海市慈善基金会、上海慈善事业发展研究中心编：《慈善理念与社会责任》，上海社会科学院出版社 2008 年版。

上海市慈善基金会、上海慈善事业发展研究中心编：《转型期慈善文化与社会救助》，上海社会科学院出版社 2006 年版。

税兵：《非营利法人解释——民事主体理论的视角》，法律出版社 2010 年版。

［美］斯蒂芬·罗宾斯、玛丽·库尔特：《管理学》（第七版），孙健敏、黄卫伟、王凤彬等译，中国人民大学出版社2004年版。

苏力、葛云松、张守文等：《规制与发展——第三部门的法律环境》，浙江人民出版社1999年版。

田凯：《非协调约束与组织运作——中国慈善组织与政府关系的个案研究》，商务印书馆2004年版。

［美］托马斯·沃尔夫：《管理21世纪的非营利组织》，胡春艳、董文琪译，商务印书馆2016年版。

王名、李勇、黄浩明编著：《德国非营利组织》，清华大学出版社2006年版。

王名、李勇、黄浩明编著：《英国非营利组织》，社会科学文献出版社2009年版。

王名、李勇、黄浩明编著：《美国非营利组织》，社会科学文献出版社2012年版。

王名、刘培峰等：《民间组织通论》，时事出版社2004年版。

王浦劬、莱斯特·M.萨拉蒙等：《政府向社会组织购买公共服务研究：中国与全球经验分析》，北京大学出版社2010年版。

王卫平、黄鸿山、曾桂林：《中国慈善史纲》，中国劳动社会保障出版社2011年版。

王雪琴：《慈善法人研究》，山东人民出版社2013年版。

王颖、折晓叶、孙炳耀：《社会中间层——改革与中国的社团组织》，中国发展出版社1993年版。

王振耀主编：《日本公益法律制度概览》，法律出版社2016年版。

韦祎：《中国慈善基金会法人制度研究》，中国政法大学出版社2010年版。

魏定仁主编：《中国非营利组织法律模式论文集》，中国方正出版社2006年版。

解锟：《英国慈善信托制度研究》，法律出版社2011年版。

谢志平：《关系、限度、制度：转型中国的政府与慈善组织》，北京师范大学出版社2011年版。

徐家良主编：《中国社会组织评估发展报告（2017）》，社会科学文献出版社2017年版。

徐麟主编：《中国慈善事业发展研究》，中国社会出版社2005年版。

徐彤武等：《美国公民社会的治理——美国非营利组织研究》，中国社会出版社 2016 年版。

闫晶：《港澳台地区慈善事业概览》，中国社会出版社 2014 年版。

杨道波等译校：《国外慈善法译汇》，中国政法大学出版社 2011 年版。

杨道波：《公益性社会组织约束机制研究》，中国社会科学出版社 2011 年版。

杨团、葛道顺主编：《和谐社会与慈善事业》，社会科学文献出版社 2007 年版。

杨团主编：《中国慈善发展报告》，社会科学文献出版社 2009—2020 年版。

[美] 约翰·伊特韦尔、默里·米尔盖特、彼得·纽曼编：《新帕尔格雷夫经济学大辞典》（第 4 卷），陈岱孙译，经济科学出版社 1996 年版。

[美] 詹姆斯·N. 罗西瑙主编：《没有政府的治理》，张胜军、刘小林等译，江西人民出版社 2001 年版。

郑功成等：《当代中国慈善事业》，人民出版社 2010 年版。

郑功成主编：《慈善事业立法研究》，人民出版社 2015 年版。

郑功成主编：《〈中华人民共和国慈善法〉解读与应用》，人民出版社 2016 年版。

郑国安等主编：《国外非营利组织的经营战略及相关财务管理》，机械工业出版社 2001 年版。

郑杭生主编：《社会学概论新修》（第三版），中国人民大学出版社 2003 年版。

郑远长等主编：《中国慈善捐助报告（2010）》，中国社会出版社 2010 年版。

[日] 植草益：《微观规制经济学》，朱绍文、胡欣欣等译，中国发展出版社 1992 年版。

《中国大学教育基金会发展报告》编写组：《中国大学教育基金会发展报告（2018）》，社会科学文献出版社 2018 年版。

中国社会科学院语言研究所词典编辑室编：《现代汉语词典》（第 7 版），商务印书馆 2016 年版。

周秋光、曾桂林：《中国慈善简史》，人民出版社 2006 年版。

周志忍、陈庆云主编：《自律与他律——第三部门监督机制个案研究》，浙江人民出版社 1999 年版。

朱友渔：《中国慈善事业的精神》，商务印书馆 2016 年版。

资中筠：《财富的责任与资本主义演变：美国百年公益发展的启示》，上海三联书店 2015 年版。

邹世允：《中国慈善事业法律制度完善研究》，法律出版社 2013 年版。

二 中文论文

《〈2019 年中国慈善信托发展报告〉摘要》，载《中国社会组织》2020 年第 3 期

蔡小李：《大陆与台湾地区公益基金会治理比较研究》，硕士学位论文，华侨大学，2015 年。

陈宏辉：《企业的利益相关者理论与实证研究》，博士学位论文，浙江大学，2003 年。

陈惠馨：《德国财团法人制度的发展——以德国〈民法典〉及柏林邦财团法为中心》，《中国非营利评论》2011 年第 7 卷。

陈沭岸：《浅谈美国媒体如何成为第四权力》，《理论界》2013 第 6 期。

陈为雷：《Web2.0 时代新媒体慈善监督刍议》，《理论学刊》2015 年第 6 期。

陈为雷、毕宪顺：《美国慈善事业监管体制及其对中国的启示》，《东岳论丛》2015 年第 7 期。

陈为雷：《从关系研究到行动策略研究——近年来我国非营利组织研究述评》，《社会学研究》2013 年第 1 期。

陈为雷、王文静：《当前社会发展与合作性建设》，《山东社会科学》2019 年第 8 期。

陈旭东、余逊达：《民营企业社会责任意识的现状与评价》，《浙江大学学报（人文社会科学版）》2007 年第 2 期。

陈岳堂：《非营利基金会信息披露质量评价及其治理研究》，博士学位论文，湖南大学，2007 年。

崔冬：《慈善组织行政规制研究》，博士学位论文，吉林大学，2015 年。

邓国胜：《中国民办非企业单位的特质与价值分析》，《中国软科学》2006 年第 9 期。

邓玮：《城市居民慈善意识影响因子分析及动员策略》，《重庆大学学

报（社会科学版）》2013 第 3 期。

范明林：《非政府组织与政府的互动关系——基于法团主义和市民社会视角的比较个案研究》，《社会学研究》2010 年第 3 期。

冯利：《曹德旺曹晖 2 亿元扶贫善款项目如何实现捐赠人问责》，载康晓光、冯利主编《2012 中国第三部门观察报告》，社会科学文献出版社 2012 年版。

冯利、王文娜：《慈善欺诈》，载康晓光、冯利主编《中国第三部门观察报告（2018）》，社会科学文献出版社 2018 年版。

冯燕：《自律与他律：非营利组织规范的建立》，载范丽珠主编《全球化下的社会变迁与非政府组织（NGO）》，上海人民出版社 2003 年版。

傅剑锋：《官方报告揭示"中国母亲"真相"美国妈妈"打赢七年慈善战争》，《南方周末》2007 年 12 月 18 日。

盖威：《市民社会视角的中国社团立法研究》，博士学位论文，复旦大学，2010 年。

谷丽娜：《我国慈善组织的监督机制研究》，硕士学位论文，河南大学，2013 年。

官有垣：《非营利组织执行长之治理——以台湾社会福利相关基金会为例》，《中国非营利部门研究》2011 年第 2 期。

官有垣：《台湾非营利组织的治理及责信：以财团法人基金会为例》，载《海峡两岸四地研讨会——关顾民困、共建和谐：非营利组织的角色和挑战关顾民》，2010 年 11 月 22 日。

国际公益学院家族传承中心：《中国家族慈善基金会发展报告（2018）》，2019 年 1 月。

胡波：《英国慈善组织审计监督制度及启示》，《会计之友》2018 年 14 期。

黄丹、姚俭建：《当代中国慈善事业发展的战略路径探讨》，《社会科学》2003 年第 8 期。

霍庆川：《曹德旺捐款的"七步定位"堪称典范》，《东方早报》2011 年 3 月 11 日。

贾生华、陈宏辉：《利益相关者的界定方法述评》，《外国经济与管理》2002 年第 5 期。

姜宏青、王玉莲、万鑫淼：《我国民间非营利组织绩效内部控制研究》，《山东大学学报（哲学社会科学版）》2014 年第 2 期。

金锦萍：《我国慈善组织行政处罚制度审视——从登记管理机关的角

度》，载陈金罗、刘培峰主编《转型社会中的非营利组织监管》，社会科学文献出版社 2010 年版。

《晋江市慈善总会章程》，载晋江市慈善总会办公室编印：《文件材料汇编》，2008 年 8 月。

静恩英：《网络围观的界定及特征分析》，《新闻爱好者》2011 年 8 月下。

康良辉：《"人肉搜索"的政府监管》，《兰州学刊》2010 年第 4 期。

康晓光、韩恒：《分类控制：当前中国大陆国家与社会关系研究》，《社会学研究》2005 年第 6 期。

康晓光、卢宪英、韩恒：《改革时代的国家与社会关系——行政吸纳社会》，载王名主编《中国民间组织 30 年——走向公民社会》，中国社会科学出版社 2008 年版。

[英] 肯尼斯·蒂博：《慈善团体及非政府组织的国际规管框架》，载民政部法制办公室编《中国慈善立法国际研讨会论文集》，中国社会出版社 2007 年版。

李晗、汤胜、左志刚：《民政部年度检查在基金会治理中有效吗——来自中国的初步经验证据》，《中国经济问题》2016 年第 5 期。

李晗、张立民、汤胜：《媒体监督能影响基金会绩效吗？——来自我国的初步经验证据》，《审计研究》2015 年第 2 期。

李建国：《关于〈中华人民共和国慈善法（草案）〉的说明》，《人民日报》2016 年 3 月 10 日，第 4 版。

李妮：《我国慈善报道与和谐社会的构建》，硕士学位论文，南京师范大学，2008 年。

李卫华：《慈善组织的公共责任与信息公开》，《理论探讨》2017 年第 6 期。

李喜燕：《慈善捐赠人权利研究》，博士学位论文，西南政法大学，2013 年。

李颖芝：《促进与规管：关于管理香港慈善组织的法律框架的概观》，载民政部法制办公室编《中国慈善立法国际研讨会论文集》，中国社会出版社 2007 年版。

林卡、吴昊：《官办慈善与民间慈善：中国慈善事业发展的关键问题》，《浙江大学学报（人文社会科学版）》2012 年第 4 期。

刘宏鹏：《非营利组织理事会角色与责任研究——基于中美比较分析的视角》，《南开管理评论》2006 第 1 期。

刘丽珑：《我国非营利组织内部治理有效吗——来自基金会的经验证据》，《中国经济问题》2015年第2期。

刘培峰：《非营利组织管理模式的思考》，《北京师范大学学报（社会科学版）》2012年第2期。

刘亚娜：《我国慈善事业发展中的政府作用分析——基于中美比较的借鉴与启示》，《中国行政管理》2008年第8期。

刘有贵、蒋年云：《委托代理理论述评》，《学术界》2006年第1期。

刘忠祥：《把握规律特点 创新方式方法 社会组织党建工作怎么抓》，《人民论坛》2017年第28期。

楼军江、王守杰：《慈善事业从传统向现代转型的制度思考》，《河北学刊》2008年第5期。

鲁篱、罗颖姝：《公益性非营利组织法律责任研究——以基金会为中心》，《上海财经大学学报》2014年第1期。

陆根书、孙海鹰、李科、畅蕙蕊、王海晨：《博士研究生社会责任意识的结构与特征分析》，《高等工程教育研究》2011年第6期。

吕鑫：《我国慈善募捐监督立法的反思与重构》《浙江社会科学》2014年第2期。

栾恺：《美国慈善组织外部监管机制研究》，硕士学位论文，外交学院，2010年。

马英娟：《监管的语义辨析》，《法学杂志》2005年第5期。

马昕：《慈善组织的税收调节与跨部门认定监管》，《中国民政》2016年第4期。

毛刚：《我国非营利组织内部治理机制研究》，博士学位论文，西南交通大学，2005年。

民政舆情中心：《一周民政网络舆情统计分析简报》，《中国社会报》2017年7月26日。

莫于川、田文利：《行政指导的功能解读》，《北京行政学院学报》2004年第5期。

潘旦、向德彩：《社会组织第三方评估机制建设研究》，《华东理工大学学报（社会科学版）》2013年第1期。

钱颜文、姚芳、孙林岩：《非营利组织治理及其治理结构研究：一个对比的视角》，《科研管理》2006年第2期。

饶印莎、周江、田兆斌、杨宜音：《城市居民社会信任状况调查报告》，载杨宜音、王俊秀：《中国社会心态研究报告（2012—2013）》，社会科学文献出版社 2013 年版。

饶印莎、周江、靳建刚、杨宜音：《2013 年中国八大城市居民社会信任状况调查报告》，载王俊秀、杨宜音主编《中国社会心态研究报告（2014）》，社会科学文献出版社 2014 年版。

任振兴、江治强：《中外慈善事业发展比较分析——兼论我国慈善事业的发展思路》，《学习与实践》，2007 年第 3 期。

沈涵洁：《框架理论视角下的媒体慈善报道现状考察——以〈人民日报〉2005 年至 2014 年慈善报道为例》，《新闻传播》2015 年第 11 期。

沈慎：《美国慈善组织评估机构概述》，《社团管理研究》2012 年第 2 期。

石国亮：《慈善组织公信力重塑过程中第三方评估机制研究》，《中国行政管理》2012 年第 9 期。

石国亮：《我国居民的慈善意识及其影响因素——基于全国五大城市的调查分析》，《理论探讨》2014 年第 2 期。

宋超：《新媒体环境下当代中国网络监督的困境与出路》，《山东大学学报（哲学社会科学版）》2013 年第 3 期。

税兵：《非营利法人解释》，《法学研究》2007 年第 5 期。

孙卫东：《英国慈善组织监管及思考——中英慈善项目代表团关于英国慈善监管的考察报告》，《中国民政》2017 年第 1 期。

孙叶竹：《"一元购画"等刷爆朋友圈 我国网络募捐机遇挑战并存（2013—2017）》，载杨团主编《中国慈善发展报告（2018）》，社会科学文献出版社 2018 年版。

覃青必：《慈善绑架问题及其防治》，《中州学刊》2015 年第 5 期。

陶泽、何立晗：《2018 年中国慈善信用指数报告》，载杨团主编《中国慈善发展报告（2019）》，社会科学文献出版社 2019 年版。

田凯：《中国非营利组织理事会制度的发展与运作》，《经济社会体制比较》2009 年第 2 期。

王程韡：《政策否决的社会建构——以我国几次立法禁止"人肉搜索"的失败为例》，《公共管理学报》2011 年第 4 期。

王名：《改革民间组织双重管理体制的分析和建议》，《中国行政管理》2007 年第 4 期。

王名、刘求实：《我国社会组织管理体制的形成及其改革建议》，载陈金罗、刘培峰主编《转型社会中的非营利组织监管》，社会科学文献出版社 2010 年版。

王世军:《从慈善事业到社会福利制度》,《学海》2004年第4期。

王世强:《日本非营利组织的法律框架及公益认定》,《学会》2012年第10期。

王艳丽、何新容:《美国对慈善机构滥用捐赠财产行为的法律规制及其启示》,《经济问题》2018年第12期。

王则柯:《慈善事业和募捐救助不是一回事》,《开放时代》1998年第5期。

卫敏丽:《去年社会捐赠下降了18.1%:"郭美美事件"也是原因》,《新华每日电讯》2012年6月29日,第4版。

魏建国:《"非营利"内涵的立法界定及其对民办教育发展的意义——从〈慈善法〉出台到〈民办教育促进法〉修改》,《华中师范大学学报(人文社会科学版)》2017年第1期。

吴玉章:《"政府管理社团"模式及其效果》,载吴玉章主编《社会团体的法律问题》,社会科学文献出版社2004年版。

习近平:《巩固发展最广泛的爱国统一战线 为实现中国梦提供广泛力量支持》,《人民日报》2015年5月21日。

习近平:《决胜全面建成小康社会 夺取新时代中国特色社会主义伟大胜利——在中国共产党第十九次全国代表大会上的报告》,《人民日报》2017年10月28日,第1版。

解锟:《英国慈善组织监管的法律构架及其反思》,《东方法学》2011年第6期。

谢琼:《国外慈善立法的规律、特点及启示》,《教学与研究》2014年第12期。

谢琼:《立体监管:我国慈善事业发展的理性选择》,《国家行政学院学报》2015年第4期。

谢琼:《欧洲慈善监管模式及对我国的启示》,《苏州大学学报(哲学社会科学版)》2015年第5期。

徐鸿武:《大力推行行政指导管理方式》,《中国行政管理》2012年第8期。

徐双敏、崔丹丹:《完善社会组织第三方评估工作机制研究——基于5市调查数据的分析》,《中南财经政法大学学报》2016年第6期。

徐永祥、潘旦:《国际视野下第三方参与慈善组织评估的机制研究》,《江西社会科学》2014年第8期。

徐宇珊:《非对称性依赖:中国基金会与政府关系研究》,《公共管理学报》2008 年第 1 期。

许琳、张晖：《关于我国公民慈善意识的调查》，《南京社会科》2004 年第 5 期。

薛霞：《"人肉搜索"现象的社会学思考》，《中国青年研究》2009 年第 1 期。

颜克高：《非营利组织理事会特征与组织财务绩效的关联性研究》，博士学位论文，湖南大学，2012 年。

颜克高、袁玥：《基金会理事职业背景多样性能改善组织绩效吗？》，《商业研究》2017 年第 3 期。

杨建顺：《行政裁量的运作及其监督》，《法学研究》2004 年第 1 期。

杨思斌：《慈善法治建设：基础、成效与完善建议》，《社会科学战线》2019 年第 10 期。

姚俭建、黄丹：《关于构筑中国特色慈善事业监督体系的思考》，《社会科学》2004 年第 10 期。

叶龙：《慈善组织与税收优惠的过去、现在和未来》，载黄晓勇主编《中国社会组织报告（2019）》，社会科学文献出版社 2019 年版。

殷洁：《2012 年基金会评估专题数据分析》，载徐家良、廖鸿主编《中国社会组织评估发展报告（2013）》，社会科学文献出版社 2013 年版。

俞可平：《全球治理引论》，《马克思主义与现实》2002 年第 1 期。

俞祖成：《日本 NPO 法人的监督体制及其启示》，《中国社会组织》2013 年第 11 期。

俞祖成：《日本非营利组织：法制建设与改革动向》，《中国机构改革与管理》2016 年第 7 期。

俞祖成：《日本公益法人认定制度及启示》，《清华大学学报（哲学社会科学版）》2017 年第 6 期。

袁同成、沈宫阁：《新媒体与"善治"的可能——基于中外网络慈善监管的比较研究》，《甘肃社会科学》2014 年第 3 期。

曾维和：《非营利组织治理中的综合监督机制探讨》，《兰州学刊》2004 年第 3 期。

张建伟：《网络爆料的价值与隐忧》，《检察日报》2013 年 8 月 9 日。

张进美：《中国城市居民慈善捐款行为影响因素研究》，博士学位论文，东北大学，2012 年。

张梦云：《当代中国公民慈善意识培养的理论与实践研究》，硕士学位论文,扬州大学,2019 年。

张明:《非营利组织的治理机制研究》,博士学位论文,暨南大学,2008 年。

张雯:《民间慈善组织治理结构的法律分析》,硕士学位论文,首都经济贸易大学,2012 年。

张钟汝、范明林、王拓涵:《国家法团主义视域下政府与非政府组织的互动关系研究》,《社会》2009 年第 4 期。

赵俊男:《中国慈善事业治理研究》,博士学位论文,吉林大学,2013 年。

赵秋丽、李志臣:《山东:"搬家式支援"显担当》,《光明日报》2020 年 2 月 17 日,第 4 版。

甄茜:《跨国调查"中国母亲"胡曼莉》,《南方周末》2001 年 12 月 20 日。

郑功成:《关于慈善事业立法的几个问题》,《教学与研究》2014 年第 12 期。

郑振宇:《台湾社会组织管理的经验、问题与启示》,《探索》2013 年第 3 期。

中国人民大学非营利组织研究所、公域合力管理咨询(北京)有限责任公司:《非公募基金会内部治理研究报告》,2010 年。

周俊生:《周筱赟的网络爆料升华了自媒体》,《中国广播》2013 年第 3 期。

周志忍、陈庆云主编:《自律与他律——第三部门监督机制个案研究》,浙江人民出版社 1999 年版。

周志忍、陈庆云:《道德驱动的自律与制度化自律——希望工程公共责任和监督机制研究》,《中国行政管理》2001 年第 3 期。

朱最新、曹延亮:《行政备案的法理界说》,《法学杂志》2010 年第 4 期。

三 外文文献

3Descriptions of purposes, Charities Act 2011, s.3(1) (http://www.legislation.gov.uk/ukpga/2011/25/section/3) .

Benjamin Gidron, Ralph Kramer, L. M. Salamon. Government and the Third Sector. San Francisco: Jossey-Bass Publishers, 1992.

Ellen Condliffe Lagemann. Philanthropic Foundations: New Scholarship,

New Possibilities.Bloomington and Indianapoli: Indiana University Press, 1999.

Jeffrey Richardson Brackett.Supervision and Education in Charity.General Books, 2012.

Kenneth Prewitt, ed..The Legitimacy of Philanthropic Foundations: United States And European Perspectives.New Yor: Russell Sage Foundation, 2006.

Lawrence J.Friedman, Mark D.McGarvie.Charity, Philanthropy, and Civility in American History.Cambridge University Press, 2002.

Maldemar A.Nielsen.Inside American Philanthropy: The Dramas of Donorship.Norman: University of Oklahoma Press, 2008.

Marc T. Braverman, Norman A. Constantine, Jana Kay Stater. Foundations and Evaluation: Contexts and Practices for Effective Philanthropy.John Wiley & Sons Inc., 2012.

Marion R. Fremont-smith. Governing Nonprofit Organizations: Federal and State Law and Regulation.The Belknap Press, 2004.

R.Edward Freeman.Strategic Management: A Stakeholder Approach.Englewood Cliffs NJ: Prentice Hall, 1984.

Robert Wuthnow. Between States and Markets: The Voluntary Sector in Comparative Perspective.Princeton.N.J.: Princeton University Press, 1991.

Stev Wheatley.The Politics of Philanthroph: Abraham Flexner and Medical Education.Madison: University of Wisconsin Press, 1988.

The Commission on Global Governance.Our Global Neighborhood: The Report of the Commission on Global Governance, New York: Oxford University Press.

The Commission's general duties, Charities Act 2011 (http://www.legislation.gov.uk/ukpga/2011/25/section/16).

The Commission's general functions, Charities Act 2011(http://www.legislation.gov.uk/ukpga/2011/25/section/15).

The Donor Bill of Rights (https://onlinelibrary.wiley.com/doi/pdf/10.1002/9781118386255.oth2).

U.S.Census Bureau, Statistical Abstract of the United States 2012.Bernan Press, 2011.

Waldemar A.Nielsen.The Big Foundation.New York: Columbia University Press, 1972.

Waldemar A.Nielsen.The Endangered Setor.New York: Columbia University

Press, 1979.

Waldemar A. Nielsen. The Golden Donors: A New Anatomy of the Great Foundations. New York: Transaction Publishers, 2001.

Willam H. Schneider, ed.. Rockefeller Phlianthropy and Modern Biomedicine: International Initiatives from World War Ⅱ to the Cold War. Bloomington: Indiana University Press, 2002.

四 电子文献

《北京市民政局关于对举报韩红爱心慈善基金会有关问题调查结果通报》，中国新闻网（http://www.chinanews.com/m/sh/2020-02-20/9098918.shtml）。

《第45次中国互联网络发展状况统计报告》，中国互联网络信息中心（http://cnnic.cn/hlwfzyj/hlwxzbg/hlwtjbg/202004/P020200428399188064169.pdf）。

东华三院网站（https://www.tungwah.org.hk/about/corporate-governance/committee/）。

《非政府机构的管治及内部监控》，香港廉政公署网站（https://cpas.icac.hk/UPloadImages/InfoFile/cate_43/2016/a8fc475c-de81-40d7-9b13-01dab2833228.pdf#page=1&zoom=auto,-44,842）。

《公司条例》，香港特别行政区政府公司注册处网站（https://www.cr.gov.hk/sc/companies_ordinance/docs/part10-c.pdf）。

广州慈善信息发布平台（http://www.gzmz.gov.cn/gzsmzj/csjdxx/csxxw_list.shtml）。

国务院办公厅督查室：《关于河北省景县违规征税摊派捐款举债搞迎检办大会等问题的督查情况通报》，2020年6月28日，中国政府网（http://www.gov.cn/hudong/ducha/2020-06-28/content_5522320.htm）。

《黄浦区老西门街道高龄空巢老人爱心帮扶项目》，上海社区公益招投标网（http://www.gysq.org.cn/web/tender/TenderShow.aspx?id=111167）。

《基本概念折射出中美慈善差异》，2013年6月4日，环球网（http://hope.huanqiu.com/exclusivetopic/2013-06/3999402.html）。

基金会中心网（http://www1.foundationcenter.org.cn/report/content?cid=20200107141839）。

基金会中心网：《公益基金会"晒账单"倡议书》，基金会中心网

(http://news.foundationcenter.org.cn/html/2011-07/28096.html)。

基金会中心网：《中基透明指数（FTI）指南 2019 版》，基金会中心网（fti1.foundationcenter.org.cn/PDFFile/2019FTIGuide.pdf）。

《立法会十六题：监察作慈善用途的遗产的管理事宜》，香港特别行政区政府律政司网站（https://www.doj.gov.hk/sc/public/pr/20190529_pr1.html）。

梁红玉：《东方园林易主，何巧女获利 8 亿出局，曾是"中国女首善"诺捐 180 亿》，2019 年 8 月 17 日，时代在线（http://www.time-weekly.com/html/20190817/260949_1.html）。

马宏：《新加坡、香港、深圳民间组织发展比较研究》，中国社会组织公共服务平台（http://www.chinanpo.gov.cn/1835/24782/preindex.html）。

《民政部对东方华夏文化遗产保护中心作出行政处罚》，民政部网站（http://www.mca.gov.cn/article/xw/tzgg/201704/20170415004265.shtml）。

《民政部对刘彪慈善基金会作出停止活动六个月的行政处罚》，2018 年 12 月 10 日，民政部网站（http://www.mca.gov.cn/article/xw/tzgg/201812/20181200013487.shtml）。

《民政部对瀛公益基金会、紫金矿业慈善基金会作出行政处罚》，2017 年 7 月 8 日，民政部网站（http://www.mca.gov.cn/article/xw/tzgg/201707/20170715005063.shtml）。

《民政部：加强社会组织监管 防范和处置非法集资》，中国经济网（http://finance.ce.cn/rolling/201804/23/t20180423_28920532.shtml）。

《民政部社会组织管理局约谈轻松筹平台》，民政部网站（http://www.mca.gov.cn/article/xw/ywdt/201702/20170215003294.shtml）。

民政部网站（http://sgs.mca.gov.cn/article/gk/xyxxsgs/201607/20160715001322.shtml）。

民政部网站（http://www.mca.gov.cn/article/jg/jgsz/jgsj/201901/20190100014613.shtml）。

民政部网站（http://www.mca.gov.cn/article/jg/jgsz/jgsj/201901/20190100014620.shtml）。

民政部网站（http://www.mca.gov.cn/article/xw/tzgg/201608/20160815001573.shtml）。

《民政部〈行政处罚决定书〉送达公告》，民政部网站（http://www.mca.gov.cn/article/xw/tzgg/201711/20171115006861.shtml）。

《内部人控制》，MBA 智库百科（http://wiki.mbalib.com/wiki/内部人控制）。

皮磊：《"诺而不捐"窘境该如何化解？》，2017 年 5 月 9 日，公益时报网（http://www.gongyishibao.com/html/yaowen/11716.html）。

《仁爱堂第三十九届董事局年刊 2018—2019》，仁爱堂网站（https://www.yot.org.hk/download/annual－report/2018－19/2018－2019－Annual－Report.pdf）。

《汕头 53 家"问题"社会组织被约谈》，南方网（http://st.southcn.com/content/2017-02/24/content_165874676.htm）。

《善义上亿》，央视网（http://tv.cntv.cn/video/C10583/c6e489842efe4e06d541be910ae4a6d1）。

《社会工作服务项目绩效评估指南》，民政部网站（http://files2.mca.gov.cn/sw/201412/20141230133955651.pdf）。

世界经济信息网（http://www.8pu.com/GDP/）。

《希望工程 20 年（1993—1997）》，中国青少年发展基金会网站（http://www.cydf.org.cn/index.php?m＝content&c＝index&a＝show&catid＝272&id＝115）。

《希望工程 20 年（1998—2004）》，中国青少年发展基金会网站（http://www.cydf.org.cn/index.php?m＝content&c＝index&a＝show&catid＝272&id＝116）。

《希望工程 20 年（2005—2008）》，中国青少年发展基金会网站（http://www.cydf.org.cn/index.php?m＝content&c＝index&a＝show&catid＝272&id＝117）。

希望工程效益评估课题组：《希望工程效益评估报告》，中国青少年发展基金会网站（http://www.cydf.org.cn/shiyong/html/lm_134/2006－09－20/151630.htm）。

《香港法律改革委员会慈善组织报告书》（https://www.hkreform.gov.hk/chs/docs/rcharities_c.pdf）。

《香港法律改革委员会慈善组织小组委员会慈善组织咨询文件》，香港法律改革委员会网站（https://www.hkreform.gov.hk/chs/publications/charities.htm）。

香港特别行政区政府社会福利署网站（https://www.swd.gov.hk/doc/annreport0507/tc/14_other.html）。

香港特别行政区政府社会福利署网站（https://www.swd.gov.hk/sc/

index/site_pubsvc/page_controlofc/sub_flagdays/)。

香港特别行政区政府社会福利署网站（https://www.swd.gov.hk/sc/index/site_pubsvc/page_controlofc/sub_generalcha/）。

香港特别行政区政府社会福利署网站（https://www.swd.gov.hk/sc/index/site_pubsvc/page_controlofc/sub_publicsubs/）。

徐彤武：《美国政府对公益慈善事业的管理及启示》，2012年11月6日，中国社会科学网（http://www.cssn.cn/gj/gj_gjwtyj/gj_mg/201310/t20131026_593321.shtml）。

袁晓彬：《美国慈善组织应对丑闻不遮掩》，网易（http://view.163.com/special/reviews/unitedway0807.html）。

张春贤：《全国人民代表大会常务委员会执法检查组关于检查〈中华人民共和国慈善法〉实施情况的报告》，2020年10月15日，中国人大网（http://www.npc.gov.cn/npc/c30834/202010/afc0a05adb4242b49920c2251017205e.shtml）。

中国慈善联合会：《2018年度中国慈善捐助报告》，2019年9月，中国慈善联合会网站（http://www.charityalliance.org.cn/u/cms/www/201909/23083734i5wb.pdf）。

《中国青基会第五届理事会工作总结报告》，中国青少年发展基金会网站（http://www.cydf.org.cn/index.php?m=content&c=index&a=show&catid=302&id=54）。

《中华慈善总会章程》，中华慈善总会网站（http://www.chinacharity-federation.org/NewsShow/3/802.html）。

《中基透明指数FTI》，基金会中心网（http://news.foundationcenter.org.cn/html/2013-01/60543.html）。

五 政策法规与统计公报类

"财团法人法"，北大法宝（www.pkulaw.com）。

《财政部关于加强企业对外捐赠财务管理的通知》（财企〔2003〕95号），财政部网站（http://zcgls.mof.gov.cn/cslm/zhengcefabu/200012/t20001212_3331776.htm）。

《财政部、国家税务总局关于对社会团体收取的会费收入不征收营业税的通知》（财税字〔1997〕63号），国家税务总局网站（http://www.chinatax.gov.cn/chinatax/n361/c678/content.html）。

《财政部、国家税务总局关于非营利组织企业所得税免税收入问题的通知》（财税〔2009〕122号），国家税务总局网站（http://www.chinatax.gov.cn/chinatax/n362/c76809/content.html）。

《财政部、国家税务总局关于继续执行高校学生公寓和食堂有关税收政策的通知》（财税〔2016〕82号），财政部网站（http://ln.mof.gov.cn/lanmudaohang/zhengcefagui/201610/t20161021_2440134.htm）。

《财政部、海关总署、国家税务总局关于支持舟曲灾后恢复重建有关税收政策问题的通知》（财税〔2010〕107号），财政部网站（http://nx.mof.gov.cn/tzgg/zhengcefagui/201102/t20110221_459198.htm）。

《财政部、海关总署、税务总局关于防控新型冠状病毒感染的肺炎疫情进口物资免税政策的公告》（财政部海关总署税务总局公告2020年第6号），财政部网站（http://gss.mof.gov.cn/gzdt/zhengcefabu/202002/t20200201_3464830.htm）。

《财政部、民政部关于进一步明确公益性社会组织申领公益事业捐赠票据有关问题的通知》（财综〔2016〕7号），财政部网站（http://www.mof.gov.cn/zhengwuxinxi/caizhengwengao/wg2016/wg201604/201608/t20160812_2387091.html）。

《财政部、税务总局关于非营利组织免税资格认定管理有关问题的通知》（财税〔2018〕13号），财政部网站（http://ln.mof.gov.cn/lanmudaohang/zhengcefagui/201803/t20180306_2825985.htm）。

《财政部、税务总局关于支持新型冠状病毒感染的肺炎疫情防控有关捐赠税收政策的公告》（2020年第9号），财政部网站（http://szs.mof.gov.cn/zhengcefabu/202002/t20200207_3466789.htm）。

《财政部、税务总局、国务院扶贫办关于扶贫货物捐赠免征增值税政策的公告》（财政部税务总局国务院扶贫办公2019年第55号），财政部网站（http://szs.mof.gov.cn/zhengwuxinxi/zhengcefabu/201904/t20190418_3227846.html）。

《慈善组织保值增值投资活动管理暂行办法》，民政部网站（http://www.mca.gov.cn/article/gk/fg/shflhcssy/201811/20181100012651.shtml）。

《慈善组织公开募捐管理办法》，民政部网站（http://www.mca.gov.cn/article/gk/fg/shflhcssy/201608/20160815001646.shtml）。

《慈善组织、红十字会依法规范开展疫情防控慈善募捐等活动指引》，2020年2月14日，民政部网站（http://www.mca.gov.cn/article/xw/tzgg/202002/20200200024510.shtml）。

《慈善组织认定办法》（中华人民共和国民政部令第58号），民政部网站（http://www.mca.gov.cn/article/gk/fg/shflhcssy/201608/20160815001645.shtml）。

《慈善组织信息公开办法》（中华人民共和国民政部令第61号），民政部网站（http://www.mca.gov.cn/article/gk/fg/shflhcssy/201808/20180800010515.shtml）。

《关于公益性捐赠税前扣除有关事项的公告》（财政部、税务总局、民政部公告2020年第27号），2020年5月21日，民政部网站（http://xxgk.mca.gov.cn:8011/gdnps/content.jsp?id=11755）。

《广州市民政局、广州市财政局关于印发广州市政府资金支持社会工作发展实施办法的通知》（穗民规字〔2018〕5号），《广州市人民政府公报》2018年17期。

《国家税务局关于货运凭证征收印花税几个具体问题的通知》（国税发〔1990〕173号），国家税务总局网站（http://www.chinatax.gov.cn/chinatax/n367/c1497/content.html）。

《国务院办公厅关于政府向社会力量购买服务的指导意见》（国办发〔2013〕96号），中国政府网（http://www.gov.cn/zwgk/2013-09/30/content_2498186.htm）。

《国务院关于促进慈善事业健康发展的指导意见》（国发〔2014〕61号），中国政府网（http://www.gov.cn/gongbao/content/2015/content_2799012.htm）。

《国务院关于修改部分行政法规的决定》（中华人民共和国国务院令第714号），中国政府网（http://www.gov.cn/zhengce/content/2019-04/29/content_5387404.htm）。

《国务院关于印发全面推进依法行政实施纲要的通知》（国发〔2004〕10号），中国政府网（http://www.gov.cn/ztzl/yfxz/content_374160.htm）。

《国务院机构改革和职能转变方案》，《人民日报》2013年3月15日，第5版。

《国有企业领导人员廉洁从业若干规定》，中国政府网（http://www.gov.cn/gongbao/content/2009/content_1371348.htm）。

《基金会管理条例》（2004年3月8日国务院令第400号公布），民政部网站（http://xxgk.mca.gov.cn:8011/gdnps/content.jsp?id=10897）。

《基金会信息公布办法》，民政部网站（http://xxgk.mca.gov.cn:8011/gdnps/pc/content.jsp?id=13753&mtype=1）。

《民办非企业单位登记管理暂行条例》，民政部网站（http://xxgk.

mca.gov.cn:8011/gdnps/pc/content.jsp?id=12800&mtype=）。

《〈民间非营利组织会计制度〉若干问题的解释》，2020年6月19日，财政部网站（http://kjs.mof.gov.cn/zhengcefabu/202006/t20200618_3534984.htm）。

《民政部办公厅关于全国慈善信息公开平台上线运行的通知》，民政部网站（http://xxgk.mca.gov.cn:8011/gdnps/pc/content.jsp?id=13172&mtype=1）。

《民政部、财政部、国家税务总局关于印发〈关于慈善组织开展慈善活动年度支出和管理费用的规定〉的通知》，民政部网站（http://www.mca.gov.cn/article/gk/wj/201611/20161100002335.shtml）。

《民政部关于动员慈善力量依法有序参与新型冠状病毒感染的肺炎疫情防控工作的公告》（民政部公告第476号），2020年1月26日，民政部网站（http://www.mca.gov.cn/article/xw/mzyw/202001/20200100023668.shtml）。

《民政部关于国务院授权全国工商联作为全国性社会团体业务主管单位有关问题的通知》（民发〔2009〕78号）。

《民政部关于国务院授权中国红十字会总会作为全国性社会团体业务主管单位有关问题的通知》（民发〔2009〕160号）。

《民政部关于国务院授权中国法学会作为社会团体业务主管单位的通知》（民发〔2007〕43号）。

《民政部关于开展全国性社会团体年度检查工作的通知》，北大法宝（www.pkulaw.com）。

《民政部关于推进民间组织评估工作的指导意见》，中国社会组织公共服务平台（http://www.chinanpo.gov.cn/6060/52675/bsfwindex.html）。

《民政部关于印发〈关于规范基金会行为的若干规定（试行）〉的通知》，民政部网站（http://xxgk.mca.gov.cn:8011/gdnps/pc/content.jsp?id=12901&mtype=1）。

《民政部关于在社会组织章程增加党的建设和社会主义核心价值观有关内容的通知》，2018年5月14日，民政部网站（http://www.mca.gov.cn/article/xw/tzgg/201805/20180500009042.shtml）。

《民政部关于重新确认社会团体业务主管单位的通知》（民发〔2000〕41号）。

《民政部关于做好疫情防控常态化形势下慈善捐赠工作的通知》（民函〔2020〕52号），2020年5月12日，民政部网站（http://www.mca.

gov.cn/article/xw/tzgg/202005/20200500027474.shtml）。

"人民团体法"，北大法宝（www.pkulaw.com）。

《社会团体登记管理条例》，民政部网站（http://xxgk.mca.gov.cn:8011/gdnps/pc/content.jsp?id=12802&mtype=）。

《社会组织登记管理机关行政执法约谈工作规定（试行）》，民政部网站（http://www.mca.gov.cn/article/gk/wj/201604/20160415882203.shtml）。

《社会组织登记管理条例（草案征求意见稿）》，2018年8月3日，民政部网站（http://yjzj.mca.gov.cn:8280/consult/noticedetail.do?noticeid=52）。

《社会组织评估管理办法》，民政部网站（http://xxgk.mca.gov.cn:8011/gdnps/pc/content.jsp?id=12840&mtype=1）。

《社会组织信用信息管理办法》（中华人民共和国民政部令第60号），2018年1月30日，民政部网站（http://www.mca.gov.cn/article/gk/fg/shzzgl/201801/20180115007671.shtml）。

《审计署关于做好新型冠状病毒感染肺炎疫情防控财政资金和捐赠款物审计监督工作的通知》，2020年2月7日，审计署网站（http://www.audit.gov.cn/n4/n19/c136814/content.html）。

《银监会民政部关于印发慈善信托管理办法的通知》，《中华人民共和国国务院公报》，2017年第35号。

《印发〈关于对慈善捐赠领域相关主体实施守信联合激励和失信联合惩戒的合作备忘录〉的通知》，信用中国（https://www.creditchina.gov.cn/home/lianhejiangchegn/201802/t20180226_109409.html）。

《中共中央办公厅、国务院办公厅关于改革社会组织管理制度促进社会组织健康有序发展的意见》，2016年8月21日，中国政府网（http://www.gov.cn/gongbao/content/2016/content_5106178.htm）。

《中共中央办公厅印发关于加强社会组织党的建设工作的意见（试行）》，2015年9月28日，中国政府网（http://www.gov.cn/xinwen/2015-09/28/content_2939936.htm）。

《中共中央关于加强党的建设几个重大问题的决定》，中国共产党新闻网（http://cpc.people.com.cn/GB/64162/71380/71387/71588/4854612.html）。

《中共中央关于坚持和完善中国特色社会主义制度 推进国家治理体系和治理能力现代化若干重大问题的决定》，《人民日报》2019年11月

6日,第1版。

《中共中央关于全面深化改革若干重大问题的决定》,《人民日报》2013年11月16日,第1版。

《中国共产党章程》,《人民日报》2017年10月29日,第1版。

《中华人民共和国2010年国民经济和社会发展统计公报》,中国政府网(http://www.gov.cn/gzdt/2011-02/28/content_1812697.htm)。

《中华人民共和国2012年国民经济和社会发展统计公报》,中国政府网(http://www.gov.cn/gzdt/2013-02/22/content_2338098.htm)。

《中华人民共和国2014年国民经济和社会发展统计公报》,国家统计局网站(http://www.stats.gov.cn/tjsj/zxfb/201502/t20150226_685799.html)。

《中华人民共和国2016年国民经济和社会发展统计公报》,国家统计局网站(http://www.stats.gov.cn/tjsj/zxfb/201702/t20170228_1467424.html)。

《中华人民共和国2017年国民经济和社会发展统计公报》,国家统计局网站(http://www.stats.gov.cn/tjsj/zxfb/201802/t20180228_1585631.html)。

《中华人民共和国慈善法》,《人民日报》2016年3月20日,第1版。

《中华人民共和国个人所得税法》,中国人大网(http://www.npc.gov.cn/npc/c12488/201107/a01417085c264f078c2945a3964473e3.shtml)。

《中华人民共和国公益事业捐赠法》,中国政府网(http://www.gov.cn/ziliao/flfg/2005-10/01/content_74087.htm)。

《中华人民共和国境外非政府组织境内活动管理法》,《人民日报》2016年4月29日,第23版。

《中华人民共和国企业所得税法实施条例》,中国政府网(http://www.gov.cn/zhengce/content/2008-03/28/content_1812.htm)。

《中华人民共和国审计法》,审计署网站(http://www.audit.gov.cn/n7/n34/n58/c109695/content.html)。

《中华人民共和国审计法实施条例》,审计署网站(http://www.audit.gov.cn/n7/n34/n58/c109694/content.html)。

《中华人民共和国信托法释义》,中国人大网(http://www.npc.gov.cn/npc/c2210/200311/1e99c0b2b25341d09c565b0d4922562e.shtml)。《中华人民共和国刑法修正案(九)》,中国人大网(http://www.npc.gov.cn/wxzl/gongbao/2015-11/06/content_1951896.htm)。

《中华人民共和国刑法修正案（七）》，中国政府网（http://www.gov.cn/flfg/2009-02/28/content_1246438.htm）。

《中华人民共和国行政许可法》，中国人大网（http://www.npc.gov.cn/npc/c30834/201905/64f52a065d3142ae92d95fa860e2f0e0.shtml）。

《中华人民共和国印花税暂行条例》，国家税务总局网站（http://www.chinatax.gov.cn/chinatax/n367/c1476/content.html）。

后 记

慈善事业监管是慈善事业的重要组成部分,2016年《慈善法》实施以来,我国慈善事业监管体系初步形成,但同时要看到我国慈善事业监管中仍然存在一系列突出问题,这些问题表现在:监管面对的常规性问题与非常规性问题并存,非常规性问题的突发性和风险性越来越高;监管碎片化,各自为战,缺少配合;过度监管与无监管并存;存在相当程度的监管失灵。构建慈善事业整体性监管体制,完善慈善事业制度,对规范慈善活动,保护慈善活动参与者的合法权益,促进慈善事业健康发展具有重要意义。

本书是本人承担的国家社科基金后期资助项目"中国慈善事业整体性监管体制研究"(项目批准号:17FSH014)的最终成果。自课题获得立项以来,几经寒暑,终于完成并结项。本书第一章以慈善事业监管所面临的问题为出发点,提出了整体性监管体制的概念,对整体性监管体制与各监管类型的关系进行深入的理论分析。接下来的七章(第二、三、四、五、六、七、八章)对整体性监管体制的构成与监管类型、监管内容、监管方式及创新、影响因素和境外慈善事业监管进行具体分析。在研究的最后(第九章)着眼于完善整体性监管体制,明确完善整体性监管体制的理念和目标,坚持整体性、系统性和协同性原则,进行体制建设和机制构建,以及借助信息公开平台实现监管类型、机制之间的联结,以便指导监管工作。

在我从事本课题研究期间得到了多方帮助和支持,在此我怀着深深的感恩之情对他们表示由衷地感谢。衷心感谢我的导师关信平教授和景天魁研究员对本研究给予的全面指导!山东大学高鉴国教授在百忙之中阅读了书稿,并给本书写了序言,在此衷心感谢高教授的一贯支持、帮助和指导!

在课题研究期间,我完成了《中国慈善事业行政监管论纲》《中国慈善组织内部治理研究》和《中外慈善事业比较研究》等阶段性成果并顺利出版，在此衷心感谢山东人民出版社责任编辑马洁女士、中国社会出版社责任编辑张杰女士和中国政法大学出版社项目编辑彭江先生的支持和帮助！

  本书顺利完成得益于国家社科基金后期资助项目的资助，得益于五位匿名评审专家的厚爱，五位专家在充分肯定该成果学术价值的同时，也提出了较为详尽的修改意见，本书正是参考评审专家的意见进行修改完善而成，在此对他们表示衷心的感谢！

  最后，特别感谢中国社会科学出版社的编辑宫京蕾女士，正是宫编辑推荐该课题申报国家社科基金后期资助项目，本项研究才有机会获国家社科基金后期资助项目立项资助，在这里对宫编辑表示衷心的感谢！

  由于本人才疏学浅，书中难免存在疏漏和不足，欢迎专家和读者们批评指正。

鲁东大学 陈为雷
2021 年 8 月